I0062046

www.ingramcontent.com/pod-product-compliance
Lightning Source LLC
Chambersburg PA
CBHW051751200326
41597CB00025B/4517
* 9 7 8 1 9 8 9 8 8 0 0 6 7 *

قیمت گذاری
با نگاه بازاریابی

مؤلف:

پرویز درگی

مدرس دانشگاه - رئیس انجمن مدیریت کسب‌وکار ایران

سریال کتاب:P202512009

سرشناسه: DAR 2020

عنوان: قیمت گذاری با نگاه بازاریابی

پدید آورنده: پرویز درگی

ویراستار: احمد آخوندی، محسن جاوید.

شابک کانادا: ISBN: 9781989880067

موضوع: بازاریابی، فروش، کسب و کار

متا دیتا: Business، Marketing

مشخصات کتاب: جلد صحافی مقوایی، وزیری

تعداد صفحات: 298

تاریخ نشر در کانادا: آوریل ۲۰۲۰

Kidsocado Publishing House

خانه انتشارات کیدزوکادو

ونکوور، کانادا

تلفن : ‎+1 (833) 633 8654

واتس آپ: ‎+1 (236) 333 7248

ایمیل : info@kidsocado.com

وبسایت انتشارات: https://kidsocadopublishinghouse.com

وبسایت فروشگاه: https://kphclub.com

سلام هم زبان

دستیابی ایرانیان مقیم خارج از کشور به کتاب های بسیار متنوع و جدیدی که به تازگی در ایران نگاشته و چاپ می شود، محدود است. ما قصد داریم این خدمت را به فارسی زبانان دنیا هدیه دهیم تا آنها بتوانند مانند شما با یک کلیک کتاب‌هایی در زمینه های مختلف را خریداری کنند و درب منزل تحویل بگیرند.

خانه انتشارات کیدزوکادو تحت حمایت گروه کیدزوکادو این افتخار را دارد تا برای اولین بار کتاب‌های با ارزش تألیفی فارسی را در اختیار ایرانیان مقیم خارج از ایران قرار دهد.

از اینکه توانستیم کتابهای جدید و با ارزشی که به قلم عالی نویسندگان و نخبگان خوب ایرانی نگاشته شده است را در اختیار شما قرار دهیم و در هر چه بیشتر معرفی کردن ایران و ایرانیان و فارسی زبانان قدم برداریم، بسیار احساس رضایتمندی داریم.

این کتاب‌ها تحت اجازه مستقیم نویسنده و یا انتشارات کتاب صورت گرفته و سود حاصله بعد از کسر هزینه‌ها، به نویسنده پرداخته می شود.

خانه انتشارات کیدزوکادو در قبال مطالب داخل کتاب هیچگونه مسئولیتی ندارد و صرفاً به عنوان یک انتشار دهنده می‌باشد. شما خواننده عزیز می‌توانید ما را با گذاشتن نظرات در وب سایتی که کتاب را تهیه کرده‌اید به این کار فرهنگی دلگرمتر کنید. از کامنتی که در برگیرنده نظرتان نسبت به کتاب است عکس بگیرید و برای ما به این ایمیل بفرستید. از هر ۴ نفری که برایمان کامنت می‌فرستند، یک نفر یک کتاب رایگان دریافت می‌کند.

ایمیل :   info@kidsocado.com

به نام خداوند عشق و امید

فهرست مطالب

پیشگفتار دکتر مرتضی ایمانی‌راد

رشته‌ی تخصصی من اقتصاد است و در سی سال گذشته به‌طور مستمر با شرکتهای مختلف کار مشاوره‌ای از نگاه اقتصاد داشته‌ام. پس از مدتی به وضوح متوجه می‌شدم که اقتصاد اگر بخواهد به شرکتها سرویس بدهد، باید از سطح انتزاعش پایین‌تر بیاید تا بتواند مسائل را به‌طور کاربردی برای مدیران توضیح دهد. لاجرم در هر مورد مشاوره‌ای کشیده می‌شدم به سمت کاربردی کردن مباحث اقتصادی برای مدیران و این چیزی متفاوت از مبحثی بود که تحت نام "اقتصاد مدیریت" در دانشگاهها تدریس می‌شد. ناچار بودم مباحث کلان را به ملموس‌ترین سطح پایین بیاورم تا برای مدیران قابل استفاده باشد. به نظرم این کار که به‌ظاهر نشدنی به نظر می‌رسید، بتدریج به یک الگوریتم یا مدل تبدیل شد و مدیران شرکتها توانستند متغیرهای کلان اقتصادی را به شکل شاخصهای ملموس بیرونی ببینند و آنها را با شاخصهای درونی فعالیتهای خود به‌طور کمّی مرتبط کنند. به نظر می‌رسید که مجموعه دارد خوب جواب می‌دهد. مقداری هم مجبور بودم از دانش مدیریت مالی‌ام استفاده کنم تا مسائل را برای مدیران و راهبران شرکتها ملموس‌تر و دست‌یافتنی‌تر بکنم. بتدریج مسائل که جلو می‌رفت، مخصوصاً زمانی که قیمت بتدریج نقش مهمتری بازی می‌ کرد، قیمت پررنگتر می‌شد. حالا من با داستان جدیدی مواجه بودم. شرکتها محصولات خود را چه موقع و به چه کسی و با چه قیمتی بفروشند؟ تا چه اندازه می‌توانند در کاهش یا افزایش قیمت مانور بدهند؟ آیا برای مکانهای مختلف و آدمهای مختلف قیمت را متفاوت کنیم؟ و پرسشهایی از این دست جلو آمدند. معمولاً مدل متعارف در اقتصاد برای بخش مهمی از این پرسشها محاسبه‌ی کشش‌پذیری قیمتی کالاها و لحاظ کردن سطح درآمدی مصرف‌کنندگان بود. متأسفانه در این زمینه نه در مراکز تحقیقاتی و نه در شرکتها محاسباتی وجود ندارد. بی‌دلیل هم نبود. تا آن‌موقع بازار فشاری بر شرکتها نداشت، ولی با کوچکتر شدن اقتصاد ایران و افزایش عرضه‌کنندگان، بازار شروع کرد به حکم صادر کردن برای تولید کنندگان.

قیمت روزبه‌روز اهمیت بیشتری پیدا می‌کرد و به‌عنوان یک متغیری کلیدی مطرح شد. در نتیجه، سیاست اصلی مدیران در شرایط بازاری قیمت‌گذاری شد. باز من احساس کردم که اقتصاد صرفاً با محاسبه مجموعه‌ای از کشش‌پذیری‌ها نمی‌تواند پیچیدگی تغییرات قیمت‌ها را توضیح دهد. از آن‌موقع احساس کردم که لازم است برای استمرار و قطع نشدن زنجیره‌ی مشاوره به قیمت‌ها پرداخت. ولی در این زمینه منابع بشدت کم بود. متون اقتصادی از کارخانه دور بودند و متون مدیریتی در کارخانه محصور بودند. تنها یک رهیافتی که بتواند از این دو استفاده کند می‌توانست به تولیدکنندگان راهکارهای اثربخش ارائه کند. بنابراین قیمت به‌عنوان یک متغیر کلیدی لازم است از جنبه‌های مختلفی مورد باز بینی و تحلیل قرار گیرد؛ چون قیمت برآیند متغیرهای بسیار مهم و متعدد هم در اقتصاد، هم مدیریت، هم اجتماعی و هم سیاسی است. جمع کردن تمامی این عوامل در یک مدل کاری بسیار دشوار، ولی اهمیتش غیرقابل انکار است. کتاب "قیمت‌گذاری با نگاه بازاریابی" که توسط آقای دکتر پرویز درگی نوشته شده است، بخش مهمی از این کمبود را پر می‌کند. دکتر درگی در این کتاب هیچ‌یک از عوامل اثرگذار بر قیمت را نادیده نگرفته است و تلاش می‌کند مدلی ارائه کند، که مدیران بتوانند با کمک آن تغییرات قیمت‌ها را بفهمند و در مسیر توسعه‌ی خود سیاست قیمت‌گذاری را به‌طور مؤثر به‌کار ببندند. به همین دلیل از آقای دکتر درگی سپاسگزارم و امیدوارم همچنان پرانرژی در مسیر توسعه و تحول بازاریابی در کشور فعالیت کنند.

یک نکته را لازم است در پایان توضیح دهم. به نظرم در کل دانش مدیریت یک فضای خالی دارد و تلاش می‌کند که این فضای خالی را با تکنیک‌های مختلف پر کند و غافل از این است که دانش مدیریت، حداقل بخش مهمی از آن، قادر نیست با تکنیک‌های مدیریتی بر پر کردن این فضای خالی چیره شود؛ چون این فضای خالی با دیدن انسان‌ها به‌عنوان یک انسان، و نه یک مصرف‌کننده پر می‌شود. وقتی سیاست‌های بازاریابی و قیمت‌گذاری و هرگونه سیاست دیگری انسان را همان‌گونه که هست، یعنی یک انسان، ببیند، سیاست‌ها بالاترین اثر بخشی را در کارآمدی شرکت دارند. این مسأله چیزی فراتر از بازی برد-برد است. این نگاه تکنیک لازم ندارد، نیاز به درک دارد، نیاز به همدلی دارد، نیاز به هم احساسی دارد. ورود فاکتور انسانیت هر روز در حال پر کردن این فضای خالی است و هر روز مدل‌های کمّی مدیریت به مدل‌های انعطاف‌پذیرتر تبدیل می‌شود و روزبه‌روز مدل‌های علمی جای خود را به مدل‌های پدیدارشناختی (phenomenological) می‌دهد. در پی این تغییرات، مطالعات نشان می‌دهد که کارآمدی هم بیشتر می‌شود.

خیلی امیدوارم‌که همه‌ی این تحول را در دانش مدیریت ببینیم.

دکتر مرتضی ایمانی‌راد
عضو هیأت علمی سازمان مدیریت صنعتی

پیشگفتار دکتر حمید ترکاشوند

خداوند را به جهت توفیق در درج هرچند جملاتی کوتاه در کتابی که حاصل زحمات، تلاش، تفکر، تعامل و هم‌اندیشی عزیزان و بزرگان علم و صنعت می‌باشد، شاکرم.

باید گفت ما در عصری زندگی می‌کنیم که به‌رغم فرصت کوتاه در انجام مطالعه، عزیزانی هستند که دست به قلم‌اند و همواره در این راه از هیچ کوششی فروگذار نخواهند بود.

آقای پرویز درگی ملقب به "معلم بازاریابی" از اساتید گرانقدر و خوش‌فکر و تلاشگر در عرصه‌ی حوزه‌ی بازاریابی و فروش می‌باشند که با توجه به فعالیتهای گسترده‌ی ایشان، در کتاب حاضر پا را فراتر از حوزه‌ی فعالیت تخصصی فروش و بازاریابی نهاده، از اطلاعات و دانش بین‌رشته‌ای و دیگر تخصصهای مدیریتی، علمی و فنی بخوبی بهره‌برداری کرده‌اند. یقین دارم ایشان به‌تنهایی تأثیر و سهم بسزایی در حوزه‌ی بازاریابی و فروش داشته و دارند.

قیمت‌گذاری از مفاهیم پایه‌ای در علم اقتصاد و بازاریابی است که آگاهی از روشها، چالشها، فرایندهای آن ضروری و از اهمیت بسزایی برخوردار است.

به اعتقاد بنده، کتاب" قیمت‌گذاری با نگاه بازاریابی" با نگارش روان و ساده علاوه بر توجه به فرایندها، روشها و استراتژیهای قیمت‌گذاری به‌گونه‌ای نگارش شده است که برای بسیاری از گروههای کارشناسی و مدیریتی قابل استفاده است و هر فصل آن می‌تواند به‌عنوان موضوعی جداگانه مورد بحث و بررسی و توسعه‌ی علمی قرار گیرد، با مطالعه‌ی این کتاب دیدگاههای خوبی در بخشهای مختلف قیمت‌گذاری به خواننده منعکس خواهد شد و می‌تواند پنجره‌ای برای شروع تازه در هر یک از سرفصلهای مطرح‌شده باشد، همچنین در بخش پایانی، انتقال تجربیات عملی و اجرایی تعدادی از صنعتگران نیز ابتکار جالبی است که موضوع قیمت‌گذاری را به نقد و تجزیه‌وتحلیل و طرح نگرش فعالان صنعت پرداخته است.

در پایان ضمن تشکر و قدردانی از زحمات آقای پرویز درگی و دیگر همکاران، با جمله‌ای از جملات گهربار مولا علی (ع) به پایان می‌رسانم که می‌فرمایند:

"قطع العلم عذر المتعللین" علم راه عذر بر بهانه‌جویان بسته است.

امید است با چاپ و نشر این کتاب، گام موثری در افزایش و ارتقا در عرصه‌ی وسیع علم و دانش برداشته شود.

دکتر حمید ترکاشوند
مدیرعامل شرکت محیادارو
و مدرس دانشگاه

پیشگفتار دکتر مرتضی عمادزاده

به نام خداوند آفرینندهی خرد و اندیشه؛

در ادبیات حوزهی بازاریابی، تاکنون مطالب تألیفی زیادی در زمینهی قیمت‌گذاری در اختیار نداشته‌ایم و به این دلیل انتشار کتاب ارزشمند "قیمت‌گذاری با نگاه بازاریابی" که با نگرش جامعی این سرفصل را طرح و بحث کرده است، فرصتی فراهم نموده تا این کاستی به درجاتی مرتفع شود. طرح مبحث قیمت‌گذاری برای تولید ادبیات اصیل و بومی، بخصوص هنگامی که در تدوین مطالب آن هم از سایر علوم نظری بهره گرفته شده باشد و هم به استراتژی و فرایندها پرداخته باشد، می‌تواند نیازمندی بسیاری از دانش‌پژوهان و بنگاه‌های تولیدی وخدماتی را به دانش در این حوزه برآورده کند، و این موضوعی است که این کتاب بخوبی از عهده‌ی آن برآمده است. خوشبختانه در این مجموعه به طرح مسائل پیرامونی حوزه‌ی بازاریابی که در زمینه‌ی قیمت‌گذاری به مسئولین بنگاه‌ها کمک فراوانی می‌کند و ایشان را در انجام وظایف بازاریابی محصولشان مدد می‌نماید، توجه ویژه‌ای شده و موضوعاتی مهم همچون کاربرد روانشناسی در سیاستهای قیمت‌گذاری و احتراز از اشتباهاتی که می‌تواند بخشی از تلاشهایی را که در جهت تولید یک محصول ممتاز اعمال شده را بی‌اثر کند، نیز از نظر دور نمانده است. از آنجایی که امروزه هم بازارهای صادراتی و هم زمینه‌ی فعالیت شرکتهای پیشرو و استارت‌آپ در حال رشد و توسعه هستند و حمایتهای ملی نیز در جهت جایگیری هرچه بیشتر اینگونه بنگاه‌ها در فضای کسب‌وکار بخوبی مشهود است، پرداختن به این موضوعات نیز ارزشی ویژه به خواندن این کتاب داده است. از امتیازات دیگر کتاب آن است که علاوه بر غنای مفهومی مطالب، متنی شیوا و سلیس به کمک ویراستاران متخصص فراهم آمده و خواندن کتاب را نه تنها برای دانشجویان رشته‌های مدیریتی بلکه، برای سایر دانش‌پژوهان و مدیران و کاربران تسهیل می‌نماید.

برای همه‌ی دست اندرکاران این مجموعه که در ایفای مسئولیت اجتماعی خود به تلاش ملی

ارزشمندی همت گمارده‌اند، آرزوی توفیق روزافزون دارم.

دکتر مرتضی عمادزاده
عضو هیأت علمی سازمان مدیریت صنعتی

پیشگفتار دکتر علی‌اکبر فرهنگی

سالهای دوری از کلاس اصول بازاریابی پروفسور مک‌کارتی برایم می‌گذرد، ولی اینکه نشسته و در کار نوشتن تقریظی بر کتاب ارزشمند دوست دانشمندم جناب آقای پرویز درگی با عنوان "قیمت‌گذاری با نگاه بازاریابی" هستم، چهره و حرکات پروفسور مک‌کارتی که به‌تازگی مفهوم چهار P معروف بازاریابی را مطرح کرده بود، می‌گذرد، در برابر چشمانم است. مک‌کارتی به‌عنوان استاد مدعو از دانشگاه ایالتی میشیگان به اوهایو دعوت شده بود و شانس بزرگی برای من و دانشجویان همدوره‌ای من بود که با او درس بازاریابی پیشرفته را بگذرانیم، و بسیار چیزها آموختیم. او معتقد بود که از میان چهار P، قیمت‌گذاری مهمتر و سخت‌تر است. بعدها وقتی خود کار عملی در بازاریابی و فروش را شروع کردم، دانستم که او چه می‌گفت. ساعتهای متوالی در جلسات کسالت‌بار، بحث و جدل می‌کردیم تا بالاخره به یک قیمت می‌رسیدیم. قیمت تمام‌شده‌ی محصول، قیمت بازار، قیمت رقبا، دامپینگ و سرانجام یک قیمت مفهومی که می‌توانست متغیر باشد.

همواره چه در کلاسهای درس و چه در کارهای مشاوره‌ای به عوامل اثرگذار در تعیین قیمت اندیشیده‌ام. حاصل تلاشهایم در این راستا مدلی بود که در کارهایم تجلی و تبلور یافته که در اینجا جای آن نیست به آن بپردازیم، ولی خلاصه و چکیده‌ی آن دو دسته عوامل درون‌سازمانی و عوامل برون‌سازمانی است که در زیر به آنها اشاره خواهم کرد:

در عوامل درون‌سازمانی هدفهای بازاریابی، استراتژی یا راهبرد بازاریابی، قیمت تمام‌شده، و سازمان و سازماندهی برای قیمت‌گذاری یا آنان که مجاز به ورود به عرصه‌ی قیمت‌گذاری محصول می‌باشند مورد توجه‌اند. در عوامل برون‌سازمانی به ماهیت بازار و مکانیسم عرضه و تقاضا، رقابت و عوامل دیگری چون اقتصاد، واسطه‌ها و قوانین و مقررات و خواسته‌های دولت پرداخته می‌شود.

با توجه به این دو دسته از عوامل، فروشهای مکمل، فروشهای حقیقی، فروشهای کاذب صعودی

و فروشهای کاذب نزولی و پیش‌فروشها رقم می‌خورند. در هر یک از این انواع فروش رابطه‌ی عرضه و تقاضا، کشش قیمتی تقاضا، عوامل مؤثر بر حساسیت قیمت مورد توجه می‌باشند و رویکردهای معمول در قیمت‌گذاری شکل می‌گیرند. رویکردهایی چون قیمت‌گذاری بر اساس هزینه، قیمت‌گذاری مبتنی بر ارزش، قیمت‌گذاری بر اساس رقابت عمده‌ترین آنها می‌باشند.

مدیران بازاریابی و فروش در فعالیتهای جاری خود به استراتژیهای قیمت‌گذاری می‌پردازند. این استراتژیها، استراتژیهای قیمت‌گذاری محصولات جدید، قیمت‌گذاری کالاهای لوکس و تجملی، استراتژیهای قیمت‌گذاری کالاهای موجود، استراتژیهای تعدیل قیمت، قیمت‌گذاری تبعیض‌آمیز می‌باشند. آنها به مدیریت درآمد، قیمت‌گذاری لغزان، قیمت‌گذاری بر اساس بهترین نرخ در دسترس، قیمت‌گذاری با توجه به مسائل روانی مصرف‌کنندگان، قیمت‌گذاری بر اساس تبلیغ، قیمت‌گذاری با توجه به قیمت پایین توجه می‌کنند. مسأله‌ی تغییرات قیمت و خلاقیتهای مرتبط با آن همواره مورد توجه‌اند و واکنشهای خریداران به تغییرات قیمت، و واکنشهای رقبا نسبت به آن را مدیران فروش و بازاریابی همواره پیش‌روی خود دارند.

نویسنده‌ی پرکار و مجرّب کتاب را باید در شمار کسانی آورد که خود به‌تنهایی دایرةالمعارفی را پدید می‌آورند؛ چون لاروس فرانسوی و استاد دهخدای خودمان که یک‌تنه کار بزرگی را به انجام رسانده‌اند. ایشان در عرصه‌ی بازاریابی و فروش کتابهای فراوانی را به جامعه‌ی فارسی‌زبانان اهدا کرده و با این اثر می‌توان گفت کار بزرگ گذشته‌ی خود را بارورتر کرده‌اند.

بنده به‌عنوان یکی از قدیمی‌ترین معلمان بازاریابی و فروش در ایران که هنوز فعال بوده و در کار دانشگاهی به خدمتگذاری مشغول است، به ایشان تبریک گفته و دانشجویان عزیز رشته‌های گوناگون مدیریت بازرگانی و کسب‌وکار را به خواندن آثار متعدد آقای درگی و بالاخص اثر حاضر دعوت می‌نمایم. اثر حاضر از تازگیهای فراوانی بهره برده است که خواندن آن را از هر جهت مقبول می‌نماید. موضوعاتی چون؛ بهره‌گیری از علوم مختلف در سیاست قیمت‌گذاری، عوامل اصلی دوازده‌گانه‌ی اثرگذار بر فرایند قیمت‌گذاری، قیمت‌گذاری خدمات، قیمت‌گذاری محصولات لوکس، قیمت‌گذاری کارو‌کسب‌های نوآفرین (استارت‌آپی)، کاربرد نورومارکتینگ در قیمت‌گذاری و... . کتاب دارای چهار پیوست است که هر کدام به‌تنهایی می‌توانند در حکم یک کتاب مستقل عمل کنند مثل؛ قیمت‌گذاری و بازاریابی آثار هنری

استاد پرویز درگی خسته نباشید و خدا قوت که آثار گرانسنگ دیگری پدید آورید.

دکتر علی اکبر فرهنگی
استاد دانشگاه تهران
و استاد دانشگاه علوم و تحقیقات

پیشگفتار محمداسماعیل قدس

آدام اسمیت اقتصاددان انگلیسی قرن هجدهم از حدود ۲۵۰ سال قبل مسأله‌ی قیمت‌گذاری کالاها و خدمات را به عرضه و تقاضای محصول یا خدمت ارائه‌شده واگذار کرده است که در حال حاضر ابتدایی‌ترین مسأله در اقتصاد خرد و اداره‌ی بنگاههای اقتصادی است.

به عبارت ساده، قیمت در تلاقی عرضه و کالا یک محصول یا خدمت تعیین می‌شود و به تبع آن اگر عرضه زیاد شود، قیمت کاهش می‌یابد و اگر برعکس آن تقاضا زیاد شود قیمت بالا می‌رود و عملاً این سیستم قیمت‌گذاری در تمام کشورهای با اقتصاد آزاد اجرا می‌شود که نتیجه‌ی آن برای مصرف‌کنندگان، بالا رفتن کیفیت محصول و خدمت ارائه‌شده با مناسبترین قیمت برای آن کالا می‌باشد که از رقابت بین بنگاههای اقتصادی حاصل می‌شود.

در ایران عملاً به‌خاطر جنگ ۸ ساله‌ی ایران و عراق و کمبود کالاها و کنترلهای لازم در عرضه‌ی محصول قیمت‌گذاری کنترلی توسط دولت و بر مبنای قیمت تمام‌شده انجام شده است که متأسفانه به‌رغم از بین رفتن آن شرایط و بحث رقابت بین بنگاههای اقتصادی هنوز هم حاکم است و بدتر از آن اینکه ضمن کنترل و تعیین قیمت توسط سازمانهای ذی‌نفع درج قیمت مصرف‌کننده بر روی محصول نیز اجباری است که عملاً در شرایط رقابتی بازار اگر کالا زیاد شود مغازه‌داران با همان قیمت درج‌شده روی محصول اقدام به فروش می‌کنند و کاهش قیمت را به مصرف‌کننده منتقل نمی‌کنند ولی برعکس آن، اگر کالا گران شود بلافاصله قیمت گران را بدون توجه به درج قیمت روی کالا از مصرف‌کننده دریافت می‌کنند و در اعتراض مصرف‌کننده عنوان می‌کنند که کالا توسط تولیدکننده گران شده است.

با تجربه‌ی چندین‌ساله اینجانب از دهه‌ی ۵۰ و در کنترل قیمتها در اتاق اصناف آن زمان تاکنون شاهد افزایش قیمتهای بی‌دلیل و به تبع آن افزایش تورم در کشور بوده‌ام و همواره آزادسازی قیمتها

بر مبنای عرضه و تقاضا را پیگیری کرده‌ام و اعتقاد راسخ دارم که اگر قیمتها بر مبنای عرضه و تقاضا انجام شود، اولاً شاهد کاهش قیمتها و یا حداقل عدم افزایش در قیمتها خواهیم بود و ثانیاً بحث رقابت بین بنگاهها باعث افزایش کیفیت و رساندن آن به سطح جهانی را شاهد خواهیم بود و نهایتاً هم مصرف‌کنندگان از کالای ایرانی استقبال می‌کنند و هم رونق تولید به معنی واقعی در کشور به سرانجام خواهد رسید.

همه‌ی ما دست‌اندرکاران تولید باید کوشش کنیم تا این مقوله‌ی مهم در کشور اجرایی شود. بخش "رقابت" و "نگاه بازاریابی" در این کتاب موضوعی بدیهی است و مورد توجه قرار گرفته است. نویسنده نیز با همین نگاه در بازارهای مختلف، "قیمت‌گذاری" را بررسی کرده است. برای مثال، در کالاهای "تندمصرف" نظیر موادغذایی، و یا حتی در بازارهای صادراتی.

با شناختی که از آقای دکتر پرویز درگی، مؤلف این اثر، و پیشینه‌ی اجرایی او دارم، دکتر، یک فرد عملیاتی است که برای شرکتهای مختلف ایرانی کار مشاوره‌ای دارد. پس آنچه را در عمل و در بوته‌ی آزمایش به‌دست آورده، کوشیده در این کتاب به خواننده انتقال دهد.

محمداسماعیل قدس
رئیس هیأت مدیره شرکت پخش پگاه

پیشگفتار دکتر محمود محمدیان

جالب است وقتی رفتار شرکتها را نسبت به بازاریابی زیرنظر می‌گیریم، آنها در تبلیغات وابسته به شرکتهای تبلیغاتی هستند و با شرکتهای تبلیغاتی مشورت می‌کنند و کارهایشان را به آنها می‌سپارند.

شرکتها در توزیع، به شرکتهای پخش و توزیع وابسته هستند، و از خدمات شرکتهای پخش و توزیع استفاده می‌کنند. یا از متخصصان آنها بهره می‌گیرند و یا از آنها مشورت می‌گیرند.

شرکتها در تولیداتشان به مهندسان مشاور وابسته هستند، از خدمات مهندسان مشاور استفاده می‌کنند...

اما وقتی به مبحث قیمت‌گذاری وارد می‌شویم، اصلاً هیچ‌گونه احساس وابستگی درونی و بیرونی نمی‌کنند. اطلاعات قیمت حتی از سطوح درون‌سازمانی هم مخفی نگه داشته می‌شود. درواقع حلقه‌ی قیمت در سازمانها به‌دست افراد محدودی است.

با این اوصاف چگونه می‌توان انتظار داشت که نظام قیمت‌گذاری سازمان از قواعد بازاریابی تبعیت کند؟

شرکتها در بحث قیمت‌گذاری دارای استراتژی نیستند. آنها باید استراتژی داشته باشند. به‌نظر می‌آید ما در کشورمان در حوزه‌ی قیمت‌گذاری، مسائل جدی داریم و کمتر به آن توجه شده است، و حتی از متخصصان بازاریابی برای حل این مسائل کمتر نظرخواهی شده است.

کتاب حاضر، کتابی است که به‌طور جامع متناسب با بازار ایران به بحث قیمت‌گذاری پرداخته است که توسط آقای دکتر درگی موضوع خیلی خوب کنکاش شده و اینطور نبوده که فقط از بعد مالی به آن پرداخته شود و ابعاد مختلف موضوع خیلی خوب دیده شده است.

افزون بر آن، آقای دکتر درگی، استاد بازاریابی در کشور عزیزمان ایران، قیمت‌گذاری را از چند منظر نگریسته است. هم در بازارهای مصرفی، هم برای شرکتهای دانش‌بنیان و استارت‌آپی.

همچنین هرکجا لازم بوده، بین قیمت‌گذاری و دانش جدید، پیوندها را برقرار ساخته است نظیر قیمت‌گذاری از منظر نورومارکتینگ. این کتاب ارزشمند می‌تواند به همه‌ی عزیزان، دانشجویان و تمام کسانی که در این زمینه فعالیت دارند، کمک کند، و من این کتاب را توصیه می‌کنم.

دکتر محمود محمدیان
عضو هیأت علمی دانشگاه علامه طباطبایی

پیشگفتار دکتر محسن نظری

P فراموش‌شده و P قدرتمند شده

قیمت‌گذاری یکی از Pهای فراموش‌شده‌ی بازاریابی در ایران می‌باشد و کسب‌وکارهای کشور از مزیت قیمتی به‌عنوان یکی از ابزارهای مزیت رقابتی کمتر استفاده کرده‌اند. فراموش کردن قیمت توسط مدیران کسب‌وکار مثل این است که کشاورزی در فصل برداشت محصول به سفر برود؛ زیرا اگر Pهای دیگر (محصول و توزیع و پیشبرد) ارزش ایجاد می‌نمایند، با قیمت باید ارزشهای ایجادشده را برداشت کرد.

یک بررسی ساده در لینکداین نشان می‌دهد که عنوان شغلی مدیر قیمت‌گذاری در سازمانهای بسیاری در کشورهای دیگر وجود دارد و در بعضی بنگاهها تا سطح مدیر عالی (سطح C) ارتقا یافته است، ولی در سازمانهای ایرانی جایگاه واقعی خود را در ساختار سازمانی پیدا نکرده است. نگاهی به فهرست قیمت شرکتهای ایرانی در مقایسه با شرکتهای مشابه خارجی نشان می‌دهد که بسیار ساده طراحی شده‌اند و تفکر عمیقی در پس آن وجود ندارد و از لایه‌های هرم قیمت‌گذاری فقط سطح قیمت وجود دارد و لایه‌های دیگر که باید پشتیبان آن باشد، کمتر به چشم می‌خورد. همه‌ی اینها نشانگر این است که قیمت‌گذاری در مراحل اولیه‌ی تعالی خود در ایران قرار دارد و بیشتر شکل دفتری دارد و به جایگاه استراتژیک خود نرسیده است.

می‌توان یکی از دلایل تضعیف P در کسب‌وکارهای خصوصی را P قدرتمندشده در بخش دولتی ایران دانست. از سالهای ۱۳۵۲ به بعد با چهاربرابر شدن قیمت نفت، اقتصاد ایران که دهه‌ی قبل از آن با رشد دورقمی و تورم یک‌رقمی پشت‌سر گذاشته بود، با تورم دورقمی و رشد یک‌رقمی مواجه شد. سیاستگذاران کلان کشور با اشتباه گرفتن گرانی به جای تورم شروع به ایجاد قوانین و سازمانهای عریض و طویل مبارزه با گرانی و تثبیت قیمتها کردند و اجازه‌ی قیمت‌گذاری را از بنگاههای کشور

گرفتند. نتیجه‌ی آن نه فقط کنترل تورم بلکه، افزایش تورم و قدرتمند شدن قدرت دیوانسالاری دولت در قیمت‌گذاری و تضعیف قیمت‌گذاری در بخش خصوصی بود.

جناب آقای درگی که تجربه‌ی خوبی در زمینه‌ی مشاوره‌ی شرکتها و تدریس مباحث بازاریابی دارند، با انتشار این کتاب تلاش کرده است که P فراموش‌شده را به جایگاه واقعی خود برگرداند. باید امید داشت که مدیران کسب‌وکارهای کشور با استفاده از این کتاب و سایر کتابهایی که در این زمینه نوشته شده است[۱] به مزیت قیمتی خود توجه کنند و باور نمایند که قیمت صرفاً یک عدد نمی‌باشد بلکه، ابزار قدرتمندی برای کسب مزیت رقابتی و رضایت و احساس انصاف مشتری می‌باشد. با قیمت می‌توان احساس غرور کرد یا احساس شرم و گناه. تعالی قیمت‌گذاری نیاز دارد که به آن به‌عنوان استراتژی قیمت‌گذاری نگاه کنیم و همه‌ی واحدهای سازمان باید درگیر آن شوند. کتاب قیمت‌گذاری با نگاه بازاریابی با ارایه مباحث مفید و جدید و مطابق با نیاز جامعه‌ی ایرانی به این مباحث پرداخته است و با ارائه‌ی فصولی همچون قیمت‌گذاری در استارت‌اپ‌ها، باورهای غلط در قیمت‌گذاری و... تلاش کرده است این شکاف را پر کند.

اطمینان دارم که تلاش آقای درگی و دیگران در زمینه‌ی ارتقای ادبیات قیمت‌گذاری در کشور قادر است جایگاه مباحث قیمت‌گذاری را از حالت دفتری و به‌عنوان وظیفه‌ی حسابداری و مالی به مباحث استراتژیک سازمان ارتقا دهد. قیمت‌گذاری که در سالهای اخیر با کمک مباحث روانشناسی و تکنولوزی اطلاعات (IT) سریعاً در حال تکامل می‌باشد و در معماری سازمانی بنگاههای بزرگ جایگاه بالایی پیدا کرده است، قادر است کسب‌وکارهای ایرانی را به جایگاه شایسته‌ی آنها در بین کسب‌وکارهای جهانی ارتقا دهد.

دکتر محسن نظری
دانشیار و مدیر گروه مدیریت بازرگانی
دانشکده مدیریت دانشگاه تهران

۱- نویسنده‌ی این سطور نیز در ۱۰ سال اخیر تلاش نموده است با انتشار مجوعه کتابهای "مدیریت قیمت" که تا کنون ۱۱ جلد آن منتشر شده است، قیمت‌گذاری را در بنگاههای کشور به جایگاه واقعی خود برساند.

پیشگفتار دکتر حسین وظیفه‌دوست

به نام یگانه معلم هستی؛

سال‌هاست از قیمت‌گذاری به‌عنوان تنها P در آمیخته‌ی بازاریابی که باعث ورود جریان نقدینگی به شرکت می‌گردد و از اهمیت بسیار زیاد برخوردار می باشد، یاد می‌گردد. تا جایی که در بسیاری از کتب و مقالات به استراتژیها، تاکتیکها و تکنیکهای قیمت‌گذاری پرداخته شده است.

با وجود این، به‌جهت تک بعدی نگریستن به قیمت‌گذاری، این مهم با ابهامات زیادی در عمل مواجه بوده است.

خواندن این کتاب که از وجوه ممیزه‌ی بسیاری برخوردار است، کمک مهمی در دفع این ابهامات خواهد داشت. نویسنده با بهره‌گیری از علوم مختلف در سیاستگذاری و خطمشی قیمت‌گذاری که در فصل اول کتاب حاضر نگاشته شده است، ابعاد وسیع نگرشی را پیش روی خواننده می‌گستراند.

در فصل دوم تا پنجم آنچه از نظر چگونگی و چرائی و کلان‌نگری لازمه‌ی استراتژیهای قیمت‌گذاری بوده است را با قلمی روان و قابل فهم به رشته‌ی تحریر در آورده است.

وقتی به سؤالات متداول در مبحث قیمت‌گذاری توجه ویژه داشته باشیم، فصل ششم چگونگی قیمت‌گذاری خدمات و کالاهای ناملموس و نامحسوس، و فصول هفتم تا نهم این مهم را در محصولات لوکس، کسب‌وکارهای نوآفرین و بازارهای صادراتی و بین‌المللی پاسخگو است. و چنانچه با علم و هنر مذاکره در فصل دهم، نگاه پرتوافکنانه‌ی نورومارکتینگ به قیمت‌گذاری که در فصل یازدهم و کاربرد روانشناسی در قیمت‌گذاری در فصل دوازدهم آمیخته‌ی گروه مخاطب را در علم و هنر توانمندی مورد نیاز برای قیمت‌گذاری عاری از اشتباه رهنمون می‌نماید.

با این حال، نویسنده در فصل سیزدهم و چهاردهم با ارائه‌ی عمده‌ترین اشتباهات در قیمت‌گذاری و اجتناب از باورهای غلط در این حوزه، نیم‌نگاهی عالمانه به نظریه‌ی مسیر - هدف برای تحقق

کامل توانمندسازی در به‌کارگیری این P مهم بازاریابی داشته است.

هرچند به نظر اینجانب نیازی به ارائه‌ی فصل پانزدهم یعنی توصیه‌های نهایی نبود، چه اینکه خواننده با خواندن فصول قبل به‌طور کامل به این مهم دست می‌یازد، لاکن وجودش تیر خلاصی است که راه را بر هرگونه اشتباه احتمالی در این راستا خواهد بست.

و مآلاً اینکه؛

جناب آقای پرویز درگی سالهای متمادی است که سهم اثر بسیاری در اعتلای اهداف خانواده‌ی بزرگ بازاریابی ایران داشته است و با نشر آثاری در این حوزه به توسعه‌ی بینش عمومی در این علم جوان و هنوز نه کاملاً شناخته‌شده در ایران کمک شایانی نموده‌اند.

لذا این کتاب را نیز همچون سایر آثار ایشان از خصیصه‌ی مهم پرکردن شکاف علم و هنر از حوزه‌ی بازاریابی برخوردار می‌بینم و قلمشان را می‌ستایم.

دکتر حسین وظیفه‌دوست
استاد گروه بازاریابی دانشگاه علوم و تحقیقات تهران

پیشگفتار مؤلف

قیمت‌گذاری از جمله حساس‌ترین موضوعات بازاریابی است. به گواه "رصد بازار" و مشاهده‌ی کلاسهای درسی و سمینارهای برگزار شده در دانشگاه و مجامع علمی، قیمت‌گذاری به دو شیوه تدریس می‌شود؛

۱- قیمت‌گذاری در چند جلسه بدون اتکا به واقعیتهای اکنون و امروز بازار، در قالب مثالهای فرضی فارغ از نگرش بازار ایران به‌صورت توضیحاتی اجمالی ارائه می‌شود. دانشجویان نیز چون با "بازار" ارتباط تنگاتنگی ندارند، پرسشها و سؤالاتی دارند که در حد همان مباحث ارائه شده است. هم استاد نیازی نمی‌بیند که دانشجویان را برانگیزد تا به "بازار" بروند و نمونه‌های عینی را بررسی کنند، و هم در صورتی که دانشجو، رأساً و آتش به اختیار این کار را انجام دهد، چندان حمایت نمی‌شود و گاه مستوجب تنبیه نمره‌ای خواهد شد!

۲- قیمت‌گذاری در قالب نگاه ریاضی با بررسی فرمولها، منحنی‌ها و ترسیم جداول عرضه می‌شود. کاری بس نیکو که لازم است، اما کافی نیست. دانشجو پس از اتمام حل مسأله درمی‌یابد باید همین نتایج را به زبان "بازار" ترجمه کند. برای این کار باید از محیط دانشگاهی بیرون آمد، و به "بازار" رفت و سالها به قول قدیمی‌ها، خاک بازار را خورد.

پرسش آغازین این کتاب، همچنین پرسش نهایی این کتاب، و پرسش هر شرکت و بنگاهی که محصولی عرضه می‌کند این است که بالاخره چه قیمتی را باید انتخاب کرد؟

جالب آنکه بر پایه‌ی تجربیات و همچنین دانش قیمت‌گذاری که در این کتاب نیز تشریح شده است، تنها یک درصد افزایش قیمت، به‌تنهایی ۱۰ درصد سود را برای شرکت و سازمان تأمین می‌کند. همین نکته به‌تنهایی یعنی بسیاری از شرکتهایی که انحلال یافته‌اند، یا نتوانسته‌اند به درآمد سرشاری دست یابند، از رمز و راز قیمت‌گذاری بی‌اطلاعند.

چه قیمتی را باید انتخاب کرد؟

به پرسش اصلی بازگردیم. چه قیمتی را باید انتخاب کرد؟ پاسخ این پرسش را ابتدا از زبان فیلیپ کاتلر، پدر بازاریابی نوین، بخوانیم که با یک ضرب‌المثل روسی می‌دهد:

در هر بازاری دو احمق وجود دارد: فردی که قیمت محصول خود را خیلی کم تعیین می‌کند، و فردی که قیمت محصول خود را خیلی زیاد تعیین می‌کند.

درباره‌ی قیمت پایین می‌دانیم که موجب افزایش فروش می‌شود، اما با سود کم. به علاوه قیمت پایین، سبب می‌شود که مشتریان، دید و نگاهشان را به محصول کاهش می‌دهند.

جالب آنکه کاتلر، نگرانی دیگری را نیز مطرح می‌کند و آن زمانی است که شما قیمت بالا را می‌دهید. این کار سبب می‌شود که فروش و مشتری را از دست می‌دهید. پیتر دراکر می‌گوید: تعیین قیمت بالا همواره بازار جدیدی را برای یک رقیب ایجاد می‌کند. البته در محصولات لوکس تأکید کرده‌ام که قیمت را شرکت تعیین می‌کند نه بازار.

این کتاب ثمره‌ی سالها تجربه‌ی مشاوره‌ای من در شرکتهای مختلف است، اعم از شرکتهایی که محصولات تندمصرف (FMCG) دارند یا شرکتهایی که در بازار صنعتی حضور دارند یا در بازار شرکتی فعالند، همچنین شرکتهایی که خدمات بویژه خدمات اینترنتی یا نرم‌افزار ارائه می‌کنند و یا شرکتهایی که دانش‌بنیان هستند.

تنوع حضورم در این شرکتها، این فرصت مغتنم و طلایی را آفرید که بتوانم در آزمایشگاه بزرگ "بازار" هرروز نتیجه‌ی اقدامات و البته خطاهایم را ببینم و از آن برای تصحیح فعالیتهایم، بیشترین بهره‌برداری را کنم.

خشنودم که در این پویه‌ی سخت اما شیرین، در تلاطمهای فراوانی قرار گرفتم که هر لحظه اعتبار و آبرو و برند علمی و اجرایی‌ام را به مخاطره می‌اندازد و این استرس مثبت برایم شیرین است و سبب می‌شود که همواره خودم را میوه‌ی کال بدانم و برای پختگی تلاش کنم.

کتاب قیمت‌گذاری حاصل این پویه است که در طبق اخلاص تقدیم می‌کنم؛ کتابی در ۱۵ فصل و چندین پیوست که جملگی قرار است به ابعاد متنوع قیمت‌گذاری بپردازند؛ هم ابعادی که بر روی قیمت‌گذاری تأثیرگذارند، و هم ابعادی که خود قیمت‌گذاری بر تمامی فعالیتهای شرکت تأثیر می‌گذارد.

ساختار کتاب قیمت‌گذاری

کتاب پیش رو، حاوی ۱۵ فصل است با رویکرد بین‌رشته‌ای. تمایز این کتاب با سایر کتابهایی که در حوزه‌ی قیمت‌گذاری چاپ و انتشار یافته‌اند، نیز در همین رویکرد است یعنی بین‌رشته‌ای، و هم با نگرش بازار ایران که قرار است به یاری بازاریابی بیاید. از همه مهمتر آنکه قرار نیست این کتاب صرفاً به مباحث بپردازد بلکه، اصلی‌ترین ویژگی و امتیاز آن در "اجرایی بودن" مباحثی است که به آن

پرداخته‌ام.

به ساده‌ترین عبارت، شما با مطالعه‌ی این کتاب درمی‌یابید که باید قیمت‌گذاری به‌صورت یک کمیته‌ای، تصمیم‌سازی شود. اما ترکیب این کمیته چه کسانی هستند، در کتابهای متعدد کمتر بحثی به میان آمده است. پس از این تصمیم‌سازی، باید تصمیم‌گیرنده‌ی اصلی را در صدر قرار دهیم. او کیست؟ یا چه کسانی تصمیم‌گیرنده‌ی اصلی هستند. در این کتاب با تمام جزئیات این توضیحات داده شده است.

باورهای نادرستی همواره در قیمت‌گذاری رخ می‌دهد. یک فصل کاملاً مجزا در فصل چهاردهم به این موضوع اختصاص یافته است. این بحث کمک فراوانی می‌کند تا به محض معرفی یک دیدگاه، سایرین بتوانند مبتنی بر این توضیحات، بخوبی تشخیص دهند که عملاً باور غلط در قیمت‌گذاری در جریان است.

خوشبختانه به مدد حضور نسل هزاره که از اساس با حضور و زندگی، با اینترنت و فضای مجازی رشد یافته و بزرگ شده‌اند، کاروکسب‌هایی داریم که با عنوان "استارت‌آپ" از آن یاد می‌شود. در فصل هشتم یک فصل را با عنوان قیمت‌گذاری کاروکسب‌های نوآفرین (استارت‌آپی) اختصاص داده‌ام.

هرکجا لازم بوده بر پایه‌ی قیمت‌گذاریهایی که برای محصولات متنوع تندمصرف (FMCG)، بازار صنعتی، بازار شرکتی، تجربه کرده‌ام، مثال یا مثالهای عینی برآمده از بازار ایران آمده است تا خواننده احساس کند که دلیلی ندارد با مثالهای فرضی کار قیمت‌گذاری را انجام دهد.

۴ پیوست در پایان کتاب آمده است که به تصور من، بخش بسیار زیادی از موضوعات قیمت‌گذاری را بخوبی پوشش داده است.

درهم‌تنیدگی و پیوند مباحث و موضوعات قیمت‌گذاری به‌گونه‌ای است که با مطالعه‌ی این کتاب درمی‌یابیم که همچنان باید بیش از پیش به مباحث بین‌رشته‌ای بپردازیم تا بهتر بتوانیم به موضوع قیمت‌گذاری بپردازیم. تصور می‌کنم در کتابهای آینده باید به "کلان داده‌ها" و "هوش مصنوعی" و تأثیر آن در قیمت‌گذاری پرداخته شود. در آینده، برنده‌ی میدان کتابهای قیمت‌گذاری، اشخاص یا مؤسساتی هستند که توانسته‌اند این موضوعات را به‌عنوان متغیرهای اصلی، یا متغیرهای واسطه‌ای در نظر بگیرند. من در این کتاب افزون بر موضوعات اقتصاد، جامعه‌شناسی، روانشناسی، به موضوع نورومارکتینگ نیز پرداخته‌ام که به‌نظرم تاکنون در هیچ کتابی نیامده بود. دست‌کم من در کتابهای قیمت‌گذاری ندیدم که به این موضوع بپردازند.

خوشبختانه به لطف متخصصان برجسته‌ی نوروساینس در سالهای اخیر، مباحث بین‌رشته‌ای نورومارکتینگ در حال رشد و اوج‌گیری است. عمده‌ی این مباحث به موضوعات متنوعی بجز قیمت‌گذاری پرداخته‌اند یا درباره‌ی قیمت‌گذاری کارهای اندکی صورت گرفته است. در همین دو سه سال اخیر برخی جوانان علاقه‌مند و کوشا اقدامات خوبی را در حوزه‌ی نورومارکتینگ، آهسته و پیوسته

در حال اجرا هستند. انتظار می‌رود که سمت‌وسوی این فعالیتها به "قیمت‌گذاری" نیز سوق یابد. بدون تردید این فعالیت، مستلزم هماهنگی فراوانی است بین اهالی بازاریابی و این متخصصان تا آنچه در قالب موضوعات قیمت‌گذاری قرار است با اسکنهای مغزی یا حرکات چشم (Eye Tracking) پیگیری و آزمایش شود، نخست باید به یک زبان مشترک دست یابیم.

قدردانی و تقدیر

شایسته است همین‌جا از استادان بزرگواری تشکر و قدردانی کنم که قبول زحمت کردند تا متن پیش از چاپ را مطالعه کنند و بنا به دانش و تخصص خودشان، پیشگفتاری را به زیور طبع آراسته ساختند که قبل از این متن در کتاب می‌خوانید.

همین‌جا از دو عزیز سفرکرده یاد کنم که حضورشان در کتاب پررنگ است؛ چه، بخشی از دانش و تجربیات آنها را استفاده کرده‌ام.

استاد منصور مجدم، استاد سالهای دوران دانشجویی من است در سازمان مدیریت صنعتی و زمانی که به‌عنوان مدرّس در سازمان مدیریت صنعتی شروع به کار کردم، ابتدا دستیار وی بودم و از ایشان بسیار آموختم. هر بار از ایشان دعوت شد که در میزگردی با همین عنوان - قیمت‌گذاری - حضور یابند، پرلطف با وارستگی و تواضع و دانش علمی حضور یافتند و گفت‌وگوهای میزگرد را چالشی‌تر کردند.

مرحوم شاهرخ ظهیری نیز در میزگردی که در دفتر نشریه (توسعه مهندسی بازار) برگزار شد، نکته‌های کلیدی را برای قیمت‌گذاری عنوان کردند. هنوز هم به‌نظرم اگر همین دو نکته‌ی محوری و کلیدی، سرلوحه‌ی فعالیتهای دولت قرار گیرد، اقتصاد ایران از بسیاری از ناملایمات رهایی می‌یابد. بخش خصوصی نیز می‌تواند بخوبی به فعالیتهایی بپردازد که هم رونق اقتصادی را در بر خواهد داشت، و هم منافع عمومی جامعه تأمین می‌شود.

در کمال انصاف و البته از سر تأسف باید گفت که بزرگان همواره بر روی یک یا دو موضوع محوری تأکید می‌ورزند، اما سالها زمان می‌برد تا این موضوع یا موضوعات انجام شوند و به گفته‌ی پیشینیان نوشدارو است پس از مرگ سهراب.

شایسته است از پشتیبانی همکارانم در خانواده‌ی TMBA، بویژه آقایان مرتضی امیرعباسی، دکتر محمدرضا حسن‌زاده جوانیان، و سرکار خانم زهرا جورابلو صمیمانه تشکر کنم که زحمات ارزشمندی را در گردآوری و نظم‌بخشی این کتاب متحمل شدند.

همچنین از همکاران عزیزم آقایان احمد آخوندی، مدیر توانا و دانای انتشارات بازاریابی، و محسن جاویدمؤید، بابت ویراستاری و تمام مراحل چاپ و نشر کتاب سپاسگزاری کنم.

تقاضا می‌کنم توصیه و نظرات خود را برای در نظر گرفتن چاپهای بعدی کتاب از طریق زیر به

ما برسانید:

- سایت شخصی پرویز درگی: www.Dargi.ir
- نشانی اینترنتی: Info@TMBA.ir
- سایت انتشارات بازاریابی: www.MarketingPublisher.ir
- نشانی اینترنتی: Info@MarketingPublisher.ir
- نشانی انتشارات بازاریابی: تهران، خیابان آزادی (شرق به غرب)، بعد از خوش شمالی، کوچه‌ی نمایندگی، پلاک ۱، واحد ۱۰
- با شماره‌ی تلفکس: ۶۶۴۳۱۴۶۱ (۰۲۱)
- با شماره‌ی تلفنهای: ۶۶۴۲۳۶۶۷ (۰۲۱) و ۶۶۴۳۴۰۵۵ (۰۲۱)
- با شماره‌ی تلفن همراه شخصی‌ام: ۰۹۱۲۱۹۹۴۲۸۱

گر بخواهید در این یکدم عمر	نیـک جـویای حقـایق باشیـد
و به چشم همه نیکـان جهان	بـس بـرازنـده و لایـق باشیـد
هدفی ناب بیابید و در راه وصال	عالـم عامـل عاشـق باشیـد

سبز باشید

پرویز درگی

فصل اول

بهره‌گیری از علوم مختلف در سیاست قیمت‌گذاری[1]

قیمت‌گذاری و جایگاه آن در نظام بازاریابی

قیمت‌گذاری از جمله مباحثی است که از دیدگاه بازاریابی کمتر مورد بررسی قرار گرفته است. معمولاً کتابهای قیمت‌گذاری را استادان رشته‌های اقتصاد و مدیریت مالی نوشته‌اند. در اینجا می‌خواهم قیمت‌گذاری را از منظر بازاریابی و با نگرش و مختصات بازار ایران مورد تجزیه‌وتحلیل قرار دهم. در ابتدا لازم به توضیح است که قیمت‌گذاری هم مثل سایر اجزای آمیزه‌ی بازاریابی[2] در بازارهای رقابتی معنا پیدا می‌کند؛ زیرا بازاریابی به‌طورکلی با بازارهای انحصاری کاری ندارد.

پرسش این است که قیمت در کجای مباحث بازاریابی قرار می‌گیرد؟ مدل هرمی بازاریابی شامل فلسفه‌ی بازاریابی، استراتژی بازاریابی و تاکتیکهای بازاریابی می‌شود.[3] به‌طور خلاصه می‌توان عنوان کرد که در اینجا نیز همچون هر پدیده‌ی دیگری با فلسفه یعنی "فکر" و"چرایی" سروکار داریم. چرا شما این کتاب را می‌خوانید؟ چرا می‌خواهیم راجع به قیمت‌گذاری بدانیم؟ پاسخ به این سؤالات، ما را به استراتژی می‌رساند. استراتژی به معنای تصمیم است و بنابراین، فلسفه، فکر و زیربنای تفکر است که ما را به یک تصمیم می‌رساند و آن تصمیم، استراتژی است. به عبارت دیگر، فلسفه زیربنای

---

1. Pricing
2. Marketing Mix

۳- علاقه‌مندان می‌توانند برای آشنایی بیشتر با جزئیات این مدل به کتاب مباحث و موضوعات مدیریت بازاریابی با نگرش بازار ایران تألیف اینجانب، چاپ انتشارات بازاریابی مراجعه کنند.

استراتژی است. اما تصمیمات ما چه هستند؟ تصمیمات در حقیقت مجموعه‌ای از بایدها و نبایدها هستند. پس استراتژی یعنی اینکه چه کارهایی را باید انجام دهیم و چه کارهایی را نباید انجام دهیم. در کاروکسب، کارهایی که نباید انجام دهیم به اندازه‌ی کارهایی که باید انجام دهیم، مهم هستند. مایکل پورتر، نظریه‌پرداز مدل پنج نیروی رقابتی،[1] تأکید می‌کند اهمیت دانستن و ورود نکردن به کارهایی که نباید انجام دهیم، به اندازه‌ی اهمیت کارهایی است که باید انجام دهیم. در اطراف خود شرکتهایی را می‌بینیم که یکی از دلایل اصلی شکستشان، ورود به حوزه‌هایی است که نباید وارد آنها می‌شدند.

درباره‌ی فکر و تصمیم مطالبی را بیان کردم. اما این فکر و تصمیم زمانی ارزش پیدا می‌کنند که اجرا شوند. از این رو، بخش سوم هرم، تاکتیک یا همان اجراست که البته با تکنیک تفاوت دارد و اگرچه هر دو به اجرا اشاره دارند، اما تاکتیک، اجرای تیمی، و تکنیک، اجرای فردی است. اگر به شرایط شرکتهای ایرانی دقت کنیم، می‌بینیم که عمده‌ی ضعف ما در اجرا است. بسیاری از اوقات تصمیمات بسیار ارزشمندی گرفته شده که در مرحله‌ی اجرا خوب اجرا نشده‌اند. توصیه می‌کنم کتاب "اجرا"[2] نوشته‌ی لاری بوسیدی، رام چاران، ترجمه‌ی غلامحسین خانقایی از انتشارات فرا را بخوانید. در بازاریابی فرمولی به نام فرمول "گامهای بنیادین فرایند بازاریابی" وجود دارد که به ما کمک می‌کند فکر و تصمیم خود را به اجرا تبدیل کنیم. باید بدانیم که هر فعالیتی در بازاریابی با تحقیق[3] آغاز می‌شود. با انجام تحقیق و به دست آوردن اطلاعات، ریسک تصمیم‌گیری اشتباه را کم می‌کنیم. برای مثال، بر اساس تحقیقات انجام شده، امروزه می‌دانیم که رنگ قرمز روی تصمیم خرید آقایان تأثیر مثبت می‌گذارد، بنابراین، برچسب قیمت را روی زمینه‌ی قرمز می‌زنیم. این در حالی است که این یافته در مورد خانمها صدق نمی‌کند؛ زیرا آنها دقت بیشتری در مباحث قیمتی دارند. اینچنین یافته‌هایی برخاسته از تحقیقات هستند. بنابراین، تحقیق زیربنای STP است. در این ترکیب، S حرف اول Segmentation یا همان بخش‌بندی بازار است. ما نمی‌توانیم یک محصول را در تمام بازارها یکسان بفروشیم. توصیه‌ی همیشگی من به شرکتهای بزرگ این است که با یک برند کار نکنید و حداقل دو تا سه برند داشته باشید.

زمانی‌که ما یک برند را به بازار عرضه می‌کنیم (منظور برند محصول است)، نمی‌توانیم همه‌ی بخشهای درآمدی و طبقات اجتماعی[4] را با همان یک برند خشنود سازیم. علاوه بر این، نمی‌توانیم بگوییم ما برندی داریم که برای تمام اقشار جامعه (فقیر، متوسط، و ثروتمند) جذابیت دارد. زمانی‌که بخش‌بندی را انجام دادیم، باید از خودمان بپرسیم که بازار هدفمان کجاست؟ بنابراین به T یا همان

---

1. Porter's Five Competitive Forces
2. Execution: The Discipline of Getting Things Done
3. Research
4. Social class

Targeting[1] می‌رسیم. پس از بخش‌بندی و هدف‌گذاری به P حرف اول Positioning به معنای جایگاه‌سازی می‌رسیم. جایگاه‌سازی یعنی اینکه چگونه خود را در بازار جا بیندازیم؟ چگونه در روح و جان و دل مشتری نفوذ کنیم؟ راه‌حل جایگاه‌سازی، داشتن و اثبات کردن وجوه تمایز یا مزیت رقابتی[2] است. مثلاً وجه تمایز مورد ادعای شرکت فروشگاه‌های زنجیره‌ای افق کوروش، قیمت پایین‌تر در کالاهای مشابه است. به عبارتی، استراتژی رهبری هزینه[3] را برای کاروکسب‌شان انتخاب کرده‌اند. بنابراین، اگر بخواهیم تا اینجا جمع‌بندی کنیم، باید عنوان کنم که ابتدا به بخش‌بندی بازار، سپس تعیین بازارهای هدف، و در نهایت به جایگاه‌یابی و نفوذ به دل مشتری می‌پردازیم. چون این سه مرحله در عمل مثل طیف رنگ‌ها کنار هم قرار می‌گیرند و خیلی مرز مشخصی ندارند، آن‌ها را بدون فلش جداکننده و به‌صورت یکپارچه می‌آوریم. اما مهم این است که STP قلب بازاریابی استراتژیک است.

نکته‌ی بعدی که باید درباره‌ی آن توضیحاتی ارائه دهیم، آمیزه‌ی بازاریابی یا همان مارکتینگ‌میکس[4] است. منظور از آمیزه چیست؟ آمیزه، مانند یک خمیر است. زمانی که به خمیر نگاه می‌کنیم، نمی‌توانیم آرد، آب، نمک، اسانس و سایر اجزای آن را از یکدیگر تفکیک کنیم؛ زیرا تمام این‌ها با هم ترکیب شده‌اند و به یک جامعیت یا یک واحد رسیده‌اند. از اوایل دهه‌ی ۱۹۶۰ که مک‌کارتی[5] این مفهوم را برای اولین بار عنوان کرد، تاکنون مواردی به آن اضافه شده‌اند، اما اصول آن چهار مورد هستند: محصول، قیمت، توزیع[6]، و ترویج و ارتباطات.[7] ترکیب درست این چهار اصل، به معنای تحت تأثیر قرار دادن مشتری است. مشتری به دنبال چه چیزی است؟ مشتری می‌خواهد محصول مناسب با توزیع مناسب با قیمتی مناسب و ترویج و تبلیغات مناسبی را دریافت کند. نامناسب بودن هر یک از آن‌ها باعث می‌شود که آمیزه‌ی بازاریابی با مشکل مواجه شود. بنابراین، ابتدا با تحقیقات شروع می‌کنیم، سپس به STP و بعد از آن به آمیزه‌ی بازاریابی می‌رسیم. به کل این فرایند، برنامه‌ی بازاریابی[8] گفته می‌شود. برنامه‌ی بازاریابی باید هر سال در سازمان‌ها نوشته و به‌روزرسانی شود. سازمان باید بداند که هر سال چه برنامه‌ای در بازار دارد، چقدر می‌خواهد بفروشد، کجا می‌خواهد تبلیغ کند، چه سیاست قیمت‌گذاری باید داشته باشد و... . حتی صاحب یک فروشگاه کوچک نیز می‌تواند این برنامه را برای کاروکسب خود بنویسد. در مرحله‌ی بعد نوبت به اجرا و پیاده‌سازی برنامه می‌رسد. اینجا است

۱- هدف‌گذاری
2. Competitive Advantage
3. Cost Leadership Strategy
4. Marketing Mix
5. McCarthy's
۶- Place را نباید مکان ترجمه کرد؛ زیرا منظور از آن توزیع است. در واقع، واژه‌ی اصلی Distribution بوده‌است، اما چون سه کلمه‌ی دیگر با P شروع می‌شوند، مک‌کارتی به‌جای آن Place گذاشت که 4P's حاصل شود.
7. Promotion
8. Marketing Plan

که چارت سازمانی[1] معنا پیدا می‌کند و نیاز سازمان به نیروهای مختلف و کیفیتی که هر یک باید داشته باشند، مشخص می‌شود.

آخرین مرحله، کنترل است که منظور از آن "اصلاح کردن" می‌باشد. کنترل، یعنی اینکه بررسی کنیم که در کدام بخشها نیاز به اصلاح داریم. ممکن است ما برنامه‌ی بسیار خوبی داشته باشیم، اما تغییرات محیطی ما را مجبور کند که در آن تغییراتی ایجاد کنیم. برای مثال، انتخابات ریاست‌جمهوری می‌تواند یکی از این تغییرات محیطی باشد؛ زیرا انتخاب یک فرد به‌عنوان رئیس‌جمهور، شکل محیط تجاری[2] ما را تعیین می‌کند و بر اساس شرایط این محیط است، که ما برای سازمانمان تصمیم‌گیری می‌کنیم. گاه مجبور هستیم اشتباهات خود را اصلاح کنیم و گاه تغییرات محیطی ما را مجبور به اصلاح و بازنگری در برنامه می‌کنند. تأکید می‌کنم سازمانها دستوراتشان را از محیطشان می‌گیرند، و نه از مدیرانشان. مدیران دانا که به پیچیدگی و عدم قطعیت[3] محیطی بازار، آگاهی و اشراف دارند و دستورات محیطی را بموقع دریافت کرده و تغییر در برنامه‌ی سازمان را بموقع ترجمه و آماده‌سازی می‌کنند، سازمانهای موفقی خواهند داشت.

با توجه به توضیحاتی که تا اینجا ارائه شد، در این کتاب قصد دارم مبحث قیمت‌گذاری را مورد تجزیه‌وتحلیل قرار دهم. در ابتدا لازم است که با تعریف قیمت آشنا شویم: "قیمت برابر است با همه‌ی ارزشهایی که مشتری در ازای بهره‌مند شدن از مزایای حاصل از داشتن یک قلم محصول پرداخت می‌کند". به قول وارن بافت[4]، مدیرعامل و رئیس هیأت‌مدیره‌ی شرکت برکشایر هاتاوی، قیمت آن چیزی است که پرداخت می‌کنید و ارزش[5] آن چیزی است که به‌دست می‌آورید. ممکن است به‌جای قیمت با اصطلاحات دیگری نیز همچون شهریه[6]، اجاره[7]، کرایه، کمیسیون، دستمزد، حق‌الزحمه[8]، حق‌المشاوره، حق بیمه[9]، حقوق، عوارض[10]، و یا سود و... نیز بیان شود. مانند زمانی که آموزشگاه بازارسازان[11] برای آموزش کارکنان یک سازمان شهریه تعیین می‌کند، مالک یک زمین برای در اختیار گذاشتن زمین خود به‌منظور احداث ساختمان اداری یا انبار بهایی را تعیین می‌کند و یک کرایه‌دهنده‌ی اتومبیل یا میز و صندلی به‌منظور اجاره‌ی آنها به مشتریان مبلغی تعیین می‌کند. اما نکته‌ی مهم این است که محصول، توزیع و ترویج، ارزش‌ساز هستند و قیمت این ارزش را به بازار نشان می‌دهد.

1. Organizational Chart
2. Business Ecosystem
3. Uncertainty
4. Warren Buffett
5. Value
6. Tuition
7. Rent
8. Fee
9. Premium
10. Toll
11. Marketingschool.ir

یادمان باشد هدف هر کاروکسبی ایجاد ارزش و کسب آن است. ارزشی که از طریق محصول، ترویج و توزیع ایجاد می‌شود، از طریق قیمت برداشت خواهد شد. حال اگر مدیریتِ قیمت درست صورت نگیرد، زحمات همه‌ی عوامل از بین می‌رود. پس محصول، توزیع، ترویج، و ارتباطات، ایجادکننده‌ی ارزش هستند و قیمت برای مشتری، نشان‌دهنده‌ی ارزش و برای فروشنده، برداشت‌کننده‌ی ارزش است. ارزش همان مقایسه‌کننده‌ی بین هزینه‌ها و فایده‌هاست.

ضروری است تأکید کنم که بازاریابی از دسته علوم بهره‌برداری است؛ یعنی از دستاوردهای علوم مختلف از جمله استراتژی، روانشناسی، ریاضی، مغز و اعصاب، جامعه‌شناسی، ارتباطات و... استفاده می‌کند تا به اهداف اساسی نظام بازاریابی دست یابد که شامل جذب مشتری، نگهداری مشتری، رشد دادن مشتری، و ارتقای کیفیت زندگی ذی‌نفعان است.

در مدیریت سازمانها آموزش داده می‌شود که مدیران لازم است چهار دسته از مهارتها را فرا بگیرند و به‌صورت مرتب ارتقا دهند.

الف) مهارت بینشی و ادراکی: این مهارت به داشتن چشم‌انداز و دیدن آینده مربوط می‌شود، و با علومی چون آینده‌پژوهی[1] و بسط ادراک آدمی این مهارت ارتقا می‌یابد و انسان را به دیدن نادیده‌ها می‌رساند. این مهارت سبب می‌شود انسان خانه‌اش را در ابرها بسازد، اما پایه‌اش را روی زمین بزند. آینده‌پژوهی، طراحی هوشمندانه‌ی آینده است و قیمت‌گذاریِ درست با دید بلندمدت در راستای اهداف نظام بازاریابی[2] عمل می‌کند.

ب) مهارت ارتباطی: دنیای امروز دنیای ارتباطات است. سطح بازی بشدت بزرگ شده است، رقابت منظری جهانی یافته است، وقتی شما در جلسه‌ای قیمت محصولتان را می‌گویید، همان لحظه طرف مذاکره‌تان بلافاصله قیمت محصول رقبایتان را از سیستم جلوی رویش بازبینی می‌کند و با دست پر با شما مذاکره می‌کند.

البته مهارتهایی چون اصول، فنون و هنر مذاکره، قدرت سخنوری، نامه‌نگاری تجاری[3]، چگونگی حضور در فضای مجازی و... همگی به مهارتهای ارتباطی مربوط می‌شوند.

ج) مهارت حسی: بازاریابی حسی به موضوعی بسیار مهم در مدیریت سازمانها و مدیریت مشتریان تبدیل شده است. امروز بهره‌گیری از حواس پنجگانه‌ی خود و ابزارهای در دست اختیار برای تأثیرگذاری بر حواس پنجگانه‌ی مشتریان بسیار بااهمیت شده است و پذیرش یا رد قیمت، ارتباط با میزان و نوع تأثیرگذاری حسی مشتری پیدا می‌کند. حس خوب، خشنودی و خوشایندی مشتری سبب می‌شود که او قیمتهای بالاتر را بپذیرد.

---

1. Future Studies
2. Marketing System
3. Business Correspondence

د) مهارت فنی: در تحقیقات ثابت شده است که مهارت فنی حداکثر پانزده درصد در اداره‌ی یک سازمان برای مدیر ارشد لازم است، اما متأسفانه در ایران به مهارت فنی (که در جای خود بسیار مهم است) خیلی بیش از حد بها داده شده و سبب شده است که عده‌ای به غلط تصور کنند مهارت فنی[1] همه‌چیز است و جای همه‌ی مهارتها را می‌گیرد. همین تفکر است که سبب می‌شود برای انتخاب مدیرعامل یک باشگاه ورزشی دنبال ورزشکاران باشیم، برای انتخاب وزیر بهداشت سراغ پزشکان برویم و... . در صورتی‌که اداره‌ی سازمان باید از طریق کسانی صورت گیرد که بینش و توان مدیریت در سطح عالی را دارا بوده و سواد مدیریت داشته باشند.

موضوع قیمت‌گذاری نیز از این دیدگاه دور نبوده است و فن قیمتی و مهارت فنی قیمت‌گذاری که به حوزه‌ی امور مالی برمی‌گردد، جای مدیریت قیمت‌گذاری را گرفته است. نگاه بازاریابی به سیاست قیمت‌گذاری و مدیریت قیمت‌گذاری نگاه بهره‌بردار است و بنابراین، با بهره‌گیری از مهارتهای بینشی و ادراکی، ارتباطی، حسی و از جمله فنی به قیمت‌گذاری نگاه می‌شود. نگاه بازاریابی مانع از این می‌شود که قیمت‌گذاری فقط با مهارت فنی (دید صرف مالی) صورت گیرد.

این تفکر و دیدگاه یک جامعیت‌نگری در قیمت‌گذاری را سبب می‌شود که جای علوم مختلف خصوصاً علوم حوزه‌ی انسانی و روانشناسی را در آن می‌بینیم. از این رو، دانایی‌های اقتصادی، رقابتی، عاطفی، و شناختی[2] در حوزه‌ی قیمت‌گذاری وارد می‌شوند. عوامل اقتصادی به مواردی چون تورم، نرخ بهره، حجم نقدینگی و نظایر آن مربوط می‌شود. اقتصاد، علم تخصیص بهینه‌ی منابع محدود برای ارضای خواسته‌های نامحدود است. تسلط به مباحث اقتصادی سبب می‌شود به‌گونه‌ای قیمت‌گذاری صورت گیرد که بیشترین سودمندی برای بنگاه اقتصادی اتفاق بیفتد. کلمه‌ی کلیدی علم اقتصاد، کمیابی[3] است، بدین‌رو، از زاویه‌ی تفکر اقتصادی ارتباط تنگاتنگی با بهره‌وری[4] دارد. عوامل رقابتی به تصمیمات قیمتی رقبا و کنش و واکنش آنها نسبت به تغییرات قیمت در صنعت مربوطه، عوامل عاطفی به رفتار واسطه‌ها و مصرف‌کنندگان در سطوح مختلف قیمت و اخبار محیط کلان و خرد (به‌یاد بیاورید رفتار عده‌ای را در مقابل پمپ‌بنزین‌ها وقتی که اعلام می‌شود قیمت بنزین از ساعت ۱۲ شب گران خواهد شد)، و عوامل شناختی به سطوح دانایی و اشراف به دانش و سواد قیمت و تأثیرگذاری و تأثیرپذیری آن از سایر عوامل آمیزه‌ی بازاریابی مربوط می‌شوند. و از نگاه صرف عرضه و تقاضا[5] و قیمت تمام‌شده و اضافه کردن سود مدنظر جلوگیری شده و به قیمت‌گذاری به‌عنوان یک سیستم نگاه می‌شود.

---

1. Technical Skills
2. Cognitive
3. Scarcity
4. Productivity
5. Supply and Demand

تفاوت قیمت با سایر اجزای بازاریابی

قیمت نسبت به ترویج و ارتباطات، تولید، توزیع و... تفاوتهایی دارد که با نگرش بازار ایران سه تفاوت مهمتر از سایر موارد هستند. این سه تفاوت عبارتند از:

۱) قیمت تنها عامل برداشت‌کننده‌ی ارزش است

محصول (کالا یا خدمت)، توزیع، ترویج، و ارتباطات و... هزینه‌بر هستند تا ارزش‌سازی کنند، اما قیمت برای یک کاروکسب در صورت درست اعمال شدن و درست مدیریت شدن به ثمر رساننده‌ی تمام زحمات و دریافت‌کننده‌ی ارزش برای سازمان است، و درآمد ایجاد می‌کند. به‌عنوان مثال، شرایطی را در نظر بگیرید که در آن بازار و محصول این امکان را به شما می‌دهند که یک‌درصد افزایش قیمت داشته باشید. تحقیقات ثابت کرده است که یک‌درصد افزایش قیمت اگر به شکل درستی اجرا شود، ۱۰ درصد افزایش سود سالیانه به همراه خواهد داشت. در اکثر موارد، افزایش قیمت اولین راه‌حلی است که به ذهن خطور می‌کند، اما اگر بازار و محصول هر دو کشش لازم را دارند و افزایش قیمت هیچ آسیبی به میزان فروش نمی‌زند، این شرایط بدین معناست که می‌توانیم افزایش قیمت داشته باشیم. برای مثال، در اواخر دهه‌ی هشتاد در دپارتمان تحقیقات بازار شرکت TMBA، پروژه‌ای برای شرکت نفت ایرانول انجام شد. در این تحقیق که بر اساس مدل ون‌وستندورپ (در ادامه‌ی کتاب این مدل تشریح می‌شود) صورت گرفت، به مدیرعامل وقت نفت ایرانول، پیشنهاد شد که می‌توانند قیمت روغن موتور الوند را افزایش دهند بدون آنکه خللی در میزان فروش آن حاصل شود. این روغن بسیار پرفروش بود و چون بیشتر برای پیکان و پراید استفاده می‌شود، و برای سطح درآمد طبقات متوسط و پایین، فروش خوبی دارد. ایرانول ۱۰۰ تومان افزایش قیمت داد و هیچ آسیبی به میزان فروش‌شان وارد نشد. حساب کنید این افزایش قیمت چه سود سالیانه‌ای برای شرکت داشت؟ به همین دلیل است که می‌گوییم قیمت، کسب‌کننده‌ی ارزش است.

۲) قیمت تنها عاملی است که انعطاف‌پذیری بسیار بالایی دارد

مدیرعامل می‌تواند هر لحظه که اراده کرد، پیامکی به مدیرفروش بزند و اعلام کند که از فاکتور بعدی، قیمت را تغییر دهید. یا مدیر فروشگاه می‌تواند تصمیم بگیرد که قیمت یک محصول را از فروش بعدی افزایش یا کاهش دهد. این در حالی است که به‌طور مثال اگر بخواهیم شبکه‌ی توزیع[1] خود را از شکل نیمه‌مویرگی به مویرگی تغییر دهیم، یا در تبلیغات و یا تولید اصلاحاتی را انجام دهیم، باید زمان بسیار زیادی را صرف کنیم که ممکن است این زمان تا چندین ماه به طول بینجامد.

---

1. Distribution Channel

می‌خواهم دو خاطره یکی از بازار فروش میوه، و دیگری از صنعت شیرآلات[1] را بازگو کنم. چند سال پیش (سالهای ۱۳۷۷ - ۱۳۷۸) برای خرید میوه به میوه‌فروشی مراجعه کردم. قیمت هر کیلوگرم هندوانه را ۵۰ تومان نوشته بود. وقتی هندوانه را در ترازو گذاشتم، همان‌موقع آقای وانتی که برای میوه‌فروشی بار می‌آورد رسید و با صدای بلند به مغازه‌دار گفت هوای میوه‌هایت را داشته باش؛ چون چندروز تعطیل رسمی است و میدان تره‌بار تعطیل است. مغازه‌دار هم بلافاصله به شاگردش دستور داد قیمت هندوانه را ۷۰ تومان بنویسد و وقتی انگشتانش روی کلیدهای ماشین‌حساب رفت که میوه‌های انتخاب‌شده‌ی من را حساب کند، دیدم هندوانه را کیلویی ۷۰ تومان حساب می‌کند، با اعتراض گفتم من قبل از تغییر قیمت، هندوانه را در ترازو گذاشتم. ایشان خندید و گفت شما درست می‌گویید و اصلاح کرد.

دقت کنید تفاوت قیمت فروش چند ثانیه بیشتر طول نکشید، حال این را با تصمیم تغییر در محصول، توزیع یا ترویج، و ارتباطات مقایسه کنید که حداقل چند ماه زمان‌بر هستند.

خاطره‌ی دیگر، مربوط به شرکت شیرآلات صنعتی شودر است. شرکتی با نوآوری و کیفیت محصولات بالا با سابقه‌ی چند دهه فعالیت در بازار که نتوانسته بود سهم بازار[2] مناسبی داشته باشد. نتیجه‌ی تحقیقات بازاریابی که شرکت TMBA انجام داد، نشان داد که درست است کیفیت محصولات شودر با بسیاری از برندهای معتبر اروپایی برابری می‌کند، اما گروههای درآمدی A^+ و A ایران معمولاً از برندهای اروپایی و امریکایی استفاده می‌کنند و گروههای B و C1 که پس از آنها قرار می‌گیرند و مشتریان هدف[3] اصلی شودر می‌باشند، قدرت خرید محصولات آنها را نداشتند، از این رو، با سیاست کاهش قیمت (درحالی‌که در سالهای ۱۳۹۵ و ۱۳۹۶ عمدتاً صنعت در حال افزایش قیمت بود) و گسترش شبکه‌ی فروش و توزیع و افزایش تولید، سهم بازار شرکت به نحو قابل ملاحظه‌ای افزایش یافت و البته ترویج و تبلیغ بجا هم بعداً توانست به این سیاست کمک کند.

لازم است یادآوری کنم تناسب استراتژیک[4] و جامعیت‌نگری در تمام ابعاد سازمان و همگامی آمیزه‌ی بازاریابی همه با هم در موفقیت یک بنگاه اقتصادی مهم هستند.

۳) قیمت یک تصمیم کمیته‌ای است

مدیرانی که خودشان به‌تنهایی درباره‌ی قیمت محصولات یا خدماتشان تصمیم می‌گیرند، دچار اشتباه بزرگی می‌شوند؛ چرا که قیمت یک تصمیم کمیته‌ای است. ما در سازمان خود مدیر فروش، مدیر تبلیغات، مدیر تولید و... داریم، اما کدام‌یک از ما در سازمان مدیری به‌نام مدیر قیمت‌گذاری[5] داریم؟! هیچ‌کدام. معمولاً در شرکتها چنین رده‌ی شغلی تعریف نشده است.

---

1. Sanitary Faucets
2. Market Share
3. Target Market
4. Strategic Fit
5. Pricing Manager

بنابراین، قیمت‌گذاری یک کار تیمی و کمیته‌ای است. در این فضا حضور مدیر مالی الزامی است. علاوه بر مدیر مالی، مدیر فروش، مدیر تولید، مشاور بازاریابی و فروش شرکت و مدیر توسعه بازار نیز باید درگیر این فرایند شوند و با تشکیل جلسات منظم، چارچوب مشخصی برای قیمت‌گذاری محصول یا خدمت خود بر اساس اصول قیمت‌گذاری پیدا کنند. پیشنهاد بنده این است که ریاست این کمیته را شخص مدیرعامل بر عهده داشته باشد. پیشنهاد بنده این است که ریاست این کمیته را شخص مدیرعامل بر عهده داشته باشد. قیمت‌گذاری کار یک فرد نیست و مهم این است که ابتدا استراتژی شرکت مشخص شده باشد و قیمت‌گذاری در چارچوب استراتژی و با تأکید بر تحقیقات بازاریابی برای شناخت رفتار مصرف‌کننده[1] و عوامل دخیل در کاروکسب تدوین و به‌روز شود و به تصویب هیأت مدیره برسد. از سویی، باید به‌یاد داشته باشیم که اصول قیمت‌گذاری در بازارهای داخلی و بازارهای صادراتی یکی است، اما طبیعی است که هر کدام از این بازارها، متغیرها و موارد خاص خود را دارد و لازم است در هر یک از این فرایندها، متغیرهای مربوطه با حضور مدیران مربوطه در شرکت به بحث و بررسی گذاشته شود.

قیمت‌گذاری در چه مواقعی برای مدیران بنگاههای اقتصادی اهمیت پیدا می‌کند؟

قصد دارم با نگرش بازار ایران به این پرسش، پاسخ دهم:

۱) زمانی که مدیران به مدیران سیاسی خود اعتماد و اطمینان نداشته باشند، بحث قیمت‌گذاری اهمیت بیشتری پیدا می‌کند:

مهمترین وظیفه‌ی دولت اشتغال‌زایی است. البته منظور از اشتغال‌زایی این نیست که بگوییم ۵۰۰ هزار نفر را استخدام می‌کنیم. تأکید می‌کنم عاملیت دولت باعث ایجاد فساد خواهد شد. دولت باید ناظر و بسترساز باشد. دولت به وجود آمده است که اشتغال‌زایی را از طریق ایجاد بستر مناسب برای بخش خصوصی مهیا کند. در هیچ کجای دنیا دولت نتوانسته کشور را توسعه‌یافته کند بلکه، این بخش خصوصی است که توانسته این امر مهم را انجام دهد. بخش خصوصی زمانی سرمایه‌گذاری انجام می‌دهد که به دولت اطمینان و اعتقاد داشته باشد. این سرمایه‌گذاری منجر به اشتغال‌زایی می‌شود که در جایگاه خود به ایجاد درآمد و ثروت منجر خواهد شد. مشتری زمانی خرید بیشتری انجام می‌دهد که ثروت بیشتری داشته باشد. در نتیجه، تولید رونق می‌یابد و شغل بیشتری به وجود می‌آید.[2] صاحبان و تصمیم‌گیران بنگاههای اقتصادی هم در زمان ثبات و آرامش محیطی متفاوت‌تر از زمان عدم ثبات

---

1. Consumer Behavior

۲- برای مطالعه‌ی بیشتر در این زمینه می‌توانید کتاب "اقتصاد چگونه کار می‌کند؟" اثر راجر فارمر با ترجمه‌ی محمدرضا فرهادی‌پور از انتشارات دنیای اقتصاد را بخوانید.

و تلاطم محیطی برای قیمت‌گذاری تصمیم می‌گیرند.

۲) بی‌ثباتی در محیط کلان و محیط خرد:

منظور از محیط کلان[1]، محیط ملی بازار هدف بنگاه اقتصادی است. مثلاً اگر شما در بازار ایران فعالیت می‌کنید، محیط ملی بازار ایران شامل عوامل سیاسی، اقتصادی، اجتماعی و تکنولوژی (PEST) آن، و محیط خرد[2] یا محیط نزدیک شامل عوامل رقبا، واسطه‌ها، تأمین‌کننده‌ها، دولت، مردم و کارکنان می‌شود. بنابراین، می‌توانیم بگوییم که تصمیمات قیمت هم مثل سایر تصمیمات موفقیت در بازار به دو دسته بخش‌بندی می‌شوند؛

۱- تصمیمات استراتژیک که با هدف بهینه ساختن قیمت به‌عنوان تابعی از بازار هدف پیشنهادی اتخاذ می‌شوند.

۲- تصمیمات تاکتیکی که بهینه ساختن قیمت را به‌عنوان تابعی از سایر متغیرهای آمیزه‌ی بازاریابی هدف قرار می‌دهند.

این دو نوع از تصمیمات با جزئیات بیشتر در زیر توضیح داده شده است. از دیدگاه استراتژیک، قیمت‌گذاری تابعی از بازار هدف[3] است که با استفاده از چارچوب C-5[4] تعریف می‌شود: مشتریان، شرکت، همکاران، رقابت و شرایط.

این ۵ عامل در شکل ۱.۱ نشان داده شده است.

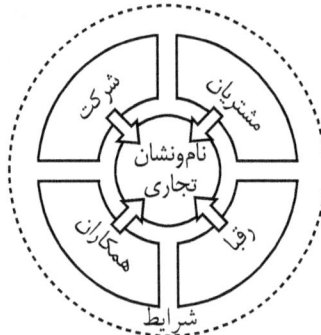

شکل ۱.۱: مدیریت قیمت، تابعی از بازار هدف

● **مشتریان.** قیمت‌گذاری تابعی از تمایل پرداخت مشتریان به ازای منافع پیشنهادی است. به‌طوری‌که تمایل به پرداخت بیشتر معمولاً به تعیین قیمت بالاتر منجر می‌شود که اغلب به

---

1. Macro-Environment
2. Micro-Environment
3. Target Market
4. Customer, Company, Competetive, Condition, Collaborator

قیمت‌گذاری مبتنی بر تقاضا معروف است.

● **شرکت**: قیمت‌گذاری تابعی از دارایی‌های استراتژیک و شایستگی‌های اصلی شرکت است که ساختار هزینه را تعیین می‌کند. قیمت‌گذاری می‌تواند به طور کامل بر اساس هزینه‌های شرکت پایه‌ریزی شود که به قیمت‌گذاری مبتنی بر هزینه معروف است.

● **همکاران**: قیمت‌گذاری یک شرکت می‌تواند تحت تأثیر اهداف و منابع همکاران شرکت نیز قرار گیرد (مانند شرکای کانال).

● **رقبا**: قیمت رقبا اثری مستقیم بر روی قیمت پیشنهادی شرکت دارد. برای مثال، وقتی قیمت بر اساس اهداف استراتژیک پایه‌ریزی می‌شود، بدین ترتیب یک شرکت می‌تواند قیمت پیشنهادی خود را مشابه قیمت رقبا، کمتر از قیمت رقبا، یا بیشتر از قیمت آنها تعیین کند. قیمت‌گذاری به طور کامل می‌تواند بر اساس قیمتهای رقبا پایه‌ریزی شود که اغلب به قیمت‌گذاری رقابتی معروف است.

● **محیط**: قیمت‌گذاری، همچنین تابعی از عوامل مختلف محیط کلان و محیط خرد است. برای مثال، قیمت خدمات مسافرتی تحت تأثیر فصلها قرار می‌گیرد. قیمت محصولات با تکنولوژی بالا[1] نیز تابعی از دسترسی به تکنولوژیهای برتر است و قیمت بنزین و توتون تابعی از مقررات دولتی و مالیاتی است.

از دیدگاه تاکتیکی، قیمت‌گذاری نیازمند هماهنگی با سایر متغیرهای آمیزه‌ی بازاریابی است (مانند کالا، خدمت، برند، چاشنی‌های فروش[2]، ارتباطات، و توزیع.) جنبه‌های اصلی تصمیمات قیمت‌گذاری در شکل ۱.۲ نشان داده شده است.

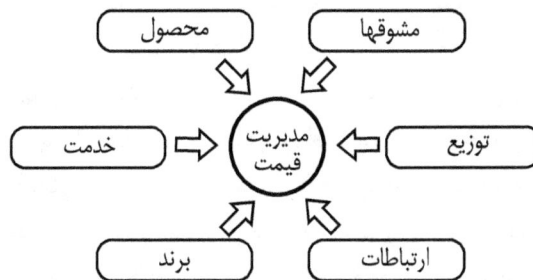

شکل ۱.۲: مدیریت قیمت، تابعی از آمیزه‌ی بازاریابی

---

1. High-tech
2. Sales promotion

۳) نوسانات شدید ارزی:

هر چند نوسانات ارزی[1] در ایران و جهان هم تابعی از عوامل سیاسی، اقتصادی، اجتماعی، و تکنولوژی است، اما به‌خاطر اهمیت آن در یک دسته‌ی جدا آورده‌ام. به‌هرحال نوسانات ارزی به حدی است که گاهی در رقم یک فاکتور فروش به فاکتور بعدی تأثیرگذار است و گاه سبب توقف فروش شده است؛ چون واقعاً فروشندگان گیج می‌شوند که چه کنند، آنها برای فروش به بازار آمده‌اند اما گاهی فروش سبب می‌شد با همان پول نتوانند کالای بعدی را بخرند. البته راهکار من برای شرکتها در زمان نوسانات این بود که اگر مجبور شدید، قیمت را افزایش دهید، اما هیچ‌گاه فروش را متوقف نکنید؛ چون در نظر بگیرید هزینه‌های سنگین را که برای برند شدن شرکت و محصول کرده‌اید، پس خودتان با دست خودتان، بازارتان را در اختیار رقبا قرار ندهید.

با این مورد در بازار ایران خیلی سروکار داریم. به یاد بیاورید نیمه‌ی اول سال ۱۳۹۲ را که قیمت دلار و یورو، به‌صورت لحظه‌ای تغییر می‌کرد یا سراسر سال ۱۳۹۷ که قیمت دلار از کمتر از ۴ هزار تومان به ۱۸ هزار تومان هم رسید، و اواخر سال به حدود یازده تا دوازده هزار تومان برگشت، خوب در این شرایط، تصمیم‌گیری در تمام سطوح مدیریت و خصوصاً قیمت‌گذاری کار دشواری است.

۴) شدت و نوع رقابت:

"رقابت"، مادر استراتژی و بازاریابی است. اگر رقابت نبود، نیازی هم به این علوم نبود. هر چقدر شدت و نوع رقابت بیشتر باشد، قیمت‌گذاری مهمتر می‌شود.

وقتی رقابت زیاد و شدید می‌شود، رقبا خیلی حواسشان به هم هست و برای جذب و حفظ مشتری به شیوه‌هایی چون کاهش قیمت، افزایش میزان تخفیف، و افزایش مدت‌زمان وصول[2] روی می‌آورند و نمایندگان و عاملین فروش هم بعضاً به زیرفروشی روی می‌آورند. اما وقتی رقابت کم می‌شود، این صاحبان کالا و خدمت هستند که قدرت پیدا می‌کنند و برای بازار تصمیم می‌گیرند.

در اواسط سال ۱۳۹۷، تأمین مواد اولیه در اثر سخت شدن و بسته شدن فضای ارتباطات خارجی برای بسیاری از شرکتهای ایران دشوار شد. تأمین‌کنندگان که تا چندماه قبل از آن با اقساط بلندمدت و تخفیف مناسب مواد و کالایشان را به بنگاههای اقتصادی می‌فروختند و برای به‌دست آوردن مشتری با هم رقابت سختی را داشتند، اعلام کردند که قیمت مقطوع بوده و ممکن است ساعت بعد فرق کند و فقط هم نقد می‌فروشیم؛ یعنی اول پول به حساب واریز کنید، بعد فاکتور صادر می‌شود. حتی بعضی هم پیش‌فروش می‌کردند. همه‌ی اینها می‌گوید که قیمت چقدر به عوامل محیطی وابسته است.

---

1. Currency Fluctuations
2. Collecting debts

۵) مسائل مدیریتی درون‌سازمانی:

بر خلاف ۴ مورد قبلی که به محیط برمی‌گردد، این مورد به درون سازمان مربوط می‌شود. برخی از مدیران، زمانی که می‌خواهند محصولی را وارد بازارکنند، واقعاً نمی‌دانند چگونه آن را قیمت‌گذاری کنند. مدیران شرکتها می‌توانند یکی از این سه تفکر را داشته باشند:

■ الف) تفکر هزینه‌یابی

این تفکر بسیار خطرناک و وحشتناک است. در این تفکر، مدیر فقط دغدغه‌ی کاهش هزینه‌ها را دارد. مدیر به دنبال کاهش هزینه‌های نابجا و ریخت‌وپاشهای بی‌مورد نیست بلکه، می‌خواهد هزینه‌ها را کاهش دهد. مدیری بود که می‌گفت هر پیشنهادی برای طرح و توسعه به ما ارائه می‌دهید، بدون هزینه باشد! بدیهی است وقتی فقط به کاهش هزینه فکر می‌شود کیفیت کالا کاهش می‌یابد، مشتری‌نوازی کم می‌شود، و در بلندمدت این سازمان است که زیان می‌کند.

به چند مورد از تفکر هزینه‌یابی اشاره می‌کنم. مدیری را در نظر بگیرید که برای جذب نیرو کسانی را انتخاب می‌کند که با پایین‌ترین حقوق و دستمزد حاضر به استخدام هستند، خوب طبیعی است که انسانهای باسواد و با لیاقت چون از سوی سازمانهای دیگر با حقوق و مزایای بالاتر جذب می‌شوند، در چنین سازمانهایی ـ که تفکر هزینه‌یابی در جذب دارند ـ راه نخواهند داشت. اینجاست که می‌گوییم نیروی ارزان خیلی گران تمام می‌شود. صدماتی را محاسبه کنید که آنها بابت نادانی و ایجاد ضایعات و بدرفتاری با مشتری برای سازمان ایجاد می‌کنند. یا در نظر بگیرید بسیاری از سازمانهای بزرگ ایرانی خصوصاً بانکها و بیمه‌ها، برای برگزاری دوره‌های آموزشی بازاریابی و مشتری‌نوازی از استادان مختلف استعلام قیمت می‌کنند و سپس پایین‌ترین را انتخاب می‌کنند.

یا مدیرانی که برای تولید از مواد اولیه و دستگاههای ارزانتر و با کیفیت پایین‌تر استفاده می‌کنند. از این موارد بسیار زیاد است که تفکر هزینه‌یابی بدون توجه به آثار آن زیانهای سنگین مالی و اعتباری و برندی به سازمان وارد کرده است. و آثار تمام این سیاستها در بالا رفتن قیمت تمام‌شده و در نتیجه افزایش قیمت محصول، خودش را نشان می‌دهد و دست شرکت را در فضای رقابتی می‌بندد.

■ ب) تفکر درآمدیابی

این تفکر به دنبال افزایش درآمد سازمان است، اما نکته اینجاست که ممکن است درآمد افزایش پیدا کند، اما همراه آن هزینه‌ها نیز بیشتر می‌شود. باید توجه داشته باشیم که همه‌ی ابعاد یک کاروکسب باید با هم تناسب داشته باشند. اگر محصولات ما در مناطق کم‌درآمد شهر فروش دارد، دلیلی ندارد دفتر کار در یکی از بهترین و گرانترین خیابانهای بالای شهر باشد. این کار هزینه‌ها را بالا می‌برد؛ زیرا هزینه‌های دفتر و رفتار کارکنان، بالاشهری است، اما دریافتی آنها به شرایط پایین شهر شباهت

دارد. در چنین شرایطی اولین اقدام، تغییر دفتر و انتقال آن به یکی از مناطق ارزانتر شهر است. یکی از شرکتهای پخش مواد مصرفی حمام و آشپزخانه که برای مشاوره آمده بودند، از آنها پرسیدم بازار هدفتان کجاست؟ گفتند مناطق کم‌درآمد و حاشیه‌های شهر تهران. پرسیدم دفترتان کجاست؟ گفتند میرداماد، عرض کردم این اشتباه است و تناسب استراتژیک بین محل دفتر شما و بازار هدفتان نیست، آنها به خیابان بهبودی نقل‌مکان کردند و بعدها از این جابه‌جایی بسیار خوشحال بودند.

اگر بخواهم حاصل تمام مطالعات و تجربیات خود را در طول بیش از ۳۰ سال در یک کلمه خلاصه کنم، آن کلمه "جامعیت‌نگری" است. جامعیت‌نگری به معنای تفکر سیستمی داشتن و تمام مسائل را با هم دیدن است. نمی‌توان قیمت را از توزیع، محصول، و یا ترویج جدا کرد.

شما نمی‌توانید در یک بسته‌بندی ضعیف، محصول لاکچری[1] بفروشید. نمی‌توانید محصول لاکچری بفروشید ولی دفتر کارتان در یک محله‌ی فقیرنشین باشد. بنابراین، تفکر درآمدزایی نسبت به تفکر قبل بهتر است، اما باید همزمان با افزایش درآمدها به فکر کنترل هزینه‌های نابجا نیز باشیم. تأکید اساسی من این است که در تمام تصمیمات‌تان تناسب استراتژیک داشته باشید تا همه‌چیز یک سازمان به هم بیاید. برای مثال، مدیریت کردن ضایعات و استفاده‌ی بهینه از مواد مصرفی و آب و برق و گاز از جمله‌ی این موارد است و در مجموع، ریخت‌وپاش، هزینه‌ها را افزایش می‌دهد و سود را کاهش می‌دهد.

■ ج) تفکر ثروت‌زایی

در این تفکر همزمان با افزایش درآمد، هزینه‌های نابجا کاهش پیدا می‌کند. منظور از هزینه‌های نابجا، ریخت‌وپاشهای بی‌مورد است. به‌یاد دارم چند سال پیش وارد یک شرکت تولید پلاستیک شدیم و به همراه مدیرعامل در حال رفتن به دفتر ایشان بودیم. از ایشان خواستم از ماشین پیاده شویم و چند قدمی تا دفترشان را قدم بزنیم. پس از اینکه به دفتر رسیدیم، به ایشان گفتم که هزینه‌ی تمام‌شده‌ی شما بسیار بالاست و در حال زیان دادن هستید. ایشان پرسیدند شما با کارکنان ما ارتباط دارید؟ گفتم نه، فهمیدن این موضوع کار خیلی سختی نیست. من کوههای ساخته‌شده از ضایعات را در حیاط کارخانه دیدم. هزینه‌ی این ضایعات قاعدتاً روی قیمت تمام‌شده‌ی محصولی که به دست مشتری می‌رسد، کشیده می‌شود. در نتیجه، قیمت تمام‌شده‌ی شما نسبت به رقبا افزایش، و قدرت رقابتی شما نسبت به آنها کاهش می‌یابد. بنابراین، یکی از کارهای مهم مدیریت یک سازمان این است که به دنبال راههایی برای کاهش هزینه‌ی تمام‌شده به شیوه‌ای درست باشد.

سود مساوی است با درآمد منهای هزینه. پس هر کار درستی که به افزایش درآمد کمک کند و

---

1. Luxury

هر کار درستی که به کاهش هزینه‌های نابجا کمک کند، سود ما را افزایش می‌دهد. اما یک توصیه هم دارم، سود را بلندمدت و کوتاه‌مدت ببینید. سود بلندمدت، جایگاه برند سازمان و اعتبار و آبروی بنگاه اقتصادی در بازار است، و سود کوتاه‌مدت، اعدادی است که در پایان سال در صورتحساب سود و زیان می‌آورید. هر دوی آنها مهم هستند. فقط تأکید می‌کنم که برای بالا بردن سود کوتاه‌مدت، سود بلندمدت‌تان را نابود نکنید.

آن بانک یا شرکت بیمه‌ای که دنبال ارزان تمام کردن هزینه‌ی آموزش و افزایش آمار تعداد کلاسهای برگزار شده است، به سود کوتاه‌مدت فکر می‌کند.

کاهش هزینه‌ی کوتاه‌مدت و نشان دادن سود بدون در نظر گرفتن آینده‌ی سازمان، شبیه رفتار کشاورزی است که برای کاهش هزینه‌ها بذر نمی‌خرد، کود نمی‌دهد، سم نمی‌زند و بدیهی است میوه و ثمره‌ای هم نخواهد داشت.

تفکر ثروت‌زایی نگاهی جامع و با بصیرت جامعیت‌نگری به تمام عوامل مؤثر در موفقیت کاروکسب در طول زنجیره‌ی ارزش‌آفرینی[1] از خرید مناسب، تولید شایسته و ناب[2]، مدیریت بازاریابی و فروش حرفه‌ای و... است.

تفکر ثروت‌زایی از تمام مهارتهای بینشی و ادراکی، ارتباطی، حسی و فنی بهره می‌گیرد تا به قیمت‌گذاری نگاهی اقتصادی، شناختی، رقابتی، و احساسی داشته باشد.

و در نهایت، تفکر ثروت‌زایی به جامعیت‌نگری در بهره‌برداری از علوم مختلف خصوصاً استراتژی، روانشناسی، و ارتباطات برای اتخاذ سیاست بهینه‌ی قیمت و مدیریت آن است تا قیمت به یک مزیت رقابتی برای کسب ارزش بیشتر تبدیل شود.

۶) نگرانی مصرف‌کننده‌ی ایرانی از خریدی که بر اساس چانه‌زنی صورت گرفته است:

به یک بوتیک‌فروشی می‌روید، لباسی را که با کلی چانه‌زدن می‌خرید و تصور می‌کنید که حسابی تخفیف گرفته‌اید، در مغازه‌ی دیگری آن را با قیمت پایین‌تر از رقم خرید آن می‌بینید، چه حالی پیدا می‌کنید؟

روزی عروسکی را از دستفروشی که قیمت را ۱۵۰۰ تومان می‌گفت با پانصد تومان خریدم. هفته‌ی بعد دستفروش دیگری همان عروسک را با قیمت ۴۰۰ تومان عرضه می‌کرد.

خوب طبیعی است که انسان حال بدی پیدا می‌کند، درد ضرر کردن یک طرف و درد اینکه احساس حماقت به انسان دست می‌دهد، بیشتر است.

بدین‌روست که برندها برای اینکه اعتبارشان را نزد مشتری بالا ببرند به سمت ثابت بودن قیمت

1. Value Chain
2. Lean Product

روی آوردند و به این طریق با بهره‌گیری از دانش روانشناسی به مشتری این پیام را دادند که قیمت همواره ثابت است و در مواقعی هم با اعلام جشنواره نسبت به تخفیف‌های مشخص اقدام کردند.

ولی در بازارهای صنعتی[1]، هنوز مذاکره بر سر قیمت هم جزئی از موارد در دستور کار مذاکره است؛ از این رو، اصول، فنون و هنر مذاکره در خرید و فروش سازمان از اهمیت بالایی برخوردار می‌شود. یادمان باشد مذاکره، گفت‌وگوی سازمان‌یافته‌ای است که بین دو (یا چند گروه) برای رسیدن به توافق مشترک با هدف برد طرفین صورت می‌گیرد. شرکتهای حرفه‌ای می‌دانند جذب مشتری و سپس نگهداری آن در بازارهای سازمانی و بازارهای صنعتی بسیار مهم است؛ از این رو، به سازمانها و بنگاهها توصیه می‌شود به قیمت‌گذاری نیز به‌عنوان یک فرایند و نگاه بلندمدت بنگرند.

لازم به ذکر است که جایگاه برند سازمان در صنعت مربوطه، خودبه‌خود جایگاه قیمت را هم مشخص می‌کند. برای مثال، وقتی شرکتی رهبری کیفیت را در صنعت خود برعهده دارد، بدیهی است دیگران قیمتشان را پایین‌تر از آن برند در نظر می‌گیرند. اما اگر شرکتی رهبری فروش و سهم بازار را بر عهده دارد و طبقه‌ی متوسط به پایین جامعه را هدف قرار داده است، قیمت محصولاتش را هم باید متناسب با بازار هدف در نظر بگیرد.

در بازار مشاوره به تجربه دریافته‌ام که درست است که مشتریان از تخفیف ندادن گله می‌کنند، اما در نهایت، از اینکه قیمت هر ساعت مشاوره برای همه یکسان است، اظهار رضایت می‌کنند.

۷) شکل و ساختار قیمت:

بیان و اعلام قیمت در حالت کلی کمتر از رند، مدتهاست که در بازار جا افتاده است یا اعلام قیمت متفاوت در روزهای متفاوت یا برای گروههای مشتریان متفاوت، نیز در بازار ایران در حال پیاده‌سازی است. همبرگرفروشی را دیدم که قیمت همبرگرهایش را از ساعت ۱۱ تا ۱۲ شب نصف قیمت اعلام می‌کرد. این حرکت سبب جذب مشتریان کم‌درآمد در ساعات آخرشب می‌شد و به دیگران هم پیام می‌داد که گوشتهای هرروز در همان روز تمام می‌شود.

---

1. B2B

فصل دوم

عوامل اصلی دوازده‌گانه‌ی اثرگذار بر فرایند قیمت‌گذاری

در این فصل، دوازده عامل مهم را بررسی می‌کنیم که روی قیمت‌گذاری یک محصول یا خدمت تأثیر می‌گذارند.

عوامل دوازده‌گانه‌ی قیمت‌گذاری

۱- قیمت تمام‌شده (هزینه)[1]

۲- قیمت رقبا (رقابت)

۳- ارزش مشتری (پیشنهاد ارزش)

۴- تفکر مدیریت ارشد سازمان

۵- رسالت سازمان[2]

۶- دخالت دولت

۷- شرایط محصول در هنگام ورود به بازار

۸- موقعیت در چرخه‌ی عمر محصول[3]

---

1. Cost
2. Mission statement
3. Product Life Cycle : PLC

۹- اندازه‌ی بازار[1]
۱۰- تخفیف توزیع
۱۱- قدرت برند
۱۲- عوامل متفرقه

در ادامه به توضیحاتی پیرامون هر یک از این عوامل می‌پردازیم:

۱) قیمت تمام شده (هزینه)

از آنجایی که هدف اصلی هر سازمان کسب سود است، هزینه‌ها نقش مهمی در تعیین قیمت محصول دارند. سازمانها متحمل هزینه‌های مختلفی از جمله هزینه‌ی تولید، بازاریابی، حمل‌ونقل و مواد و... می‌شوند. بنگاههای اقتصادی برای موفقیت در میدان رقابت و یا افزایش سود خود، درصدد کاهش هزینه‌های خود هستند، یادمان باشد بهبود حاشیه‌ی سود[2] در یک میدان رقابتی تنها در صورتی ممکن است که تولیدکننده در مقابل رقبای خود به موقعیت بهتری دست یافته باشد.

بعضی اعتقاد دارند قیمت تمام‌شده ربطی در قیمت فروش ندارد. این تفکر اشتباه است؛ چون هر چقدر قیمت تمام‌شده با رعایت اصل کیفیت متناسب با بازار هدف، پایین‌تر باشد دست شرکت در هنگام فروش بازتر است و قدرت مانورش بیشتر خواهد شد. چند پیشنهاد برای پایین آوردن قیمت تمام‌شده ارائه می‌کنم.

الف) خرید مناسب:

از قدیم بزرگان بازار به ما یاد داده‌اند که سود در خرید است. هرچقدر خریدهای بهتری از کالایی که به‌صورت آماده می‌خریم تا بفروشیم یا مواد اولیه و خدماتی که تهیه می‌کنیم تا با آنها یک محصول را تهیه کنیم و به بازار عرضه کنیم، مناسب‌تر باشد؛ قدرت رقابت‌مان در بازار بیشتر می‌شود. بنابراین، در انتخاب تأمین‌کنندگان برگزیده دقت کنید. سعی کنید از سرچشمه (تأمین‌کننده‌ی اصلی) خرید کنید و به‌صورت مرتب قیمتها را با سایرین چک کنید. خیلی وقتها پیش آمده که شرکتی چون از تأمین‌کننده‌ی دوست و آشنا خرید می‌کرده است دیگر بازار را بررسی نمی‌کند و پس از مدتها متوجه شده که چقدر گرانتر می‌خریده است. در بازدید اول از کارخانه‌ی شرکت آسان‌شایان (تولیدکننده‌ی قطعات آسانسور) پرسیدم ما چه می‌خریم؟ گفتند فولاد، پیچ، کارتن و... . سؤال کردم برای هرکدام از اینها چند تأمین‌کننده داریم، با کمال تعجب گفتند یکی؛ چون ما از دوستانمان می‌خریم و به آنها

---
1. Market Size
2. Profit Margin

اعتماد داریم. خواهش کردم برای جلسه‌ی بعدی برای هرکدام از مواد اولیه‌ی مورد نیازمان از چند جای دیگر استعلام بگیرند، نتیجه دردناک بود؛ چون حدود بیست تا بیست‌وپنج درصد گران می‌خریدیم. همین رقم را در سود و زیان سالیانه‌ی شرکت محاسبه کنید.

ب) ارتقای بهره‌وری:

بهره‌وری به معنای جمع اثربخشی به اضافه‌ی کارآیی[1] است. اثربخشی به حوزه‌ی تصمیم برمی‌گردد و اینکه کاری که می‌خواهیم انجام بدهیم چقدر درست است، و کارآیی به حوزه‌ی اجرا مربوط می‌شود و این تصمیم چقدر به نحو صحیح و از طریق منابع انسانی به‌نحو درست اجرا شده است؛ از این رو، کنترل فرایند از تأمین تا عرضه از ضروریات است و در کاهش قیمت بجا بسیار مؤثر است، مثل استفاده‌ی حداکثری از فضای انبار یا بهره‌گیری در مسیربندی و استفاده‌ی بهینه از ماشینهای توزیع.

ج) کاهش ضایعات و استفاده‌ی درست از مواد:

ضایعات اندک و ریخت‌وپاش مواد وقتی در طول سال جمع می‌شوند، رقم بزرگی را در سهم قیمت تمام‌شده حاصل می‌کنند، از کوچکترین ضایعات و کم‌اندازه‌ترین ریخت‌وپاش نگذرید. این تفکر را به یک فرهنگ در سازمان تبدیل کنید. از استفاده‌ی پشت کاغذ مصرف‌شده شروع کنید تا خاموش کردن لامپهای اضافی. منظور من از این قسمت سختگیری بیجا نیست بلکه، استفاده‌ی درست از منابع است.

در جایی خواندم که بیل گیتس که از بزرگترین ثروتمندان جهان است و تمام ثروت خود را به خیریه بخشیده است، سر کوچکترین ریخت‌وپاش‌ها نظیر آب نیم‌خورده‌ی بطری عصبانی می‌شود و وقتی از رفتارش سؤال می‌کنند، می‌گوید اگر در اقتصاد دقت نمی‌کردم، جزو بزرگترین ثروتمندان جهان نمی‌شدم، اما بخشنده بودن به معنای ریخت‌وپاش کردن نیست.

د) ارتقای آموزش و یادگیری در راستای افزایش فروش:

به تجربه یافته‌ام که نیروهای ارزان خیلی گران تمام می‌شوند؛ بدین‌رو هم در انتخاب منابع انسانی شایسته و یادگیرنده دقت کنید و هم از سرمایه‌گذاری روی ارتقای دانایی و مهارتشان کم نگذارید. هر قدر آموزش درست در سازمان بیشتر شود در بلندمدت قیمت تمام‌شده‌ی محصولات شما و در نتیجه، سود سازمان بهبود می‌یابد. هرچقدر فروش بیشتر شود سهم هزینه‌های ثابت[2] و در نتیجه قیمت تمام‌شده کاهش می‌یابد.

درست است که مدیریت شایستگی منابع انسانی شامل شایسته‌گزینی، شایسته‌پروری، شایسته‌سالاری

1. Efficiency
2. Fixed Costs

و شایسته‌گماری به حوزه‌ی مدیریت منابع انسانی و مدیریت ارشد سازمان مربوط است، اما اجرای درست این شایستگیها تأثیرش را در تمام بخشها و تصمیمات و اقدامات سازمان از جمله قیمت‌گذاری می‌گذارد.

ه) بهبود و ارتقای تکنولوژی:

گاهی یک سرمایه‌گذاری روی تعویض یک دستگاه یا بهبود و به‌روزآوری آن در عرض چندماه، کل هزینه‌اش را با بهبود عملکرد و در نتیجه کاهش هزینه‌ها جبران می‌کند. دید بلندمدت داشته باشید و از سرمایه‌گذاری بجا نترسید.

و) جامعیت‌نگری در آمیزه‌ی بازاریابی:

گاهی عدم دقت در سایر عوامل آمیزه‌ی بازاریابی مثل سیاست محصول، سیاست توزیع، و سیاست ترویج و ارتباطات سبب شده است تا هزینه‌های شما افزایش یابد. جامعیت‌نگری در آمیزه‌ی بازاریابی نیز سبب کاهش قیمت تمام‌شده می‌شود.

۲) قیمت رقبا (رقابت)

سازمانی که با یک وضعیت رقابتی شدید در بازار مواجه است، نمی‌تواند قیمت بالاتری برای محصولات خود تعیین کند. این وضعیت زمانی ملموس و قابل توجه است که محصولات و خدمات همه‌ی شرکتها مشابه باشد و هیچ‌یک مزیت قابل توجهی بر سایرین نداشته باشند. البته این بدان معنا نیست که سازمانها در تلاش هستند تا برای محصولات خود قیمت کمتری از رقبا تعیین کنند بلکه، بدان معناست که در امر قیمت‌گذاری محصول نمی‌توان غیرمنطقی و ناعادلانه عمل کرد.

زمانی که شما در یک بازار رقابتی کار می‌کنید، نمی‌توانید نسبت به رقبایتان بی‌تفاوت باشید. رقبا بویژه رقبای مطرح را زیر نظر داشته باشید. منظور از رقبای مطرح، رقبایی هستند که مشتریان، شما را با آنها مقایسه می‌کنند. حتی پیشنهاد می‌شود که اگر شدت رقابت بالاست، باید کارشناس "زیر نظر گرفتن رقبای مطرح" داشته باشید. این فرد وظیفه دارد که مانند دیده‌بانهای زمان جنگ، رقبا را به‌طورکامل رصد کند. سیاست، رفتار رقابتی، چاشنی‌های فروش، تسهیلات توزیع و سایر فعالیتهای رقبا را زیر نظر داشته باشید؛ زیرا در بازارهای رقابتی دیگر نمی‌توان مانند بازارهای انحصاری[1] به‌تنهایی تصمیم گرفت. هیچ رقیبی را دست‌کم نگیرید، بخصوص رقبای تازه‌وارد بالقوه را که با دانش و تکنولوژی نو به بازار آمده‌اند. یک توصیه‌ی دیگر هم این است که به رقبای کوچک موفق

---

1. Monopoly Market

محلی توجه داشته باشید، شما ممکن است یک شرکت موفق در کلاس ملی یا بین‌المللی باشید، اما در یک بازار کوچک یک رقیب موفق محلی وجود دارد که اندازه‌ی بازارش هم در سطح همان شهر یا منطقه است، اما به چنان برند و قدرت قیمت‌گذاری رسیده است که رقبای مشهور و بزرگ کشوری قدرت رقابت با آن را ندارند. پس داشتن استراتژی محلی در اینجا بسیار مهم است. صحبت من این نیست که قیمت‌تان را زیرقیمت آنها بدهید بلکه؛ مهم به‌کارگیری سیاست قیمت درست در کنار سایر اجزای آمیزه‌ی بازاریابی است.

در هر بازاری رقبا را به صورت جدی و به صورت همه‌جانبه زیرنظر داشته باشید. بازاریابی مسابقه‌ای است که در آن فقط مدال طلا وجود دارد.

شرکت فرش مشهد در سطح ملی با فاصله از رقبای خود، رهبر بازار است، اما در استانهای کرمان، هرمزگان، سیستان و بلوچستان و یزد، شرکت فرش الماس کویر کرمان به نحو بسیار شایسته‌ای عمل می‌کند. در خیابان بهبودی تهران، فست‌فودی به نام پیتزا روز فعالیت می‌کند که برندهای بزرگ ملی در صنعت فست‌فود وقتی نزدیکی آن شعبه‌ای دایر می‌کنند، پس از چندی مجبور به جمع کردن می‌شوند. اینها مثالهایی از رقبای کوچک مقتدر در یک منطقه هستند که با استراتژی جامع و یکسان نمی‌توان با آنها مبارزه کرد.

روشهای قیمت‌گذاری در تعامل با رقیبان

۱- قیمت‌گذاری بر پایه‌ی همکاری: قیمت با همکاری و توافق جمعی شرکا تعیین می‌شود. این وضعیت بیشتر در بازارهای رقابت انحصاری چندجانبه رخ می‌دهد.

۲- قیمت‌گذاری انطباقی: رهبر بازار و دارندگان سهم بازار بیشتر، قیمت را تعیین کرده، دیگران قیمتهای خود را متناسب با قیمتهای تعیین‌شده مشخص می‌کنند.

۳- قیمت‌گذاری فرصت‌طلبانه: در برخی بازارها، زمانی که یک عرضه‌کننده، قیمت محصولاتش را افزایش دهد، رقیبی که از منابع و امکانات خوبی برخوردار است، قیمت محصول خود را تغییر نمی‌دهد. در برخی موارد نیز هنگام افزایش قیمت از سوی یک تولیدکننده، رقیب به‌رغم افزایش قیمت، با عرضه‌ی خدمات بیشتر تلاش می‌کند که بخشی از مشتریان شرکت آغازکننده‌ی افزایش قیمت را جذب کند. این روش را "قیمت‌گذاری فرصت‌طلبانه" می‌نامند.

۴- قیمت‌گذاری تنبیهی: برخی از عرضه‌کنندگان که از توانایی و امکانات خوبی برخوردارند، برای حذف رقیبان کوچکتر به کاهش قیمت محصولات خود می‌پردازند. گاهی استفاده از این روش منجر به حذف عرضه‌کنندگان کوچک بازار می‌شود که این روش همان جنگ قیمتهاست. جنگ قیمتها عبارت است از کاهش قیمتها از سوی یک فروشنده، با هدف از میدان به در کردن

سایر رقبا، به‌منظور کسب سود بلندمدت که از سوی سایر شرکتها نیز تکرار می‌شود.

عوامل مؤثر بر بروز جنگ قیمتها[1] عبارتند از:

- عوامل مربوط به بازار (نظیر وجود ظرفیت مازاد تولید در صنعت)
- عوامل مربوط به شرکت (نظیر بالا بودن موانع خروج از صنعت و وخیم شدن وضعیت مالی شرکت)
- عوامل مربوط به محصول (نظیر اهمیت استراتژیک محصول برای شرکت)
- عوامل مربوط به مشتری (نظیر بالا بودن حساسیت قیمتی[2] و پایین بودن وفاداری مشتریان نسبت به برند).

راههای پیشگیری از جنگ قیمتها

۱- بهبود ساختار هزینه‌های شرکت

۲- نظارت مستمر بر قیمتهای رقبا

۳- تحلیل ساختارها و نقاط ضعف و نقاط قوت رقبا

۴- ارسال علائمی به رقبا در مورد وضعیت مطلوب ساختارهای هزینه‌های شرکت

۵- ابراز و آشکارسازی مقاصد و هدفهای خود از کاهش قیمتهای موقتی محصولات شرکت

۶- استفاده از رابطه‌ی قیمت با کیفیت

۷- ایجاد وفاداری در مشتریان

راههای مقابله با جنگ قیمت پس از وقوع

۹- عرضه‌ی محصولات جدید برای خروج از فشار قیمت

۱۰- تشکیل اتحادیه‌ی شرکتهای کوچک در مقابل شرکتهای بزرگ

۱۱- تأکید بر کیفیت و متمایز کردن محصول

۱۲- اعتراض قانونی و راهکار حقوقی

طی سالها تجربه‌ی کار در بازار، به این نتیجه رسیده‌ام که جنگ قیمتها خانمان‌سوز است و سبب زیان طرفین می‌شود؛ پس توصیه می‌کنم با به‌کارگیری توصیه‌ها و راههای پیشگیری از جنگ قیمتها و راههای مقابله با جنگ قیمتها پس از وقوع، وارد این دام نشوید و سعی کنید با به‌کارگیری سایر اجزای آمیزه‌ی بازاریابی و مدیریت برند، خودتان را متمایز کنید.

---

1. Price War
2. Price Sensitivity

۳) ارزش مشتری

ارزش، مطلوبیت نهایی است که نصیب مشتری می‌شود، ارزش در نزد مشتری از مقایسه‌ی هزینه‌های چهارگانه (مالی، زمان، روانی و انرژی) با فایده‌های چهارگانه (اصلی، جانبی، ارتباطات و تصویر ذهنی) به‌دست می‌آید. ارزش از ارزیدن می‌آید. مشتری شاید با این جزئیات این مقایسه را انجام ندهد، اما در نزد خود می‌گوید چی دادم و چی گرفتم و چی برای من ماند. این "چی برای من ماند"، همان ارزش است که ملاک انتخاب او بین عرضه‌کنندگان مختلف می‌شود.

در این کتاب راجع به ارزش مشتری، چند مدل مانند مدل ون‌وستندورپ[1]، هم‌پیوند و... ارائه خواهد شد. به‌طور خلاصه، منظور از ارزش مشتری این است که ببینیم محصول ما در روح و روان مشتری چقدر ارزش دارد؟ مشتری برای گذاشتن قیمت روی محصول ما، آن را با محصولات مشابه در بازار مقایسه می‌کند و از خود می‌پرسد این محصول چقدر از محصولات مشابه در بازار بالاتر یا پایین‌تر است، و بر این اساس درباره‌ی قیمت محصول نتیجه‌گیری می‌کند.

زمانی که پژو ۲۰۶ تازه وارد بازار شده بود، شرکت ایران‌خودرو برای هزار تای اول، قیمتی حدود ۸ تا ۸.۵ میلیون تومان در نظر گرفته بود، درحالی‌که مردم در بازار این خودرو را حدود ۱۱.۵ تا ۱۲ میلیون تومان خرید و فروش می‌کردند. شرکت پژو دلیل اینگونه قیمت‌گذاری را از ایران‌خودرو پرسید، آنها پاسخ دادند که ما به شیوه‌ی کاست‌پلاس قیمت‌گذاری می‌کنیم. کاست‌پلاس، یعنی قیمت تمام‌شده به اضافه‌ی سود مدنظر. بنابراین اگر ۱۵ درصد سود می‌خواهیم، این میزان را روی قیمت تمام‌شده می‌کشیم. از آنجایی که مردم در آن زمان ۲۰۶ را با پراید که ۷.۵ میلیون تومان، و پیکان که ۶.۵ میلیون تومان بود، مقایسه می‌کردند، به این نتیجه می‌رسیدند که پژو ۲۰۶ حداقل ۴ میلیون تومان بیشتر می‌ارزد. به همین دلیل بود که ارزش مشتری و نه قیمت‌گذاری ایران‌خودرو در بازار عمل می‌کرد. شرکت پژو از ایران‌خودرو پرسید که آیا ارزش مشتری را محاسبه کرده‌اید و از بازار پرسیده‌اید که چقدر حاضر است برای پژو ۲۰۶ هزینه کنند؟ مدیران ایران‌خودرو اظهار بی‌اطلاعی کردند و با این مفهوم آشنایی نداشتند. جای تعجب داشت زمانی که مردم حاضر بودند مبلغ بالاتری پرداخت کنند، خودروی ۲۰۶ با مبلغی پایین‌تر به بازار عرضه می‌شد. اینگونه بود که ایران‌خودرو قیمت را افزایش داد، بدون آنکه هیچ خللی در میزان فروش پژو ۲۰۶ ایجاد شود.

عکس این موضوع برای خودروی پرشیا اتفاق افتاد. قیمت این خودرو در هنگام ورود به بازار ۱۸.۵ میلیون تومان تعیین شد، ولی مردم آن را با ۴۰۵ مقایسه می‌کردند که قیمتش ۱۱.۵ میلیون تومان بود. از نظر مردم، پرشیا ۳ تا ۴ میلیون تومان بیشتر می‌ارزید و نه ۷ میلیون تومان. در نهایت، قیمت را با اصلاح به ۱۵ میلیون تومان رساندند و اینجا بود که فروش اتفاق افتاد. بنابراین، اطلاع

---

1. Van Westendorp

از ارزش مشتری بسیار مهم است. البته الان که شما این کتاب را می‌خوانید این قیمتها برایتان بسیار عجیب هستند، ولی برای نسل من خاطره است. یادش بخیر پاترول نوک‌مدادی سقف سفید لاستیک اسپورت دو در را با قیمت دومیلیون‌وچهارصد هزار تومان خریدم.

پیشنهاد ارزش در محصول یا خدمت

سازمانی که یک پیشنهاد ارزش منحصربه‌فرد[۱] همچون محصولات دارای کارآیی و اثربخشی را ارائه می‌کند، و این پیشنهاد از دیدگاه مشتریانش ارزشمند است (که خود به معنای کمتر شدن هزینه‌ی عملیاتی مشتریان است)، در موقعیتی است که می‌تواند قیمت بالاتری برای محصولات خود پیشنهاد دهد.

برای مثال، یک شرکت سازنده‌ی موتور دیزل که موتورهای تولیدی آن سوخت کمتری مصرف می‌کنند، می‌تواند قیمت بالاتری پیشنهاد دهد؛ زیرا مشتریان می‌توانند بخشی از هزینه‌ی سوخت را پس‌انداز کنند. به‌طور مشابه، تأمین‌کننده‌ای که در مجاورت سازمان مشتری دارای یک دفتر کار مجهز است، برای تعیین قیمت بالاتر در موقعیت بهتری قرار گرفته است؛ زیرا این مجاورت ارائه‌ی خدمات پس از فروش را به سازمان مشتری تضمین می‌کند. معیارهای زیادی از جمله قابلیت اطمینان محصول[۲]، هزینه‌ی عملیاتی کم، بهره‌وری بالا، سهولت استفاده و خدمات پس از فروش از دیدگاه مشتریان حائز اهمیت هستند.

۴) تفکر مدیریت ارشد سازمان

تفکر مدیریت است که روش قیمت‌گذاری را تعیین می‌کند. برای مثال، ممکن است مدیر به دنبال حاشیه‌ی سود بالا برای محصولش باشد که به آن "خامه گرفتن از بازار"[۳] گفته می‌شود. یا احتمال دارد مدیر به دنبال حاشیه‌ی سود پایین، ولی تیراژ فروش بالا باشد که به آن "رسوخ در بازار"[۴] می‌گویند. یا مدیر بخصوص در بازارهای صنعتی با مذاکره و چانه‌زنی با مشتری به قیمت نهایی برسند که به آن قیمت‌گذاری تطبیقی یا تعاملی[۵] می‌گوییم. یا مدیر کدام‌یک از تفکرات مالی (هزینه‌یابی، درآمدیابی و ثروت‌زایی) را داشته باشد. مدیر چقدر نگاه کوتاه‌مدت یا بلندمدت داشته باشد، به‌هرحال تشخیص روش درست قیمت‌گذاری، به محصول، شرایط بازار و... بستگی دارد. مهم این است که مدیر در ابتدا وقت و انرژی خودش و هیأت‌مدیره و مشاورین را برای تدوین استراتژی بگذارد و سپس در قالب آن به سیاست و تاکتیک قیمت‌گذاری بپردازد. اگر استراتژی نداشته باشید، تکلیفتان با خودتان و بازار مشخص نیست و همه را گیج می‌کنید.

---

1. Unique value proposition
2. Product Reliability
3. Skimming Pricing
4. Market Penetration Pricing
5. Interactive Pricing

۵) رسالت سازمان

در برخی از شرکتهای بخش خصوصی که به آنها مشاوره می‌دهم، مدیر شرکت به من می‌گوید نیت کرده‌ام که یک‌درصد از سود خود را صرف امور خیریه کنم. این رسالتی است که مدیر برای سازمان خود در نظر گرفته است. بنابراین، زمان تعیین قیمت یا محاسبه‌ی سود باید به این موضوع نیز توجه کرد. ممکن است رسالت شرکت اشتغال‌زایی باشد، اما در بخش خصوصی دقت کنیم که جای اهداف غایی با اهداف میانی عوض نشود. یادتان باشد تمام بنگاههای اقتصادی جهان با چهار هدف بقا[1]، رشد، سود و ارتقای کیفیت زندگی ذی‌نفعان و جامعه در بلندمدت، ایجاد شده‌اند. درست است که سازمانی که موفق است در اشتغال‌زایی هم موفق عمل می‌کند، اما نباید اشتغال‌زایی هدف اصلی باشد؛ چون آن وقت در پالایش منابع انسانی کم‌بهره‌ور مماشات می‌شود. در نتیجه، قیمت تمام‌شده و قیمت فروش بالا می‌رود و قدرت رقابت کم می‌شود.

۶) دخالت دولت

در بیشتر موارد دولت قیمت را به‌صورت تصنعی بالا نگه می‌دارد تا از مصرف داخلی کالاهای وارداتی خودداری کند (نظیر بالا بردن هزینه‌های گمرک در واردات اتومبیل)، اما در بیشتر موارد اعطای مجوز از سوی دولت و دادن امتیاز حق ثبت اختراع نیز بر قیمتهای بازار به‌صورت غیرمستقیم اثر می‌گذارد.

تورم[2] که افزایش نسبی سطح عمومی قیمتهاست، عمدتاً ریشه در کنترل قیمتها دارد. تورم بر سطح رفاه عمومی تأثیر می‌گذارد و کارگران را تشویق می‌کند خواهان دستمزد بیشتری بشوند. همچنین تورم موجب افزایش فشار و پایین آمدن ارزش ارز می‌شود که بر قیمت بیشتر کالاها و خدمات تأثیرگذار است. در یک محیط تورمی مشکلات زیاد به وجود می‌آید، قیمت محصولات شرکت ممکن است از طریق کنترل قیمت از سوی دولت محدود شود. همچنین تضمین قیمتها در یک دوره‌ی زمانی طولانی دشوار است، بارها شاهد بوده‌ایم که فروشنده در زیر پیش‌فاکتور نوشته است این قیمت حداکثر ۲۴ ساعت اعتبار دارد. یا اگر تا شش‌ساعت دیگر پول واریز کنید، این قیمت اعتبار دارد.

زمانی که شرکتها در شرایط تورم شدید کار می‌کنند، برای حفاظت از خود ممکن است یکی از استراتژیهای زیر را به‌کار گیرند.

الف) در وصول مطالبات قبلی بسیار سختگیر می‌شوند و به سمت فروش پیش‌واریزی روی می‌آورند.

ب) از کمیت کالا می‌کاهند و یا از تجملات و بسته‌بندی‌شان می‌کاهند تا قیمت افزایش نیابد.

ج) گاهی فروش را متوقف می‌کنند.

د) به‌صورت مرتب، قیمت را افزایش می‌دهند.

چند سال پیش به مدیرعامل یکی از شرکتهای بزرگ صنعت لبنیات، عرض کردم که دعا کنید دولتها ۸ ساله باشند؛ زیرا هر دولت جدیدی که سر کار بیاید، فارغ از اینکه به چه جناحی وابسته باشد، در سه-چهار ماه اول فعالیتش برای آنکه تصویر خوبی از خود به مردم نشان دهد به سراغ غذای مردم می‌رود و اول هم روی لبنیات دست می‌گذارد. تقریباً هر رئیس‌جمهوری که بر سر کار آمده از گرانی قیمت شیر و لزوم ارزان شدن آن گفته است. این نوع دخالتها روی قیمت‌گذاری تأثیر می‌گذارد. اگر بستر درست باشد، دولت به وظایف اساسی خود بپردازد که ایجاد فضای سالم برای کار و تولید است، بازار خودبه‌خود قیمت را مدیریت می‌کند. هر چقدر دخالت دولت در قیمت‌گذاری بیشتر می‌شود، فضای رانت و رشوه بیشتر شده، و در نهایت، دودش به چشم مردم می‌رود. با بگیر و ببند و نشان دادن برخورد با یک شرکت متخلف نمی‌توان بازار را اداره کرد. دولت اگر می‌خواهد نقش خود را درست ایفا کند، بهتر است دست از عامل بودن بردارد و به نظارت درست و اصولی بیندیشد و عمل کند. هزینه‌های سرسام‌آور و سنگین سازمانهای تولیدی و بازرگانی فربه دولتی، را مردم می‌دهند و فضا برای بخش خصوصی روزبه‌روز تنگتر می‌شود.

با وجود این، بخش خصوصی لازم است رفتار دولت و تصمیمات آن را رصد کند تا بتواند بموقع تصمیمات درست بگیرد. یک توصیه‌ی من هماهنگی اعضای انجمنها و اتحادیه‌ها با هم است که بتوانند به‌موقع از تصمیمات غلط دولت جلوگیری کنند. بخش خصوصی قدرتمند، در نهایت، کشور را به توسعه‌یافتگی می‌رساند.

درست است که بنگاههای اقتصادی در بازار، رقیب هم هستند، اما در مقابلِ موانع مشترک باید مواضع مشترک داشته باشند.

۷) شرایط محصول در هنگام ورود به بازار

یک قدم مهم که معمولاً اولین مانع بر سر راه ورود یک محصول جدید به بازار به حساب می‌آید، درک جایگاه آن محصول نسبت به وضعیت جاری محصولات در بازار است. به‌طورکلی یک محصول جدید به یکی از این سه شکل وارد بازار می‌شود.

الف) انقلابی:[1]

برخی از محصولات کاملاً نوآورانه و جدید هستند، به‌طوری‌که به محض ورود به بازار، این توانایی را دارند که بازار خود را ایجاد کنند. در چنین شرایطی، قیمت‌گذاری محصول مانند حرکت کردن روی لبه‌ی تیغ است. از یک طرف قیمت‌گذاری کار چندان سختی نیست؛ زیرا محصول مشابهی وجود

1. Revolutionary

ندارد که مصرف‌کننده بخواهد بین محصولات مشابه مقایسه‌ی قیمتی انجام دهد. از طرف دیگر، اگر قیمت‌گذاری محصول درست انجام نشود و فروش خوبی صورت نگیرد، رقبا بلافاصله با محصولاتی مشابه، امکان دارد بخش بزرگی از بازار را از ما بگیرند. بنابراین، با وجود اینکه دست سازمان در قیمت‌گذاری این محصولات باز است، اما باید کشش بازار نیز مورد توجه قرار گیرد. اشتباه در قیمت‌گذاری، جا را برای محصولات رقبا باز خواهد کرد.

ب) تکاملی:[1]

منظور از ورود تکاملی به بازار، ارتقا، اصلاح و به‌روزرسانی محصولاتی است که در بازار وجود دارند. در چنین شرایطی، اگر تعداد زیادی مزیت در قالب محصولی با قیمت پایین وارد بازار شود، جنگ قیمتی صورت می‌گیرد. باید تا جای ممکن از وقوع چنین جنگی خودداری کرد و همان‌طور که قبلاً عرض کردم، درصورتی‌که رقبا به چنین اقداماتی دست می‌زنند، باید تا حد امکان درگیر نشد. جنگ قیمتی در بلندمدت سبب هم‌خوارگی صنعت شده و برای طرفین درگیر خانمان‌سوز است.

ج) همرنگ جماعت:[2]

این روش ورود به بازار برخلاف دو روش گذشته، شرکت را از رقبا متمایز نمی‌سازد بلکه، تأکید آن بر یکرنگ شدن با رقبا و فعالیت در کنار آنها است. به عبارت دیگر، سازمان محصولی را وارد بازار می‌کند که ویژگیهای مشابهی نسبت به سایر محصولات موجود دارد. در اینجا قیمت‌گذاری از اهمیت بسیار بالایی برخوردار است؛ زیرا نه محصول، محصول جدیدی است و نه ویژگیهای ارتقایافته‌ای دارد. بنابراین، خیلی مهم است که از طریق ابزاری به نام قیمت بتوان دلیلی به مصرف‌کننده داد که محصول ما را به محصول مشابه رقبا ترجیح دهد.

معمولاً شرکتها در این حالت از تخفیفها و پیشنهادات فوق‌العاده استفاده می‌کنند. هر چند شخصاً با تخفیف آن هم به شکل غیراصولی‌اش موافق نیستم، اما اگر استراتژی کلی سازمان بر فروش تخفیفی یا رویدادهایی همچون جشنواره‌ی فروش باشد، می‌توان به شکلی منطقی و اصولی از تخفیف به‌منظور ارتقای فروش بهره برد.

در مورد شرکتهای پخش که تخفیفاتی را برای سوپرمارکتها و سایر خرده‌فروشان قائل می‌شوند، خیلی مهم است که به ویزیتورها آموزش داده شود به شکلی درست و مؤثر از تخفیفی استفاده کنند که شرکت به آنها اجازه داده در اختیار مشتری قرار دهند. در بخش مربوط به تخفیف، توضیحات تکمیلی پیرامون انواع تخفیف ارائه شده است.

---

1. Evolutionary
2. Me- too

برای هرکدام از روشهایی که در اینجا به آنها اشاره شد، استراتژی قیمت‌گذاری مخصوصی وجود دارد که هر سازمان با توجه به اهداف کلی خود از این استراتژیها استفاده می‌کند. نکته‌ی مهم این است که نحوه‌ی ورود محصول به بازار، نوع استراتژی قیمت‌گذاری آن را تا حد زیادی تعیین می‌کند.

۸) موقعیت در چرخه‌ی عمر محصول

وضعیت محصول در مراحل مختلف چرخه‌ی عمر محصول در قیمت‌گذاری تأثیرگذار است. چرخه‌ی عمر محصول (PLC) مفهومی است که مسیری را برای پیگیری مراحل پذیرش محصول، از معرفی (تولد) تا افول (مرگ) فراهم می‌کند. همان‌طور که شکل ۲.۱ نشان می‌دهد، چرخه‌ی عمر هر محصول شامل چهار مرحله‌ی مجزا است.

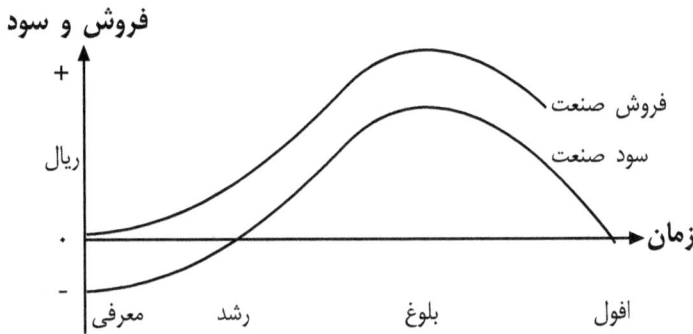

شکل ۲.۱: مراحل چرخه‌ی عمر محصول

معرفی

در مرحله‌ی معرفی، محصول به بازار عرضه می‌شود. طی این مرحله، محصول فاقد تنوع است، رشد فروش کند است، هزینه‌ی ترویج و ارتباطات به‌منظور شناساندن محصول به بازار زیاد و توزیع به‌صورت انتخابی است، قیمت محصول زیاد و سود منفی است. در مرحله‌ی معرفی، مشخص می‌شود که آیا محصول در بازار پذیرفته خواهد شد یا خیر و در صورت پذیرفته شدن، سرعت پذیرش چگونه خواهد بود؛ بنابراین، باید این مرحله به‌طور دقیق مدیریت شود.

رشد[1]

آنگونه که اسم آن القا می‌کند، در این مرحله میزان فروش با نرخ فزاینده افزایش می‌یابد. تنوع

---

1. Growth

محصول بیشتر است، میزان اقدامات رقابتی و تعداد رقبا زیاد است، قیمت ثابت یا نزولی است و سود افزایش می‌یابد (به دلیل حجم فروش).

بلوغ[1]

در این مرحله، حجم فروش با یک نرخ کاهنده افزایش می‌یابد. توزیع محصول بهینه‌سازی می‌شود، سود ابتدا به میزان حداکثری می‌رسد و سپس کاهش می‌یابد و رقبا به دلیل شدت رقابت، بازار را ترک می‌کنند.

افول[2]

در این مرحله حجم فروش محصول دچار افت چشمگیری می‌شود. به دنبال این افت فروش، بهینه ساختن هزینه، طیف محصول و توزیع اهمیت می‌یابد.

مدیریت چرخه‌ی عمر محصول

راهبردهای اتخاذ شده در طی مراحل مختلف چرخه‌ی عمر محصول در جدول زیر خلاصه شده‌اند.

جدول ۲.۱: مراحل مختلف چرخه‌ی عمر محصول

	معرفی	رشد بازار	بلوغ بازار	افول بازار
فروش	کم	بهبود سریع	حداکثر	نزولی
مشتریان	نوجویان[3]	پذیرندگان اولیه[4]	اکثریت میانی[5]	دیرپذیرها[6]
رقابت	حداقل	صعودی	ثابت سپس نزولی	نزولی
راهبرد کلی	بازارسازی؛ تشویق پذیرندگان اولیه به امتحان محصول	نفوذ در بازار؛ تشویق به بازار انبوه به ترجیح برند	دفاع از موقعیت برند؛ بررسی حمله‌ی رقبا	آمادگی برای حذف شدن از میدان رقابت؛ تلاش برای کسب سود از برند
میزان سود	ناچیز؛ زیرا هزینه‌های تولید محصول و بازاریابی آن زیاد است.	در نتیجه قیمت بالا و تقاضای صعودی برای محصول، سودآوری به اوج می‌رسد.	افزایش رقابت موجب کاهش حاشیه‌ی سود و در نهایت کاهش سود کل می‌شود.	کاهش حجم فروش موجب افزایش هزینه‌ها و قطع کامل سود می‌شود.

1. Maturity
2. Decline
3. Innovators
4. Early Adopters
5. Middle majority
6. Laggards

قیمت خرده‌فروشی	زیاد برای جبران بعضی از هزینه‌های اضافی مربوط به عرضه‌ی محصول	زیاد، برای منتفع شدن از میزان زیاد تقاضای مصرف‌کنندگان	رویکرد حداکثرسازی قیمت[1]، لزوم اجتناب از جنگ قیمتها	به اندازه‌ی کافی پایین تا امکان تخلیه‌ی سریع انبار کالا فراهم شود.
توزیع	انتخابی، برای محصولات استاندارد توزیع به کندی صورت می‌گیرد.	متمرکز، استفاده از تخفیفهای تجاری کوچک برای واسطه‌گرانی که مایل به انبارسازی محصول هستند.	متمرکز، استفاده از تخفیفهای تجارتی بسیار زیاد برای حفظ فضای فروشگاهها برای محصولات خود	انتخابی، خروج آهسته از بازارهای غیر سودآور
استراتژی تبلیغاتی	هدف رفع نیاز پذیرندگان اولیه است	آگاه ساختن انبوه بازار از مزایای برند	استفاده از تبلیغات برای ایجاد تمایز میان برند شرکت با برندهای مشابه	تأکید بر قیمت پایین برای کاهش موجودی انبار
تأکید بر تبلیغات	زیاد، برای ایجاد آگاهی و علاقه در پذیرندگان اولیه نسبت به محصول و ترغیب واسطه‌ها به افزودن محصولات استاندارد شرکت به موجودی کالای خود	متوسط، افزایش فروش از طریق بازاریابی شفاهی	متوسط، زیرا اکثر خریداران از ویژگیهای برند اطلاع دارند.	حداقل
هزینه‌های بازاریابی	بسیار زیاد، متقاعد ساختن گروههای هدف با ارائه‌ی نمونه‌ی آزمایشی محصول، آزمایشهای میدانی و...	متوسط، به‌منظور تشویق مشتریان به ترجیح برند[2]	بسیار زیاد، به‌منظور تشویق مصرف‌کنندگان به تغییر برند[3]	نزولی

۹) اندازه‌ی بازار

در بازارهای بزرگ گرایش به سمت کاهش شدت رقابت است، بویژه اینکه بهره‌وری ظرفیت تأمین‌کنندگان

۱- What the Traffic Will Bear: رویکردی که طی آن فروشنده، قیمت کالا را تا بیشترین میزانی افزایش می‌دهد که هنوز مشتری حاضر به پرداخت آن باشد.

2. Brand preference
3. Line extension

نیز حداکثری است. در چنین شرایطی تأمین‌کنندگان برای قیمت‌گذاری بالاتر آزادی عمل بیشتری خواهند داشت. یا در شرایط رونق تولید که تاکید بر توسعه‌ی زیرساختی در یک کشور صورت می‌گیرد، موقعیت تمامی شرکتهای پیمانکاری عمرانی خوب می‌شود و از این رو، به‌خاطر بازار بزرگتر، قیمتهایشان را افزایش می‌دهند.

۱۰) تخفیف توزیع

شرکتهای تولیدی هنگام عرضه‌ی محصول به کانالهای توزیع، بایستی تخفیفی را به‌منظور ارائه به آنها در نظر بگیرند. این تخفیف صرف چهار مورد می‌شود که عبارتند از هزینه‌های توزیع‌کننده (نظیر نماینده‌ی پخش و بنکدار)، سود توزیع‌کننده، هزینه‌ی خرده‌فروش، و سود خرده‌فروش. این تخفیف باید هم عادلانه باشد که یاوران که همان واسطه‌ها هستند، ضرر نکنند و نسبت به کار با شرکت مادر تمایل داشته باشند و هم نظارت شود که آیا رقم معقول به خرده‌فروشان هم منتقل می‌شود که آنها تمایل به فروش محصول ما را داشته باشند.

زمانی که مشاور شرکت فیلتر سرکان شدم، تخفیف توزیع به نمایندگان که ۳۹ مورد در سطح کشور بودند داده می‌شد حدود ۱۴ تا ۱۵ درصد بود. تصور ما این بود که از این رقم حدود پنج درصد به تعویض‌روغنی‌ها منتقل می‌شود، اما وقتی خودمان شعبه‌های توزیع را راه انداختیم، دیدیم که تعویض‌روغنی‌ها خیلی نسبت به خرید از شرکت راغب هستند. ما شش درصد برای آنها در نظر گرفته بودیم، اما در پرس‌وجو از آنها متوجه شدیم که قبلاً حدود یک‌درصد به آنها تعلق می‌گرفته است.

۱۱) قدرت برند

روزی مدیرعامل بزرگترین شرکت تولیدکننده‌ی کفش ورزشی ایران برای مشاوره آمدند، ایشان گفت مواد اولیه‌ی کارخانه‌ی من و آدیداس یکی است. تکنولوژی‌مان یکی است، حتی مدیر تولید آنها را استخدام کردم و به ایران آوردم، اما با اینکه قیمت محصول من که هیچ تفاوتی در مدل و کیفیت با آنها ندارد بسیار پایین‌تر است، در ازای سه جفت فروش آنها ما یک جفت می‌فروشیم. این همان قدرت برند است، برند اعتبار و شرایطی ایجاد می‌کند که شرکتها بتوانند قیمت را بالاتر بگذارند. البته بعضی از شرکتها هم خودشان را برای طبقات کم‌درآمد جامعه برند کرده‌اند و بازار هدفشان را اقشار با درآمد پایین تعیین کرده‌اند، مثل شرکت بیک که محصولاتی مثل خودکار، عطر، تیغ و تیشرت را برای آن طبقه تولید و قیمت‌گذاری کرده است.

۱۲) عوامل متفرقه

سایر عوامل مثل شرایط بحرانی محیطی، ساختار مالیاتی و هزینه‌ی حمل‌ونقل نیز بر تعیین قیمت

محصول تأثیرگذار هستند. برای مثال کارخانجاتی را در مناطق آزاد تجاری[1] می‌بینیم که به‌منظور بهره‌مندی از معافیت مالیاتی[2] در یک دوره‌ی زمانی ایجاد شده‌اند، اما مهم این است که از ابتدا بازار هدف و کرایه‌ی حمل کالای ساخته‌شده تا محل مصرف را محاسبه کنیم و سپس تصمیم بگیریم.

به‌هرحال هر عاملی بجز عوامل یازده‌گانه‌ی فوق در این بخش گنجانده می‌شود.

---

1. Free Trade Zones
2. Tax exemption

فصل سوم

فرایند قیمت‌گذاری

مدلی که در اینجا معرفی می‌شود، در ۱۱ مرحله فرایند قیمت‌گذاری را تشریح می‌کند. پس از برشمردن این ۱۱ مرحله، توضیحاتی پیرامون هر یک ارائه خواهد شد:

- بررسی محیط کلان کاروکسب
- بررسی محیط خرد کاروکسب
- تحلیل وضعیت بازار
- شناسایی موانع و محدودیتهای قیمت‌گذاری
- تعیین هدفهای قیمت‌گذاری
- تحلیل توانمندی سود
- انتخاب استراتژی قیمت‌گذاری
- تدوین تاکتیکهای قیمت‌گذاری
- متعادل‌سازی قیمتها
- پیاده‌سازی سیاست قیمت‌گذاری
- کنترل و بازنگری

در ادامه، توضیحاتی پیرامون هریک از این موارد ارائه خواهد شد.

مرحله‌ی اول: بررسی محیط کلان کاروکسب

بررسی محیط کلان کاروکسب شامل بررسی عوامل سیاسی، اقتصادی، اجتماعی و تکنولوژیک

می‌شود. قیمت‌گذاری بدون اطلاع از تفکرات قوای مجریه، مقننه و قضائیه و به‌طورکلی تفکرات حکومت امکانپذیر نیست. منظور از عوامل سیاسی، میزان دخالت حکومت هر کشور در حوزه‌ی اقتصاد است. برای مثال، زمانی که بخشی از رقبای شما مالیات نمی‌دهند، درحالی‌که شما موظف به پرداخت مالیات هستید، خودبه‌خود قدرت آنها در بازار نسبت به شما بیشتر می‌شود. عوامل اقتصادی شامل نرخ ارز، تورم، گمرک و مواردی از این دست می‌شود. از میان عوامل اجتماعی می‌توان به فرهنگ، مذهب، عادات و آداب و رسوم اشاره کرد که در رفتار مصرف‌کنندگان و همچنین شرکتها اثر می‌گذارند. عوامل تکنولوژیک هم شامل پیشرفتها و دستاوردهای تکنولوژی و همچنین فضای وب و دنیای مجازی و تأثیر آن برکاروکسب‌ها می‌شود.

پس از آگاهی از این عوامل، به تعریف انواع بازارها می‌رسیم؛ از نظر اقتصاددانان ۴ نوع بازار داریم:

- انحصاری کامل[۱]
- انحصاری چندجانبه[۲]
- رقابتی[۳]
- رقابتی کامل

در بازار انحصاری کامل مانند بازار بنزین یا برق تنها یک فروشنده داریم، و آن فروشنده است که تصمیم‌گیری می‌کند. تنها چیزی هم که می‌توانیم به او بگوییم این است که لطفاً سریعتر کار ما را راه بیندازید. از او خواهش می‌کنیم عرضه‌ی محصول را قطع نکند.

دومین نوع بازار که در ایران نمونه‌های آن را فراوان می‌بینیم، بازار انحصاری چندجانبه است. این بازارها چند بازیگر مثلاً کمتر از ده تا دارند که آنها بازار را در انحصار جمع خودشان درآورده‌اند. برای مثال، بازار سویا چنین شرایطی دارد. این بازار ۷ یا ۸ واردکننده دارد که خودشان تصمیم می‌گیرند و بازار را تنظیم می‌کنند. معمولاً ورود افراد و شرکتهای جدید به این بازارها بسیار سخت و تقریباً غیرممکن است، مگر اینکه از پشتوانه‌ی قدرتی بالایی برخوردار باشند.

سومین بازار، بازار رقابتی است. عمده‌ی تمرکز ما در اینجاست؛ زیرا در این بازارها محصولات و قیمتها متفاوت هستند و می‌توان رقابت کرد. اما نوع چهارمی از بازارها نیز وجود دارد که از آن با عنوان "بازار رقابتی کامل" نام برده می‌شود. در بازارهایی همچون بازار ارز یا سکه به دلیل یکسان بودن محصولات، امکان رقابت به‌واسطه‌ی متفاوت بودن محصول بسیار کم می‌شود. اتفاقی که در این بازارها می‌افتد، این است که عرضه‌کنندگان برای خود رئیس تعیین می‌کنند. برای مثال، اگر به تابلوی صرافی‌ها نگاه کنید، متوجه می‌شوید که اختلاف قیمتها در حد بسیار کم است؛ زیرا رئیس

---

1. Monopoly
2. Oligopoly
3. Competitive market

بازار امکان رقابت بیش از حد را نمی‌دهد.

در بنگاههای اقتصادی ایران ما با دومین و سومین نوع بازارها سروکار داریم. نوع دوم مشخص است و شرایط خاص خود را دارد، ولی بنگاههای اقتصادی عمدتاً در دسته‌ی سوم قرار می‌گیرند.

مرحله‌ی دوم: بررسی محیط خرد کاروکسب

منظور از محیط خرد، محیط نزدیک است که به‌طور مستقیم روی شرکت تأثیر می‌گذارد. در این محیط ۶ عامل دخالت دارد که عبارتند از:

- تأمین‌کنندگان
- رقبا
- واسطه‌ها
- دولت
- مردم
- کارکنان

یکی از عوامل تأثیرگذار، تأمین‌کنندگان هستند. اگر می‌خواهیم در سیاست قیمت‌گذاری موفق باشیم، باید بررسی کنیم که از چه تأمین‌کنندگانی بار می‌خریم؟ از چه شرکتهایی خدمات می‌گیریم؟ از چه سازمانهایی مواد می‌گیریم؟ به چه قیمتهایی می‌گیریم؟ با چه شرایطی تسویه‌حساب می‌کنیم؟ و در نهایت، آیا می‌شود بهتر از شرایط فعلی عمل کرد؟ تجربه نشان می‌دهد که می‌شود از شرایط فعلی بهتر عمل کرد، اما از آنجایی که بر اساس اصل روانشناسی "عادت"، در طول زمان با مجموعه‌ای از افراد و سازمانها عادت می‌کنیم، تغییر برایمان سخت می‌شود.

دومین عامل، رقبا هستند. باید دائماً رقبایمان را در نظر بگیریم و برای رقبای مطرح، این رصد را به‌صورت ویژه انجام دهیم. سپس به واسطه‌ها می‌رسیم. در اینجا باز هم تأکید می‌کنم که واسطه‌های بزرگ در برابر شما قدرت بیشتری دارند. سپس لازم است دخالتهای دولت در حوزه‌ی خود را بررسی کنیم. این عامل برای صنایعی همچون صنایع لبنی که دولت مستقیماً نرخ تعیین می‌کند، اهمیت بیشتری می‌یابد.

مورد پنجم، شناخت مردم و رفتار آنها است. در اینجا لازم است به نکته‌ی مهمی اشاره کنم. شرکتها عمدتاً در بازار خود، روی مصرف‌کننده‌ی نهایی و واسطه‌ها تمرکز می‌کنند و این در حالی است که به یک گروه کمتر توجه می‌شود. این گروهها که گروههای تأثیرگذار[1] نام دارند، نقش مهمی در فروش شما دارند. به‌عنوان مثال، در صنعت دارو و لوازم آرایشی، پزشکان و آرایشگرها جزو

1. Reference group

گروههای تأثیرگذار به حساب می‌آیند. توصیه‌ی این افراد، تأثیر و ارزش بسیار بیشتری از تبلیغات شما دارد. نصاب‌های هود و سینک و اجاق گاز نیز چنین شرایطی را دارند.

به شرکتهای عرضه‌کننده‌ی فیلتر اتومبیل و تعویض روغن و شرکتهای تولیدکننده‌ی رنگ توصیه می‌شود که برای افرادی چون تعویض‌روغنی‌ها و نقاش‌ها برنامه‌ی بیشتری داشته باشند؛ زیرا مصرف‌کننده، روغن ماشین را خودش انتخاب نمی‌کند. بسیاری از ما (بجز گروههایی مانند راننده تاکسی‌ها و کامیون‌دارها) خودرویمان را به تعویض‌روغنی تحویل می‌دهیم و نمی‌دانیم چه فیلتری روی آن سوار می‌کند یا از چه روغنی استفاده می‌کند. مکانیکها و نقاشها نیز جزو گروههای تأثیرگذار به حساب می‌آیند. کسی که قصد رنگ کردن منزلش را دارد، خودش برند رنگ را انتخاب نمی‌کند و این نقاش است که برند را تعیین می‌کند. پس گروههای تأثیرگذار کسانی هستند که پول خرید را نمی‌دهند، ولی به خریدار می‌گویند چه بخرد. فلسفه‌ی وجود ویزیتورهای علمی[1] در شرکتهای پخش دارو همین است. این شرکتها علاوه بر ویزیتور داروخانه‌ای، ویزیتور علمی دارند، که این افراد با مراجعه به پزشکان، داروها را به آنها معرفی می‌کنند تا نظر آنها را جلب کنند، و بدین‌طریق پزشک داروی مراجعان را در نسخه بنویسد. خلاصه‌ی کلام اینکه روی تأثیرگذاران سرمایه‌گذاری خاصی انجام دهید و آنها را سازماندهی کنید.

وقتی که شرکت سبلان پارت ایرانیان (برند الدورا) وارد بازار قطعات سرسیلندر و میل سوپاپ شد، رهبر این بازار، شرکت ایساکو بود که تبلیغات رادیو و تلویزیونی و محیطی بسیار زیادی می‌کرد. اما من در جلسات مشاوره، به هیأت‌مدیره‌ی الدورا گفتم این تبلیغات اشتباه است؛ چون مردم برای انتخاب برند سرسیلندر و میل سوپاپ تصمیم‌گیرنده نیستند، در واقع مکانیک و قطعه یدکی‌فروشی، برای او انتخاب می‌کنند.

از شرکت پرسیدم کدام استان برای شروع کار برایتان اهمیت بیشتری دارد و شما فروشتان کم است، آنها خوزستان را انتخاب کردند، تیم توسعه بازار را به خوزستان فرستادیم، آنها چند روز تمام شهرها را رفتند و بانک اطلاعاتی مکانیکها و قطعه‌فروشان را درآوردند و با فاصله‌ی چند روز بعد همایشی را برای اولین بار برای این عزیزان در هتل پارس اهواز برگزار کردیم که شامل بخشهای سخنرانی علمی خودم برایشان بود که چگونه در کارشان موفقیت بیشتری داشته باشند (با زبان ساده و کاربردی)، سخنرانی مدیرعامل و مدیر فنی و مدیرفروش (آنها را با الدورا و محصولات آن آشنا کردند) و بخش موسیقی و قرعه‌کشی و پذیرایی شام و بدرقه با هدیه بود.

از فردای آن روز وقتی تیم فروش به این عزیزان مراجعه می‌کردند با پذیرش بسیار خوبی مواجه می‌شدند و قیمتهای شرکت برایشان پذیرش داشت. ما رشد بسیار خوبی داشتیم؛ چون سایر اجزای

1. Med Rep

آمیزه‌ی بازاریابی را در کنار سیاست قیمت درست و با هدف قرار دادن تأثیرگذاران به‌کار گرفتیم.

در نهایت، به آخرین عامل یعنی "کارکنان" می‌رسیم. گاه در شرکتها تصمیمات نادرستی در جذب کارکنان صورت می‌گیرد. برای مثال، چون فکر می‌کنیم منشی‌گری شغل مهمی نیست، یک فرد حواس‌پرت را به‌عنوان منشی انتخاب می‌کنیم. به‌خاطر داشته باشید که نیروی ارزان برای شما بسیار گران تمام می‌شود. به‌عنوان یک نمونه‌ی دیگر، می‌توان به مغازه‌دارها اشاره کرد. اگر بودجه‌ی کافی برای تبلیغات گسترده با تمرکز بر مصرف‌کنندگان ندارید، وقت و تمرکز و تبلیغات خود را در محل مغازه‌ها سرمایه‌گذاری کنید. اجازه دهید رقبای قدرتمند شما تبلیغ کنند و مصرف‌کنندگان را به سمت مغازه‌ها بکشانند و در آنجاست که مصرف‌کنندگان شما را بخوبی می‌بینند. حضور قوی در مغازه‌ها یعنی اینکه ۴۰ درصد مسیر فروش را طی کرده‌اید.

نکته‌ی دیگر اینکه، تا زمانی که شبکه‌ی توزیع و فروش خود را ساماندهی نکرده‌اید، تبلیغات گسترده انجام ندهید. زمانی که من مشاور شرکت لینا شدم، شرکت تبلیغات زیادی انجام می‌داد، اما متوجه شدم که ما تنها ۴۰ نماینده و دو شعبه در تهران و قم داریم. بنابراین تصمیم گرفتیم ابتدا روی شبکه‌ی توزیع کار کنیم. برنامه‌ای طراحی کردیم که طبق آن قرار شد ۱۲۰ نماینده و ۲۵ شعبه داشته باشیم و اکنون این اتفاق رخ داده است. زمانی که تعداد شعب به پانزده تا رسید، به تبلیغات محیطی پرداختیم. اگر با تبلیغ مردم را علاقه‌مند به محصول خود کنیم، اما در مراکز فروش حضور نداشته باشیم، اشتباه بزرگی انجام داده‌ایم؛ چون با تبلیغات مردم را به سوی محلهای عرضه‌ی کالا می‌کشانیم اما چون ما حضور نداریم، رقبا می‌فروشند.

مرحله‌ی سوم: تحلیل وضعیت بازار

سومین مرحله از فرایند قیمت‌گذاری، تحلیل وضعیت بازار است. تحلیل وضعیت بازار، به میزان پتانسیل بازار اشاره دارد. البته شرکتهای کوچک به محاسبه‌ی این مقدار نیازی ندارند. اندازه‌گیری پتانسیل بازار برای شرکتهای متوسط به بالا است. پتانسیل بازار، یعنی اینکه به‌عنوان مثال چه مقدار میل سوپاپ یا کفش ورزشی (فارغ از برند) در ایران مصرف می‌شود.

سپس به تغییرات تقاضا می‌رسیم. به‌طور مثال، اگر ۵ درصد از درآمدم را خرج تبلیغات کنم، آیا می‌توانم درصد افزایش فروش را پیش‌بینی کنم؟ آیا می‌توانم باعث تغییر تقاضا شوم؟ مورد بعدی کشش‌پذیری قیمتی تقاضا است، که منظور از آن تغییر میزان تقاضا به علت تغییر در قیمت می‌باشد. از دیدگاه کشش‌پذیری قیمتی تقاضا، کالاها به سه دسته‌ی لوکس، ضروری، و پست[1] تقسیم می‌شوند. کالاهای لوکس، مشتریان خاص خود را دارند و عمده‌ی بازار با کالاهای ضروری و پست سروکار

1. Inferior Good

دارند. کالای پست، کالایی است که تغییر در میزان قیمت آن، تأثیری در میزان تقاضا برای آن ندارد. برای مثال، نمک یک کالای پست است. اگر قیمت نمک نصف شود، شما مصرف نمک خود را دوبرابر نمی‌کنید و یا اگر قیمت آن دوبرابر شود، شما مصرف نمک خود را قطع نمی‌کنید. میزان مصرف نمک برای هر فرد تقریباً ثابت است. راه کسب درآمد بیشتر در کالاهای پست این است که روی مزایای آن کار کنیم. به‌عنوان مثال، اگر در زمینه‌ی فروش نمک فعالیت می‌کنید، باید در زمینه‌ی بسته‌بندی و یددار کردن محصول متمرکز شوید.

مرحله‌ی چهارم: شناسایی موانع و محدودیتهای قیمت‌گذاری

زمانی که می‌خواهید قیمت‌گذاری کنید، ضمن رعایت کامل عوامل مطرح شده در فصل دوم، به این شش عامل توجه ویژه داشته باشید:

۱- قوانین

۲- عرف

۳- مسائل درون سازمانی

۴- شبکه‌ی توزیع

۵- ملاحظات مشتریان

۶- توان رقبا

در مورد قوانین پیشتر توضیحاتی ارائه کردم. اما شناخت از عرف نیز حائز اهمیت است. بعضی از محصولات تحت تأثیر عرف هستند. به‌عنوان مثال، محصولاتی هستند که تقابل ماههای شمسی و قمری بر روی آنها بسیار تأثیرگذار است. همان‌طور که می‌دانید اردیبهشت یکی از ماههای خوب فروش سال برای شرکتها است، اما در سال ۱۳۹۶ به دلیل انتخابات ریاست‌جمهوری بسیاری از شرکتها، خریدهای خود را انجام ندادند تا نتیجه‌ی انتخابات مشخص شود. به همین دلیل در ماه رمضان که مصادف با خرداد سال مربوطه بود، شرکتها فروش خوبی را تجربه کردند. یا مثلاً اکثر مسلمانان خرید در ماههای محرم و صفر را محدود می‌کنند و حتی مدیرعامل یکی از شرکتهای بزرگ حدود ۴۵ روز افتتاح ساختمان کاملاً آماده‌ی دفترشان را به تعویق انداخت تا ماه صفر تمام شود. اینها مثالهایی برای عرف است.

یکی دیگر از محدودیتهای قیمت‌گذاری، عوامل درون سازمانی هستند. عواملی همچون تفکرات مدیریت یا ضعف در مدیریت مالی که نمی‌تواند قیمت تمام‌شده و یا هزینه‌ی ثابت درست را در اختیار مدیریت ارشد قراردهد. شبکه‌ی توزیع، ملاحظات مشتریان (خرده‌فرمایشها و دستورهای بجا و نابجا) و توان رقبا از دیگر محدودیتها در قیمت‌گذاری به حساب می‌آیند.

یکی از سندرم‌هایی که در سازمانهای ایرانی زیاد مشاهده کرده‌ام، سندرم خودشیفتگی مدیران ارشد است. برای مثال، مدیران ارشد چون به محصول خاصی علاقه دارند، دستور تولید آن را می‌دهند، غافل از اینکه تحقیقات بازاریابی[1] برای آن صورت نگرفته و پس از تولید با عدم استقبال بازار مواجه می‌شویم.

همواره به این مدیران عزیز یادآور می‌شوم که آنچه تو می‌پسندی زیباست، اما مشتری برای آنچه خود می‌پسندد پول می‌دهد. بازاریابی تولید و عرضه‌ی آن چیزی است که می‌دانیم به فروش می‌رسد و این دانایی از طریق بررسی و مطالعه‌ی بازار باید باشد، نه توهم دانایی که حاصل حدسیات سازمان‌نیافته‌ی خودمان است که به جای تحقیقات سازمان‌یافته از بازار گذاشته شده است.

در یکی از شرکتهای صنایع غذایی پرسیدم چند قلم کالا داریم، گفتند ۱۰۲ قلم که قسمت قابل توجه آنها براساس شیوه‌ی گفته‌شده‌ی فوق تولید شده بودند. در بررسی صورت گرفته، متوجه شدیم ۲۳ قلم از این کالاها فقط چهار درصد از کل فروش را شامل شده‌اند. شما تصور کنید که تمام عملیات خرید، تولید، مالیات و... یک محصول پرفروش (که همواره مشتریان از کمبود آن گله و شکایت داشتند) و یک محصول بسیار کم‌فروش، شبیه هم هستند و زحمتشان یک اندازه است، و شرکت تلاش می‌کرد محصول کم‌فروش را با رفتارهایی چون "یکی بخر دو تا ببر" در سبد خود حفظ کند. در نهایت، بر اساس شفافیت در اطلاعات و تحلیلهای صورت گرفته، هیأت‌مدیره متقاعد شدند که آن ۲۳ قلم کالا را حذف کنند.

در جایی ماهیگیری کنید که از قبل مطمئن باشید ماهی وجود دارد. سود که حاصل درآمد منهای هزینه است در ابتدا از تفکرات مالی مدیران ارشد شروع می‌شود.

مرحله‌ی پنجم: تعیین هدفهای قیمت‌گذاری

در اینجا اهدافی را برای قیمت‌گذاری عنوان می‌کنم. ممکن است شما تنها یکی از این اهداف را تحت شرایط خاصی انتخاب کنید، یا اینکه همزمان دو یا سه هدف داشته باشید. این اهداف عبارتند از:

- سوددهی
- فروش
- رقابت (دامپینگ و...)
- جایگاه‌سازی در رهبری بازار و توزیع
- خشنودی مشتری
- بقا

برای مثال، ممکن است شرکت در شرایطی خاص، تنها بخواهد بقای خود را در بازار تضمین کند

1. Marketing Research

و به دنبال مشتری جدید یا سود سنگین نباشد.

این هدف در مواقعی که بازار بسیار بی‌ثبات است، معنا پیدا می‌کند. به همین طریق، ممکن است در شرایط دیگر، هدف شرکت خشنودی مشتری باشد. در اینجا شما جشنواره‌ی فروش[1] می‌گذارید تا برای مشتری حس خشنودی ایجاد کنید.

هدف دیگر، جایگاه‌سازی[2] در رهبری بازار و توزیع است. ما سه نوع رهبری در بازار داریم:

● رهبری در کیفیت

● رهبری در نوآوری

● رهبری در فروش

اگر کسی بخواهد عنوان کند که بالاترین کیفیت را دارد، باید قیمتش بالا باشد تا بتواند چنین ادعاهایی کند.

دومین نوع رهبری، رهبری در نوآوری است. ممکن است شرکتی در بازار رهبر فروش نباشد، اما رهبر نوآوری باشد.

بنابراین سومین نوع رهبری، رهبری در فروش است. منظور از رهبری فروش، بالا بودن سهم بازار است. اگر سازمانی نمی‌تواند به رهبر فروش در بازار تبدیل شود، می‌تواند برای خود هدف نوآوری داشته باشد؛ بدین‌شکل که در فواصل مشخص زمانی دست به نوآوری بزند، محصول جدیدی را به بازار عرضه کند، و... .

هر کدام از انواع رهبری، سیاست قیمت‌گذاری خود را می‌طلبد. اگر دنبال رهبری در فروش هستیم، باید حاشیه‌ی سود پایین و تعداد فروش بالا داشته باشیم. برای رهبری در کیفیت، باید سراغ قیمت بالا برویم. رهبری در نوآوری نیز نیازمند شناخت فرصتهای حاصل از درک مسائل مردم و ارائه‌ی محصولی (کالا و خدمت) برای پاسخ به آن مسائل است.

یک هدف دیگر، رقابت است. برای مثال می‌توان به دامپینگ[3] اشاره کرد. دامپینگ، به معنای زیرقیمت تمام‌شده فروختن یا به عبارتی، زیان دادن است. این کار از طریق شرکتهای بزرگ (قدرتمند) بازار انجام می‌شود تا شرکتهای کوچک (خرده‌پا) را از بازار حذف کند.

زمانی که شرکتهای بزرگ قیمت را پایین می‌کشند، شرکتهای کوچک توان رقابت را از دست می‌دهند و ورشکسته می‌شوند. سپس شرکتهای بزرگ مجدداً قیمت را بالا می‌کشند. اجازه دهید به نمونه‌ای در زمینه‌ی فروشگاههای تخفیفی[4] اشاره کنم. زمانی که فروشگاه جانبو در حال گسترش

---

1. Sales festival
2. Positioning
3. Dumping
4. Discount store

فعالیتهای خود در ایران بود و شعبات[1] و شعبک‌های[2] خود را هر روز بیشتر می‌کرد، به‌عنوان مشاور شرکت "مهیا پروتئین" مذاکراتی را با آنها داشتم. آنها می‌خواستند با قیمتی پایین‌تر از قیمت معمول از ما خرید کنند.

علت را جویا شدیم. گفتند که فرض کنید ما برای ۱۰۰ فروشگاه از شما خرید کنیم. هر فروشگاه ما قدرت فروش معادل ۵ سوپرمارکت را دارد. پس مثلاً ۵۰۰ سوپرمارکت را بدون نیاز به ویزیتور برای شما پوشش می‌دهیم؛ چون سفارش فردا را روز قبل از آن در سیستم ثبت می‌کنیم، بنابراین، شما فقط به ماشینهای توزیع نیاز خواهید داشت و موزعین که بار را به ما تحویل دهند و مزایایی که به ویزیتورها می‌دهید (حقوق، پورسانت و...) خودبه‌خود حذف می‌شود. پس هزینه‌ی شما پایین می‌آید.

به همین دلیل است که این فروشگاهها به مصرف‌کننده‌ی نهایی تخفیف می‌دهند. چون آنها حجم خرید بالایی دارند و تخفیفات خوب می‌گیرند، سود خود را در خرید می‌برند و از محل کاهش هزینه‌هایی که برای شرکتها ایجاد می‌کنند، از آنها تخفیف می‌گیرند. بنابراین، سیستم قیمت‌گذاری آنها بدین شکل است.

مرحله‌ی ششم: تحلیل توانمندی سود

هزینه‌ی کل مساوی است با هزینه‌ی ثابت[3] به‌اضافه‌ی هزینه‌های متغیر.

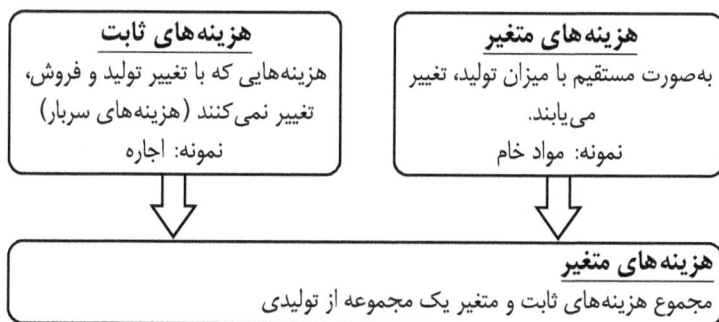

شکل ۳.۱: انواع هزینه‌های مؤثر در تصمیمات قیمت‌گذاری

هزینه و درآمد حاشیه‌ای

هزینه‌ی موردنیاز برای تولید یک واحد جدید را هزینه‌ی حاشیه‌ای، و درآمد حاصل از فروش یک واحد جدید را درآمد حاشیه‌ای می‌نامند. (نمودار ۳.۱)

---

1. Branches
2. Twigs
3. Fixed Cost

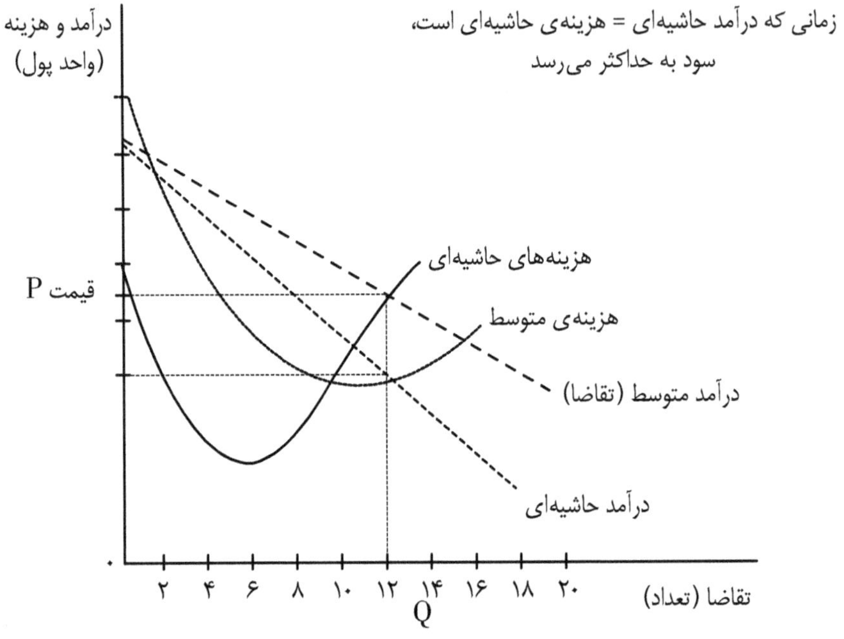

درآمد و هزینه
(واحد پول)
زمانی که درآمد حاشیه‌ای = هزینه‌ی حاشیه‌ای است،
سود به حداکثر می‌رسد
هزینه‌های حاشیه‌ای
قیمت P
هزینه‌ی متوسط
درآمد متوسط (تقاضا)
درآمد حاشیه‌ای
۲ ۴ ۶ ۸ ۱۰ ۱۲ ۱۴ ۱۶ ۱۸ ۲۰
Q
تقاضا (تعداد)

نمودار ۳.۱: هزینه و درآمد حاشیه‌ای

منحنی یادگیری (تجربه) و اثر آن بر قیمت:

تولیدکننده در اثر کسب تجربه و مهارت می‌تواند کالا را با قیمت تمام‌شده‌ی کمتری تولید کند. این نوع کاهش در قیمت تمام‌شده از طریق منحنی تجربه توجیه می‌شود که شیب نزولی دارد.

تحلیل هزینه‌ها مشخص می‌کند که اولین قدم برای موفقیت کاهش هزینه‌های ثابت به ازای سرانه‌ی تولید یا سرانه‌ی بازرگانی است. بنابراین، مهمترین راه کاهش هزینه‌های ثابت، افزایش تیراژ فروش است. هر چقدر عدد فروش ما بالاتر برود، سهم هزینه‌ی ثابتمان به ازای هر واحد کم می‌شود. نتیجه می‌گیریم که یکی از مهمترین راههای سودآوری، پایین آمدن هزینه‌ی ثابت و افزایش تیراژ فروش است. به راهکارهای کاهش هزینه‌ی ثابت و متغیر در نتیجه قیمت فروش مناسب‌تر قبلاً اشاره کرده‌ام.

من سود را اینگونه معنا می‌کنم: سین یعنی سرعت، واو یعنی وسعت، و دال یعنی دقت. اگر می‌خواهیم به سود برسیم، باید به این سه کلمه توجه داشته باشیم. باید سریعتر از رقبا باشیم و در پاسخگویی به بازار چابک[1] عمل کنیم. متأسفانه زمانی که سازمانهای ما شروع به رشد کردن می‌کنند،

1. Lean

فراموش می‌کنند برای چه به وجود آمده‌اند. مدیران باید از روزی بترسند که تعداد کیف‌کش‌های سازمانشان زیاد شود. منظور من از کیف‌کش چیست؟

مدیرعامل وارد سازمان می‌شود، درحالی‌که یک نفرکیفش را می‌آورد، یک نفر موبایلش را می‌آورد و... زمانی که شرکت را راه انداخته بودند ۵ شریک بودند که هر ۵ تا با یک پیکان سرکار می‌آمدند. اما امروز هر کدام یک ماشین گران‌قیمت خریده‌اند و راننده‌ی شخصی دارند. بزرگترین مدیران جهان که ثروتمندترین افراد جهان نیز هستند، تفاوت کار و تفریح را می‌دانند. آنها می‌دانند که اتومبیل گران‌قیمتشان برای مسافرت و تفریح است، نه برای آمدن به محل کار. تفکر مدیران کاهش هزینه‌های غیرضروری است. وقتی هزینه‌های خود را کنترل نمی‌کنیم، قیمت تمام‌شده بالا می‌رود و نمی‌توانیم با قیمت رقبا رقابت کنیم. ضمن اینکه به سایر کارکنان هم پیام می‌دهیم که با دست‌ودلبازی عمل کنند و از هزینه کردن نهراسند، غافل از اینکه این هزینه‌ها در نهایت در قیمت فروش، خودش را نشان می‌دهد و قدرت شما را در بازار کاهش می‌دهد.

واو "سود" به معنای "وسعت" است. "وسعت" یعنی کالای شما در جاهای بیشتری دیده شود؛ یعنی پوشش بازار[1] بالاتری داشته باشیم. این بحث را می‌توانیم به توزیع مرتبط سازیم. قدرت یک شرکت به اندازه‌ی تعداد مشتریانش است. وقتی شما با ۱۰ بنکدار[2] در سطح کشور کار می‌کنید، هیچ قدرتی ندارید؛ زیرا این بنکداران یکدیگر را می‌شناسند و می‌توانند با یک تلفن و هماهنگی با هم بر علیه شما تصمیم بگیرند. اما اگر سراغ توزیع نیمه‌مویرگی و مویرگی بروید و متناسب با نوع صنعت، تعداد مشتریانتان را از ۱۰ به ۵۰۰ مشتری برسانید، اینجاست که قدرت پیدا می‌کنید. به همین دلیل است که توصیه می‌شود اگر به صورت نمایندگی فعالیت می‌کنید، به سمت نمایندگیهای شهرستانی بروید و نه نمایندگان استانی. شاید اینگونه زحمت شما بیشتر شود، اما شما هستید که شرایط بازار را تعیین می‌کنید. هنگامی‌که می‌خواهید در استانها نماینده بگیرید، سراغ نمایندگیهای بزرگ و قدرتمند نروید. شاگرد سوم و چهارم را انتخاب کنید که شیفته‌ی کار کردن با شما باشند، و شور و اشتیاق برای پیشرفت بیشتر داشته باشند، نه اینکه بخواهید با خواهش و التماس با آنها کار کنید. به‌علاوه، زمانی که فردی نمایندگی ۵ محصول از رقبای شما را دارد و شما نفر ششم هستید، چگونه می‌توانید آنطور که مایل هستید عمل کنید؟ در نهایت به دال در کلمه‌ی "سود" می‌رسیم که منظور از آن دقت در تمام جزئیات است. به جزئیات توجه کنید. توجه به جزئیات ۲۰ تا ۵۰ درصد عدد فروش شما را بیشتر می‌کند. از هیچ عاملی به سادگی نگذرید.

لازم است سه محور فکری داشته باشیم. این سه کلمه را به‌خاطر بسپارید و هر روز در بحث قیمت با خود تکرار کنید: زمان، مقدار، و مبلغ. باید این سه محور فکری را با هم داشته باشیم. بر

---

1. Market Coverage
2. Wholesaler

اساس محور اول یعنی زمان، شیوه‌ی پول گرفتن در بازار ایران به یکی از این ۴ شکل است: پیش‌واریز، نقدی، روال، و رسیدی. مواردی را دیده‌ایم که قرارداد پرداخت ۴ ماهه بسته می‌شود، اما مشتری سر ۶ ماه چک را می‌فرستد. اگر با این مشتری تماس بگیرید، بدهکار می‌شوید؛ چون به شما خواهد گفت من ۱۵ درصد سهم بازار شما را دارم و اگر من نبودم کسی شما را نمی‌شناخت. بعد شش‌ماه، هفت و هشت ماه می‌شود و باز هم خبری نمی‌شود. بدتر از این اتفاق، زمانی رخ می‌دهد که حتی چک هم نمی‌دهند و می‌گویند بار را بفرستید و ما رسید می‌دهیم که بار رسیده است!

منظور از مقدار، مقدار کیفیت و منظور از مقدار کیفیت، عملکرد فروش است. مدیر فروش، مسئول ارتقای مستمر کیفیت و کمیت فروش است. کمیت مشخص است و به بالا رفتن عدد فروش اشاره دارد. اما منظور از کیفیت فروش چیست؟ کیفیت فروش، یعنی فروش سالم و فروش مؤثر. فروش سالم، یعنی فروشی که وصول شود.[1] زمانی که فروش تکرار شود، می‌گوییم فروش باکیفیت بوده است. اینکه می‌گوییم همیشه حق با مشتری است، یک اشتباه استراتژیک است. وقتی مشتری تسویه‌حساب نمی‌کند و هیچ‌کدام از تعهدات خود را انجام نمی‌دهد، چه حقی دارد؟ بنابراین، این جمله را اصلاح کنیم و بگوییم حق با مشتری باکیفیت و باارزش است.

برای مثال، در شرکتها پیشنهاد می‌دهیم که سودِ پایان سال را کم و آن را به سودِ پایان ماه اضافه کنند. در عمل چیزی کم نشده بلکه، جابه‌جایی صورت گرفته است. در این شرایط برخی از مشتریان اعتراض می‌کنند که شما چرا دخالت می‌کنید، پایان سال هر چقدر فروختم در ازای آن به من سود بدهید. شما به فروش ماهیانه‌ی من چکار دارید؟ جالب است که این مشتری فکر نمی‌کند ما می‌خواهیم برای بخشهای مختلف سازمان خود برنامه‌ریزی کنیم. بنابراین، رمز موفقیت، افزایش تعداد مشتریان است و برای این کار باید صبر و حوصله داشت. سراغ مشتریان کوچکتر بروید و آنها را جذب کنید. کم‌کم همان مشتریان بزرگی که با شما کار نمی‌کردند، زمانی که ببینند ۵ مشتری در همان منطقه جذب کرده‌اید، سراغتان خواهند آمد.

به کیفیت فروش، کیفیت سهم بازار و کیفیت پرستیژ (اعتبار سازمان) توجه داشته باشید. علاوه بر این، به مبلغ توجه کنید. مبلغ با طلا مقایسه می‌شود. به عبارت دیگر، باید از خود بپرسیم اگر این پول را طلا خریده بودم، الان چقدر می‌شد؟

بنابراین، این سه نکته چه زمانی برای ما ارزش دارند؟ زمانی که مبلغ بیشتر، زمان کمتر و مقدار بیشتر شود. به‌عنوان مثال، اگر بتوانید خریدهای خود را از تأمین‌کنندگان بدون پرداخت رقم بالاتر، با چکهای بلندمدت‌تر انجام دهید، در زمینه‌ی مبلغ موفق عمل کرده‌اید. در نهایت، همه‌چیز به افزایش تعداد تأمین‌کنندگان[2] بازمی‌گردد. متأسفانه اکثر ما عادت کرده‌ایم با تعداد محدودی از تأمین‌کنندگان

۱- لطفاً کتاب "مدیریت وصول مطالبات و اعتبارسنجی مشتریان" از انتشارات بازاریابی را بخوانید.

2. Suppliers

کار کنیم.

حتی اگر تأمین‌کنندگان دوستان شما هستند، باز هم لازم است به یک تأمین‌کننده اکتفا نکنید و به تأمین‌کنندگان برگزیده‌ی محدود بیندیشید. منظور از تأمین‌کنندگان برگزیده‌ی محدود، این است که برای هر قلم کالایی که می‌خرید، حداقل ۴ تا ۵ تأمین‌کننده داشته باشید. رقابت بین تأمین‌کنندگان سبب پایین آمدن قیمت تمام‌شده‌ی شما خواهد شد. ضمن آنکه مواد اولیه و خدمات با کیفیت بالاتری هم به شما ارائه می‌کنند.

قیمت فروش چگونه محاسبه می‌شود؟

قیمت فروش، حاصل‌جمع چهار عدد است: مواد، دستمزد، سربار[۱]، و حاشیه‌ی سود. بنابراین، تعیین قیمت فروش مستلزم کار کردن روی این چهار مورد است. مواد را چقدر می‌خرم؟ چقدر دستمزد می‌دهم؟ سربارم چگونه است؟ چقدر حاشیه‌ی سود مدنظر دارم؟

بار دیگر تأکید می‌شود که باید جامع‌نگر باشیم. مبحث ما در اینجا قیمت‌گذاری است، اما قیمت ارتباط بسیار مستقیم با توزیع، هزینه‌های سازمان و نحوه‌ی مدیریت دارد و نمی‌شود بدون در نظر گرفتن این موارد، قیمت را تعیین کرد.

آوبری ویلسون برخی از عوامل فزاینده و کاهنده‌ی قیمت را به شرح ذیل آورده است:

عوامل افزاینده

- میزان نگرانی
- کمیسیون‌ها (درصدها)
- آموزش
- مواد مصرفی
- تعمیر و نگهداری
- مصرف انرژی
- مکان مورد نیاز
- عوامل ایمنی
- قطعات یدکی[۲]
- رفتار کارکنان
- هزینه‌ی بازرسی

1. Overhead Cost
2. Spare Parts

- ادامه‌ی کار روان و بی‌دردسر
- آلوده‌سازی محیط‌زیست
- زمان خواب دستگاه‌ها
- رخدادهای ناشناخته در آینده

عوامل کاهنده

- معافیت مالیاتی
- تخفیف
- تضمین سرمایه‌گذاری
- مواد و بخش‌های قابل بازیافت
- پرداخت پاداش (برای مثال؛ به‌منظور مصرف انرژی پاک، عایق‌بندی، و...)

می‌توان نتیجه گرفت که قیمتی که برای هر محصول در نظر می‌گیرند عمدتاً به دو عامل بستگی دارد. تقاضای کالا یا خدمات و هزینه‌ای که آنها برای فروشنده در بر دارند. البته عوامل دیگری هم نظیر چرخه‌ی عمر محصول، رقابت، استراتژی توزیع، کیفیت ادراکی[1] و... هم به قیمت تأثیرگذار هستند.

نقطه‌ی سربه‌سر:

تقاضا کمیت محصول است که در بازار و به قیمت‌های گوناگون و برای مدتی مشخص فروخته می‌شود، اما عرضه، مقدار محصولی است که به‌وسیله‌ی عرضه‌کننده یا عرضه‌کنندگان با قیمت‌های گوناگون و برای مدتی مشخص وارد بازار می‌شود.

لازم به ذکر است منحنی تقاضا نمی‌تواند مصرف را پیش‌بینی کند، منحنی عرضه هم نمی‌تواند به تنهایی تولید را پیش‌بینی کند. محل تلاقی منحنی تقاضا و منحنی عرضه، تعادل را سبب می‌شود. حال به نقطه‌ی سربه‌سر[2] می‌رسیم. به محل تلاقی منحنی درآمد با منحنی هزینه، نقطه‌ی سربه‌سر گفته می‌شود. به عبارت دیگر، این نقطه نشان می‌دهد که ما در این تعداد واحد نه سود و نه زیان می‌کنیم. از این نقطه به بعد هر چقدر تولید کنیم، سود کرده‌ایم.

برای محاسبه‌ی نقطه‌ی سربه‌سر چندین فرمول وجود دارد. یکی از روش‌ها، تعیین نقطه‌ی سربه‌سر بر اساس واحد تولید است. در اینجا هزینه‌ی کل بر سهم هر واحد در هزینه‌ی ثابت تقسیم می‌شود.

---

1. Perceived Quality
2. Break even point

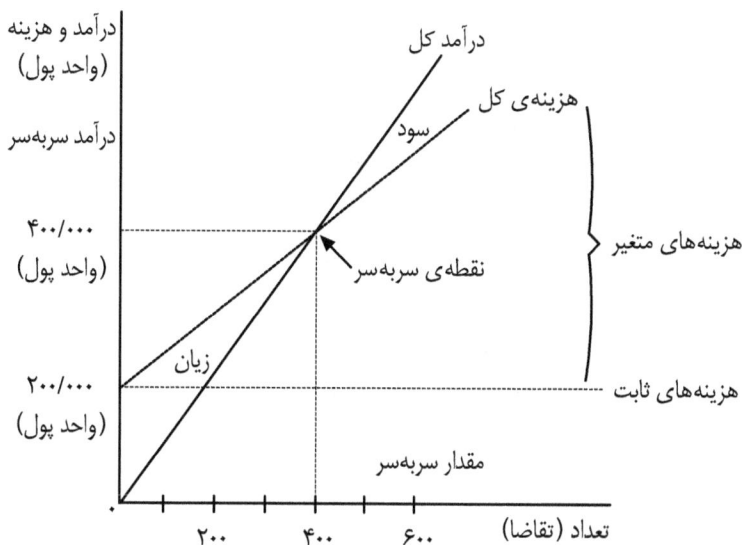

نمودار ۳.۲

روش دیگر، تعیین نقطه‌ی سربه‌سر بر اساس رقم فروش است، که از فرمول زیر به دست می‌آید:

$$\frac{\text{هزینه‌های ثابت کل}}{\text{سهم هر واحد در هزینه‌ی ثابت}} = \text{نقطه‌ی سربه‌سر (بر اساس واحد تولید)}$$

$$\frac{\text{هزینه‌های ثابت}}{1 - \dfrac{\text{هزینه‌های متغیر هر واحد}}{\text{قیمت}}} = \text{نقطه‌ی سربه‌سر (بر اساس رقم فروش)}$$

همچنین می‌توان نقطه‌ی سربه‌سر را بر اساس تعداد واحدهایی که شرکت را به سود موردنظر می‌رساند، محاسبه کرد:

$$\frac{\text{سود مورد نظر هزینه‌های ثابت کل}}{\text{سهم هر واحد از هزینه‌ی ثابت}} = \text{نقطه‌ی سربه‌سر (بر اساس تعداد واحدهایی که شرکت را به سود موردنظر می‌رساند)}$$

بنابراین، "نقطه‌ی سربه‌سر" یعنی اینکه چقدر بفروشیم تا تمام هزینه‌هایمان را پوشش دهیم. از اینجا به بعد، سود حاصل می‌شود. در نتیجه، سود برابر است با مقدار فروش بالای نقطه‌ی سربه‌سر ضرب در یک حاشیه‌ی سود.

یک حاشیه‌ی سود x مقدار فروش بالای نقطه‌ی سربه‌سر = سود

نداشتن این اطلاعات در دنیای امروز مانند رانندگی کردن در جاده‌ای تاریک با چراغ خاموش است. اگر می‌خواهید در چنین جاده‌ای به سلامت رانندگی کنید، باید چراغهای خودروی شما خیلی خوب کار کند و داشبورد مدیریتی داشته باشید که به شما اطلاعات لازم را بدهد. زمانی که رانندگی می‌کنیم با نگاه کردن به داشبورد خود از وضعیت روغن، بنزین، آب و... اطلاع پیدا می‌کنیم. به محض اینکه ایرادی در خودرو پیدا شود، داشبورد هشدار می‌دهد. برای مثال، روشن شدن چراغ بنزین حاکی از آن است که تا چند کیلومتر دیگر باید حتماً بنزین بزنید. مدیران سازمانها نیز به داشبورد مدیریتی نیاز دارند. این داشبورد صفحه‌ای است که هر روز اطلاعات دقیقی را به شما می‌دهد.

اطلاعاتی از قبیل تعداد نماینده‌ی جذب‌شده، تعداد نمایندگان فعلی، رقم فروش روز، رقم فروش ماه، میانگین وصول و... این داشبورد را تشکیل می‌دهند. لازم است چند نسبت مالی و کارآیی برای خود طراحی کنید و آنها را هر روز بررسی کنید. برای این منظور می‌توانید از کتاب قطب‌نمای مدیران فروش با نگرش بازار ایران کمک بگیرید.

مرحله‌ی هفتم: انتخاب استراتژی قیمت‌گذاری

سه استراتژی اصلی قیمت‌گذاری عبارتند از:

- استراتژی قیمت‌گذاری مبتنی بر هزینه
- استراتژی قیمت‌گذاری مبتنی بر رقابت
- استراتژی قیمت‌گذاری مبتنی بر ارزش[1]

قیمت‌گذاری مبتنی بر هزینه[2]

استراتژی مبتنی بر هزینه، بر این اساس است که ابتدا هزینه‌هایمان را محاسبه می‌کنیم و سپس سود موردنظر را (مثلاً افزودن مبلغی خاص به هزینه‌های محصول یا افزودن یک‌درصد استاندارد از هزینه‌های محصول) روی آن می‌کشیم و بدین‌ترتیب قیمت فروش را درمی‌آوریم. این استراتژی در شرایطی مناسب است که مدیریت کاهش هزینه را به شکل عالی انجام دهیم. اما زمانی که هزینه بالاست و بعد بخواهیم روی آن سود هم بکشیم، طبیعی است که مشتری حاضر نیست هزینه‌ی نامدیریتی ریخت‌وپاش‌های ما را بپردازد.

در این رویکرد، آنگونه که از اسم آن پیدا است، هزینه تنها معیاری است که در قیمت‌گذاری مدنظر

---

1. Value-Based Pricing
2. Cost-Based Pricing

قرار می‌گیرد و سازمان به رقابت پیش رو در بازار و میزان ارزش محصولات یا خدمات خود توجهی ندارد. سازمان ممکن است بر مبنای هزینه‌ی سرمایه‌گذاری انجام شده یا رویه‌های حسابداری خاص صنعت خود و مواردی از این قبیل، حاشیه‌ی سود خود را تعیین کند. اگرچه این رویکرد نسبتاً ساده است، اما در صورت زیاد بودن هزینه‌ها، مشکل‌ساز خواهد بود. زیاد بودن هزینه‌ی تولید محصولات موجب تعیین قیمت بیشتری برای آنها می‌شود. در یک محیط رقابتی، ممکن است چنین رویکردی کارساز نباشد. به‌طور مشابه، سازمانی که نتواند بر روی نقاط قوت خود سرمایه‌گذاری کند، یعنی محصولی با کارآیی انرژی[1] تولید کند که هم میزان ارزش ارائه‌شده به مشتریان را افزایش می‌دهد و هم با قیمت بالاتری به فروش برسد، نمی‌تواند محصول تولیدی خود را با قیمت بالایی به فروش برساند؛ زیرا نسبت به ارزشی که چنین محصولی می‌تواند ارائه دهد، بی‌توجه بوده است. این رویکرد قیمت‌گذاری را می‌توان در پروژه‌های مهندسی که قبل از انجام کار، امکان محاسبه‌ی دقیق و صحیح محتوای کاری نیست و قیمت استاندارد نیز وجود ندارد، مشاهده کرد. مثالهای معمولی از رویکردهای قیمت‌گذاری مبتنی بر هزینه، قیمت‌گذاری نقطه‌ی سربه‌سر، قیمت‌گذاری بازده هدف، قیمت‌گذاری تفاوت بین هزینه و قیمت کالا است. در مجموع هرچند عملیاتی کردن رویکرد قیمت‌گذاری بر مبنای هزینه به‌راحتی قابل درک و نسبتاً ساده است، اما به‌طور خاص در تلاش برای به حداکثر رساندن سود کل مفید نمی‌باشد.

قیمت‌گذاری مبتنی بر رقابت

در این رویکرد، سازمان تبعیت از رقابت را برمی‌گزیند؛ بدین‌معنا که بر اساس قیمت محصول رقبا، قیمت محصول خود را تعیین می‌کند. علت اتخاذ این رویکرد نیز آن است که تأمین‌کنندگانی که برای مدت‌زمان مشخصی در یک بازار فعالیت دارند، نسبت به مشتریان، هزینه‌ها و شرایط رقابتی شناخت بیشتری دارند و این شناخت خود را در قیمت‌گذاری محصولات لحاظ می‌کنند. لازم نیست که یک سازمان قیمت محصولات خود را در سطح قیمت رقبا نگه دارد بلکه، می‌تواند تغییراتی جزئی در آن اعمال کند. به عبارتی، قیمت‌گذاری رقابت مبنا می‌تواند شامل انطباق با قیمتهای رقبا انتخاب تعیین قیمت بالاتر یا پایین‌تر از این قیمتها باشد (با توجه به جایگاه برند در صنعت و وجوه تمایز[2]) اگرچه غالباً قیمتهای رقابتی زیادی وجود دارد و شناسایی چنین قیمتهایی زمان‌بر و هزینه‌بر و گاه دشوار است، اما داشتن تیم رصد بازار[3] و زیرنظر گرفتن رقبای مطرح، کار را ساده‌تر می‌کند. رویکرد قیمت‌گذاری و ساختار تخفیف در میان تولیدکنندگان تقریباً یکسان است. تأمین‌کنندگان دفاتر دولتی نیز از این

---

1. Energy-Efficiency
2. Points -of-Difference
3. Market Monitoring

رویکرد قیمت‌گذاری استفاده می‌کنند؛ زیرا دفاتر دولتی در میان تأمین‌کنندگان مورد تأیید خود، آنهایی را ترجیح می‌دهند که قیمت کمتری را پیشنهاد دهند؛ بنابراین، یک تأمین‌کننده‌ی مورد تأیید همچون سازمان الف که مایل به معامله است، نخست بایستی قیمت پیشنهادی رقبای خود را تخمین بزند. مبنای این تخمین معمولاً اطلاعاتی است که این شرکت در گذشته در جریان جلسات بازگشایی مناقصه و یا جمع‌آوری از طریق هوشمندی بازاریابی[1] به‌دست آورده است. بعد از تخمین قیمتهای احتمالی تمامی رقبا، سازمان الف قیمت خود را که احتمالاً کمترین قیمت است، پیشنهاد می‌دهد. این اقدام کاملاً و اساساً رقابت‌محور است و بنابراین، این رویکرد مبتنی بر رقابت نامگذاری شده است.

قیمت‌گذاری مبتنی بر ارزش

در قیمت‌گذاری مبتنی بر ارزش، محصولات به جای نظر فروشنده، بر اساس ادراک خریدار از ارزش آنها قیمت‌گذاری می‌شوند. از دیدگاه مشتریان، ارزش می‌تواند کارآیی انرژی محصول، توانایی تأمین‌کننده در تأمین منظم و پیوسته‌ی محصولات با کیفیت، توانایی تأمین‌کننده در نگهداری محصولات مشتری در انبار خود، مهارت فنی تأمین‌کننده و مواردی از این قبیل باشد. تأمین‌کننده‌ای که تجهیزات با کارآیی انرژی بالا تولید می‌کند، نخست بررسی می‌کند که آیا میزان صرفه‌جویی قابل توجه است یا خیر. در صورت قابل توجه بودن میزان صرفه‌جویی در مصرف انرژی، سازمان فروشنده میزان آن را بر اساس دوره‌ی زمانی استفاده‌ی اقتصادی از محصول محاسبه و به‌صورت عدد و رقم مشخص می‌کند و آنگاه میزان افزایش قیمت نسبت به قیمت محصول رقبا را طوری محاسبه می‌کند که مشتریان نیز راضی به پرداخت آن باشند؛ بنابراین، قیمت محصول با احتساب اضافه‌قیمت محاسبه‌شده تثبیت می‌شود و مشتریان این مبلغ را در برابر قیمت محصولات رقبای سازمان می‌پردازند. چنین تأمین‌کننده‌ای به‌جای تمرکز بر هزینه و رقابت، ارزش از منظر مشتری را مدنظر قرار می‌دهد. چهار مرحله‌ی تخمین ارزش برای مشتری عبارتند از:

- شناسایی قیمت محصول رقیبی که مشتری آن را به‌عنوان بهترین جایگزین[2] می‌شناسد. این ارزش، ارزش مرجع می‌باشد.

- شناسایی تمامی عواملی که بین محصول شما، محصول این رقیب را متمایز می‌کند. این عوامل، عوامل متمایزکننده نامیده می‌شوند.

- تعیین ارزش پولی برای مشتری هریک از این عوامل متمایزکننده. اینها ارزشهای متمایزکننده‌ی مثبت و منفی می‌باشند.

- جمع کردن ارزش مرجع و ارزشهای متمایزکننده برای تعیین ارزش کلی برای مشتری. حداکثر

---

1. Marketing Intelligence
2. Alternative

ارزشی که شخصی با آگاهی کامل از مزایای محصول مایل خواهد بود تا برای آن محصول پرداخت کند.

۵۰ سؤال طلایی

در اینجا ۵۰ سؤال کلیدی مطرح می‌شود که پاسخ به آنها به شما کمک می‌کند تا استراتژی قیمت‌گذاری خود را به بهترین شکل تدوین کنید.

۱- آیا وقت مدیریتی کافی برای اتخاذ تصمیمات قیمت‌گذاری صرف می‌کنیم؟ همان‌طور که عنوان شد، قیمت‌گذاری تنها عامل کسب سود است، بنابراین، آیا ارزش ندارد که برایش وقت بگذاریم؟

۲- آیا در هیأت‌مدیره‌ی سازمان درباره‌ی استراتژی‌های قیمت‌گذاری صحبت می‌شود؟

۳- آیا استراتژی قیمت‌گذاری مدوّن و منسجمی تنظیم کرده‌اید که با استراتژی کلی سازمان شما هماهنگی داشته باشد؟ برای مثال، ممکن است استراتژی توزیع شما نیمه‌مویرگی باشد. در اینجا لازم است استراتژی قیمت‌گذاری شما با توجه به استراتژی توزیع نیمه‌مویرگی شکل بگیرد.

۴- آیا می‌دانید که مشتریان و رفتار خرید آنها در دو سال گذشته چه تغییراتی داشته‌اند و این تغییرات چه تأثیری روی مدل کاروکسب[1] شما خواهد داشت؟

۵- آیا برای اتخاذ تصمیمات آگاهانه‌ی قیمتی، درک درستی از سودآوری سازمانتان دارید؟

۶- تا چه وقتی می‌توانید تأثیر تغییرات قیمتی روی تقاضا و سودآوری را پیش‌بینی کنید؟

۷- آیا نیروی فروشتان برای سودآوری حداکثری از انگیزه‌ی لازم برخوردار است؟

۸- آیا برای حصول اطمینان از اجرای مستمر سیاست‌های قیمتی‌تان، فرایندها و کنترل‌های لازم را ایجاد کرده‌اید؟

۹- در دو سال آینده چه تغییرات احتمالی در صنعت شما روی خواهد داد؟

۱۰- آیا مطمئن هستید که می‌توانید تغییرات مدل‌های قیمتی را با موفقیت در سازمان خود پیاده کنید؟

۱۱- روش هزینه‌یابی شما تا چه حد قابل اعتماد است؟ آیا نیاز به بازنگری ندارد؟

۱۲- چه تاکتیک (یا ترکیبی از تاکتیک‌های) قیمت‌گذاری را به‌کار می‌گیرید؟

۱۳- آیا سیاست قیمت‌گذاری شما به جایگاه‌سازی محصول[2] در بازار به‌صورت واقعی و بهینه کمک می‌کند؟

---

1. Business Model
2. Positioning

۱۴- آیا قیمت‌گذاری شما از آمیزه‌ی بازاریابی برگزیده‌ی کنونی یا آینده پشتیبانی می‌کند؟

۱۵- در فروش محصولات سفارشی، قیمت چگونه تنظیم می‌شود؟

۱۶- آیا وضعیت بازار لزوم انعطاف‌پذیری بیشتر را دیکته می‌کند؟

۱۷- آیا نمایندگان و عاملین فروش در قیمت‌گذاری از سوی شرکت دخیل هستند؟

۱۸- آیا نمایندگان و عاملین فروش دستشان در تعیین قیمت فروش باز است؟

۱۹- آیا مقررات و آئین‌نامه‌های مدوّنی برای چگونگی تعیین قیمت از سوی نمایندگیها و عاملین فروش تدوین کرده‌اید؟

۲۰- چگونه بر قیمت فروش به مصرف‌کننده‌ی نهایی نظارت می‌شود؟

۲۱- آیا دادن پاره‌ای اختیارات در قیمت‌گذاری به نقش نمایندگیها و عاملین فروش در افزایش فعالیتهایشان منجر خواهد شد؟

۲۲- تفاوت سیاست تخفیفی شما با رقبای مطرح‌تان چیست؟

۲۳- در پنج سال گذشته تغییر سالانه‌ی قیمت محصولات چگونه بوده است؟

۲۴- آیا به دلایل تغییرات قیمتی در سالهای گذشته واقف هستید؟

۲۵- چند درصد از تغییرات قیمتی شما حاصل نوآوری و ارتقای کیفیت محصولات بوده است؟

۲۶- آیا ثبات قیمتها (ثابت نگه داشتن قیمت و کاستن از کمیت یا کیفیت محصول) پسندیده‌تر از افزایش قیمت است؟

۲۷- آخرین تغییرات قیمت چه زمانی انجام گرفته است؟

۲۸- آیا مشتریان در خصوص این تغییرات توجیه شده‌اند؟

۲۹- کاربران، محصول ما یا وسایلی را که محصول ما در آن کار می‌کند، پس از چه دوره‌ی زمانی کنار می‌گذارند؟ این مدت در مقایسه با محصولات رقبای مطرح ما چگونه است؟

۳۰- آیا قیمت مستهلک‌شده‌ی ما با قیمت رقیب نزدیک متناسب است؟

۳۱- آیا در بازنگری قیمتها در نظر داریم که هیچ‌یک از محصولات را به‌صورت یکه‌تاز بازار درآوریم؟

۳۲- در مورد خواص و امتیازهای ویژه‌ی محصول ما که مشتری حاضر به پرداخت در برابر آن است، چه اطلاعاتی داریم؟

۳۳- درباره‌ی خواص و امتیازهای ویژه‌ی محصول ما که مشتری حاضر به پرداخت در برابر آن نیست یا معادل محصول رقبا می‌داند، چه اطلاعاتی داریم؟

۳۴- در زمینه‌ی باصرفه‌تر بودن خرید از ما، چه تجزیه‌وتحلیل هزینه‌ای به‌عمل آورده‌ایم؟

۳۵- آیا هیچ تحلیل قیمت واقعی انجام داده‌اید؟

۳۶- آیا در تحلیل جامع هزینه‌ها، برنامه‌ی فروش و ترویج‌تان هیچ نشانه‌ای از تأثیر در افزایش سودآوری شرکت از خود نشان داده‌اند؟

۳۷- آیا می‌توانید وضعیت محصولات خود را در دوره‌های مختلف چرخه‌ی عمر محصول ارزیابی کنید؟

۳۸- آیا در استراتژی قیمت‌گذاری، باید به وضعیت محصولات در دوره‌های مختلف چرخه‌ی عمر محصول توجه شود؟

۳۹- آیا تغییر در قیمت می‌تواند به افزایش طول چرخه‌ی عمر محصول در بازار کمک کند؟

۴۰- روند حرکتی تعدیل قیمتهای شما در مقایسه با تورم چگونه است؟

۴۱- آیا می‌توانید تغییرات قیمت ناشی از تورم را توجیه کنید؟

۴۲- توانایی شما در مذاکره با مشتریان در مقایسه با رقبا چگونه است؟

۴۳- چه گامهایی برای افزایش مهارت در مذاکره می‌توان برداشت؟

۴۴- نقش تأثیرگذاران در سیاست قیمتی شما چگونه است؟

۴۵- در تنظیم پیشنهادها، چه اطلاعاتی را آماده کرده‌اید و به‌کار می‌گیرید؟

۴۶- در مناقصات تا چه حد پیشنهادات قیمتی شما معقول بوده است؟

۴۷- آیا سیاست خاصی برای اصلاح انحرافات شما در قیمتهای پیشنهادی در مناقصات دارید؟

۴۸- آیا مایلید برای برنده شدن در مناقصات از راههای غیرقانونی عمل کنید؟

۴۹- در قیمت‌گذاری چقدر علاوه بر دید مالی به نگرش روانشناسی و رفتار مصرف‌کننده با بهره‌گیری از علومی چون نورومارکتینگ [1] توجه دارید؟

۵۰- آیا سؤالات دیگری برای اتخاذ بهترین سیاست قیمت‌گذاری به ذهنتان می‌رسد؟ آیا به سؤالات فوق جواب داده‌اید؟

طرح این سؤالات پنجاه‌گانه در جلسات مشاوره‌ای متعدد سبب شده است که مدیران ارشد سازمان بیشتر فکر کنند و جلسات قیمت‌گذاری را با دقت و بررسی بیشتری برگزار کنند و از اتخاذ تصمیمات فوری و آنی در قیمت‌گذاری خودداری کنند.

مرحله‌ی هشتم: تدوین تاکتیکهای قیمت‌گذاری

تدوین تاکتیکها، یکی از مهمترین مراحل در فرایند قیمت‌گذاری به شمار می‌آید؛ در این قسمت ۲۶ تاکتیک قیمت‌گذاری عنوان خواهد شد.

۱) هدایت قیمت [2]

منظور از هدایت قیمت این است که شرکت به چنان قدرتی می‌رسد که شرکتهای دیگر منتظر می‌مانند

---

1. Neuromarketing
2. Administered Pricing

تا قیمت را آن شرکت اعلام کند. چنین شرکتی را "رهبر تعیین قیمت" می‌نامند.

درواقع قیمت هدایتی، به قیمتهایی گفته می‌شود که به‌وسیله‌ی ساختارهای قیمت‌گذاری داخلی شرکتهایی تعیین می‌شود، که از قدت و جایگاه بالاتری در بازار برخوردار هستند. این عبارت اولین بار از سوی دو اقتصاددان معروف به نامهای گاردینر مینز[1] و آدولف آ. برل[2]، در کتابی تحت عنوان "شرکتهای مدرن و مستغلات خصوصی[3]" در سال ۱۹۷۲ معرفی شد. "اساساً، طبق استراتژی هدایت قیمت، بخش عمده‌ای از قیمتهای صنعتی به‌گونه‌ای نیستند که در اقتصاد کلاسیک انتظار می‌رود. این مدل از قیمت‌گذاری در سالهای ۱۹۳۴ و ۱۹۳۵ برای اعمال تغییرات در حرکت دوره‌ای قیمتهای صنعتی ظهور پیدا کرد. این مدل می‌خواهد بگوید که هدایت قیمتی در رکود اقتصادی[4] به اندازه‌ی قیمتهای موجود در بازار سقوط نمی‌کند، و مشکل کاهش رکود در تقاضا به‌خاطر کاهش فروش، تولید، و اشتغال، حل می‌شود." برای مثال، بسیاری از شرکتهای فعال در حوزه‌ی تولید و عرضه‌ی اجاق گاز ابتدای هر سال به سیاست قیمت‌گذاری شرکت اخوان توجه می‌کنند.

۲) مبتنی بر هزینه‌ی تبدیل[5]

منظور این است که شما مواد را به شرکت دیگری می‌دهید و آنها کارمزدی برای شما تولید می‌کنند. برای مثال، بعضی از محصولات شیرین‌عسل بدین روش تولید می‌شوند. این شرکت مواد خام را خریداری می‌کند؛ زیرا در این کار تبحر دارد و در حجم بالایی خرید می‌کند و سپس آن را در اختیار شرکتهای دیگر قرار می‌دهد که به‌صورت کارمزدی برایش تولید کنند.

۳) قیمت تمام‌شده[6] (قیمت‌گذاری هزینه مبنا)

قیمت تمام‌شده به‌اضافه‌ی حاشیه‌ی سود مدنظر، قیمت فروش را تشکیل می‌دهد. این روش امروزه در اکثر کاروکسب‌های رقابتی کارآیی خود را از دست داده است، مگر اینکه شرکتی واقعاً بتواند پایین‌ترین قیمت تمام‌شده را برای مشتری دربیاورد.

به عبارتی دیگر قیمت تمام‌شده یا قیمت‌گذاری نشانه‌گذاری شیوه‌ای است که یک شرکت هزینه‌ی تمام‌شده‌ی یک محصول تولیدی را تعیین می‌کند و سپس درصدی را به آن مبلغ اضافه می‌کند تا قیمت فروش به مشتری را تعیین کند. استراتژی قیمت تمام‌شده، استراتژی ساده‌ای برای تعیین قیمتهای محصولات و خدمات است. در این استراتژی شما ابتدا هزینه‌های مواد اولیه، هزینه‌ی کارگران، و

---

1. Gardiner Means
2. Adolf A. Berle
3. The Modern Corporation and Private Property
4. ReCession
5. Conversion Cost Pricing
6. Cost plus Pricing

هزینه‌های سربار برآورد می‌شود که ارائه‌ی این محصول چه هزینه‌هایی برای شرکت درپی خواهد داشت. درصد نشانه‌گذاری که اضافه می‌شود، همان سود است. پس باید درک درست و روشنی از همه‌ی هزینه‌های کاروکسب و منشأ آن هزینه‌ها داشته باشید. در برخی موارد، میزان سود اضافه‌شده به قیمت براساس توافق خریدار و فروشنده است.

۴) مبتنی بر هزینه‌ی نهایی [1]

منظور از هزینه‌ی نهایی، همان نقطه‌ی سربه‌سر است. هزینه‌ی تفضیلی، کاهش یا افزایش در هزینه‌ی نهایی است که درنتیجه‌ی تولید محصولات بیشتر یا کمتر حاصل از یک تغییر در شیوه‌ی تولید است.

زمانی که به‌خاطر افزایش میزان تولید، افزایش هزینه وجود دارد، به آن هزینه‌ی افزایشی می‌گویند، و زمانی که به‌خاطر کاهش حجم تولید، هزینه‌ها پایین است، به آن هزینه‌ی کاهشی می‌گویند. این عمل جایگزین ممکن است به‌خاطر تغییر در حجم فروش یا تغییر در ترکیب محصول، رد یا قبول تصمیمات، کشف یک بازار جدید، تصمیم‌گیری مبنی بر پایان دادن به یک خط تولیدی و... باشد.

۵) تخفیفات [2]

در بسیاری از کاروکسب‌های تولیدی و خدماتی که قیمت مصرف‌کننده مشخص نشده است و یا در بازارهای صنعتی، مشتریان برای کسب منفعت بیشتر سعی دارند از فروشنده تخفیف بگیرند؛ مذاکره‌ی قیمتی صورت می‌گیرد و شرکتها نیز در مواقع خاص نظیر تغییر فصل، فراوانی محصول در انبار، رکود فروش، تمایل به گرفتن وجه در زمان کمتر و... نسبت به اتخاذ سیاستهای تخفیفی اقدام می‌کنند.

در بخشهای بعدی به تفصیل درباره‌ی تخفیف بحث خواهد شد.

۶) نظریه‌ی اقتصادی [3]

منظور، همان کشش قیمتی تقاضاست که به میزان تغییر در مقدار تقاضا به علت تغییر در قیمت گفته می‌شود.

منظور از کشش تقاضا، واکنش‌پذیری یا حساسیت مصرف‌کنندگان به تغییرات قیمت است. تقاضای با کشش شرایطی است که ضمن آن تقاضای مصرف‌کننده حساس به تغییرات قیمت است. برعکس تقاضای کم‌کشش به این معنا است که افزایش یا کاهش قیمت تأثیر معناداری بر محصول نخواهد داشت.

---

1. Differential Cost pricing
2. Discounts
3. Economic Theory

کشش منحنی تقاضا را می‌توان با فرمول زیر اندازه گرفت.

$$\text{کشش } E = \frac{\text{درصد تغییر مقدار تقاضای محصول}}{\text{درصد تغییر محصول}}$$

- اگر E بزرگتر از یک باشد، تقاضا حالت باکشش خواهد داشت.
- اگر E کمتر از یک باشد، تقاضا کم‌کشش خواهد بود.
- اگر E معادل یک باشد، تقاضا با کشش واحد (یکسان) خواهد بود.

کشش واحد بدان معناست که افزایش فروش دقیقاً اثر کاهش قیمت را از بین می‌برد و در نتیجه، درآمد کل یکسان باقی می‌ماند.

چند عامل بر کشش تقاضا تأثیر می‌گذارند از جمله:

- **قابلیت دسترسی جایگزین‌ها:** زمانی که محصولات جایگزین زیادی قابل دسترس و موجود باشد، مصرف‌کننده به‌راحتی از یک محصول به محصولی دیگر رفته و تقاضا حالت باکشش دارد. برعکس این حالت هم صادق است: کسی که نیاز به کلیه دارد هر اندازه هم لازم باشد برای پیوند کلیه خرج می‌کند؛ زیرا هیچ جایگزینی برای آن وجود ندارد [کشش قیمتی تقاضا کم است].

- **قیمت نسبت به قدرت خرید:** اگر قیمت آنقدر پایین باشد که سهم قابل توجهی در بودجه‌ی فرد نداشته باشد، تقاضا حالت کم‌کشش خواهد داشت.

- **ماندگاری محصول:** مصرف‌کنندگان اغلب می‌توانند محصولات ماندگار را تعمیر کنند به جای آنکه آن را تعویض کنند و با این کار بر عمر مفید آنها بیفزایند. به عبارت دیگر، افراد به افزایش قیمت حساس هستند و تقاضا کم‌کشش است.

- **دیگر کاربردهای محصول:** هر چقدر کاربردهای مختلف محصول بیشتر باشد، تقاضا ارتجاع بیشتری خواهد داشت. اگر محصولی تنها یک کاربرد داشته باشد، مثل خیلی از داروهای جدید، مقدار خریداری‌شده با تغییر قیمت تغییر نخواهد کرد. صرف‌نظر از قیمت، شخص تنها مقدار تجویز شده را مصرف خواهد کرد. از طرف دیگر، محصولی نظیر فولاد کاربردهای متعددی دارد. با کاهش قیمت فولاد، مصرف گسترده‌تر فولاد از نظر اقتصادی مقرون‌به‌صرفه خواهد شد و از این طریق تقاضا نسبتاً باکشش خواهد شد.

- **نرخ تورم:** تحقیقات اخیر نشان می‌دهد زمانی که نرخ تورم بالا باشد، تقاضا باکشش‌تر خواهد شد. به عبارت دیگر، افزایش سطح قیمت سبب می‌شود مصرف‌کنندگان بیشتر به قیمت حساس شوند. در زمان تورم، اساس تصمیمات مصرف‌کنندگان برای دانش زمان‌بندی (زمان خرید) و

کمیت بر اساس ترفیع قیمت است. در نتیجه اگر محصولی به‌طور مؤثر ترفیع شود یا اگر مدیر بازاریابی، افزایش قیمت برند را نسبت به نرخ تورم پایین نگه دارد، برند فروش بیشتر یا سهم بازار بزرگ‌تری را تجربه خواهد کرد.

۷) مبتنی بر عدالت و انصاف [1]

یعنی اینکه منصفانه قیمت‌گذاری کنیم. باید توجه داشته باشیم که تعریف هرکس از انصاف این است که منافع خودش لحاظ شود، که این درست نیست. قیمت منصفانه، قیمتی است که برای هر دو طرف خریدار و فروشنده منصفانه باشد. این قیمت بستگی به شرایط توافق‌شده، کیفیتی که فروشنده قول داده، و برنامه‌ی زمانی بین خریدار و فروشنده دارد. در قرارداد دولتی، قیمت منصفانه به محدودیت قانونی بستگی دارد.

۸) تئوری بازی (تبانی) [2]

تئوری بازی همان انحصار چندجانبه است. یعنی اینکه چند نفر یا شرکت با هم تبانی کنند تا قیمت یک محصول را کنترل کنند. تئوری بازی نوعی استراتژی قیمت‌گذاری در شرکتهایی است که در بازار انحصاری چندجانبه هستند. یعنی چند شرکت بزرگ، بازار را به دست گرفته‌اند. مثلاً واردکنندگان خوراک مرغ که یک محصول استراتژیک در صنعت مرغداری است برای مدیریت بازار قیمت عرضه را با هم هماهنگ کنند.

۹) قیمتهای کنترل‌شده [3]

به قیمت محصولاتی که از سوی دولت قیمت‌گذاری می‌شوند، اطلاق می‌شود. یعنی این سیاست قیمت‌گذاری از سوی سازمانهای دولتی، قانونی یا مقامات نظارتی انجام می‌شود. حداقل یا حداکثر قیمت در این نوع استراتژی تعیین می‌شود. مقررات قیمت‌گذاری همچنین شامل دستورالعملهایی است که مشخص می‌کند قیمتها تا چقدر می‌توانند افزایش یابند. این قیمت پایه ممکن است باتوجه به عواملی چون هزینه‌ها، بازگشت سرمایه، و... متفاوت باشد. البته تجربه نشان داده است در ایران سازمانهایی نظیر حمایت از تولیدکننده و مصرف‌کننده عمدتاً گرایش به سمت مصرف‌کننده دارند و سعی می‌کنند هزینه‌های تولیدکننده را پایین‌تر در نظر بگیرند و آنها را برای قبول قیمتهای پایین مجبور کنند، نتیجه هم در نهایت، ضرر مصرف‌کننده است. برای مثال، به اندازه‌ی نان بربری در تمام

---

1. Fair Pricing: An Ethical concept
2. Game Theory
3. Regulated Prices

سالهایی که قیمت آن ۱۰۰۰ تومان نگه داشته شد، توجه کنید. تصور می‌کنم به همین شیوه پیش برویم با بالا رفتن قیمت آرد، برق، آب، کارگر، ماشین‌آلات، مکان نانوایی و... چند سال بعد (اگر اجازه‌ی اصلاح قیمت ندهند) اندازه‌ی نان بربری و بیسکوئیت مادر یکی بشود.

۱۰) به اندازه‌ی استحقاق[1]

این مورد معمولاً در معاملات ملکی به‌کار می‌رود. توصیه می‌شود مشاورین املاک به مشتری نگویند: "چقدر پول داری؟". به او بگویند: "بودجه‌ای که برای اجاره‌ی مسکن در نظر گرفته‌اید، چقدر است؟". این جمله یعنی اینکه پول تو خیلی بیشتر است، اما قرار نیست تمام پولت را برای اجاره‌ی مسکن صرف کنی.

۱۱) قیمت‌گذاری انتقالی[2]

در این نوع قیمت‌گذاری که بر مبنای SBU[3] انجام می‌گیرد، هر واحد سازمان هزینه‌هایش را محاسبه می‌کند. در اینجا ممکن است مشخص شود اگر یک بخش از فرایند را برون‌سپاری کنیم به نفع ما خواهد بود، یا برعکس، اگر بخشی را خودمان انجام دهیم در هزینه‌ها صرفه‌جویی خواهد شد.

قیمت‌گذاری انتقالی معمولاً با اهداف حسابداری و زمانی که هرکدام از بخشهای مختلفی یک شرکت مسئول سوددهی خودشان هستند، تعیین می‌شود. زمانی که این بخشهای مختلف باید با یکدیگر تعاملاتی را برقرار کنند، از استراتژی قیمت‌گذاری انتقالی برای تعیین هزینه‌ها استفاده می‌کنند. قیمتهای انتقالی تفاوت زیادی با قیمتهای موجود در بازار ندارد. اگر قیمت متفاوت باشد، پس باید اطمینان داشت که یکی از این بخشها در معرض خطر قرار دارد و در نهایت مجبور می‌شود برای رسیدن به شرایط بهتر، مدتی از بازار خرید کند.

ممکن است قیمت‌گذاری انتقالی بین شرکتهای زیرمجموعه‌ی یک هولدینگ صورت گیرد که در این حالت به‌منظور تعیین قیمت انتقال چهار روش اساسی وجود دارد.

الف) راه‌حل اول: شامل انتقال با هزینه‌های مستقیم تولید است. مشکل این روش این است که زمانی که شرکت تابعه‌ی خریدار خواستار کالا با قیمت بسیار پایین است، انگیزه‌ای ندارد حتماً هزینه‌ها را پایین نگه دارد یا سود را به حداکثر برساند. واحد فروشنده نیز به دلیل عدم دریافت سود ناراضی است و این حس در او شکل می‌گیرد که یک فرایند اعطای یارانه به یک زیرمجموعه در جریان است.

---

1. Quantum Pricing
2. Transfer Pricing

۳- Strategic Business Unit: واحد کاروکسب استراتژیک

ب) راه‌حل دوم: دربرگیرنده‌ی یک انتقال با هزینه‌ی مستقیم تولید به انضمام یک اضافه‌بهای از پیش تعیین شده است تا از این راه مخارج اضافه، پوشش داده شود. با این روش، سود ایجاد و در هر مرحله اضافه می‌شود. مشکل این روش این است که قیمت در نظر گرفته شده ممکن است خیلی بالا باشد؛ زیرا شرایط بازار، شرایطی ثانویه را برای افزایش قیمت تحمیل می‌کند.

ج) راه‌حل سوم: استفاده از یک قیمت انتقالی مبتنی بر بازار است. این قیمت اگرچه رقابتی است، ممکن است در نهایت برای شرکت تابعه‌ی فروشنده خیلی پایین باشد؛ زیرا ممکن است هزینه‌ی تولید به حساب نیامده باشد.

د) راه‌حل آخر: استفاده از یک قیمت معاملات آزاد به‌عنوان مبنایی برای تعیین قیمت انتقالی است. این قیمت، قیمتی خواهد بود که تجّار مستقل برای تجارت خاص از آن استفاده می‌کنند. این روش زمانی با مشکل مواجه خواهد شد که کالا خریدار خارجی نداشته باشد و با قیمت‌های گوناگون در بازارهای مختلف به فروش برسد.

قیمت‌گذاری مبتنی بر بازار و اضافه‌بهای تمام‌شده، متداول‌ترین روش‌ها در بسیاری از کشورها است.

۱۲) رسوخ در بازار[1]

به معنای حاشیه‌ی سود پایین و تیراژ فروش بالا است. قیمت‌گذاری رسوخی نوعی استراتژی بازاریابی است که کاروکسب‌ها برای جذب مشتریان به خدمت یا محصول جدیدشان استفاده می‌کنند. قیمت‌گذاری نفوذی شامل ارائه‌ی قیمت پایین برای یک محصول یا سرویس در طول عرضه‌ی اولیه آن است. قیمت پایین‌تر کمک می‌کند تا مشتریان از رقبا دور شوند. این استراتژی بازاریابی بر این ایده استوار است که قیمت‌های پایین است که باعث می‌شود یک مشتری از محصول یا خدمت جدید مطلع شود. قیمت است که مشتری را تشویق به امتحان کردن محصول جدید می‌کند. قیمت‌گذاری نفوذی می‌تواند مشتری‌های جدیدی را روانه‌ی فروشگاه شما کند، سهم بازارتان را افزایش دهد و باعث ایجاد وفاداری در مشتریان شود.

با این حال، اگر این استراتژی به‌درستی اجرا نشود، ممکن است منجر به از دست دادن پول و سرمایه‌ی شما شود و به جای کاهش فضای رقابتی، آن را تشدید کند. به‌منظور قیمت‌گذاری کارآمدتر، اهداف سود، هزینه‌ی خود، مشتریان، چرخه‌ی زندگی محصول، و فضای رقابتی در بازار را در نظر بگیرید. اگر این روش قیمت‌گذاری درست استفاده شود، ورود را برای رقبا و خروج را برای مشتریان سخت می‌کند.

---

1. Penetration pricing

۱۳) خامه‌گیری[1]

این نوع قیمت‌گذاری زمانی صورت می‌گیرد که شما محصولی را وارد بازار می‌کنید و مطمئن هستید رقبایتان حداقل ۷ تا ۸ ماه آینده نمی‌توانند وارد این بازار شوند. در اینجا می‌توانید حاشیه‌ی سود را بالا بگیرید. خامه‌ی بازار را می‌گیرید و زمانی که رقبا قصد ورود داشتند، قیمت را پایین می‌آورید و به اصطلاح رقابتی می‌کنید. البته در مورد کالاهای لوکس باید دقت داشت که حتی اگر فروش پایین آمد، نباید قیمت را کم کرد. در این شرایط باید فروش را متوقف کرد و یک یا دو ماه بعد شروع به قیمت‌گذاری کرد. اصلی‌ترین مزیت قیمت‌گذاری خامه‌گیری این است که به شما کمک می‌کند پول بیشتری دربیاورید. این رویکرد براساس شناسایی فرصتها و مناسبتهایی است که مشتریان تمایل به پرداخت بیشتری دارند. فرصت استراتژی خامه‌گیری نامعین نیست؛ چون ممکن است روزی تعداد مشتریانی که برای محصولات شما ارزش بیشتری قائل بودند و حاضر بودند مبلغ بیشتری پرداخت کنند، به‌خاطر مواد اولیه‌ای که استفاده می‌کنید، کم و کمتر شود. هرچند، اگر قیمت شما به‌صورت استراتژیک تعیین شود، قادر خواهید بود اشتیاق مشتریان و به دنبال آن، سود خود را افزایش دهید.

وقتی در قیمت‌گذاری محصول خود، از استراتژی خامه‌گیری استفاده می‌کنید، درواقع دارید این پیغام را می‌دهید که محصولات شما خاص هستند و ارزش پرداخت پول بیشتر را دارند.

احتمال دارد به صورت کوتاه‌مدت مشتریان دیگری را هم جذب آیتم‌هایی کنید که افرد دیگر برای آنها ارزش قائل هستند و قیمت بالایش را توجیه می‌کنند. اگر بخواهید محصولتان را در عرضه‌های اولیه به صورت محدود تولید کنید، استراتژی قیمت‌گذاری خامه‌گیری یک ابزار بازاریابی موثر به‌شمار می‌رود؛ چون فضایی را در بازار ایجاد می‌کند که انگار محصول نایاب است و تقاضا را افزایش می‌دهد.

۱۴) قیمت‌گذاری متغیر[2]

یعنی یک محصول در بازارهای مختلف قیمتهای مختلفی داشته باشد. قیمت‌گذاری متغیر، استراتژی است که یک کاروکسب، واحدهای قیمتی متنوعی را در مکانها یا نقاط فروش مختلف تعیین می‌کند. این استراتژی، رویکردی رایج درمیان خرده‌فروشان محسوب می‌شود؛ چون هزینه‌های کالا و خدمات ارائه‌شده و میزان تقاضای بازار، این قیمتها را توجیه می‌کند. هدف از این استراتژی، بهینه‌سازی سود کلی با ارائه‌ی بهترین قیمتها در هر نقطه‌ی فروشی است.

یک مثال درباره‌ی قیمت‌گذاری متغیر زمانی است که یک خرده‌فروش در وبسایت خود نسبت به فروشگاههایش، قیمتهای مختلفی ارائه می‌دهد. علتش هم هزینه‌های پایین‌تر عملیات آنلاین است. برخی از خرده‌فروشهای زنجیره‌ای در فروشگاههای محلی مختلف، به دلیل مالیات کمتر یا سایر عوامل

---

1. Skimming pricing
2. Variable pricing

هزینه‌ای، قیمتهای پایین‌تری را برای محصولات در نظر می‌گیرند. اگرچه این استراتژی باعث بهینه‌سازی سود کلی می‌شود، اما می‌تواند در برخی موقعیتها منجر به بیزاری مشتری شود.

۱۵) مبتنی بر قیمت رقبا[۱]

زمانی که رقبا شباهتهای زیادی به یکدیگر دارند. این استراتژی روشی است که از قیمتهای رقیبان برای تعیین قیمت پایه‌ی یک محصول یا خدمت مشابه استفاده می‌کند. این روشِ قیمت‌گذاری، بیشتر بر اطلاعات بازار متمرکز است تا هزینه‌های تولید (قیمت‌گذاری کاست‌پلاس) و ارزش درک‌شده‌ی محصول (قیمت‌گذاری مبتنی بر ارزش).

همان‌طور که قبلاً عنوان شد، در قیمت‌گذاری مبتنی بر رقابت، یک معیار در نظر گرفته می‌شود. ممکن است یک کاروکسب محصولش را بالاتر یا پایین‌تر از این معیار به فروش برساند. اگر قیمت بالاتر از معیار باشد، باعث سودرسانی بیشتر در هر واحد از محصول می‌شود، اما ممکن است منجر به فروش کمتر شود؛ چرا که مشتریان برای خرید محصول ارزانتر تمایل دارند. از طرف دیگر تعیین قیمتی پایین‌تر از قیمت معیار، باعث افزایش میزان فروش می‌شود، اما میزان سوددهی هر واحد محصول کمتر خواهد شد.

قیمت‌گذاری، می‌تواند منجر به موفقیت یا شکست یک شرکت شود. فروش یک محصولی که خیلی خوب در بازار جا افتاده است، با قیمتی مشابه با قیمت رقبا، گزینه‌ی خوبی برای خرده‌فروشانی محسوب می‌شود که می‌خواهند مشتریان را به سمت کاروکسب خود جذب کنند. هرچند حفظ مشتریان در اینجا، به معنی متمایز کردن خودشان با ویژگیهای دیگری بجز قیمت است. اگر مشکلی در نگهداری حجم محصول وجود داشته باشد یا اگر هزینه‌ها به‌طور ناگهانی افزایش پیدا کردند، متکی بودن به یک قیمت رقابتی ممکن است کار پرریسکی باشد.

۱۶) قیمت‌گذاری ترویجی[۲]

در اینجا در ابتدا اصلاً سود نمی‌گیریم؛ زیرا می‌خواهیم به جای اینکه هزینه‌ی تبلیغات کنیم، خود بازار، فروش را انجام دهد. سپس آرام‌آرام قیمت را افزایش می‌دهیم. در حقیقت به جای تبلیغات با قیمت می‌فروشیم. زمانی که یک فروشنده قیمت محصول یا خدمتش را پایین می‌آورد تا مشتریان را جذب کند، و یک تاکتیک فروش یا بازاریابی را به‌کار می‌گیرد، به آن قیمت‌گذاری ترویجی می‌گویند.

قیمت‌گذاری ترویجی به صورت مصنوعی ارزش یک محصول را به‌منظور افزایش فروش بالا می‌برد. علاوه بر قیمت پایین‌تر، یک چاشنی فروش هم ارزش محصول را با ایجاد شایعه‌ی کمیابی

---

1. Competition based Pricing
2. Promotional pricing

افزایش می‌دهد. بنابراین، اکثر چاشنی‌های فروش موقتی هستند. برای درک بهتر قیمت‌گذاری ترویجی خرده‌فروشی را در نظر بگیرید که به مشتریانش می‌گوید: "یکی بخر، دو تا ببر".

۱۷) قیمت‌گذاری خوب، بهتر، بهترین

این تاکتیک به معنای چند برند بودن است؛ برندهایی که کلاسهای کیفیتی متفاوتی دارند. قیمت‌گذاری "خوب، بهتر، عالی"، یک تکنیک قیمت‌گذاری محبوب است و نامهای زیر هم به کار رفته است:

- اقتصادی، استاندارد، ویژه
- برنزی، نقره‌ای، طلایی
- مصرف‌کننده، حرفه‌ای، متخصص
- و...

هدف از این استراتژی، آن است که به مشتریان حق انتخاب و قدرت مقایسه می‌دهد، اما انتخابهایش محدود است. خریداران معمولاً دوست دارند که حق انتخابهای بیشتری داشته باشند. وقتی فروشنده چنین استراتژی را تعیین می‌کند، یعنی به مشتریانش احترام می‌گذارد و سعی در برآورده کردن نیازهای مشتریان مختلف دارد. همچنین قدرت انتخاب باعث می‌شود که خریدار بتواند مقایسه کند.؛ چون بخوبی متوجه تغییر قیمت در زمانی که ویژگیهای محصولی بیشتر یا کمتر است، می‌شود. در نتیجه، خریداران می‌توانند مطمئن شوند که خرید درستی کرده‌اند؛ چون فقط به همان اندازه‌ای خرید کرده‌اند که نیاز داشتند. از طرف دیگر، وقتی حق انتخاب زیاد می‌شود، مشتریان واکنش خوب و درستی از خود نشان نمی‌دهند. انتظار دارند فروشنده نیازهای آنها را پیش‌بینی کرده و بسته‌هایی را برای رفع نیازهای آنها طراحی کند. مثالهای زیادی در این باره وجود دارد: ورژنهای مختلف نرم‌افزارها، مدلهای مختلف اتومبیل، مدالهای المپیک و... . مغز انسان به دلایلی، احساس راحتی و اطمینان بیشتری با یک مجموعه‌ی سه‌تایی می‌کند.

۱۸) فروش کالا با ضرر

منظور همان دامپینگ است.[1] دامپینگ، واژه‌ای است که در تجارت بین‌المللی خیلی از آن استفاده می‌شود. زمانی که یک کشور یا شرکت، محصولی را صادر می‌کند که قیمتش در بازار خارجی نسبت به بازار داخلی صادرکننده پایین‌تر است؛ دامپینگ اتفاق افتاده است. چون معمولاً دامپینگ شامل حجم صادرات قابل‌توجهی از یک محصول می‌شود، اغلب باعث زیان مالی تولیدکنندگان محصول یا تولیدکنندگان در کشور واردکننده می‌شود.

۱- کتاب بازاریابی بین‌الملل، سانک آنک ویزیت، ترجمه‌ی مهدی بهبودی، انتشارات ترمه.

دامپینگ را شکلی از تبعیض قیمتی در نظر بگیرید. دامپینگ زمانی اتفاق می‌افتد که یک تولیدکننده قیمت کالای وارداتی را که در حال ورود به بازار خارجی است تا میزانی پایین می‌آورد که کمتر از قیمت پرداخت‌شده از سوی مشتریان داخلی در کشور مبدأ است. این کار در همه‌جای دنیا به همین‌صورت انجام می‌شود و هدف از آن کسب یک مزیت رقابتی در بازار وارداتی است. طبق قوانین سازمان تجارت جهانی[1]، دامپینگ جرم است؛ چون بازار را به سمت انحصار می‌برد و فعالیتی ضد رقابت جوانمردانه است. لازم به ذکر است که شرکتهای بزرگ و قدرتمند با دامپینگ (زیر قیمت تمام‌شده فروختن) سبب حذف رقبای کوچکتر شوند. پس از حذف رقیب یا رقیبان، قیمت را بالا می‌برند و زیانهای قبل را هم جبران می‌کنند.

چند نوع دامپینگ وجود دارد که عبارتند از مقطعی، غارتگر، مستمر و معکوس؛ دامپینگ مقطعی زمانی رخ می‌دهد که یک تولیدکننده با فهرست موجودی فروخته‌نشده بخواهد از رشد اقلام معاملاتی اضافه و بی‌کیفیت خلاص شود. برای حفظ جایگاه رقابتی خود در داخل، تولیدکننده باید از جنگ قیمت بپرهیزد؛ زیرا ممکن است به بازار داخل آسیب وارد کند. بنابراین، یک راهکار می‌تواند از بین بردن اضافه‌ی عرضه باشد. شاهد بوده‌ام که تولیدکنندگان جوجه‌ی یک‌روزه مرغ گوشتی وقتی عرضه بسیار بیشتر از تقاضا می‌شود و قیمت جوجه بسیار پایین می‌آید، برای جلوگیری از کاهش قیمت، بیشتر جوجه‌هایشان را در چاه می‌ریزند و از عرضه خودداری می‌کنند.

دامپینگ غارتگر ماندگارتر از دامپینگ مقطعی است، این استراتژی شامل فروش کالا بدون سود به‌منظور دسترسی به بازار و جهت‌دهی رقابت می‌باشد. زمانی که رقابت از بین رفت یا بازار شکل گرفت، شرکت از جایگاه انحصاری خود برای افزایش قیمت استفاده می‌کند. برخی از منتقدین این ادعا را که دامپینگ غارتگر زیان‌آور است را رد می‌کنند و خاطرنشان می‌کنند که اگر قیمت از سوی شرکتی که دامپینگ انجام می‌دهد افزایش یابد، رقبای پیشین می‌توانند زمانی که بازار دوباره سودده شود، دوباره وارد بازار شوند.

دامپینگ مستمر، رایجترین شکل دامپینگ است که مستلزم فروش پیوسته‌ی کالاها با قیمتهای پایین‌تر در یک بازار نسبت به سایر بازارها است. این روند ممکن است حاصل این شناخت شرکت باشد که بازارها به لحاظ هزینه‌های سربار و مشخصه‌های تقاضا با هم متفاوت هستند. برای مثال، شرکت ممکن است فرض کند که سطح تقاضا در خارج از کشور کشش‌پذیرتر از داخل کشور است. بر اساس این پیش‌فرض، شرکت ممکن است تصمیم بگیرد تا از روش قیمت‌گذاری بر مبنای هزینه‌ی نهایی در خارج از کشور استفاده کند و از روش قیمت‌گذاری هزینه‌ی کل برای پوشش هزینه‌های ثابت در داخل کشور استفاده کند. این روند به نفع مصرف‌کنندگان خارجی و به زیان مصرف‌کنندگان داخلی است.

1. World Trade Organization

سه نوع دامپینگ بررسی شده‌ی فوق دارای یک مشخصه‌ی مشترک هستند. همه‌ی آنها کالاهای خود را با قیمتهای پایین‌تری در خارج نسبت به داخل کشور عرضه می‌کنند. اگرچه این امکان هم وجود دارد که تاکتیک کاملاً متفاوتی به‌کار گرفته شود؛ یعنی دامپینگ معکوس برای این منظور، تقاضای خارجی باید از کشش‌پذیری کمتری برخوردار باشد و بازار باید تحمل قیمت بالاتر را داشته باشد. بر این اساس، هرگونه دامپینگ در بازار داخلی تولیدکننده از طریق فروش کالا با قیمت پایین‌تر در سطح داخلی، امکان‌پذیر خواهد بود.

۱۹) قیمت‌گذاری بر اساس محصول انتخابی

برای مثال، در رستوران هانی غذای مورد نظرتان را انتخاب می‌کنید و در نهایت، قیمت غذای انتخابی شما تعیین می‌شود.

با توجه به اینکه بعضی از افراد از پذیرایی داخلی هواپیما استقبال نمی‌کنند یا از پرداخت هزینه‌ی آن گله‌مند هستند، یک پیشنهاد برای ایرلاین‌ها در شرایط مالی ضعیف بعضی مسافران این است که دو قیمت بلیت داشته باشند، بلیت همراه با پذیرایی، و بدون پذیرایی. در این حالت حق انتخاب مشتریان افزایش می‌یابد، و خشنودتر خواهند شد.

۲۰) قیمت‌گذاری سبدی

یعنی اینکه قیمت هر محصول را به‌طور جداگانه به مشتری بگوییم و در نهایت، به او بگوییم که اگر همه را بخری، تخفیف سبدی به تو تعلق می‌گیرد. تخفیف سبدی به فروش کالای کندفروش کمک می‌کند.

چند مورد از طیف گسترده‌ی قیمت‌گذاری سبدی شامل موارد زیر می‌شود:

- **ساخت محصول.** تک‌تک برنامه‌های مایکروسافت آفیس به‌عنوان یک محصول برجسته در دسترس مشتریان است. اما اگر کل برنامه‌های آفیس را به صورت یکجا بخرید، بیشتر به‌دردتان می‌خورد و تخفیف خوبی هم می‌گیرید.
- **ارائه‌ی یک راه‌حل کامل.** بست‌بای علاقه‌مند است که برخی چیزها را به شما یادآوری کند؛ مانند این واقعیت که هر دی‌وی‌دی پلیر یا کابل v/a نمی‌تواند بهترین تصویر را در تلویزیون اچ‌دی جدید شما نشان دهد.
- **هدف گرفتن زمان وعده‌های غذایی.** فروشگاههای موادغذایی که مرغ بریونی می‌فروشند، هدف اصلی‌شان فروش مرغهای داغ و حاضر و آماده دقیقاً قبل از وعده‌ی ناهار یا شام است. یا در زمانهای ماه مبارک رمضان که سر دقیقه‌ی خاصی اذان گفته می‌شود، رستورانها باید طوری برنامه‌ریزی کنند که بتوانند به مشتریان روزه‌دار با سرعت، دقت و کیفیت افطاری بدهند. و البته

قیمت منوی افطاری با منوی شام متفاوت است و مشتریان حق دارند هردو یا فقط شام را انتخاب کنند.

۲۱) قیمت‌گذاری فصلی محصول

بسیاری از کاروکسبهای فصلی، محصولات و خدماتشان را عمدتاً در طول یک زمان خاصی از سال ارائه می‌دهند. بعضی از شرکتهای فصلی در تمام طول سال باز هستند، ولی بیشتر درآمدشان را در طول فصل اصلی درمی‌آورند. اما برخی دیگر تنها در همان فصلی که فروش بالا است، فعالیت می‌کنند و از این طریق مالک کاروکسب در طول فصلهایی که فروش پایین است، انعطاف‌پذیری بیشتری برای انجام سایر کارها دارد. یک کار مهم این است که سعی کنیم محصول را از حالت فصلی خارج کنیم و بازه‌ی فروشی آن را به طول سال بکشانیم. برای مثال قبلاً شرکتهای تولیدکننده‌ی بخاری یا کولر آبی که تقریباً نصف سال فروش داشتند، محصول مکمل را هم به سبدشان اضافه کردند؛ یعنی بخاری‌سازان کولرساز هم شدند و یا بالعکس. اما بعضی از آنها به تولید و عرضه‌ی اسپیلت روی آوردند که محصولی دومنظوره و قابل کاربرد در تمام سال است.

گروه بزرگ صنایع غذایی میهن سالیان سال به صورت آرام روی این موضوع کار کرد که مصرف بستنی را از حالت فصلی خارج کرد و به طول سال گسترش داد. در حال حاضر درحالی‌که بسیاری از شرکتهای کوچک تولیدکننده‌ی بستنی فقط چندماه از سال را کار می‌کنند، شرکتهای بزرگ نظیر میهن و کاله و دومینو در تمام طول سال بستنی عرضه می‌کند و به این ترتیب هزینه‌هایشان را پایین می‌آورند.

یک تجربه هم از زمان مشاوره با شرکت لورچ بگوییم. لورچ به همراه چند شرکت دیگر نظیر سپهرالکتریک و آبسال بیشترین سهم تولید کولر آبی را در کشور دارند و جالب اینکه زمان فروش معمولاً از نیمه‌ی بهمن‌ماه هر سال شروع شده و تا اواسط تابستان سال بعد طول می‌کشد. حال اینجا پیش‌بینی درست بازار و پیش‌بینی فروش بسیار مهم است؛ چون اگر به اواخر تابستان نزدیک شویم و کولرهای آبی فروش نرفته باشد باید تا اواسط بهمن‌ماه صبر کنیم که بدیهی است هزینه‌های زیادی نظیر انبارداری، خواب سرمایه و... به شرکت تحمیل می‌شود. یکی از اقداماتی که کردیم این بود که به مشتریان (عمده‌فروشان و مغازه‌داران) گفتیم چنانچه پیش‌بینی خریدتان را همراه با چکهای هرماه (به سررسید همان ماه) به ما بدهید از تخفیف بیشتری برخوردار می‌شوید؛ چون در این حالت ضمن اینکه ما می‌توانیم چکها را در بازار خرج کنیم یا از بانک اعتبار بگیریم، بر اساس پیش‌بینی فروش، پیش‌بینی تولید و پیش‌بینی خرید مواد اولیه را انجام می‌دهیم، و فروشمان را هم تضمین کرده‌ایم.

۲۲) قیمت‌گذاری مبتنی بر فروش

این روش امروزه در دنیا طرفداران زیادی پیدا کرده است. در این بخش چند روش برای قیمت‌گذاری

مبتنی بر فروش عنوان می‌شود:

- **روش تمایل به پرداخت:** در این روش محصول را به مشتری نشان می‌دهیم و از او می‌پرسیم چقدر حاضرید برای این محصول پرداخت کنید. در نهایت به یک عدد منطقی می‌رسیم.

- **تست مفهوم:** مشابه روش قبلی است، با این تفاوت که در اینجا یک بازه‌ی قیمتی تعیین می‌کنیم و از مشتری می‌پرسیم که اگر محصول برای مثال بین ۱۰۰ تا ۵۰۰ تومان باشد، کدام گزینه را انتخاب می‌کند: "قطعاً می‌خرم، شاید بخرم و در نهایت، قطعاً نمی‌خرم."

- **تحلیل هم‌پیوند:**[1] این تحلیل برای محصولات با ویژگی‌های متفاوت یک طیف تعیین می‌کند. برای مثال، دو دوربین داریم، یکی با قیمت ۲۰۰ تا ۲۳۰ هزار تومان با تعدادی ویژگی‌ها، و دیگری با قیمت ۲۸۰ تا ۳۱۰ هزار تومان با ویژگی‌های مشخص. بنابراین، دو محصول با طیف قیمتی داریم.

- **انتخاب گسسته:** در اینجا هم دو محصول داریم، ولی نه با طیف قیمتی بلکه، با قیمت میکس.

- **مدل ون وستندورپ:** یک مدل هلندی است که امروزه مورد استفاده‌ی گسترده قرار می‌گیرد. در این مدل چهار سؤال از افراد نمونه‌ی جامعه‌ی آماری پرسیده می‌شود: ۱) قیمت این محصول چقدر باشد، می‌گویید خیلی گران است و نمی‌خرم؟ ۲) قیمت این محصول چقدر باشد، می‌گویید گران است، ولی می‌خرم؟ ۳) قیمت این محصول چقدر باشد، می‌گویید ارزان است و می‌خرم؟ و ۴) قیمت این محصول چقدر باشد، می‌گویید خیلی ارزان است، ولی نمی‌خرم. بعد از جمع‌آوری اطلاعات، طبق این فرمول محاسبه می‌کنیم: خیلی گران به‌اضافه‌ی خیلی ارزان تقسیم بر دو، به‌اضافه‌ی گران به‌اضافه‌ی ارزان تقسیم‌بر دو. همه‌ی اینها دوباره تقسیم بر دو. بدین‌شکل قیمت بهینه به دست می‌آید.

۲۳) قیمت‌گذاری معکوس

قیمت‌گذاری معکوس،[2] یک مکانیزم جدید در قیمت‌گذاری است که در آن پیشنهاد مشتری برای یک محصول خاص، درصورتی‌که از آستانه‌ی پنهان پذیرش فروشنده بالاتر باشد، منجر به انجام معامله می‌شود. آستانه‌ی پنهان پذیرش فروشنده به نقطه‌ی سربه‌سر آن بستگی دارد. این تعریفی است که اسپان و تلیس در سال ۲۰۰۶ ارائه دادند. اگر پیشنهاد مشتری بالاتر از آستانه‌ی پذیرش فروشنده باشد، محصول را دریافت و هزینه‌ی آن را پرداخت می‌کند.

---

1. Conjoint Analysis
2. Reverse pricing

برخی از نمونه‌ها در این زمینه شامل وب‌سایت Priceline.com[1] و ایرلاین‌هایی همچون جرمن وینگز[2] می‌شود. قیمت‌گذاری معکوس در بازارهایی که با نوسان غیرقابل پیش‌بینی عرضه یا تقاضا مواجه می‌شوند، کارآیی زیادی دارد. همچنین صنایعی مانند شرکتهای هواپیمایی که هزینه و تقاضا در زمانهای مختلف در آنها متفاوت است، می‌توانند از قیمت‌گذاری معکوس استفاده کنند.

آنطور که اسپان، زیتامل و هابل (۲۰۰۷) در مقاله‌ی خود عنوان می‌کنند، ماهیت قیمت‌گذاری معکوس این است که مسیر قیمت‌گذاری نه از طرف فروشنده به سمت مشتری بلکه، از طرف مشتری به سمت فروشنده حرکت کند. فروشنده‌ای که از این سیاست قیمت‌گذاری استفاده می‌کند، پیشنهادات مشتریان مختلف را جمع‌آوری و ارزیابی می‌کند و آن پیشنهادی را که با توجه به نقطه‌ی سربه‌سر برای شرکت سودآور است، انتخاب می‌کند.

۲۴) قیمت‌گذاری ارزش‌محور

تعاریف متعددی برای قیمت‌گذاری ارزش‌محور[3] ارائه شده است که یکی از جامعترین آنها بدین شرح است:

"قیمت‌گذاری ارزش‌محور یک روش تعیین قیمت است که بر اساس آن، شرکت پس از انجام محاسبات، تلاش می‌کند تا در مقایسه با رقبا، ارزش متمایز محصول خود برای یک بخش‌بندی بازار را کسب کند."

یادمان باشد مصرف‌کنندگان به قیمت معقول علاقه‌مند هستند، قیمت معقول به معنای ارزش درک‌شده‌ی معقول در زمان معامله است.

پیش‌فرضهای نادرست درباره‌ی قیمت‌گذاری ارزش‌محور

این روش امروزه کاربرد فراوانی در بین سازمانهایی دارد که تلاش می‌کنند، ارزش را به‌عنوان مفهوم مرکزی فعالیتهای بازاریابی خود معرفی کنند.

این روش با وجود پتانسیل بالا، همواره در معرض این خطر است که به دلیل پیش‌فرضهای نادرست افرادی که وظیفه‌ی قیمت‌گذاری را بر عهده دارند، در مرحله‌ی اجرا با شکست مواجه شود. به همین دلیل در اینجا چند پیش‌فرض نادرست درباره‌ی قیمت‌گذاری ارزش‌محور بررسی می‌شود.

الف) قیمت‌گذاری ارزش‌محور نیازمند آن است که رضایت مشتری برای پرداخت در مورد

۱- وب‌سایت فعال در زمینه‌ی خرید بلیت هواپیما،رزرو هتل و اجاره‌ی خودرو.

2. Germanwings
3. Value-based pricing

هر کدام از محصولات محاسبه شود.

برخی از افراد فعال در قیمت‌گذاری به اشتباه تصور می‌کنند که زمانی که شرکت قصد دارد از روش قیمت‌گذاری ارزش‌محور استفاده کند، باید محاسبه کند که مشتری حاضر است برای هرکدام از ویژگیهای محصولات چقدر پرداخت کند. بدون شک جمع کردن مبلغ مورد نظر مشتری برای هر ویژگی و انجام دادن این کار برای هر محصول کار دشواری است، و به همین دلیل بسیاری از افراد قید قیمت‌گذاری ارزش‌محور را می‌زنند.

این در حالی است که همان‌طور که قبلاً هم گفته شد، برای استفاده از این روش تنها لازم است ویژگیهای متمایز محصول از نزدیکترین رقیب را یافت و ارزش ریالی آن را محاسبه کرد.

ب) قیمت‌گذاری ارزش‌محور در هر شرایطی منجر به موفقیت می‌شود.

این یکی از خطرناکترین پیش‌فرضها درباره‌ی قیمت‌گذاری ارزش‌محور است؛ زیرا انتظارات غیرواقعی ایجاد می‌کند. این روش مانند هر روش دیگری، معجزه نمی‌کند. برای موفقیت این روش، باید آن را در بستر کلی اقدامات بازاریابی سازمان قرار داد.

علاوه بر این، در بازاریابی چنانچه رقبا قیمت‌گذاری هوشمندانه‌ای برای محصولاتشان انجام نداده باشند، این روش قیمت‌گذاری با سختی مواجه می‌شود. اگر در بازاری فعالیت می‌کنید که رقبا بدون توجه به ابعاد گوناگون فقط از طریق پایین آوردن قیمت و تخفیف، قصد افزایش فروش محصولاتشان را دارند، بهتر است با احتیاط و دقت بیشتری از قیمت‌گذاری ارزش‌محور استفاده کنید.

تجربه نشان داده است که بهتر است در بازاری که مصرف‌کنندگان فقط و فقط به تخفیف و خرید پایین‌ترین قیمت فکر نمی‌کنند، از قیمت‌گذاری ارزش‌محور استفاده نشود.

ج) ارزش برند بخشی از قیمت‌گذاری ارزش محور است.

هدف بازاریابی از طریق قیمت‌گذاری ارزش‌محور این است که برای ویژگیهای متمایز یک محصول، ارزش ریالی تعیین شود. بنابراین، تمرکز این روش بر ویژگیهایی است که ارزشی را به مشتری می‌افزایند و می‌توان آنها را در قالب ریال و تومان بیان کرد. ویژگیهایی از قبیل "۲۰ درصد ماندگاری بیشتر"، "۳ ساعت سریعتر"، "۳۰ درصد امکان خرابی کمتر" و ... از جمله‌ی این ویژگیها هستند.

اما ارزش برند، مفهومی است که نمی‌توان آن را بدین شکل بیان کرد؛ به همین دلیل است که باید میان ارزش برند و قیمت‌گذاری ارزش‌محور تفاوت قائل شد.

۲۵) تلفیق قیمت‌گذاری دینامیک با قیمت‌گذاری شخصی‌سازی‌شده

شرکتهایی که محصولات یا خدماتی انقضاپذیر یا فصلی (مانند آژانسهای مسافرتی، ایرلاین‌ها و...) را

به فروش می‌رسانند در قیمت‌گذاری خود به نحوی عمل می‌کنند که بر اساس موجودی محصول یا خدمت، قیمت آن تعیین می‌شود. به این نوع قیمت‌گذاری، قیمت‌گذاری دینامیک[1] گفته می‌شود. علاوه بر تغییر قیمت بر اساس زمان و موجودی محصول، یک شرکت می‌تواند قیمت کالای خود را بر اساس اطلاعاتی که از مصرف‌کننده در اختیار دارد نیز تنظیم کند. به این نوع قیمت‌گذاری، قیمت‌گذاری شخصی‌سازی‌شده گفته می‌شود. در اینجا می‌خواهیم به بررسی ارتباط این دو نوع قیمت‌گذاری با یکدیگر بپردازیم، اما لازم است پیش از آن توضیحاتی درباره‌ی قیمت‌گذاری شخصی‌سازی‌شده داده شود.

قیمت‌گذاری شخصی‌سازی‌شده

مصرف‌کنندگان مختلف معمولاً ارزشهای متفاوتی را از یک محصول یکسان کسب می‌کنند. در این شرایط، شرکتها برای قیمت‌گذاری، ابتدا به درک ماهیت کاروکسب مشتری و سپس نحوه‌ی استفاده از آن محصول نیاز دارند. در اینجا لازم است در جریان مذاکرات، از میزان بودجه‌ی مشتری اطلاع یافت یا از طریق تحقیقات بازار، به میزان اشتیاق مشتری برای پرداخت رسید. با استفاده از این اطلاعات می‌توان یک قیمت شخصی‌سازی‌شده[2] برای مشتری تعیین کرد. نمونه‌های قیمت‌گذاری شخصی‌سازی‌شده را می‌توان هم در مورد محصولات مصرفی و هم محصولات صنعتی یافت. شرکتهایی که نرم‌افزارهای خود را در سطح سازمانی به فروش می‌رسانند، معمولاً قیمت نهایی را از طریق مذاکره تعیین می‌کنند. فروشنده معمولاً با مشتری خود، تحلیل بازگشت سرمایه را انجام می‌دهد تا سود محصول برای مشتری مشخص شود. حتی شرکتهایی همچون آی‌بی‌ام و هیولت پاکارد[3] بدون آنکه در کیفیت محصول خود تغییری ایجاد کنند، پس از تحلیل بازگشت سرمایه[4]، به مشتری تخفیف شخصی‌سازی‌شده می‌دهند.

سوپرمارکتهای بزرگ نیز از این استراتژی در قیمت‌گذاری محصولات خود استفاده می‌کنند، بدون آنکه نگران متهم شدن به تبعیض قیمتی باشند. برخی از سوپرمارکتهای شناخته‌شده در جهان با توجه به سابقه‌ی خرید مشتریان خود تخفیفات متفاوت و متنوعی را به آنها ارائه می‌دهند. همچنین برای اینکه مشتری در همان لحظه‌ی خرید در جریان میزان تخفیفی که به وی تعلق می‌گیرد نیز قرار گیرد، این مجموعه‌ها تدابیر لازم را اندیشیده‌اند. در حالت کلی، فروشگاههای تخفیفی برچسبی زیر برچسب قیمت اصلی محصول نصب و روی آن قیمت با احتساب تخفیف را درج می‌کنند. با وجود این، فروشگاههایی که قصد دارند از تخفیف شخصی‌سازی‌شده استفاده کنند، نمی‌توانند چنین

1. Dynamic Pricing
2. Customized priced
3. HP
4. Roi

اقدامی را انجام دهند؛ زیرا میزان تخفیف برای مشتریان مختلف، متفاوت است. بنابراین، فروشگاه‌های تخفیفی به فکر چاره افتادند و از روشی نوین و با بهره‌گیری از تکنولوژی برای این مسأله راه‌حلی یافتند.

راه‌حل، استفاده از سیستم GPS است. روی هر سبد خرید یک دستگاه GPS نصب می‌شود و مشتری پس از ورود به فروشگاه و برداشتن سبد خرید، کد مخصوص به خود را وارد می‌کند. پس از آنکه مشتری وارد پروفایلش شد، به هر قسمت از فروشگاه که می‌رود، دستگاه GPS قیمت محصولات آن قسمت را با توجه به تخفیف مربوط به هر مشتری نشان می‌دهد. بنابراین، ممکن است مشتری الف روی سیستم GPS خود برای خرید یک عدد رب گوجه‌فرنگی ۱۰ درصد تخفیف مشاهده کند، درحالی‌که مشتری ب برای خرید همان محصول، عدد ۲۰ درصد تخفیف را ببیند.

بسیاری از کارشناسان بازاریابی و فروش، قیمت‌گذاری شخصی‌سازی‌شده را روشی مؤثر برای ایجاد و بالا بردن وفاداری در مشتریان می‌دانند و معتقدند حتی اگر مشتری تخفیفی کمتر از میزان تخفیف معمول فروشگاه دریافت کند، حس بهتری دارد؛ زیرا احساس می‌کند فروشگاه برای او اهمیت قائل شده و به‌طور مجزا و ویژه میزان تخفیف برای او را تعیین کرده است.

امروزه بسیاری از شرکت‌ها از این قابلیت برخوردار هستند که اطلاعات زیادی را در مورد مشتریان خود و رفتار خرید هر یک جمع‌آوری کنند. این دسته از شرکت‌ها می‌توانند سراغ قیمت‌گذاری شخصی‌سازی‌شده بروند. در اینجا باید به چند نکته توجه کرد. ابتدا اینکه در صنایعی مانند گردشگری، هتل‌داری، و فروش پوشاک که مشتریان به قیمت‌های متفاوت عادت کرده‌اند، این نوع قیمت‌گذاری تأثیرگذاری بیشتری دارد. برای مثال، مشتریان با شناور بودن قیمت‌های تورهای مسافرتی کاملاً آشنا هستند. نکته‌ی مهم دیگر، این است که موفقیت در قیمت‌گذاری شخصی‌سازی‌شده تا حد زیادی بستگی به مدیریت درست ادراک مشتری از فرایند قیمت‌گذاری دارد. در حقیقت نباید این تفکر را در ذهن مشتری به وجود آورد که عده‌ای از مشتریان خاص (VIP) هستند که با آنها برخورد متفاوتی می‌شود و سایرین مجبور هستند قیمت بیشتری را بپردازند.

به‌عنوان مثال، یکی از برندهای مطرح پوشاک زمانی که این استراتژی قیمت‌گذاری را در دستور کار خود قرار داده بود، به علت عدم توجه به ادراک مشتریان از این تصمیم، با انتقادات فراوانی مواجه شده بود، تا جایی که عده‌ای از مشتریان می‌گفتند این شرکت از آنها پول بیشتری می‌گیرد تا جایگزین تخفیفاتی کند که به عده‌ی کمی از مشتریان نورچشمی خود می‌دهد.

برای رفع این قبیل مشکلات، امروزه برندهای معروف پوشاک اقدام به صادر کردن کارت وفاداری برای مشتریان خود کرده‌اند. مشتریانی که خرید بیشتری انجام داده باشند صاحب اعتباراتی می‌شوند که در خریدهای بعدی از آن بهره خواهند برد. این استراتژی چند مزیت دارد که در ادامه به توضیح درباره‌ی آنها می‌پردازم:

مزیت اول، استفاده از کارتهای وفاداری و به‌طورکلی دادن اعتبار به مشتری این است که دغدغه‌ی تخفیف دادن برای شرکت کاملاً از بین می‌رود. زمانی که به مشتری اعتباری می‌دهید، کاملاً برایش روشن و شفاف است که دیگر نیازی نیست سر تخفیف دادن یا ندادن وارد مذاکره شوید.

نکته‌ی بعدی این است که با این روش، تناقض بین قیمت‌گذاری دینامیک و قیمت‌گذاری شخصی‌سازی‌شده از بین می‌رود و مشتری می‌تواند بسته به اعتباری که دریافت کرده، از هر دو نوع تخفیف بهره‌مند شود.

همچنین با این روش مشتریان برداشتی تبعیض‌گونه از اقدامات شرکت نخواهند داشت و برایشان کاملاً توجیه‌پذیر خواهد بود که عده‌ای به دلیل وفاداری خود، اعتبار بیشتری دریافت کنند. بنابراین، اگر دو مشتری که محصولی یکسان را خریده‌اند در صف پرداخت متوجه شوند که قیمت پرداختی آنها متفاوت از یکدیگر است، دلیل این تفاوت را کاملاً درک خواهند کرد.

۲۶) توجه به بخش‌بندی قیمت

فرض کنید قیمت کالایی را ۱۰ هزار تومان انتخاب کرده‌اید، در این‌حالت بعضی از مشتریان بالقوه این قیمت را بسیار بالا می‌دانند و آن را خریداری نمی‌کنند. مشتریان بالقوه‌ی دیگری نیز هستند که به نظرشان این کالا ۱۵ هزار تومان می‌ارزد و قیمت ۱۰ هزار تومان باعث می‌شود که در خرید کالا دچار تردید شده و نهایتاً از انجام این کار منصرف شوند. بنابراین، اگر شما قیمت را تنها ۱۰ هزار تومان در نظر بگیرید، از طرف افرادی که این مبلغ را نمی‌پردازند دچار زیان می‌شوید، و در همان زمان، ۵ هزار تومان نیز بابت افرادی که می‌خواهند پول بیشتری بپردازند، دچار ضرر خواهید شد. بنابراین، ۱۵ هزار تومان ضرر خواهید کرد.

اما اگر سه قیمت ۵، ۱۰، و ۱۵ هزار تومان را همزمان داشته باشید، در این‌حالت، ۱۵ هزار تومان از طرف بخش با قیمت بالا، به‌علاوه ۵ هزار تومان از طرف بخش پایین با قیمت پایین دریافت خواهید کرد که در مجموع ۲۰ هزار تومان خواهد شد.

در نگاه اول، هیچ راهی برای اجرای چنین استراتژی‌ای به ذهن نمی‌رسد، اما بد نیست. برای فهم بهتر این موضوع نگاهی به صنعت هواپیمایی بیندازیم.

موردکاوی:[1] آیا بخش‌بندی قیمت، سودآوری را افزایش می‌دهد؟

با به‌کار بردن استراتژی بخش‌بندی قیمت می‌توان قیمتهای مختلفی را برای یک صندلی هواپیما در نظر گرفت. صندلی همان صندلی است، اما قیمتها بر اساس دسته‌بندی مشتریان دچار تنوع

1. Case study

می‌شوند. به این روش، قیمت‌گذاری بر اساس بخش‌بندی مشتریان می‌گویند که می‌تواند تأثیر بسزایی در امر فروش داشته باشد.

مشتریان همچنین می‌توانند برحسب حجم سفارش، کیفت کالا، ویژگی، خدمات افزوده، زمان فروش، زمان صرف‌شده و... دسته‌بندی شوند. از طرف دیگر با توجه به چشم‌انداز مالی خود، مشتریان را دسته‌بندی کنید و تغییرات و تخفیفات قیمتی را برای بخش خاص در نظر بگیرید.

مثالهایی درباره‌ی بخش‌بندی قیمت

در اینجا چند مورد از استفاده‌های کاربردی استراتژی بخش‌بندی قیمت[1] را مرور می‌کنیم.

- **کانال توزیع:** برای مثال، فروش آنلاین و فروش حضوری را در نظر بگیرید. مشتریانی که خرید آنلاین انجام می‌دهند، می‌توانند بهای کمتری پرداخت کنند؛ چرا که ارائه‌ی خدمات در این نوع سرویس ارزانتر است.

- **زمان صرف‌شده:** بسیاری از مراکز اقامتی، قیمت بیشتری را برای تعطیلات مشخصی در طول سال در نظر می‌گیرند. گردشگران صرفه‌جو معمولاً در اواخر فروردین به مقاصد آفتابی سفر می‌کنند تا خدمات بهتری دریافت کنند، درحالی‌که دیگر گردشگران، پول بیشتری پرداخت می‌کنند تا از سرمای زمستان در امان بمانند.

- **زمان خرید:** در این حالت، بعضی از کالاها قبل از تعطیلات قیمت بالایی دارند و بلافاصله بعد از آن دچار افت قیمت می‌شوند. در صنعت مد، علاقه‌مندان پول زیادی برای پوشیدن تازه‌ترین مد روز می‌پردازند، درحالی‌که افرادی که بودجه‌ی مشخصی در نظر گرفته‌اند تا پایان فصل برای خرید منتظر می‌مانند.

- **مکان:** برای مثال، در کنسرتها و سالنهای آمفی‌تئاتر بسته به اینکه صندلی مشتری چقدر نزدیک به سن باشد، قیمتهای متفاوتی در نظر گرفته می‌شود.

- **حجم خرید:** این مورد بسیار متداول است. هرچه حجم سفارش شما بیشتر باشد، به ازای هر واحد خرید، هزینه‌ی کمتری می‌پردازید.

- **ویژگی:** مانند تفاوت صندلی فرست‌کلاس هواپیما با صندلی اکونومی یا تفاوت یک تابلوی ساخته‌شده از چوب سخت با تابلوی ساخته‌شده از لمینت.

- **خدمات افزوده:** برای مثال، تفاوت بلیت چارتر که قابل استرداد نیست با بلیت سیستمی هواپیما که قابل استرداد است.

---

1. Price Segmentation

نمونه‌های اشاره شده شامل تمام مثالهای کاربرد استراتژی بخش‌بندی قیمت نیست. شما نیز می‌توانید مثالهایی در این زمینه به این فهرست اضافه کنید.

چالشهایی در به‌کارگیری استراتژی بخش‌بندی قیمت

اگرچه این استراتژی می‌تواند بسیار کاربردی باشد، اما در استفاده از آن، ممکن است با چالشهایی در ارتباط با بخش‌بندی روبه‌رو شوید که اثر این استراتژی را تحت تأثیر خود قرار دهند. در این قسمت با هم چند مورد را در این ارتباط مرور می‌کنیم.

- **تحلیل رقم خرید:** ممکن است مشتریانی که تاکنون قیمت بالاتر را انتخاب می‌کردند، اکنون به سراغ قیمت پایین‌تر بروند.
- **واکنش:** گاهی ممکن است به دلیل بی‌توجهی نتوانید انتظار مشتریان را با پرداخت بالا در ارتباط با ارائه‌ی ارزش مناسب و مورد انتظار آنها برآورده سازید و آنها احساس کنند که شما دیگر مزیت رقابتی خود از دست داده‌اید. بنابراین، زمانی که از این استراتژی استفاده می‌کنید، ارزش ادراکی مورد انتظار مشتری را نیز مدنظر قرار دهید.

استراتژیهای قیمت‌گذاری آمیزه‌ای از محصول

آمیزه‌ی بازاریابی ترکیبی از محصول، قیمت، توزیع و ترویج، و ارتباطات است. البته آمیزه‌ی بازاریابی هر سازمان با سازمان دیگر متفاوت است. شما می‌توانید با ده گام آمیزه‌ی بازاریابی اختصاصی بنگاه اقتصادی خودتان را تعیین کنید. برای آگاهی از این ده گام به فصل ۱۲ کتاب مباحث و موضوعات مدیریت بازاریابی با نگرش بازار ایران تألیف نگارنده و از انتشارات بازاریابی مراجعه کنید.

نکته‌ی قابل توجه این است که هریک از اجزای آمیزه‌ی بازاریابی نیز خود از آمیزه‌ای تشکیل شده است، پس آمیزه‌ی بازاریابی ترکیبی از آمیزه‌ی محصول[1]، آمیزه‌ی قیمت، آمیزه‌ی توزیع، آمیزه‌ی ترویج، و ارتباطات است.

در اینجا به آمیزه‌ی قیمت می‌پردازیم که ترکیبی است از طول خط محصول، عرض خط محصول، و عمق محصول. منظور از طول خط، تنوعهای مختلف از یک محصول است. برای مثال، انواع بستنی زعفرانی، کاکائویی، وانیلی و... از یک بستنی. یا انواع مختلف هود. در اینجا استراتژی قیمت‌گذاری شامل تعیین قیمت برای دسته‌ها یا گروههایی از تولیدات یک محصول (گروه‌بندی) است که ناشی از تفاوت تولیدات یک خط، تفاوت در دیدگاه مشتریان و قیمت رقبا است.

منظور از عرض خط، کنار هم قرار دادن خطوط تولید یا بازرگانی یک بنگاه اقتصادی در

1. Product Mix

تصمیم‌گیری‌های حوزه‌ی بازاریابی از جمله قیمت‌گذاری است. برای مثال، یک شرکت صنایع غذایی سه عرض خط بستنی، پنیر، و ماست داشته باشد. یا یک شرکت تولیدکننده‌ی لوازم خانگی آشپزخانه چهار عرض خط اجاق گاز، سینک، هود، و فر داشته باشد. حال قیمت‌گذاری در هزینه‌های ثابت شرکت باید به نحو دقیق محاسبه شده و سهم هریک از عرض خط‌ها و سهم هریک واحد محصول در آن عرض خط مشخص شود. بدیهی است نمی‌توان هزینه‌های ثابت را تقسیم بر عرض خط کرد بلکه باید تسهیم کرد، مثلاً ممکن است سهم بستنی ۴۰ درصد، پنیر ۳۰ درصد، و ماست ۲۰ درصد باشد. همین‌طور در مثال لوازم خانگی هریک از عرض خط‌ها قطعاً متفاوت هستند. حال می‌ماند هزینه‌های متغیر در هر عرض خط و هریک واحد محصول که مناسب هزینه‌های متغیر ساده‌تر است.

اما عمق خط به کل کد کالای تولیدشده یا عرضه‌شده‌ی یک بنگاه اقتصادی گفته می‌شود. مثلاً اگر شرکت غذایی در عرض خط بستنی ۴ طول خط، در عرض خط پنیر ۵ طول خط و در عرض خط ماست ۶ طول خط دارد، جمع عمق خط ۱۵ می‌شود.

در حوزه‌ی آمیزه‌ی محصول می‌توان طبقه‌بندی‌های دیگری هم داشت. مثلاً دسته‌بندی محصولات به محصولات اصلی، و محصولات تزئینی.

برای مثال به‌منظور بالا بردن حق انتخاب مشتری می‌توان محصولات تزئینی یا اضافی را که روی محصول اصلی سوار می‌شوند، به‌صورت جداگانه قیمت‌گذاری و عرضه کرد تا در صورت تمایل مشتری خریداری کند. مثل آپشن‌های بیشتر در خودرو.

یک دسته‌بندی دیگر محصولات مکمل هستند که در کنار محصولات اصلی قرار می‌گیرند، مثل کاغذ دستگاه فکس که در کنار دستگاه فکس فروخته می‌شود یا شارژ تلفن‌های اعتباری که در کنار سیم‌کارت فروخته می‌شود. بعضاً شرکت‌ها قیمت محصول اصلی را پایین در نظر می‌گیرند یا حتی رایگان در اختیار مشتری قرار می‌دهند تا مجبور باشد محصولات مکمل را از آن‌ها بخرد.

دسته‌بندی دیگر وجود محصولات فرعی در کنار محصول اصلی است. قبلاً که مصارف برای محصولات فرعی کمتر وجود داشت یا وجود نداشت شرکت‌ها برای خلاص شدن از دست آن‌ها حتی حاضر بودند رقمی را هزینه کنند، مثلاً محصولاتی مثل خاک اره در نجاری‌ها، روغن سوخته در تعویض‌روغنی‌ها و کود مرغی در پایان دوره‌ی پرورش یک مزرعه‌ی مرغ گوشتی، اما حالا برای تمام این محصولات مصارف قابل‌توجهی پیدا شده است و مشتریانی از صنایع دیگر یا همان صنعت هستند که خودشان می‌آیند این ضایعات دیروز و محصول مکمل امروز را جمع‌آوری کرده و قیمت مناسبی هم برای آن پرداخت می‌کنند.

یک درآمد از این راه هم برای شرکت ارائه‌کننده‌ی محصول اصلی ایجاد شده است و از این رو، قیمت‌گذاری محصولات مکمل هم مهم شده است. به‌علاوه، بخشی از هزینه‌های بنگاه اقتصادی هم از این طریق تأمین می‌شود.

مرحله‌ی نهم: متعادل‌سازی قیمتها

روشهای متعادل‌سازی قیمت عبارتند از:

الف) قیمت‌گذاری بر اساس عوامل روانی: بر اساس این روش، قیمت بالا نشان‌دهنده‌ی کیفیت است و قیمت مرجع، قیمتی است که خریدار در ذهنش دارد. لازم است بین این دو قیمت مقایسه صورت گیرد.

ب) قیمت‌گذاری بر مبنای بخشهای مختلف بازار

- **قیمت‌گذاری مختلف برای مشتریان مختلف:** برای مثال، در موزه‌ها از بازدیدکنندگان خارجی دلار می‌گیرند، برای دانشجویان تخفیف قائل می‌شوند و... .
- **قیمت‌گذاری متفاوت در مناطق مختلف:** برای مثال، فردی که نوک کوه آب‌معدنی می‌فروشد، قیمت بالاتری بابت آن می‌گیرد.
- **قیمت‌گذاری متفاوت برای شکلهای مختلف یک محصول:** برای محصولاتی مانند شیرخشک این اتفاق می‌افتد که در بسته‌بندیهای مختلف قوطی یا مقوایی با قیمتهای مختلف عرضه می‌شود.
- **قیمت‌گذاری متفاوت با توجه به زمان:** برای مثال در مورد سمینارها گفته می‌شود که اگر الان ثبت‌نام کنید این قیمت را می‌پردازید، ولی هرچقدر به زمان برگزاری نزدیکتر شویم، قیمت افزایش پیدا می‌کند. در مورد چارترها هم چنین اتفاقی می‌افتد، اما در مسیر عکس. البته در مورد کالاهای لوکس مانند کشتیهای تفریحی این کار اشتباه است؛ چون باعث دلخوری افرادی می‌شود که بموقع پرداخت خود را انجام داده‌اند. به همین علت در بعضی موارد اینگونه است که در روزهای آخر ظرفیت خالی را به مشتریان خاصی مثلاً به عروس و دامادها اختصاص می‌دهند.

ج) قیمت‌گذاری بر مبنای مناطق جغرافیایی

- این روش متعادل‌سازی شامل سه مورد می‌شود:
- قیمت‌گذاری تحویل در مبدأ
- قیمت‌گذاری یکسان و تحویل در مقصد
- قیمت‌گذاری منطقه‌ای

همان‌طور که از اسمش پیدا است، در این استراتژی، قیمت نهایی محصول بر اساس مکان جغرافیایی و یا مکانی که محصول به فروش می‌رسد، تعیین می‌شود. اگر شرکتی در یک کشور خارجی یا مکانهای مختلفی در داخل یک کشور فعالیت می‌کند، پس باید بر اساس قوانین مالیاتی و الزامات محلی از قیمت‌گذاری جغرافیایی استفاده کند.

در ادامه به مدل‌های قیمت‌گذاری براساس منطقه‌ی جغرافیایی اشاره کرده‌ام:

الف) بدون هزینه‌ی حمل‌ونقل برای فرستنده

از این شیوه بیشتر در صادرات و واردات استفاده می‌شود. فرض کنید یک فروشنده از چین می‌خواهد محصولی را برای خریداری در ایران ارسال کند. پس خریدار در ایران باید هزینه‌های حمل‌ونقل از چین به ایران را بپردازد. هزینه‌ی حمل‌ونقل برعهده‌ی فروشنده‌ی چینی نیست. به محض اینکه فروشنده‌ی چینی محصول را به سیستم حمل‌ونقل (کشتی یا هواپیما) می‌سپارد، دیگر وظیفه‌اش را انجام داده است.

ب) قیمت‌گذاری یکسان در همه‌ی مناطق جغرافیایی

در این نوع قیمت‌گذاری، قیمت‌ها بدون توجه به تفاوت‌های احتمالی قیمت محصول در منطقه‌ی مورد نظر، بدون تغییر باقی می‌مانند. این شیوه زمانی کاربرد دارد که یک شرکت بخواهد قیمت فروش را در همه‌جا حفظ کند و نمی‌خواهد ارزش سهام برند خود را به‌خاطر قیمت‌گذاری نفوذی/ رسوخ در بازار از دست بدهد یا نمی‌خواهد باعث ایجاد یک جنگ و دعوای داخلی بین نمایندگی‌هایش شود.

یک مثال ساده از قیمت‌گذاری یکسان این است: فرض کنید مالیات در منطقه‌ی یک ۵ درصد و در منطقه‌ی دو ۱۰ درصد است. شرکت هزینه‌ی مالیات را برای هر دو منطقه ۱۰ درصد در نظر می‌گیرد. یعنی اینکه قیمت در هر دو منطقه یکسان است و از این رو رقابت عادلانه خواهد بود. در غیر این صورت، اگر منطقه‌ی یک محصولات ارزان‌تری را دریافت کند، می‌تواند آن محصولات را با مالیات ۷.۵ درصدی در منطقه‌ی دو بفروشد و ۲.۵ درصد حاشیه‌ی سودش بیشتر شود.

ج) قیمت‌گذاری ناحیه‌ای [1]

در این نوع قیمت‌گذاری، "ناحیه" مدنظر است، نه منطقه. اجازه بدهید این نوع قیمت‌گذاری را با یک مثال فرضی برایتان توضیح دهم.

شرکت XYZ چهار ناحیه دارد: شرق، غرب، جنوب، و شمال. شرکت می‌داند که رقیبان خیلی کمی در ناحیه‌ی جنوبی و رقیبان زیادی در ناحیه‌ی شمالی دارد. ناحیه‌ی شرقی و غربی نسبتاً خنثی است و رقابت متوسطی در این دو ناحیه وجود دارد.

کاری که شرکت می‌کند، این است: قیمت محصولات را در ناحیه‌ی شمالی بشدت کاهش می‌دهد تا بتواند برعلیه رقیبان در بازار نفوذ کند. در همین زمان، قیمت‌ها را در ناحیه‌ی جنوبی افزایش

---

1. Zone-Based Pricing

می‌دهد تا در آن حاشیه‌ی کاملی به‌دست آورد. در نتیجه، این شرکت با کمترین ضرر، درآمد کلی خود را افزایش داده است.

شرکت می‌تواند فراتر از این هم برود و مشوقهایی را در نواحی شرقی و غربی ارائه دهد یا می‌تواند قیمتها را در این دو ناحیه کاهش دهد تا بتواند پیش از آنکه سروکله‌ی یک رقیب جدید پیدا شود، بازار این دو ناحیه را به‌دست بگیرد. بنابراین، شرکت براساس ناحیه، محیط، و عوامل کاروکسبی در ناحیه‌ی اقتصادی است، که عمل می‌کند و تصمیمهای قیمت‌گذاری خود را می‌گیرد.

این سه روش، رایجترین مدلهای قیمت‌گذاری در استراتژی قیمت‌گذاری جغرافیایی است. در کالاهایی نظیر گازوئیل یا آهن که عوامل بسیار دیگری در قیمت آن دخیل هستند، (مکان جغرافیایی، نظارت دولتی، و حتی رقابت)، عوامل عرضه و تقاضا هم در ساختار قیمت‌گذاریشان دخیل است. در چنین شرایطی قیمت‌گذاری خیلی پیچیده می‌شود و باید سودرسانی را به‌طور مداوم مورد بررسی قرار داد.

د) قیمت‌گذاری با هدف افزایش فروش در مناطق مختلف جغرافیایی:

این روش متعادل‌سازی شامل موارد زیر می‌شود:

- **تضمین بلندمدت:** هرچقدر ضمانت بلندمدت‌تر باشد، سبب فروش بیشتر خواهد شد.
- **پیشروان زیان‌ده:** بعضی مواقع شرکتها عمداً در یکی دو کالا ضرر می‌دهند تا مشتری را به هر طریق ممکن جذب کنند و سپس سودشان را از محصولات دیگر به دست آورند. برخی از سوپرمارکتها نیز برخی از کالاهایشان را به قیمت خرید می‌فروشند تا از این طریق مشتری را جذب کنند و او دیگر خریدهایش را نیز از همان مغازه انجام دهد.
- **زیرقیمت عادی دادن:** که منظور همان تخفیف دادن است.
- **تخفیف ویژه برای خرید نقدی:** که در مقابل خریدهای با پرداخت مدت‌دار وجود دارد.
- **خدمات مجانی پس از فروش:** مثل حمل کالا تا درِ منزل مشتری یا کارخانه‌ی مشتری.
- **دادن بهره‌ی اندک:** این روش هنوز در ایران جا نیفتاده است، ولی قطعاً در چند سال آینده بیشتر خواهد شد. برای مثال، در امریکا فرد می‌خواهد خودرویی به مبلغ ۵۰۰ هزار دلار بخرد، اما فقط ۱۰۰ هزار دلار دارد. شرکت به او می‌گوید هرماه چه مبلغی را می‌توانید قسط بدهید. مشتری می‌گوید ۱۰ هزار دلار. شرکت اعلام می‌کند مشکلی نیست پول را بدهید و مابقی را در ۴۰ قسط پرداخت کنید. شرکت سپس مشتری را به بانک معرفی می‌کند تا بانک از محل اعتبارات شرکت به مشتری وام بدهد. بدین شکل بین فروشنده، خریدار و بانک یک مثلث شکل می‌گیرد. فروشنده از فروش بیشتر سود می‌برد. بانک از افزایش حجم حساب سود می‌برد و خریدار می‌تواند محصول را بخرد و با بهره‌ی اندک وام بگیرد.

- **ارزان کردن در فصلهای خاص**: که منظور همان تخفیفهای فصلی هستند که قبلاً به آن پرداختم.

مرحله‌ی دهم: پیاده‌سازی سیاست قیمت‌گذاری:

بسیاری از مدیران ارشد سازمانها اهمیت مدیریت قیمت و مدیریت ارزش را برای رسیدن به یک رشد سودآور درک می‌کنند. با این‌حال، تعجب می‌کنم که در بسیاری از سازمانها تصمیمات در خصوص استراتژیهای قیمت‌گذاری را مدیران سطح پایینی می‌گیرند که فاقد اطلاعات، قدرت، و مهارت لازم برای پیاده‌سازی استراتژی قیمت‌گذاری هستند. چنین جهت‌گیری تاکتیکی مطمئناً عواقب مالی برای شرکت به دنبال خواهد داشت. تحقیقی نشان داده است شرکتهایی که استراتژی قیمت‌گذاری ارزش‌محوری را اتخاذ می‌کنند و قابلیتهای سازمانی را برای اجرای این استراتژیها به‌کار می‌بندند، سودشان ۲۴ درصد بیشتر از شرکتهای همکار در صنعت مشابه است. همچنین در همین تحقیق معلوم شد که ۲۳ درصد مدیران بازاریابی و فروش هیچ درکی از استراتژی قیمت‌گذاری شرکت ندارند و اصلاً اطلاعی هم ندارند که شرکتشان یک استراتژی قیمت‌گذاری هم دارد!

پیاده‌سازی استراتژی قیمت‌گذاری کار سختی است؛ چون نیازمند هماهنگی بین بسیاری از بخشهای عملکردی یک سازمان است: دپارتمانهای بازاریابی، فروش، مدیریت مالی و... .

پیاده‌سازی موفق یک سیاست قیمت‌گذاری بر سه اصل استوار است: یک سازمان موثر، اطلاعات دقیق و بموقع، و یک مدیر باانگیزه و شایسته. در اکثر مواقع لازم نیست که یک شرکت یا سازمان حتماً خیلی بزرگ باشد که قیمت را مدیریت کند. نکته‌ای که در پیاده‌سازی استراتژیهای مختلف قیمت‌گذاری مهم است، این است که تمامی افرادی که به‌نوعی در این تصمیم‌گیری دخیل هستند، درک کنند و بدانند که نقش آنها در این فرایند تعیین قیمت چیست و تصمیماتشان چه تأثیری می‌تواند بر سازمان و همچنین فروش داشته باشد. اگرچه در بیشتر سازمانها این مدیر مالی است که حق تعیین قیمت صحیح را دارد، اما مدیر فروش هم می‌تواند به مدیر مالی درباره‌ی تعیین قیمت خدمات و محصولات، مشاوره دهد. از سوی دیگر، مدیر ارشد هم این حق را دارد که این تصمیم را وتو کند. اغلب اوقات، حق تصمیم‌گیری افراد به‌طور شفاف در یک سازمان توضیح داده نمی‌شود، و به همین دلیل تصمیمات مربوط به قیمت‌گذاری از یک فرایند تجاری تعریف‌شده، به یک تمرین قدرت سیاسی تغییر پیدا می‌کند، به‌گونه‌ای که هر بخشی تلاش می‌کند تا اثری بر روی قیمت پیشنهادی بگذارد. تأکید من تعیین قیمت در یک کمیته‌ی قیمت‌گذاری است با ریاست مدیرعامل سازمان و مدیران ذی‌ربط.

وقتی مدیران، نقش خود را بخوبی درخصوص فرایند تعیین قیمت درک کردند، حالا باید اطلاعات و ابزارهای لازم را برای تصمیم‌گیری در اختیار بگیرند. در تحقیقی که انجام شد، وقتی از مدیران

پرسیدند که چه چیزی باعث بهبود تصمیم‌گیریهای آنها در قیمت‌گذاری می‌شود، پاسخ بیش از ۷۵ درصد آنها این بود: "در اختیار داشتن اطلاعات و ابزار بهتر". وقتی اطلاعات مورد نیاز برای تصمیم‌گیری مربوط به قیمت‌گذاری را در نظر می‌گیریم، می‌بینیم که پاسخ این مدیران خیلی هم بیراه نیست. مدیران بازاریابی برای ارزش مشتری و قیمت‌گذاری رقابتی، به اطلاعات احتیاج دارند. مدیران فروش برای پشتیبانی و حمایت از ارزشی که ادعایش را دارند و همچنین دفاع از قیمتهای ویژه‌شان، به اطلاعات نیاز دارند، و مدیران مالی به اطلاعات دقیق هزینه‌ها نیاز دارند. جمع‌آوری این حجم از داده‌ها و توزیع آنها در بخشهای مختلف یک سازمان، کار اضطراب‌آوری است که باعث شده است بسیاری شرکتها سیستمهای پیشرفته‌ی مدیریت قیمتی را به‌کار بگیرند که قابلیت ادغام با پایگاه داده‌شان را داشته باشد و مطمئن باشند که مدیران فقط به همان اطلاعاتی دست پیدا می‌کنند که نیاز دارند. لازم نیست که هر سازمانی در سیستمهای اختصاصی برای مدیریت داده‌های قیمت‌گذاری سرمایه‌گذاری کند. اما هر فردی در سازمان باید بتواند به این سؤال پاسخ دهد که چگونه و در چه زمانی باید اطلاعات لازم و درست را در دستان یک مدیر درست و توانمند قرار دهد تا استراتژیهای قیمت‌گذاری همراستا با تغییراتی باشد که در اکثر بازارها اتفاق می‌افتد.

نکته‌ی مهم و آخر درباره‌ی پیاده‌سازی استراتژی قیمت‌گذاری، نیاز به انگیزه دادن به مدیران برای داشتن یک رفتار جدید به‌منظور حمایت از استراتژی است. در اغلب اوقات، به افراد انگیزه‌ها و مشوقهایی داده می‌شود تا طوری رفتار کنند که استراتژی قیمت‌گذاری تضعیف شود و میزان سوددهی کاهش یابد. رایج است که شرکتها، نمایندگان فروش خود را به دوره‌های آموزشی می‌فرستند تا یاد بگیرند که چگونه ارزش بفروشند. ولی همین افراد به هنگام کار، تنها بر اساس افزایش درآمد فروش است که دستمزد می‌گیرند، نه براساس ارزشی که فروخته‌اند. وقتی به نمایندگان یا مدیران فروش تنها براساس مشوقهای درآمدی، پول و دستمزد داده می‌شود، راستش تصویر اینکه از قیمتها دفاع هم می‌کنند، سخت است. در چنین شرایطی این افراد تمام تلاش خود را به‌کار می‌بندند تا معامله را از دست ندهند. برایشان فرقی نمی‌کند ارزش بفروشند یا چیز دیگری. فقط می‌خواهند فروش‌شان را بالا ببرند تا حقوق بیشتری دریافت کنند.

یک مثال برایتان می‌آورم. یک سرپرست فروش ارشد اخیراً به مدیر منطقه‌ای ارتقا یافت. در این منطقه تخفیف دادن به مشتریان رایج است. این مدیر در اولین جلسه‌ی دیدارش با نمایندگان فروش، رتبه‌ی فروش هر کدام از نمایندگان را با توجه به میزان فروش‌شان در فصل قبلی، به بقیه اعلام کرد. وی سپس از دو فروشنده‌ی برتر خواست تا توضیح دهند که چکار کرده‌اند که چنین معامله‌های پرسودی را در طی یک فصل گذشته داشته‌اند. همچنین از دو فروشنده‌ای هم که عملکرد خوبی نداشتند، خواست تا بگویند کجای راه را اشتباه رفته‌اند. وی سپس یک گفت‌وگوی صمیمی را میان ۳۰ فروشنده‌ی منطقه‌ی خود به‌راه انداخت تا همگی یاد بگیرند در آینده چگونه باید با چالشهای

موجود برخورد کنند. در پایان جلسه، مدیر به فروشندگان گفت که این تمرین در هر فصل تکرار خواهد شد. یکماه مانده به پایان فصل، از فروشندگان پرسیدیم که به نظر خودشان در این فصل جزو دو نفر برتر هستند یا دو نفر آخر؟ و متوجه شدیم که تمامی آنها نهایت تلاش خود را می‌کردند تا رفتار بهره‌وری داشته باشند و تا جایی که ممکن است رفوزه‌ی این جلسه‌ی فصلی نباشند.

مرحله‌ی یازدهم: کنترل و بازنگری:

عدم قطعیت بالایی که شرکتها در بازارهای فعلی با آن مواجه هستند، بر روی دیدگاه مدیریت در ارتباط با نیاز به کنترل تصمیمات قیمت‌گذاری در سازمان تأثیر می‌گذارد. آنطور که همیلتون و کاشلاک (۱۹۹۹) عنوان می‌کنند شرایط گوناگون فرهنگی، سیاسی، حقوقی و اقتصادی در شهرها و کشورهای مختلف باعث می‌شود که مدیران سازمانها نسبت به کنترل موردنظر خود روی قیمت‌گذاری با محدودیت مواجه باشند.

از دیدگاه قیمت‌گذاری کنترل کانالهای توزیع، سازمان را قادر می‌سازد تا قیمت را در بازارهای مختلف هماهنگ سازد و جلوی مواردی همچون واردات از بازارهای خاکستری[1] را بگیرد. کنترل همچنین باعث می‌شود که سازمان بتواند ارتباط قیمت / کیفیت محصول را در بازار حفظ کند. البته همانند سایر تصمیمات، کنترل قیمت‌گذاری نیز به حجم بالایی از داده و اطلاعات و همچنین متعهد بودن نسبت به منابع سازمان نیاز دارد. و باز هم تأکید می‌کنم که قیمت را به‌عنوان یک تصمیم تک‌عاملی نبینید بلکه، قیمت در کنار سایر اجزای آمیزه‌ی بازاریابی معنا و مفهوم پیدا می‌کند.

به یازده مورد از موارد مهم عوامل موثر در اصلاح قیمت پرداخته می‌شود که عبارتند از:

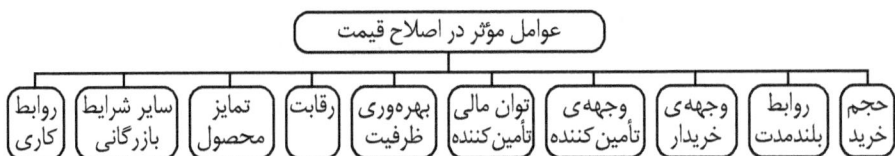

عوامل مؤثر در اصلاح قیمت
حجم خرید
روابط بلندمدت
وجهه‌ی خریدار
وجهه‌ی تأمین‌کننده
توان مالی تأمین‌کننده
بهره‌وری ظرفیت
رقابت
تمایز محصول
سایر شرایط بازرگانی
روابط کاری

شکل ۳.۳: عوامل مؤثر در اصلاح قیمت

■ حجم خرید

در صورت زیاد بودن حجم خرید، خریدار انتظار دارد که تأمین‌کننده، قیمت خود را کاهش دهد. تأمین‌کننده نیز بسته به حجم خرید (در صورت بالا بودن) و سایر شرایط بازرگانی، قیمت خود را کاهش می‌دهد.

1. Grey market

■ روابط بلندمدت

سازمانی که برای یک دوره‌ی بلندمدت نیازمند یک محصول یا خدمت است، تقاضای کاهش قیمت را از تأمین‌کننده‌ی خود دارد.

■ وجهه‌ی سازمان خریدار

تأمین‌کنندگان اغلب از مشتریان خود به‌عنوان گروه مرجع استفاده می‌کنند و می‌کوشند تا با ذکر نام آنها به‌عنوان مشتری خود، سایر مشتریان بالقوه را تحت تأثیر قرار دهند.

این مشتریان معتبر نیز از این اقدام تأمین‌کنندگان استفاده می‌کنند و خواستار قیمتهای رقابتی برای محصولات می‌شوند. در این حالت، تأمین‌کنندگان، قیمت محصولات را برای این سازمانها کاهش می‌دهند.

■ توان مالی سازمان خریدار

سازمانی که دارای توان مالی خوبی است و می‌تواند هزینه را بموقع پرداخت کند، معمولاً از مزایای کاهش قیمت محصول بهره‌مند می‌شود. دلیل آن نیز اطمینان خاطر تأمین‌کننده از دریافت پول خود است.

■ وجهه‌ی تأمین کننده

تأمین‌کننده‌ای که از طریق تمایز یا نوآوری در محصول یا خدمت یا خدمات قبل و پس از فروش یا قابلیتهای تولیدی بسیار مناسب، برای خود یک نام تجاری خلق کرده است، شایستگی تعیین قیمت بالاتر برای محصولات خود را دارد.

■ توان مالی تأمین کننده

تأمین‌کننده‌ای که دارای توان مالی بالایی است و می‌تواند حجم زیادی از کالاهای فروخته‌شده به خریداران را در انبار خود برای آنها نگهداری کند و یا شرایط بازرگانی مدنظر خریدار یا اعتبار بلندمدت‌تر پیشنهاد دهد، ممکن است برای محصولات یا خدمات خود قیمت بالاتری مطالبه کند.

■ بهره‌وری ظرفیت

سازمانی که از کل ظرفیت تولید خود یا حتی بیشتر از آن استفاده می‌کند، در مناقصات تمایلی به کاهش قیمت ندارد؛ زیرا امکان تولید بیشتر از میزان کنونی را ندارد و مایل به دریافت سفارش با قیمت کمتر نیست.

■ رقابت

مقصود از رقابت، شدت زیاد سبقت‌جویی میان سازمانها است. رقابت میان سازمانها را می‌توان در روشهای متنوع آنها در پیشبرد محصولات مشاهده کرد که از آن جمله می‌توان به راه‌اندازی یک کمپین توهین‌آمیز، اهانت تلافی‌جویانه بر علیه ادعاهای رقبا، جنگ قیمتها، عرضه‌ی محصولات جدید به بازار و یا خنثی کردن عرضه‌ی کالاهای جدید به بازار به‌وسیله‌ی رقبا به شیوه‌ای توهین‌آمیز و به‌وسیله‌ی عرضه‌ی محصولات مشابه یا ربودن شرکای کانال و مشتریان خوب از چنگ رقبا اشاره کرد.

■ تمایز محصول

در خصوص محصولات و خدمات استاندارد و فاقد تمایز، سازمانهای خریدار به دنبال پرداخت قیمت رقابتی هستند و تأمین‌کنندگان نیز ناگزیر به پذیرش این شرایط هستند؛ اما در خصوص محصولات متمایز، تأمین‌کنندگان فقط با کاهش جزئی قیمت حاضر به انعقاد قرارداد هستند.

■ سایر شرایط بازرگانی

درصورتی‌که سازمان خریدار شرایط بازرگانی سختگیرانه‌ای را تعیین کرده باشد، تأمین‌کننده از کاهش قیمت خودداری می‌کند. برای نمونه، خریداری که بر یک اعتبار بلندمدت، وجود ضمانتنامه‌ی بانکی[1] پیش‌پرداخت و حسن انجام کار[2]، حجم خرید کم در هر سفارش، بند جریمه‌ی سختگیرانه، سطح خدمات بالا و غیره اصرار دارد، از شانس کمتری برای کاهش قیمت از سوی تأمین‌کننده برخوردار است.

■ روابط کاری

زمانی که یک خریدار به کمک نمایندگان خود شرایط کاری آسوده و راحتی را فراهم می‌کند و با تأمین‌کننده مشارکت و همکاری دارد، تأمین‌کننده نیز مایل به ارائه‌ی خدمات بیشتر و قیمت‌گذاری ویژه برای این خریدار است.

لازم به ذکر است که در اصلاح قیمت محصولات، تمامی عوامل فوق با هم در نظر گرفته می‌شوند.

---

1. Bank Guarantee.
2. Guarantee of performance

فصل چهارم

استراتژیهای تعدیل قیمت (کاهش یا افزایش قیمت)

گزینه‌های پیش روی شرکتها در موقع کاهش قیمت رقبا

یکی از سخت‌ترین مواقع برای یک مدیرعامل یا مدیر بازاریابی و فروش این است که یک یا چند رقیب مطرح، قیمتها را کاهش دهند. این مدیر مرتب مورد حمله‌ی تماسهای مختلف از بازار قرار می‌گیرد که شما می‌خواهید چکار کنید؟ اگر رقیب کوچک باشد، می‌توان حتی به حذف کردن او فکر کرد. یک استراتژی در بازاریابی به نام حذف رقیب مزاحم وجود دارد. برای مثال، شرکت بزرگتر در مقابل کاهش قیمت گاه و بیگاه رقیب کوچک می‌تواند آن را بخرد و سپس خودش استراتژی قیمت‌گذاری را تعیین کند.

در ادامه به ۶ گزینه‌ی پیش روی شرکتها در مواجهه با کاهش قیمت رقبا می‌پردازیم:

۱- **کاهش قیمت با هدف نگهداری سهم بازار با سود کمتر:** یک استراتژی در برابر کاهش قیمت رقیب این است که ما نیز قیمت را کاهش دهیم. دلیل این اقدام این است که می‌خواهیم سهم بازارمان را حفظ کنیم. در بسیاری از موارد این استراتژی اشتباه است؛ زیرا ذهن مشتری سراغ "لابدها" می‌رود. "لابد کیفیت پایین آمده است، لابد مشکل فروش دارند و...". در اینجا شرکت باید با اطلاع‌رسانی درست به بازار ثابت کند که اینگونه نیست.

۲- نگهداری قیمت و از دست دادن بخشی از بازار و سود ناشی از آن: دومین روش، این است که در برابر کاهش قیمت رقیب عکس‌العملی نشان ندهیم. این روش خطرناک است و در برخی مواقع ممکن است لطمه‌ی سنگین به شرکت بزند.

۳- عرضه‌ی محصولاتی با کیفیت بالاتر و قیمت بالاتر: در روش سوم زمانی‌که رقیب قیمت را پایین می‌آورد، شما کیفیت و در نتیجه قیمت را بالا می‌برید. به عبارتی جهت عکس حرکت می‌کنیم. این روش خوبی است، اما دو محدودیت بزرگ دارد. اول اینکه ارتقا دادن کیفیت نیاز به زمان و برنامه‌ریزی دارد. محدودیت دوم اینکه تمام افراد کیفیت‌گرا نیستند. ٪۸۵ بازار ارزش‌گرا هستند، و هزینه‌ها و فایده‌ها[1] را مقایسه می‌کنند.

۴- یافتن و افزودن امتیاز تازه‌ای به فرآورده و نگهداری قیمت و بازار کنونی: همان‌طور که فیلیپ کاتلر[2]، پدر بازاریابی نوین، هم می‌گوید، برای مقابله با کاهش قیمت رقبا می‌توانیم امتیاز جدیدی به فرآورده اضافه کنیم. برای مثال، کرایه‌ی حمل یا هزینه‌ی انبار مشتری را متقبل شویم. درست است که در نهایت حاشیه‌ی سود کمتر می‌شود، اما حسن این استراتژی این است که آن لابدهایی که اشاره شد، دیگر در ذهن مشتری به‌وجود نمی‌آیند. این روش در بازار ایران خوب جواب می‌دهد.

۵- عرضه‌ی محصولاتی با قیمت پایین در سطح گسترده (مبارزه بر سر برند): روش پنجم، روشی است که من بر اجرای آن تأکید ویژه‌ای دارم. این روش بر چندبرندی[3] تأکید دارد. ایجاد برندهای دوم و سوم در بسیاری از موارد باعث فروش برند اصلی نیز می‌شود. زمانی که شرکتی با چند برند کار کند، لازم نیست برند اصلی خود را قربانی کاهش قیمت رقیب کند و می‌تواند با برندهای دیگرش به جنگ رقیب برود.

یک تجربه: شرکت سناتور، رهبر بازار پنجه‌های فولادی اجاق گاز در ایران است. پنجه‌های فولادی یا گریل همان قطعه‌ای در اجاق‌گاز است که قابلمه روی آن قرار می‌گیرد. این محصول در واحدهای ریخته‌گری تولید می‌شود. بازار شرکت سناتور شرکت‌های تولیدکننده‌ی اجاق گاز هستند. با اینکه مشتریان سناتور واقف به تفاوت کیفیت قابل‌توجه آن با رقبا هستند، اما همواره

---

1. Costs and Benefits
2. Philip Kotler
3. Multibrand

در مذاکرات قیمت پایین‌تر آنان را مطرح می‌کردند، در یک جلسه‌ی مشاوره به هیأت‌مدیره پیشنهاد ایجاد برند دوم را دادم و برند دوم را در واحدهای ریخته‌گری بیرون و به‌صورت برون‌سپاری[1] تولید کردیم و چون حجم سفارشات ما بالا بود می‌توانستیم با قیمت مناسب محصول را آماده‌ی فروش کنیم. حال ما دو برند محصول با دو کلاس کیفیت و دو قیمت متفاوت داشتیم. قیمت برند دوم را حتی درصدی کمتر از رقبا عرضه می‌کردیم. جالب این بود که مشتریان خود را به چهار گِرید A، B، C و D تقسیم کردیم، اما مشتریان گرید A که تولیدکنندگان بزرگ اجاق گاز در ایران هستند، عمدتاً سفارشاتشان از برند اول ما بود.

۶- ثابت نگه‌داشتن قیمت و کاهش کمیّت: بعضی از شرکتهای موادغذایی در ایران از این روش استفاده می‌کنند. این روش در دنیا به روش شکلاتی معروف است؛ زیرا در این صنعت بود که برای اولین بار کاهش کمیّت اتفاق افتاد تا قیمت ثابت نگه داشته شود. البته باید توجه داشت زمانی‌که مشتری متوجه کاهش کمیت شود، شرکت را شرکتی متقلب به‌حساب خواهد آورد. در ویدئویی که در فضای مجازی پخش شد، غواصی را در زیر آب نشان می‌داد که به جای کپسول اکسیژن اسنک پر از هوای رهبر بازار اسنک ایران را به پشت خود بسته بود.

دامهای کاهش قیمت

دامهای کاهش قیمت عبارتند از:

- تصویر محصول یا خدمات شما به‌عنوان "ارزان و بُنجل" تقویت می‌شود.
- مانع جلب مشتریان می‌شود که نگران کیفیت هستند.
- باعث می‌شود حجم فروش و میزان کار و کیفیت شما پایین باشد و به‌طور ناگزیر مجبور به تلاش برای بقا شوید.

در مواقعی که شرکتها مجبور به کاهش قیمت می‌شوند، ممکن است با واکنشهایی از جانب مشتریان خود روبه‌رو شوند. یکی از این واکنشها جایگزینی است. در اینجا مشتری می‌گوید شرکت، قیمت را کاهش می‌دهد تا انبار خود را خالی و این محصول را حذف کند و محصول دیگری را جایگزین آن سازد. اگر واقعاً قصد دارید محصول را نگه دارید، تعیین کیفیت و نشان دادن راه کاهش قیمت، بهترین اقدام اصلاحی شما خواهد بود.

یکی دیگر از واکنشهای احتمالی مشتریان به کاهش قیمت، این است که به این نتیجه می‌رسند که شرکت مشکل مالی دارد یا حتی در حال ورشکسته شدن است. در اینجا، ارائه‌ی تصویر ذهنی خوب

1. Outsourcing

و گفت‌وگو درباره‌ی طرحهای بلندمدت و نشان دادن روند مناسب عملکرد می‌تواند بهترین اقدام شما باشد. حتی می‌توانید به مشتری بگویید اگر کارشناس فروش قابل می‌شناسید، حتماً به ما معرفی کنید؛ چون ما طرح توسعه‌ای داریم و بدین طریق خیال مشتری بابت مشکلات مالی احتمالی شما راحت می‌شود.

فشار شدیدی برای کاهش قیمت در اثر اتفاقاتی در سطح ملی و همچنین جهانی بر شرکتها وارد می‌شود. یکی از این اتفاقات، جهانی شدن است. سطح بازی بسیار بزرگ شده و به‌راحتی می‌توان به حجم وسیعی از اطلاعات دست یافت. برای مثال، فقط با کدملی مشتری می‌توان اطلاعات بسیار زیادی درباره‌ی او به دست آورد و این کار از طریق گسترش اینترنت میسر شده است.[1] گسترش اطلاعات باعث شده رقابت بسیار شدیدی در بازار بین شرکتها وجود داشته باشد. در این شرایط چالش بازاریابی، پیدا کردن راههایی برای حفاظت قیمتها و سودآوری در رویارویی با این روندهای کلان است. پیتر دراکر، بزرگ آموزگار مدیریت، می‌گوید: بندرت قیمتهای پایین با سوددهی بالا همراه است. چنین ترکیبی تنها هنگامی رخ می‌دهد که یک شرکت نسبت به رقبایش مزیت هزینه‌های واضح، چشمگیر و پایدار داشته باشد.

موفقیت در ترکیب قیمت پایین با سوددهی بالا به ۷ شرط بستگی دارد:

۱- آنها از روز اول یک جایگاه قیمتی پایین داشته‌اند. بیک، برند بزرگی در جهان است، اما هدفش را طبقات ضعیف جامعه قرار داده است. خودکار بیک، فندک بیک، عطر بیک، تیشرت بیک همگی محصولاتی با کیفیت مناسب اما با سطح درآمدی طبقات کم‌درآمد جامعه طراحی شده‌اند. بیک هیچ‌وقت ادعا و هوس فروختن به افراد ثروتمند جامعه را نداشته است.

۲- آنها متمرکز بر رشد بالا به همراه درآمد بالا هستند.

۳- آنها بشدت بهره‌ور هستند. شرکتهایی که می‌خواهند بهره‌وری بالایی داشته باشند، باید هزینه‌ی ثابت را تا جای ممکن پایین بیاورند.

۴- آنها کیفیتی مناسب و یا ثابت را تضمین می‌کنند.

۵- آنها بر روی محصولات اصلی تمرکز می‌کند.

۶- تبلیغات آنها بر روی موضوع قیمت متمرکز است.

۷- آنها هیچ‌گاه پیامهایشان را با هم ترکیب نمی‌کنند و به عبارتی چند چیز را در یک پیام نمی‌گویند و مشتری را گیج نمی‌کنند.

تخفیف دادن

۵۴ درصد از مدیران به محض مشاهده‌ی نشانه‌ی رکود، به تخفیف دادن روی می‌آورند تا آمار فروششان

۱- برای اطلاعات بیشتر به کتاب "مدیریت وصول مطالبات و اعتبارسنجی مشتریان" از انتشارات بازاریابی مراجعه کنید.

پایین نیایید. به عبارت دیگر، این مدیران قبل از هر چیز و در ابتدا سراغ آخرین راه‌حل می‌روند.

پنج نوع تخفیف مهم داریم:

الف) تخفیف نقدی: تخفیف نقدی در مقابل فروش مدت‌دار (چکی) قرار دارد. در اینجا نکته‌ی مهم این است که از منظر روانشناسی، گفتن یک قیمت به‌عنوان قیمت فروش نقدی و سپس اضافه کردن به آن قیمت برای مدتهای مثلاً یکماهه، دوماهه، سه‌ماهه باعث نارضایتی مشتری می‌شود. به جای این کار باید به مشتری بگوییم که مثلاً قیمت فروش با چهارماهه n مقدار است و بتدریج با کوچکتر کردن بازه‌ی زمانی، قیمت را برای مشتری کم کنیم. انسانها دوست دارند جایزه بگیرند، نه اینکه تنبیه شوند.

ب) تخفیف کالایی: تخفیف کالایی یعنی اینکه برای مثال به مشتری بگوییم اگر ۱۰ کارتن بخرید، یک کارتن هم به‌عنوان تخفیف در نظر گرفته خواهد شد. این روش بسیار خوب است؛ زیرا مشتری فکر می‌کند که یک واحد (مثلاً ۱۰۰ هزار تومان) از ما تخفیف گرفته است، درصورتی‌که آن یک واحد برای ما کمتر هزینه برداشته است (مثلاً ۸۰ هزار تومان). همچنین این نوع تخفیف باعث خالی شدن انبارها خواهد شد. علاوه بر این، پوشش بازار بیشتری نیز خواهیم داشت.

ج) تخفیف فصلی:[1] فصل در حال تمام شدن است و شما محصول خود را نفروخته‌اید. محصولی که با تمام شدن فصل دیگر فروش نخواهد داشت (مثلاً ۱۵ مهر است و شما ۵۰۰ دستگاه کولر آبی فروش نرفته دارید). در این شرایط باید حتماً فروش صورت بگیرد، زیرا نفروختن به معنای خواب سرمایه، افزایش هزینه‌ی انبارداری، احتمال فرسوده شدن و... را در بر خواهد داشت.

- **نکته:** شرکتهایی که حراجشان را شرطی می‌کنند، برای مثال، در ابتدای هر فصل حراج می‌کنند، نابود می‌شوند؛ زیرا ۸۵ درصد خریداران همان خریداران همیشگی هستند.

د) تخفیف حجمی:[2] برای مثال به مشتری بگوییم اگر ۱۰ تا بخرید، n مقدار تخفیف دارید، اگر ۲۰ تا بخرید، تخفیفی به این مقدار اضافه خواهد شد و این روند ادامه خواهد داشت. در اینجا تأکید می‌کنم که این نوع تخفیف برای فروش مویرگی و نیمه‌مویرگی خطرناک است؛ زیرا عملاً مشتری را تشویق می‌کنیم که بیش از حد توانش خرید کند. برای همین است که تأکید می‌کنم حتماً برای مشتریان هدف تعیین کنیم و پیش‌بینی فروش انجام دهیم. در این شرایط است که کنترل معنا می‌دهد.

هـ) تخفیف تجاری یا تخفیف همکار: این نوع تخفیف، تخفیفی است که ما به عاملین فروش و نمایندگیهای فروشمان می‌دهیم تا هزینه‌هایی که برای فروش محصول ما می‌کنند (انبارداری، بازاریابی و...) جبران شود.

1. Seasonal Discount
2. Volume Discount

قوانین طلایی تخفیف دادن:

موفقیت استراتژی تخفیف به عوامل مختلفی مانند قدرت کاروکسب، تعداد مشتریان و نحوه‌ی تعامل با آنها و استراتژی قیمت‌گذاری بستگی دارد.

تخفیف ممکن است سود قابل ملاحظه‌ای را برای کاروکسب شما به ارمغان بیاورد یا این سوءتفاهم را ایجاد کند که کاروکسب شما در خطر است.

اگر شرکت شما تخفیف می‌دهد، اینها قوانین طلایی هستند که باید به اجرا درآیند:

- حدود کاملاً تفهیم‌شده‌ای را برای اختیارات افراد به‌منظور دادن تخفیف تعیین کنید.
- بر سطح کل تخفیفهای داده‌شده به‌عنوان درصدی از کل فروش نظارت کنید. بهترین راه نیل به این هدف، از طریق نظام حسابداری است. فروش را باید طبق فهرست قیمت ثبت کرد و تخفیفها به‌عنوان هزینه‌ای نشان داده می‌شوند که از فروش ناخالص کسر می‌شوند تا فروش طبق صورتحساب به دست آید.
- متوسط درصد تخفیفی را که هر عضو گروه فروش منظور می‌کند، بررسی کنید. کارکنان فروش را تشویق کنید تا از تخفیف به‌عنوان یک وسیله‌ی هدفمند، و نه بخشش و پاداش، استفاده کنند.
- از تخفیفهای منتخب به‌عنوان جزئی فعال از یک برنامه‌ی جلب مشتریان جدید و فروش اضافی استفاده کنید.
- اجازه ندهید شرکت، به دلیل استفاده‌ی بیش از حد و بدون مهار از تخفیفها به دلایل مقطعی و نه درازمدت، در قید قیمتهای پایین گرفتار شود. به‌یاد داشته باشید قیمتهای پایین غالباً به چرخه‌ای از قیمتهای بسیار پایین‌تر - و به امکان بسیار کم‌بقا - منجر می‌شوند.
- بدانید که تخفیف را به کدام حلقه از زنجیره‌ی ارزش‌آفرینی می‌دهید. هر یک از آنها شرایط و ویژگیهای خود را دارند.
- بدانید که تخفیفها را به کدام دسته از محصولات می‌دهید.
- بدانید که تخفیفها دوره‌ی زمانی دارند.
- بدانید که تخفیفها هم با اقتضای شرایط متفاوت می‌شود.
- سیاستهای تشویق و تخفیفها را به صورت پلکانی به‌کار گیرید.
- تضمین کنید که تنها به فروشهایی چنین پاداشهایی را بدهید که شرکت بدون تخفیف قادر به انجام آن نبوده است.
- ساختار تخفیف خود را تا حد امکان به صورتی مساعد و مفید ارائه کنید.
- بر اجباری شدن تخفیف غلبه کنید.
- از یکسان بودن تخفیف خودداری کنید.

- برای تسویه‌حساب تخفیف ندهید.
- از تخفیف دادن برای قدردانی و نه برای برگرداندن مشتری استفاده کنید.
- فقط به گروه خاصی از مشتریان تخفیف بدهید.
- زمانی تخفیف بدهید که مشتریان ثابتی به دست آورید.
- نحوه‌ی اعلام تخفیف نیز مهم است.

زیرفروشی

زیرفروشی اصطلاحی است که در بازار ایران به‌کار برده می‌شود و یکی از اقدامات نامبارک بعضی از فروشندگان است. آنها به جای تقویت علم و هنر ارتباطات، روانشناسی و بازاریابی در خودشان، سراغ راحت‌ترین راه یعنی زیرفروشی می‌روند. غافل از آنکه بدانند آثار و عواقب زیان‌بار آن برای بنگاههای اقتصادی چیست.

بر طبق تجربیات، دلایل اصلی زیرفروشی عبارتند از:

۱) تأمین نقدینگی:

بعضی از مغازه‌داران و عاملیتهای فروش در هنگام دچار شدن به مشکلات نقدینگی به صورت چکی و اقساط، اجناس را از بنگاههای اقتصادی می‌گیرند و سپس با کاهش قیمت تا حد زیر قیمت فروش خود آن بنگاه اقتصادی، در اسرع‌وقت (به قول خودشان) محصول را در بازار آب می‌کنند و به این‌صورت مسائل نقدینگی خودشان را دست‌کم برای دوره‌های کوتاه حل می‌کنند. این معضل سبب دردسرهای فراوان برای شرکتهای اصلی عرضه‌کننده‌ی آن محصول می‌شود؛ چون در بازار تبعاتی همچون چندنرخی شدن و ضربه به اعتبار شرکت، برداشت تقلبی بودن، رقابت با شرکت مادر و... حاصل می‌شود. لازم است بنگاههای اقتصادی فقط به فکر فروش نباشند بلکه، فروش مؤثر و فروش سالم را در دستور کارشان قرار دهند. آنها لازم است از مشتریان خود اطلاعات بیشتری داشته باشند و در مورد آنها تحقیق کنند. وقتی شرکت متوجه می‌شود که یک مشتری بدهی زیادی بالا آورده یا پول خودش را در خارج از صنعت مربوطه سرمایه‌گذاری کرده است، منطقی است در دادن محصول به آن مشتری احتیاط بیشتری کند. برای مثال، شاهد بودم که نماینده‌ی فروش شرکت لوازم‌خانگی، در صنعت ساختمان‌سازی سرمایه‌گذاری کرده بود و چون فروش ملک راکد شده بود، ایشان بدهی زیادی بالا آورده و در نهایت به زیرفروشی روی آورده بودند. یا در شرکت دیگر، نماینده‌ی فروشی که تضمین معتبری در نزد شرکتی که من مشاورشان بودم، داشت و می‌دانست که به هر طریق می‌بایست بدهی‌اش را بدهد؛ ولی متأسفانه از شرکت دیگری کالا می‌گرفت و در بازار به زیر قیمت می‌فروخت تا بدهی‌اش را به شرکت اول بپردازد. شرکتها موظف و ناگزیرند محصولشان را در بازار

رصد کنند و تشکیل تیم رصد بازار را به‌عنوان یک اولویت مهم در دستور کارشان قرار دهند. شرکتها لازم است اعتبارسنجی از مشتریان و دریافت تضمینهای لازم را جدی بگیرند و متناسب با توان فروش آن هم زیر حد اعتباری به مشتریان (منظورم در اینجا واسطه‌ها است)، به ایشان کالا بدهند.

۲) کلاهبرداری:

هیچ‌گاه دوست ندارم در نوشته‌هایم از این واژه استفاده کنم، اما متأسفانه واژه‌ی جایگزینی برای آن نیافتم. وقتی نماینده‌ی فروش شرکتی با برنامه‌ریزی قبلی، سفارش زیادی برای کالا می‌گذارد و متأسفانه مدیر یا سرپرست فروش نیز در لذت اندازه‌ی بالای سفارش غرق می‌شوند و سپس متوجه می‌شوند که نماینده در فاصله‌ی زمانی اندکی کل کالا را با قیمت بسیار پایین‌تر از قیمت خرید در بازار آب کرده است و بعد هم با علم به اینکه شرکت تضمین لازم و محکم از او نگرفته است و فقط با یک خوشبینی ساده‌لوحانه به او اعتماد کرده و ناگهان متوجه می‌شود که آن فرد دفتر و دستک خود را جمع کرده و متواری شده است، به نظر شما آیا غیر از کلاهبرداری می‌توان واژه‌ی دیگری برای این اقدام پیدا کرد؟ نمی‌دانم چرا شرکتها هنوز هم با قول کلامی و سبیل گرو گذاشتن در زمانی که سوخت پول بشدت در بازار بالا رفته است و دیگر قبح صدمه زدن به آبرو برای صادرکننده‌ی چک برگشتی ریخته شده است، خودشان را در معرض چنین صدماتی قرار می‌دهند؟ اعتماد خوب است، اما رعایت اصول و اعتقاد داشتن به رعایت موازین قانونی در بازار امروز مهمتر شده است.

۳) سبدفروشی:

بعضی از فروشندگان مغازه‌ای و واسطه‌ها از شرکتهای مختلف، محصولات مختلفی را تهیه می‌کنند. برای مثال، یک فروشنده‌ی لوازم ساختمانی ممکن است کاشی و سرامیک، لوله، سیمان و حتی سینک ظرفشویی و... عرضه کند. بدیهی است تمام این اقلام را یک شرکت به آنها نمی‌دهد. بعضی از فروشندگان یک محصول را پیشرو زیان‌ده می‌کنند و با زیرفروشی آن، مصرف‌کننده را ترغیب می‌کنند و به سوی خود می‌کشند. بدیهی است سود خودشان را از سبد فروش (مجموعه‌ی فروش) به دست می‌آورند. در اینجا شرکت عرضه‌کننده‌ی آن کالای خاص که مورد سیاست پیشرو زیان‌ده قرار گرفته است، باید حواسش را جمع کند و اجازه ندهد که با تخریب برند خودش و ضربه زدن به فروش محصول در آن منطقه، فدایی شرکتهای دیگر باشد.

۴) برنامه‌ی حذف رقبا با رقابت ناجوانمردانه:

بعضی از شرکتها یا واسطه‌ها به صورت آگاهانه در یک مقطع زمانی برای خارج کردن رقیب از صحنه‌ی رقابت، دست به رقابت ناجوانمردانه می‌زنند و با زیر فروشی و دامپینگ سبب می‌شوند رقبایی که

توان ادامه دادن ندارند، از بازار حذف شوند. دامپینگ یعنی زیرقیمت تمام‌شده، محصول را فروختن. در کشورهایی که عضو "سازمان تجارت جهانی"[1] هستند، دامپینگ جرم است و رکن حقوقی سازمان تجارت جهانی با دولت کشوری که شرکت دارای ملیت آن کشور دست به دامپینگ زده است، برخورد کرده و جریمه‌های سنگینی را برای آنان در نظر می‌گیرد. به همین دلیل است که دولتهای عضو سازمان تجارت جهانی معمولاً خودشان مراقب هستند که شرکتهایشان چنین سیاستی را در قیمت‌گذاری محصولشان انجام ندهند. در ایران ما هنوز عضو قطعی سازمان تجارت جهانی نشده‌ایم، بنابراین، قوانین سازمان تجارت جهانی بر دولت و بنگاههای اقتصادی ما قابل اعمال نیست. پیشنهاد من این است که بنگاههای اقتصادی که سالم کار می‌کنند در رویارویی با چنین خطایی از سوی بنگاههای اقتصادی مختلف، موارد را از روشهای مربوطه نظیر اتحادیه‌ها، انجمنهای صنفی و سازمانهای دولتی ذی‌ربط پیگیری کنند و حتی‌الامکان اجازه‌ی چنین فعالیتی را به متخلفان ندهند؛ چون دامپینگ حرکتی به‌منظور ایجاد انحصار است و معمولاً شرکتهای قویتر با این اقدام، ورود و حضور در بازار را برای شرکتهای ضعیف‌تر (یا عاملین فروش قویتر همین سیاست را در مقابل عاملین فروش ضعیف‌تر) اعمال کرده و به این طریق زمینه‌ی حذف ناجوانمردانه‌ی آنها را از بازار فراهم می‌کنند. درست است که علم بازاریابی بر اساس رقابت شکل گرفته است، اما در تمام کتابهای معتبر بازاریابی جهان، بر رعایت اصول اخلاقی و رقابت جوانمردانه تأکید شده است. بهتر است شرکتها و عاملین با تکیه بر مزیت رقابتی و وجود تمایزشان به رقابت بپردازند و در آن حالت هر شرکت که موفقتر عمل کند، برند قویتری خواهد داشت و نتایج بهتری از بازار می‌گیرد.

۵) نداشتن پیش‌بینی درست از بازار:

بعضی نیز قبل از مطالعه‌ی درست از بازار و شناخت توانمندیهای خویش، وارد یک کاروکسب می‌شوند و سپس متوجه می‌شوند که ادامه‌ی کار در توانشان نیست، بدین‌رو موجودیشان را با زیرفروشی به بازار عرضه می‌کنند تا هرچه سریعتر از آن فعالیت صنعتی و بازرگانی خارج شوند. متأسفانه شاهد هستم که مهندسی فروش[2] و پیش‌بینی فروش در بیشتر بنگاههای اقتصادی ایران جا نیفتاده است و بسیاری از شرکتها با حدس و گمان نسبت به تولید و عرضه‌ی محصول (یا حداکثر با تکیه بر سوابق و تجربیات) اقدام می‌کنند. آنها روندهای بازار[3] را تحلیل نمی‌کنند، تحقیقات بازاریابی[4] انجام نمی‌دهند، مشاوره‌ی بازاریابی و فروش نمی‌گیرند و بعد متوجه می‌شوند یک محصول را که حداکثر در ماه مثلاً پنجاه عدد می‌توانند بفروشند، در طی یکماه به تعداد پانصد عدد تولید کرده‌اند. حساب

---

1. WTO
2. Sales Engineering
3. Market Trends
4. Marketing Research

کنید خواب سرمایه، احتمال از رده خارج شدن کالا، هزینه‌های انبارداری، سرمایه‌ای که بابت مواد اولیه‌ی صرف شده است و... می‌تواند شرکت را به اینجا برساند که یک اقدام نادرست را با اقدام نادرست دیگری مثلاً اصلاح کند و آن هم زیرفروشی است. متأسفانه اکثر شرکتها در چنین مواقعی به بازار هدف دیگری فکر نمی‌کنند. چه‌بسا در داخل یا خارج کشور، بازار هدفی باشد که بتوانیم محصول را بدون لطمه زدن به برند و اعتبار شرکت بفروشیم.

۶) ضعف در فراگیری علوم مورد نیاز برای کاروکسب:

زیرفروشی یک راه‌حل سریع است، اما الزاماً همیشه راه‌حلهای سریع به معنای راه‌حلهای اصلح نیستند. همان‌طور که پیش از این هم گفته شد، ۵۰٪ مسائل و مشکلات بنگاه اقتصادی به استراتژی و سیاستهای اجرایی و کنترلی مدیران ارشد همان شرکت برمی‌گردد. پس ضروری است مدیران ارشد با فراگیری علوم مورد نیاز بویژه در حوزه‌های تحلیل محیط (نظیر اقتصاد و جامعه‌شناسی) و رقابت (نظیر استراتژی، مارکتینگ و روانشناسی رفتار مصرف‌کننده) خودشان را مجهز به دانشهای توسعه‌ی فردی و توسعه‌ی سازمانی کنند؛ چون اگر دانش مدیران ارشد بالا برود و سواد فعالیت در بازار رقابتی رو به گسترش را داشته باشند و با نظر مشاوران کارآزموده و شناسنامه‌دار در بازار فعالیت کنند، نیازی به اقداماتی نظیر زیرفروشی نخواهد بود.

۷) ارسال بار به خارج از منطقه‌ی تعیین‌شده‌ی نماینده:

شرکتها در سطح کشور اقدام به جذب نماینده می‌کنند و برای هر یک از آنها منطقه‌ی فعالیتشان را مشخص می‌کنند، اما به کرّات شاهد بوده‌ایم که نمایندگان شهرستانها گله و شکایت دارند که محصول همان شرکت با اندکی قیمت پایین‌تر از قیمت فروش آنها در منطقه به مغازه‌داران و خرده‌فروشان عرضه شده است. وقتی موضوع بررسی می‌شود، به این نتیجه می‌رسیم که از بازار تهران و یا شهرهای بزرگ، محصول از سوی نمایندگان آن منطقه به مناطق دیگر ارسال شده و به فروش رسیده است. توجه کنید، شرکتها معمولاً علاوه بر سود تعیین شده به نمایندگیها یک سود هم در پایان سال به‌عنوان سود پایان سال یا جایزه‌ی فعالیت به ایشان می‌دهند. بعضی از نمایندگان آنقدر سود پایان سال برایشان جذاب است که حاضر هستند به علت اینکه میزان خریدشان از شرکت بالا برود تا سود پایان سال بیشتری بگیرند، محصول را با سود اندک و یا حتی گاهی بدون سود به مناطق دیگر و منطقه‌ی خودشان بفروشند و چون محصول با قیمت پایین‌تر به خرده‌فروشان رسیده است، در نهایت آنها در مقایسه با کسانی که از کانال معمول محصول را دریافت کرده‌اند، می‌توانند با قیمت پایین‌تر اقدام به فروش کنند. شرکتها لازم است با رصد دقیق از فعالیت نمایندگان مختلف، پس از یکبار تذکر، چنانچه منجر به اصلاح رفتارشان نشد، از ادامه‌ی همکاری خودداری کنند و به آنها بار ندهند. اما

اقدامی در شرکتهایی که من مشاورشان هستم انجام دادیم که جواب خوبی داد، و این بود که در سطح استان تهران رأساً خودمان توزیع مویرگی یا نیمه‌مویرگی کردیم (نیمه‌مویرگی یعنی اینکه در یک خیابان یا دو خیابان یک عامل فروش گرفتیم و چند مغازه‌ی اطراف آن از سوی ایشان تغذیه می‌شوند). به هیچ‌وجه به کسانی که سفارش بالا برای تهران می‌گذاشتند بار نمی‌دادیم چون تزریق مویرگی و نیمه‌مویرگی داشتیم؛ چون سود پایان سال در تهران را حذف کردیم، دیگر برای کسی جذابیت نداشت و فضایی هم ایجاد نمی‌شد که از تهران بار را به شهرستان ببرد. بدیهی است کنترل زیرفروشی در شرکتهای صنایع غذایی و بهداشتی- آرایشی راحت‌تر است؛ زیرا شرکتهای معتبر معمولاً ترکیبی از شعب[1] و نمایندگیها[2] را در سازمان فروش و توزیع در سراسر کشور ایجاد می‌کنند و هر چقدر تعداد شعب بیشتر باشد، به دلیل اینکه کاملاً تحت سیاست شرکت عمل می‌کنند، کنترل زیرفروشی بهتر صورت می‌گیرد، ولی در شرکتهایی نظیر لوازم‌خانگی، ابزارفروشی، و... که سیستم فروش متکی بر جذب نمایندگی است، تجربه‌ی یادشده‌ی فروش و توزیع در تهران بر اساس سیستم مویرگی و نیمه‌مویرگی و فروش شهرستانها با جذب عاملین، آن هم عاملین شهرستانی به جای عاملین استانی تا حد زیادی توانست زیرفروشی را کنترل کند.

تأکید می‌کنم قدرت یک شرکت به تعداد مشتریانش است، از این رو توصیه می‌کنم شرکتهایی که سیستم فروش و توزیعشان بر اساس نمایندگی است، به سمت این بروند که در شهرستانهای مختلف یک نماینده داشته باشند. برای مثال، در یک شرکت لوازم‌خانگی از تعداد ۴۰ نماینده در یکسال، به ۷۰۰ نماینده رسیدیم که ۲۰۰ تا در تهران (با توزیع نیمه‌مویرگی) و ۵۰۰ تا در شهرستانها بودند.

چرا افزایش قیمت:

یک‌درصد افزایش قیمت می‌تواند ۱۰ درصد سود شرکت را افزایش دهد. اقدامات شرکت در مواقعی که لازم است قیمت را افزایش دهید، بدین شرح هستند:

- **مدیریت زمان افزایش قیمت:** برای مثال، در پایان سال که مردم انتظار افزایش قیمت دارند، زمان خوبی برای این کار است.
- **جدی گرفتن ارزش ویژه‌ی برند:**[3] در اینجا قدرت برند این اجازه را به ما می‌دهد که قیمت را افزایش دهیم.
- **جدی گرفتن راههای ارتقای خشنودی:** یعنی زمانی که افزایش قیمت می‌دهیم، می‌توانیم

1. Branch
2. Representative Offices
3. Brand Equity

یک‌سری مزایا به محصول یا خدمت اضافه کنیم.

- **توضیح دادن علتها و اطلاع‌رسانی قبلی:** حتی نباید نگران باشیم که مثلاً اگر اعلام می‌کنیم ۲۰ روز دیگر افزایش قیمت داریم، برخی مشتریان الان سفارش سنگینی می‌گذارند.
- **کمک برای کاهش تأثیر افزایش قیمت:** برای مثال می‌توانیم در یکی دو مرحله هنگام تسویه‌حساب قدری با مشتری مدارا کنیم.
- **بهره‌گیری از هویت محلی در صورت امکان:** در هر منطقه‌ای نسبت به برندهای محلی کمابیش تعصب وجود دارد.
- **آگاهی از رقبا و استراتژی آنها:** هیچ‌گاه بدون اطلاع از استراتژیها و اقدامات رقبای مطرح تصمیم نگیرید.
- **بخش‌بندی مشتریان در افزایش قیمت:** رفتار بخشهای مختلف بازار و توان اقتصادی و درآمدی آنها با هم متفاوت است.
- **قیمت‌گذاری روانشناختی:** هنگام افزایش قیمت باید مراقب باشیم که مرز روانشناختی را رد نکنیم. برای مثال، مشتری ممکن است قیمت ۲۹۶، ۲۹۷، ۲۹۸ و ۲۹۹ هزار تومان را بپذیرد، اما زمانی که به ۳۰۰ هزار تومان و بالاتر از آن می‌رسیم؛ یعنی مرز را رد کرده‌ایم.
- **شکستن قیمت فرعی از اصلی:** برای مثال به مشتری می‌گوییم که افزایش قیمت نمی‌دهیم، اما تا الان کرایه‌ی حمل با من بوده، از الان به بعد با شما.
- **کمک گرفتن از بسته‌های بزرگتر:** برای مثال فردی را که بسته‌ی یک‌کیلویی می‌خرد، هدایت می‌کنیم که بسته‌ی ۵ کیلویی بخرد و هرچقدر بسته بزرگتر شود، می‌توانید قیمت را پایین بیاورید. یا به مشتریان می‌گوییم چنانچه سفارشی بار شما در حد یک خاور باشد، کرایه‌ی حمل آن با ما خواهد بود، حال می‌خواهد هرجای ایران باشد، اما اگر سفارش بارتان کمتر باشد، بار از طریق باربری برای شما ارسال می‌شود، اما کرایه‌ی حمل آن به‌عهده‌ی خودتان است.
- **ممانعت از تصویر سود یکطرفه:** برای مشتری مشخص کنید که افزایش قیمت فقط از جانب ما نیست. عوامل تولید و هزینه‌های سربار بالا رفته و ما چاره‌ای جز افزایش قیمت نداریم.
- **خبر خوب را با خبر بد جایگزین کنید:** برای مثال به مشتری بگویید در سفارش اول و دوم می‌توانم از شرکت مجوز بگیرم که شما قدری چک را دیرتر پرداخت کنید.
- **قیمت همه‌ی محصولات با هم افزایش نیابد:** این در مورد کاهش قیمت نیز صادق است. انتخابی عمل کنید تا خیلی در ذهن مشتری برجسته نباشد.

■ **نکته:** برای محصولات جدید می‌توانید افزایش قیمت را از همان ابتدا پیش‌بینی کنید؛ زیرا محصول هنوز در بازار جا نیفتاده است.

واکنش رقبا در برابر تغییرات قیمت

در اینجا لازم است به چند نکته توجه کنیم:

- **اندک بودن رقبا**

اگر تعداد رقبا اندک باشد می‌توانند خیلی سریع با یکدیگر هماهنگ کنند و به‌سرعت واکنش نشان دهند. این مورد در بازارهای انحصاری چندجانبه زیاد استفاده می‌شود.

- **یکسانی محصول**

آگاهی بالای خریداران، که این مورد با گسترش اینترنت بیشتر و بیشتر شده است.

پاتریک فورسایت می‌گوید: همه می‌دانند که کالاها و خدمات هزینه دارند و گاهی قیمتها تغییر می‌کنند. اگر توضیحات شما روشن باشند، هر قدر قیمتها تغییر یابند، مشتری با شما خواهد ماند، با شما به معامله ادامه خواهد داد و حتی بیشتر از گذشته خواهد خرید.

راه حل چیست؟ به نظر می‌رسد که پاسخ اصلی به این مشکلات بخش‌بندی بهتر بازارها، مدیریت برند قویتر و مدیریت بهتر روابط با مشتریان است.

این سه مورد بسیار مهم هستند، هرچقدر بخش‌بندی بازار دقیقتر صورت گیرد و انتخاب بازار هدف دقیقتر انجام شود، آنگاه جایگاه‌سازی برند محصول ما در آن بازار موفقتر انجام می‌شود و یا اینکه تصمیم می‌گیریم چند بخش را به‌عنوان بازار هدف انتخاب کنیم، اما محصولات، برندها و قیمت آنها با هم متفاوت است. هرچقدر برندی قویتر باشد، حساسیت قیمتی مشتریان نسبت به آن کمتر می‌شود. در حوزه‌ی خدمات هم همین‌طور است. برای مثال سخنرانان و مشاورین مطرح بازاریابی و کاروکسب، قیمت بالاتری برای خدماتشان اعلام می‌کنند و حساسیت مشتریان نیز در مقابل قیمت آنان بسیار کاهش یافته است و نکته‌ی سوم مدیریت ارتباط با مشتریان است. هر چقدر مشتری‌نوازی و تکریم ارباب‌رجوع و سرعت پاسخگویی به مشتریان بیشتر شود، حساسیت آنان نسبت به قیمت کاهش می‌یابد.

فصل پنجم

ده استراتژی بدون تاریخ انقضا
برای افزایش فروش

۱۰ استراتژی بدون تاریخ انقضا برای افزایش فروش [1]

هر محصول قیمتی دارد. همچنین قیمت عامل بسیار مهمی در رقابت بین بنگاه‌ها به حساب می‌آید، بنابراین، قیمت‌گذاری فرایندی پیچیده و در عین حال حیاتی در کاروکسب است. در واقع، موفقیت و سوددهی یک سازمان وابسته به عوامل خارجی بسیاری است که قیمت مناسب از آن جمله است. در واقع برای سوددهی قابل اطمینان و کافی، انتخاب مناسب‌ترین قیمت حیاتی است.

قیمت‌گذاری در بازارهای رقابتی که عاری از قیمت‌های دستوری هستند، تحت تأثیر عوامل مختلف مانند فضای رقابت، کیفیت محصول، کشش بازار، برند و... است. به‌طور خلاصه بهترین و یا مناسب‌ترین قیمت برای یک محصول؛ بهایی است که خریدار آن را پذیرفته و برای خرید آن جذب شود و در عین حال سوددهی مناسبی هم برای فروشندگان و تولیدکنندگان محصول به همراه داشته باشد و به‌عبارتی یک شرایط برد ـ برد [2] برای هر دوطرف فروشنده و مشتری ایجاد شود.

در این میان اگر در قیمت‌گذاری محصولات سهل‌انگاری شود، این موضوع می‌تواند تبعات بسیاری به دنبال داشته و به بهای از دست دادن سهم بازار تمام شود.

بنگاه‌ها برای کسب سود کاسبی می‌کنند، اما انتخاب قیمت مناسب برای یک محصول به هیچ‌وجه

۱- منبع: https://www.helpscout.net/blog/pricing-strategies

2. Win-Win

کار ساده‌ای نیست. به‌علاوه بجز عامل کسب سود، اهداف قیمت‌گذاری را می‌توان در سه دسته جای داد که در نمودار ۵.۱ ترسیم شده است.

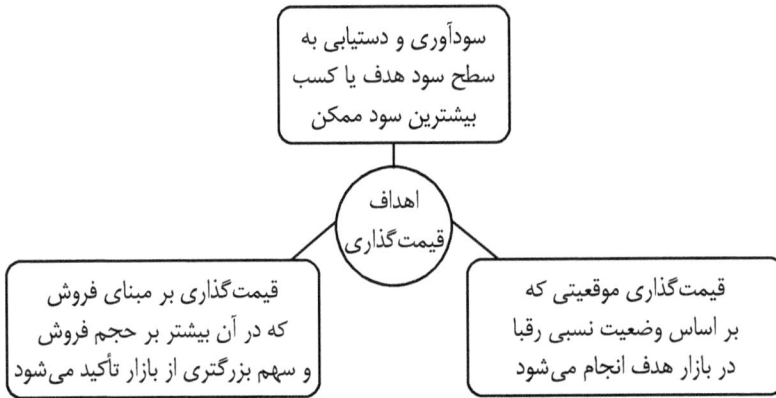

نمودار ۵.۱: اهداف قیمت‌گذاری

قبل از انتخاب استراتژی مناسب برای قیمت‌گذاری، باید هزینه‌های مربوط به هر کالا را مشخص کنیم که به‌طور کلی دو عامل هزینه‌ی کالا و هزینه‌ی عملیاتی در تعیین هزینه‌ی نهایی یک محصول سهیم هستند. توجه داشته باشید قیمت تمام‌شده‌ی شما باید حداقل از هزینه‌ی خرید کالا و هزینه‌ی عملیاتی آن بیشتر باشد تا چرخ کاروکسب شما بچرخد. البته بدیهی است که قیمت‌گذاری مبحث بسیار پیچیده‌ای است و عوامل زیادی در قیمت نهایی یک محصول اثرگذار هستند، از جمله قیمت تمام‌شده، وضعیت اقتصاد، عرضه و تقاضا، قیمت محصولات رقیب، استراتژی‌های کلان شرکت، برندینگ و ...   که در نمودار ۵.۲ ترسیم شده است.

نمودار ۵.۲: عوامل مؤثر در قیمت‌گذاری نهایی یک محصول

در این بین، اکثر رویکردهای غیرحرفه‌ای قیمت‌گذاری بر اساس تحقیق یا هزینه‌های عرضه نبوده و بیشتر بر اساس شهود کارآفرین یا تصمیم‌گیری شهودی رأس سازمان است. رویکرد شهودی که بر اساس حس ششم کارآفرین شکل می‌گیرد. اما چه رویکردهای دیگری برای تعیین قیمت وجود دارد؟ رویکردهایی که با بهره‌گیری از علوم رفتاری و روانشناختی می‌توانند راهبردهایی مناسب به‌منظور تعیین مؤثر قیمت ارائه کنند. در ادامه همراه ما باشید:

۱- زمانی که شباهت به بهای از دست دادن فروش تمام می‌شود

محدود کردن گزینه‌های پیش روی مشتری می‌تواند به مقابله با سندرم فلج تحلیل[1] کمک کند، این سندرم اشاره به وضعیتی روانی دارد که فرد با قرار گرفتن در معرض انتخابهای زیاد، انگیزه‌ی خود را از دست می‌دهد و در تصمیم‌گیری سست می‌شود. شاید به این ترتیب انتظار داشته باشید که تعیین قیمتهای همسان برای محصولات مشابه راهبردی ایده‌آل خواهد بود. اینطور نیست؟ همیشه خیر. بر اساس تحقیقات انجام گرفته از سوی دانشمندان دانشگاه ییل، اگر دو کالای مشابه، قیمتی همسان داشته باشند، مصرف‌کنندگان اغلب با احتمال کمتری این کالاها را خریداری خواهند کرد.

در یکی از آزمایشها، پژوهشگران به شرکت‌کنندگان اجازه دادند تا یک بسته آدامس خریداری و یا پول آن را نگه دارند. زمانی که از شرکت‌کنندگان خواسته شد تا از میان دو بسته آدامس یکی را انتخاب کنند، تنها ۴۶ درصد از آنها زمانی که برای هر دو بسته مبلغ ۶۳ سنت قیمت‌گذاری شده بود دست به خرید زدند. در مقابل، زمانی که قیمت‌گذاری متفاوتی برای این دو بسته در نظر گرفته شد - یکی ۶۲ سنت و دیگری ۶۴ سنت - بیش از ۷۷ درصد یکی از بسته‌ها را برای خرید انتخاب کردند. این تغییر کوچک در قیمت‌گذاری، نرخ خرید را تا حد قابل توجهی افزایش داد.

درصد تکمیل فرایند خرید
۷۷ درصد
۴۶ درصد
۲ آیتم با قیمت متفاوت
۲ آیتم با قیمت همسان

زمانی که اقلام مشابه دارای قیمتی یکسان باشند، مصرف‌کنندگان به‌جای اقدام به خرید، تصمیم‌گیری را به تعویق می‌اندازند.

---

1. Analysis paralysis

۲- اصل لنگر

به‌طور مثال، هنگامی‌که روی کالایی کلمه‌ی رایگان درج شود، ارزش ذاتی آن در چشم بسیاری از مردم صفر خواهد شد. باید در قیمت‌گذاری این اصل را در نظر داشته باشیم که عددی که روی کالا درج می‌شود طبق اصل لنگر (Anchoring) در ذهن مشتری به‌عنوان سنجه‌ای برای سنجش ارزش کالا قرار می‌گیرد و تغییر آن در آینده بسیار دشوار خواهد بود.

به مثال دیگری توجه کنید: یک مثل قدیمی در میان کسبه وجود دارد که می‌گوید برای فروش یک ساعت ۲ هزار دلاری باید آن را در کنار یک ساعت ۱۰ هزار دلاری قرار دهید. اما چرا؟ این نتیجه‌ی یک خطای شناختی به نام لنگر یا تکیه‌گاه ذهنی است. لنگر ذهنی از مباحثی است که بیشتر در حیطه‌ی اقتصاد رفتاری مورد بررسی قرار می‌گیرد، جایی که تعامل بین علم اقتصاد و روانشناسی برقرار می‌شود. تورسکی و کانمن بنیانگذاران اقتصاد رفتاری، در این‌خصوص می‌گویند:

"افراد عموماً تصمیم‌گیریهای پیچیده را با مبنا قرار دادن یک مقدار اولیه که بتدریج به مقدار نهایی تعدیل می‌شود انجام می‌دهند." در نتیجه، تصمیم‌گیریهای ایشان به مقادیر خاصی گرایش پیدا می‌کند.

۳- قانون وبر

طبق اصلی که به نام قانون وبر[1] شناخته می‌شود، تفاوت محسوس میان دو محرک مستقیماً وابسته به بزرگی محرک است. به بیان دیگر تغییر در چیزی، تحت تأثیر بزرگی آن قبل از تغییر است. مثلاً اعمال افزایش ۲۰ درصدی حقوق برای فردی که حقوق پایه دریافت می‌کند، محسوس‌تر از اعمال همین میزان افزایش در حقوقهای چندمیلیون تومانی است. به مثال دیگری توجه کنید: اگر سه شمع در اتاقی روشن باشد و شمع دیگری روشن کنید تفاوت روشنی بخوبی محسوس خواهد بود؛ زیرا تفاوت، بالای آستانه‌ی ادراک تفاوت قرار دارد. اما اگر صد شمع روشن باشد و یک شمع دیگر نیز روشن کنید، به‌سختی این تفاوت حس و درک می‌شود. اگر دویست شمع روشن باشد هرچه آمادگی شما برای دیدن تفاوت زیاد باشد با افزودن یک شمع تفاوت را درک نخواهید کرد؛ زیرا تفاوت زیر آستانه‌ی ادراک اختلافی قرار دارد.

قانون وبر در اصول بازاریابی بویژه در حوزه‌ی افزایش قیمت نیز مصداق دارد. در واقع واحد بازاریابی می‌بایست در قیمت‌گذاری محصولات یا خدمات درصدی را پیدا کند که موجب واکنش منفی مصرف‌کنندگان نشود. این قانون نشان می‌دهد که یک افزایش حدود ده‌درصدی در قیمتها، نقطه‌ای است که می‌تواند موجب واکنش مشتریان شود. مثل همیشه، متغیرهای بسیاری روی قیمت‌گذاری تأثیر دارند. و قانون وبر تنها می‌تواند برای تعیین آستانه‌ی قیمت سودمند باشد. به همین ترتیب مراجع

1. Weber's Law

مسئول قیمت‌گذاری برای کاهش قیمت محصولات در مواردی همچون تخفیف دادن یا جایزه باید به دنبال عددی باشد که برای مصرف‌کننده معنادار باشد و تفاوت آن را به‌صورت ملموس احساس کند.

۴- کاهش نقاط درد

ساختار مغز انسان به‌گونه‌ای برنامه‌ریزی شده که خرج کند تا زمانی که برایش احساس درد به وجود آید. این اصل در نوروآکونومی (اقتصاد مبتنی بر علوم اعصاب) نیز تصریح شده است. محدودیت و یا مرز بین خریدن و نخریدن زمانی حاصل می‌شود که درد احساس‌شده از سود ادراک‌شده بیشتر می‌شود. پژوهشی از سوی دانشگاه کارنگی ملون[1] به تحلیل روشهایی به‌منظور کاهش نقاط درد[2] و در عوض افزایش رضایت پس از خرید و حفظ مشتریان پرداخته است. در ادامه برخی توصیه‌ها و روشها، مورد بررسی قرار می‌گیرد:

- **قیمت محصول را به شکل دیگری اعلام کنید:**

به‌طور مثال، سرشکن کردن قیمت کلی، به ماه و یا حتی روز به جای بیان هزینه‌ی سالانه می‌تواند نمونه‌ای از تغییر چارچوب اعلام قیمت باشد. برای مثال، اگر اشتراک استفاده از خدمات شما برای مشتری سالانه ۱،۲۰۰،۰۰۰ هزار تومان هزینه دارد، به جای بیان این عدد می‌توانید به او بگویید که برای هر ماه فقط کافی است ۱۰۰ هزار تومان بپردازید.

- **محصولات خود را به‌صورت بسته (باندل) بفروشید:**

این روش به مفهوم متقاعدساختن مشتری به داشتن این تصور است که با انتخاب این پیشنهاد ارزش بیشتری نسبت به حالت عادی دریافت کرده و به عبارتی خرید مقرون‌به‌صرفه‌تری خواهد داشت. پروفسور جرج لونشتین[3] در مطالعات خود دریافت که عرضه‌ی نسخه‌ی Lx در میان برندهای خودرویی یک نمونه‌ی عالی از باندلینگ[4] است. خودروهای Lx در همه‌جای دنیا (احتمالاً جز ایران) دارای آپشنهایی مثل صندلیهای چرم، سیستم ناوبری، و کارت طلایی امداد هستند و بسته‌ای از امکانات به همراه این نام به مشتری عرضه می شود. مک‌دونالد نیز از جمله برندهایی است که توانسته از این تکنیک به‌منظور ارتقای فروش خود استفاده کند.

- **روی کاربرد یا لذت‌آفرین بودن محصول خود تأکید کنید:**

برای مشتریان محافظه‌کار، پیامهای متمرکز بر کاربری یک محصول مؤثرتر هستند، اما دیگر

---

1. Carnegie Mellon University
2. Pain points
3. George Lowenstein
4. Bundling

مشتریان با پیامهای متمرکز بر ایجاد لذت، نسبت به خرید متقاعد می‌شوند.

● اصل غیرقابل شمارش بودن را رعایت کنید:

از نظر شما از میان دو جمله‌ی روبه‌رو کدام‌یک اثربخش‌تر است؟ "یکی بخرید، و یکی مجانی دریافت کنید" یا "۵۰٪ تخفیف روی دو قلم خرید". هرچند این دو گزاره با یکدیگر معادل هستند، اما مطالعات انجام‌گرفته نشان می‌دهد که اغلب افراد گزینه‌ی اول را ترجیح می‌دهند. این پدیده در استراتژیهای قیمت‌گذاری با عنوان "غیرقابل شمارش بودن" یا (innumeracy) شناخته شده است که در آن مشتریان قادر به شناسایی یا درک اصول ریاضی حاکم بر نحوه‌ی قیمت‌گذاری شما نیستند.

۵- سنتی پرکاربرد و اثربخش در قیمت‌گذاری

قیمت‌گذاری جذاب، یکی از متدهای قدیمی و در عین حال بسیار مؤثر در تعیین قیمت است که از طریق بازی با اعداد حاصل می‌شود. در این روش قیمتها به‌گونه‌ای تعیین می‌شوند که خریدار از نظر روانی احساس کند قیمت مناسبی برای کالا یا خدمات موردنظر خود می‌پردازد. علم روانشناسی استفاده از اعداد ۵ و ۹ را در انتهای قیمتها توصیه می‌کند؛ زیرا ذهن مشتریها ناخودآگاه تمایل به رند کردن اعداد به سمت پایین‌تر دارد. در این روش کارشناسان به تولیدکنندگان و فروشندگان توصیه می‌کنند که قیمت محصولات خود را با ۵ یا ۹ تمام کنند. مثلاً ۹۹۹ تومان یا ۱۹۹۵ تومان و... .

مطالعه‌ای که نتایج آن در نشریه‌ی اقتصاد و بازاریابی کمّی[1] منعکس شده است، نشان داد که قیمتهایی که به عدد ۹ ختم می‌شوند می‌توانند حتی بر قیمتهای پایین‌تر همان محصول غلبه کنند و میزان فروش را بالا ببرند. این تکنیک سالهاست که جایگاه‌داران سوخت امریکایی و اروپایی در تعیین قیمتهای شناور سوخت استفاده می‌کنند. در واقع، بررسیها نشان داده‌اند که قیمتهایی که به عدد ۹ ختم می‌شوند، می‌تواند در بالا بردن تقاضای یک محصول نقشی مؤثر داشته باشند. این پدیده‌ی روانشناختی از این حقیقت نشأت می‌گیرد که ما اعداد را از چپ به راست می‌خوانیم. بنابراین زمانی که با قیمت ۱/۹۹ دلار مواجه می‌شویم، در ابتدا عدد یک را مشاهده می‌کنیم و به این ترتیب درک ما از این قیمت، به عدد یک نزدیکتر است تا عدد ۲. بنابراین، در قیمت‌گذاری خود از این تکنیک استفاده کنید.

۶- زمان تجربه‌شده یا پولی که در جیب مشتری مانده، روی کدام مانور بدهیم؟

چرا شرکتی مثل میلر[2] که غول تولیدکنندگان موادغذایی است ترجیح می‌دهد به‌جای تأکید بر قیمتهای

---

1. Quantitative Marketing and Economics
2. Miller

پایین خود در مقایسه با رقبایش؛ شعار حالا وقته میلر رسیده را انتخاب کند؟ ممکن است این سؤال در ذهن ما به وجود بیاید که چرا میلر با وجود مزیت قیمتی خود روی زمان تأکید کرده است؟ جنیفر آکر[1] از متخصصین دانشگاه استنفورد اینگونه استدلال می‌کند که در بسیاری از دسته‌های محصولات، زمانی که از مصرف‌کنندگان خواسته می‌شود تا نظر خود را در خصوص آن محصول بیان کنند، او بیشتر زمانی را که صرف یک محصول و تجربه آن کرده به‌عنوان خاطره‌ای مثبت به‌خاطر خواهد آورد و هزینه هایی که در قبال خرید آن محصول پس‌انداز کرده چندان در ذهن او باقی نمی‌ماند.

دیوید آکر پدر برندینگ، می‌گوید از آنجا که تجربه‌ی شخص از یک محصول می‌تواند باعث تقویت احساس ارتباط شخصی مصرف‌کننده با آن برند شود، اشاره به عامل زمان عموماً منجر به ایجاد رویکردی مثبت و هیجانات مطلوب‌تر و در نهایت خرید بیشتر می‌شود. آکر در مقاله‌ی خود که از سوی دانشکده‌ی کسب‌وکار وارتون[2] منتشر شده می‌نویسد، بسیاری از خریدها در دسته‌ی تجربی و یا مادی قرار می‌گیرند. خریدهایی مانند بلیت کنسرت بیشتر از پیغام‌هایی با محوریت تجربه و زمان بهره می‌برند، در مقابل، برندهای پوشاک بیشتر جنبه‌ی پرستیژ و یا ابعاد و منافع مالی حاصل از خرید محصولات خود را مورد تأکید قرار می‌دهند.

۷- چرایی ارزان بودن، مهمتر از ارزان بودن است

زمانی که بدون اندیشه‌ی قبلی و راهبرد مناسب تنها روی قیمتهای ارزان‌تر خود نسبت به رقبا تأکید می‌کنیم، نتیجه‌ی آن چیزی بجز از دست دادن فروش و کاهش حجم فروش نخواهد بود. بر اساس تحقیق انجام گرفته از سوی پژوهشگران دانشگاه استنفورد، چنانچه دلیلی قانع‌کننده برای مقایسه‌ی قیمتها به مشتری ارائه نشود، این تکنیک می‌تواند تأثیر مخربی بر روی فروش داشته باشد. در واقع اگر مستقیماً از مشتری بخواهیم که قیمتهای ما را با رقبا مقایسه کند، او رفته‌رفته اعتماد خود را به ما از دست خواهد داد. محققان می‌گویند زمانی که در مطالعات خود از مشتری خواستیم تا قیمتهای ما را با دیگران مقایسه کند، این واهمه در او ایجاد شد که گویی ما می‌خواهیم به نحوی سر او کلاه بگذاریم.

البته این متد در مواقعی مؤثر خواهد بود. در این زمینه تجربه‌ی شرکت بیمه‌ای اشورنس[3] نشان داد که به‌کارگیری صحیح روش مقایسه‌ی قیمتی می‌تواند سودمند باشد. این شرکت در همان آغاز فعالیت و در تبلیغات خود به مشتری می‌گفت که چرا بیمه‌های ارزان نمی‌توانند انتخاب خوبی برای ایشان باشند. آنگاه به مشتری نشان می‌داد که این شرکت خود چگونه توانسته به کمک روشهای

1. Jennifer Aaker
2. Wharton Business School
3. Esurance

اصولی و درست و بهره‌گیری از فناوری اطلاعات و کاهش مخارج اضافی از طریق این تکنولوژی نسبت به کاهش قیمتها اقدام کند. جالب است که شعار این شرکت نیز در همین راستا است: آنلاین به دنیا آمدیم تا در هزینه‌های شما صرفه‌جویی کنیم[۱]، از این رو تمرکز شما باید روی پاسخگویی به چرایی ارزانتر بودن قیمتها باشد؛ نه فقط ارزان بودن.

۸- قدرت پیش‌زمینه و داستان برند خود را دست‌کم نگیریم

آیا ممکن است یک بطری نوشیدنی مشابه دارای قیمتهایی کاملاً متفاوت در نقاط مختلف باشد؟ منطق حکم می‌کند که چنین چیزی ممکن نیست. اما در عالم واقعیت چنین چیزی کاملاً معمول است و بسته به مکانی که خرید انجام می‌شود، قیمت می‌تواند از زمین تا آسمان متفاوت باشد. ریچارد تیلر[۲]، اقتصاددان رفتاری، سالها قبل این موضوع را مورد بررسی قرار داد، دریافت که یک مشتری حاضر است در یک هتل لوکس بابت یک بطری نوشیدنی معمولی و مشابه قیمتی به مراتب بالاتر بپردازد به نسبت زمانی که همان بطری را از فروشگاه تهیه می‌کند. او چنین نتیجه گرفت که محیط و پیش‌زمینه‌ی[۳] یک محصول می‌تواند تأثیر زیادی روی خریدار بگذارد: به این معنا که پرستیژ ادراک‌شده از یک هتل سطح بالا و درجه‌ی یک، امکان دریافت مبالغ بالاتر را فراهم می‌کند.

به همین دلیل است که مردم حاضرند پول بیشتری را بابت کلاسهای چندرسانه‌ای تا یک کتاب الکترونیکی صرف کنند، حتی اگر اطلاعات ارائه‌شده دقیقاً مشابه و یکسان باشد. به این دلیل که درک ما از مسائل در توجیه قیمت یک محصول و ارزیابی معقول یا غیرمعقول بودن بهای آن تأثیر بسیاری دارد. بنابراین ایجاد یک داستان متقاعدکننده و گیرا پیرامون محصول بسیار اثرگذار است.

۹- سطوح مختلف قیمت‌گذاری

به گفته‌ی پرفسور ویلیام پاندستون[۴] مؤلف کتاب گرانبها: افسانه‌ی قیمت منصفانه[۵]، بسیاری از ما درک درستی از مفهوم ارزش نداریم. به همین دلیل می‌توانیم به روشهایی که به ذهنمان هم خطور نمی‌کند، فریب بخوریم. وی برای اثبات ادعای خود به مطالعه‌ای در زمینه‌ی بررسی الگوهای مختلف خرید نوشیدنی پرداخته است. در آزمایش نخست تنها دو گزینه وجود دارد: گزینه‌ی معمولی و گزینه‌ی مرغوب و ممتاز.

در این آزمایش از میان پنج شرکت‌کننده، چهار نفر گزینه‌ی ممتاز و معروفتر را انتخاب کردند. اما آیا افزودن یک گزینه‌ی سوم با بهایی کمتر می‌تواند میزان سودآوری را افزایش دهد؟ محققان

1. Born online and built to save
2. Richard Thaler
3. Context
4. William Poundstone
5. Priceless: The Myth of Fair Value

یک نوشیدنی ۱ دلار و شصت سنتی به منوی نوشیدنیها اضافه کرده و پاسخ این سؤال را بررسی کردند.

جالب آنکه هیچیک از شرکتکنندگان نوشیدنی ارزانقیمت را انتخاب نکردند، اما در عین حال فروش نوشیدنی استاندارد افزایش و فروش نوشیدنی ممتاز کاهش یافته است و در واقع جای این دو با هم عوض شده است. این انتخاب غلط میتواند ناشی از پدیدهی لنگر ذهنی[1] باشد که پیشتر توضیح داده شد. حالا سؤال اینجاست که اگر مشتریها نوشیدنی ارزانتر نمیخواهند، شاید افزودن یک نوشیدنی گرانتر مؤثر باشد.

این ابتکار موجب شد تا میزان فروش تغییر کند. به این ترتیب که فروش نوشیدنی ممتاز ۵ درصد افزایش داشته و نوشیدنی جدید هم توانست دهدرصد از سهم فروش را کسب کند و در نهایت سهم نوشیدنی معمولی از فروش به ۵ درصد رسید. اگر تصور میکنید که قیمتهای شما در مقایسه با ارزش محصولاتتان پایین است، بهتر است از استراتژی قیمتگذاری در سطوح مختلف[2] استفاده کنید. در واقع برخی مشتریان همواره به دنبال انتخاب گرانترین گزینهها هستند. بنابراین، میتوان با استناد به دلایل مستند و درست نسبت به افزایش قیمتها اقدام کرد.

۱۰- با زبان ساده قیمتگذاری کنید

مقالهی منتشره در مجلهی روانشناسی مصرفکننده[3] نشان میدهد که وقتی یک قیمت با جزئیات بیشتری بیان شود، در نزد مشتریان بیشتر به نظر میرسد. عجیب است، نه؟

محققان در این آزمایش از ساختارهای قیمتی زیر برای آزمایش نظریهی خود بهره بردند:

- ۱,۴۹۹,۰۰ دلار
- ۱,۴۹۹ دلار
- ۱۴۹۹ دلار

نتایج نشان داد که در دید مشتری دو قیمت اول بسیار بیشتر از مورد سوم به نظر میرسیدند. این موضوع احتمالاً به دلیل نوع خوانش هر یک از این قیمتها است.

سخن پایانی:

محصولات و خدمات عالی آنهایی هستند که بهصورت هدفمند قیمتگذاری شوند. قیمت این

---

1. Anchoring
2. Different Levels of Pricing
3. Journal of consumer psychology

محصولات و خدمات به مرور زمان و با بررسی بازار و تحقیقات بازاریابی، و از همه مهمتر بازخورد مشتریان[1] تعیین می‌شود.

---

1. Customer Feedback

فصل ششم

قیمت‌گذاری خدمات

اصول، قواعد و نکاتی پیرامون قیمت‌گذاری خدمات

مسلّماً دلیل اینکه شما کاروکسبی را به‌منظور ارائه‌ی خدمات به مشتریان راه‌اندازی می‌کنید، کسب سود است، اما واضح است که اگر خدمات خود را با قیمتی پایین‌تر از هزینه‌ی آن بفروشید، در حقیقت یک سرمایه‌گذاری بدون فایده انجام داده‌اید که می‌تواند کاروکسب شما را به ورطه‌ی ورشکستگی بکشاند. چه یک کاروکسب سودده باشد و چه نباشد، عوامل مختلفی در آن نقش دارند، عواملی مانند مکان[1]، مدیریت، میزان تقاضای بازار، رقبا و...، اما یکی از مهمترین این عوامل که نقش مهمی در سودده یا زیان‌ده شدن سازمان شما دارد، نحوه‌ی قیمت‌گذاری خدمات شما است.

کاروکسب‌های خدماتی می‌تواند شامل طیف بزرگی از کاروکسب‌ها باشد. این طیف، از یک شرکت صرفاً مشاوره‌ی مدیریت تا سازمانهای متوسط با صدها نیرو، سازمانهایی که با در اختیار داشتن متخصصان فناوری اطلاعات به مشتریان خود، خدمات عرضه می‌کنند و سازمانهای هلدینگ خدماتی بسیار بزرگ را شامل می‌شود و چنانچه شما در انتخاب استراتژی قیمت‌گذاری خود در این زمینه (یعنی خدمات) دچار اشتباه شوید، ممکن است با مشکلاتی روبه‌رو شوید که نتوانید بر آنها غلبه کنید. از طرف دیگر نیز چنانچه استراتژی درستی برای قیمت‌گذاری انتخاب کنید احتمال اینکه بتوانید کاروکسبی داشته باشید که از لحاظ مالی شما را حفظ کند، بسیار افزایش داده‌اید.

چارلز تافتوی[2]، دانشیار دانشگاه کار واشنگتن، که تاکنون به کمک دانشجویان خود به حدود ۱۵۰۰

---

1. Location
2. Charles N. Toftoy

کاروکسب کوچک مشاوره داده است، در این باره می‌گوید: "تفاوتی نمی‌کند که شما یک کتاب رمان که خود آن را نوشته‌اید عرضه کنید و یا در یک شرکت به ارائه‌ی خدمات تحلیل محیطی بپردازید یا دامپزشک باشید؛ در هر صورت باید بدانید که قیمت‌گذاری فوق‌العاده مهم است. "

عواملی که باید آنها را در قیمت‌گذاری خدمات در نظر گرفت

خبر خوشایند در این زمینه این است که شما تا حدود زیادی می‌توانید در قیمت‌گذاری انعطاف به خرج دهید. اما خبر ناخوشایند نیز این است که هیچ رویکرد مشخص فرمول‌گونه‌ای برای انجام این کار، یعنی قیمت‌گذاری خدمات تدوین نشده است. قیمت‌گذاری خدمات به مراتب از قیمت‌گذاری کالا سخت‌تر است؛ چرا که در قیمت‌گذاری کالا شما می‌توانید به‌طور دقیق هزینه‌ی ساخت یک کالای فیزیکی را محاسبه کنید؛ اما مثلاً محاسبه‌ی حق مشاوره، ارزش تخصص کارکنان، و هزینه‌ی فرصت[1] به مراتب سلیقه‌پذیرتر هستند.

تافتوی می‌گوید: "قیمت کالا بیشتر عینی، و قیمت خدمات بیشتر ذهنی است، و قیمت‌گذاری یک هنر و علم محسوب می‌شود. " کارشناسان معتقدند برای قیمت‌گذاری خدمات روش‌هایی وجود دارد که آنها را با هم مرور می‌کنیم:

قیمت‌گذاری هزینه‌ی مبنا

همان‌طور که قبلاً گفتم در این روش استاندارد و سنتی قیمت‌گذاری، ابتدا هزینه‌ی ساخت یک کالا (و در اینجا عرضه‌ی خدمات) را مشخص می‌کنند و سپس مقدار حاشیه‌ی سود موردنظر را به آن اضافه می‌کنند. به‌منظور برآورد هزینه، شما نیاز دارید تا از میزان هزینه‌های مستقیم، هزینه‌های غیرمستقیم و هزینه‌های ثابت اطلاع داشته باشید. جروم آستریانگ، استاد دانشگاه فلوریدا، می‌گوید: "چیزی که باید در این روش قیمت‌گذاری به‌خاطر داشته باشید، این است که اگر شما ۱۱ هزار تومان در ساعت به کارکنان خود می‌پردازید تا خدمات مورد نظر را عرضه کنند، ممکن است فکر کنید که باید همان ۱۱ هزار تومان را برای ارائه‌ی خدمات به مشتریان از آنها دریافت کنید، اما موضوع این است که شما باید تمام هزینه‌های خود را در قیمت‌گذاری لحاظ کنید. " این هزینه‌ها شامل بخشی از اجاره‌بها، هزینه‌ی خدمات رفاهی و اداری و مخارج عمومی دیگر است. آستریانگ همچنین اشاره می‌کند زمانی که قراردادی برای فروش خدمات می‌بندید، باید اطمینان حاصل کنید که مبلغ آن، تمام هزینه‌های شما را پوشش می‌دهد. برای مثال در یک آموزشگاه، حق‌التدریس مدرس، حقوق و مزایای کارکنان، هزینه‌ی پذیرایی، رقم مالیات و بیمه، آب و برق، هزینه‌ی کتاب و جزوه، پورسانت

---

1. Opportunity Cost

بستن دوره، اجاره و... باید محاسبه شود.

قیمت‌گذاری بر اساس قیمت رقبا

شما باید از قیمت رقبا برای ارائه‌ی خدمات مشابه در بازار آگاه باشید. این اطلاعات می‌توانند از طریق وب‌سایت آنها، تماس تلفنی، صحبت با یک دوست، ارتباط با افرادی که از خدمات شما استفاده کرده‌اند و... حاصل شود. آستریانگ می‌گوید: "به نظر من این ایده‌ی خوبی برای یک کارآفرین محسوب نمی‌شود که با وجود امکان اجتناب از رقابت در حوزه‌ی قیمت این کار را انجام دهد بلکه، بهتر است رقابت را به سمت خدمات، محیط و دیگر موضوعاتی ببرد که وی را از دیگران متمایز می‌کند، و در این حوزه به رقابت بپردازد".

زمانی که شما برای جذب مشتری نیاز به رقابت در حوزه‌ی قیمت پیدا کردید، ابتدا از خود بپرسید که آیا مشتری مورد نظر درصورتی‌که رقبای شما قیمت پایین‌تری به وی پیشنهاد دادند، باز هم نسبت به شما وفادار خواهند ماند؟ آستریانگ می‌گوید:" شما باید مشتری را متقاعد کنید که با شرایط کیفیت و سرویس‌دهی خود، ارزش فوق‌العاده‌ای را به وی هدیه می‌کنید." وی همچنین اضافه می‌کند که: "شما تنها نیاز دارید که بدانید رقبای شما چقدر بابت ارائه‌ی خدمات مشابه از مشتری دریافت می‌کنند." البته مقایسه‌ی خدمات نسبت به کالا بسیار دشوارتر است، مثلاً ممکن است یک معاینه‌ی پزشکی را دو پزشک با مدارک تحصیلی و سوابق یکسان انجام دهند، اما ارزش خدمت یکی از آنها در نزد مشتری به مراتب بالاتر باشد یا دو مدرس بازاریابی و فروش با مدرک تحصیلی یکسان، اما با ارزش بسیار متفاوت در نزد مشتریان خواهند بود.

ارزش ادراک‌شده از سوی مشتری

این همان نکته‌ای است که در زمان قیمت‌گذاری خدمات، باید بشدت به آن توجه کرد. زمانی که شما با یک محصول طرف هستید، می‌توانید قیمت فروش عمده‌ی آن را در نظر بگیرید و آن را دو برابر کنید تا به قیمتی برسید که سود مورد نظرتان نیز در آن لحاظ شده باشد. اما در مورد خدمات لزوماً نمی‌توانید این کار را انجام دهید؛ چرا که شاید از نظر مشتریانی که خدمات خریداری می‌کنند، مهم نباشد که شما چقدر زمان برای آن صرف کرده‌اید بلکه، ارزش ادراک‌شده‌ی خدمات و تخصص شما است که برای مشتری مهم است. اینجاست که قیمت‌گذاری چیزی فراتر از یک هنر به نظر می‌رسد.

محاسبه‌ی هزینه‌ها

قبل از ارائه‌ی یک خدمت به مشتریان، نیاز دارید که از میزان هزینه‌های آن برای خود، آگاهی کامل

داشته باشید. انجمن مدیریت کاروکسب‌های کوچک امریکا معتقد است که هزینه‌های تولید و ارائه‌ی هرگونه خدمات از سه بخش تشکیل شده است:

۱) **هزینه ی مواد**:این هزینه‌ها، شامل هزینه‌ی کالاهای به‌کار رفته در ارائه‌ی خدمات است. به‌عنوان مثال، یک شرکت خدمات نظافتی می‌تواند هزینه‌ی دستمال، دستکش و... را در قیمت‌گذاری نهایی لحاظ کند و یا یک تعمیرگاه اتومبیل، هزینه‌های تدارکات مانند هزینه‌ی لنت ترمز و یا شمع موتور را که بر روی خودرو نصب می‌شوند در نظر بگیرد.

۲) **هزینه ی نیروی کار**: منظور از این هزینه‌ها، هزینه‌های مستقیم استخدام نیروی کار به‌منظور ارائه‌ی خدمات می‌باشد. در مورد مثالهای اشاره شده، این هزینه‌ها می‌توانند شامل دستمزد نیروهای خدماتی و یا بخشی از دستمزد مکانیک شما درحالی‌که به ارائه‌ی خدمات می‌پردازند، باشد. انجمن مدیریت کاروکسب‌های کوچک امریکا پیشنهاد می‌کند برای این منظور ثبت زمانی که هر نیرو برای ارائه‌ی خدمات به مشتریان اختصاص می‌دهد، می‌تواند مفید باشد.

۳) **هزینه های کلی**: منظور هزینه‌های غیرمستقیمی است که برای ارائه‌ی خدمات به کاروکسب شما تحمیل می‌شود. مثالی که می‌توان در این زمینه زد، دستمزد افرادی است که سازمان را می‌گردانند، خواه دستیار مدیر باشند و یا کارکنان عادی. دیگر هزینه‌های کلی، شامل اجاره‌بهای ماهیانه، مالیات، بیمه، تبلیغات و... می‌شود. انجمن مدیریت کاروکسب‌های کوچک امریکا پیشنهاد می‌کند مقدار زیادی از این هزینه‌های کلی باید در قیمت‌گذاری خدمات ارائه‌شده به مشتریان لحاظ شود؛ حال چه به صورت درصد، و یا به صورت هزینه‌ی ساعتی. نکته‌ی دیگری که باید آن را به‌خاطر داشته باشید، این است که برای برآورد هزینه‌های کلی، تنها به سال قبل نگاه نکنید بلکه، باید قیمتی را در نظر بگیرید که هزینه‌های فعلی شما مانند افزایش میزان دستمزد کارکنان نسبت به سال قبل و تورم را نیز پوشش دهد.

مشخص کردن یک حاشیه‌ی سود منصفانه

زمانی که هزینه‌هایتان را مشخص می‌کنید، باید آنها را در قیمت‌گذاری خدماتی که عرضه می‌کنید لحاظ کنید تا به سوددهی برسید. البته انجام این کار نیاز به ظرافتهای خاصی دارد. مسلّماً شما می‌خواهید مطمئن شوید که که به حاشیه‌ی سود مدنظر خود خواهید رسید، اما همزمان بویژه در شرایط رکود اقتصادی، باید این اطمینان را هم حاصل کنید که به‌عنوان یک سازمان گرانفروش شناخته نشوید. آستریانگ پیشنهاد می‌کند که در صنعت خود به دنبال منابع باشید. منظور مواردی مانند

مطالعات سالیانه بر روی معیارهای مالی کاروکسب‌های کوچک و متوسط است که به شما نشان می‌دهد که آیا به حاشیه‌ی سود مطلوب رسیده‌اید یا خیر. آستریانگ می‌گوید: "ممکن است حاشیه‌ی سود خالص برای یک صنعت، پنج‌درصد باشد، در این‌حالت به نظر می‌رسد اگر من دو درصد حاشیه‌ی سود دارم، باید خود را کمی بالاتر بیاورم."

مدلهای قیمت‌گذاری مختلف

اکنون که متوجه شدید ارائه‌ی یک خدمت چقدر هزینه برای شما به همراه دارد، زمان آن رسیده که بررسی کنیم بهتر است به‌عنوان مثال، هزینه‌ی خدمات را به صورت ساعتی و یا پروژه‌ای از مشتری بگیریم و یا از روشهای دیگر استفاده کنیم.

در هر صنعتی، به صورت پیش‌فرض از روشهای مختلفی استفاده می‌شود. برای مثال، وکلا تمایل دارند تا در ازای ارائه‌ی خدمات، به صورت ساعتی از مشتری هزینه دریافت کنند، اگرچه نرخ دستمزد آنها نیز با هم متفاوت است و یا مثلاً شرکتهای ساخت‌وساز برای هر پروژه‌ی قیمتی را در نظر می‌گیرند و در سه قسط آن را از مشتری دریافت می‌کنند.

در اینجا چند مورد از ریسکها و فواید مرتبط با مدلهای قیمت‌گذاری خدمات را مرور می‌کنیم.

● قیمت ساعتی

بسیاری از کاروکسب‌های خدماتی این مورد را ترجیح می‌دهند. این نوع از دریافت هزینه به شما این امکان را می‌دهد که از به دست آوردن نرخ بازگشت کار و زمانی که برای هر مشتری صرف کرده‌اید، اطمینان حاصل کنید. این نوع از دریافت هزینه اغلب زمانی به‌کار برده می‌شود که شما مثلاً خدمات مشاوره‌ی خود را قیمت‌گذاری می‌کنید و نه اینکه خدمتی ارائه می‌دهید که نیاز به مواد و نیروی کار داشته باشد. در اینجا قیمت بر اساس میزان تخصص شما تعیین می‌شود. طبیعی است که یک مشاور باتجربه به ازای هر ساعت مبلغ بیشتری نسبت به یک مشاور کم‌تجربه‌تر از خود دریافت می‌کند.

شیوه‌ای که شما برای کارتان قیمت می‌گذارید، می‌تواند بشدت بر درک مشتریان و مراجعه‌کنندگان از قیمت تأثیر بگذارد. مقالات علمی بسیاری درباره‌ی روانشناسی قیمت‌گذاری نوشته شده است و چه ما خوشمان بیاید چه نه، واقعیتی است که باید به هنگام قیمت‌گذاری برای کارتان، آن را حتماً در نظر بگیرید. فرض کنید شما یک نویسنده‌ی باتجربه و با سابقه‌ی کاری خوبی هستید. یک مشتری از شما می‌خواهد یک مطلب وبلاگی ۳۰۰ کلمه‌ای برایش بنویسید. هزینه‌ی یک ساعت کار کردن شما ۵۰ هزار تومان است و ۶۰ دقیقه هم طول می‌کشد تا یک مطلب وبلاگی بنویسید. دقیقاً معادل همان ساعتی ۶۰ هزار تومان. خیلی هم بد به نظر نمی‌رسد، نه؟

اما اگر یک مشتری از شما بخواهد که یک مطلب ۳۰۰ کلمه‌ای را با قیمت ۵۰ هزار تومان برایش

بنویسید، آیا این کار را خواهید کرد؟

یا این واقعیت را در نظر بگیرید که این پروژه‌ی نویسندگی با همان قیمت ۶۰ هزار تومان، به شکلی متفاوت ارائه شود که می‌تواند منجر به ایجاد واکنشهای مختلفی شود. مثلاً، فرض کنیم که شما می‌خواهید تشریفات یک مراسم عروسی را برعهده بگیرید که مشتری می‌خواهد دو میلیون تومان بابت آن به شما بپردازد. مشتری فکر می‌کند که انجام این کار برای شما ۴ ساعت طول خواهد کشید، پس ساعتی پانصد هزار تومان، نرخ خوبی است. گرچه شما می‌دانید که می‌توانید یکساعته این کار را انجام دهید. بیایید با هم دو موقعیت زیر را مقایسه کنیم:

- هزینه‌ی تشریفات مراسم عروسی دومیلیون تومان هزینه دارد.
- تشریفات مراسم عروسی یک‌ساعت زمان می‌برد و دو میلیون تومان هم هزینه دارد.

فکر می‌کنید مشتریان به هر کدام از این دو مورد بالا چگونه واکنش نشان دهند؟ من حدس می‌زنم که بیشتر تمایل دارند که مورد اول را قبول کنند و حتی ممکن است مورد دوم را زیر سؤال ببرند. شما در هر دو مورد، حجم کاری یکسانی دارید؛ یعنی در هر دو مورد یکساعته می‌توانید کار را انجام دهید. اما تفاوت در جایگاه‌سازی از طریق قیمت می‌تواند تأثیر زیادی بر درک مشتری شما بگذارد. نباید برای مشتری مهم باشد که کار شما چقدر طول می‌کشد. چیزی که باید برای مشتریان مهم باشد، این است که بهترین ارزش ممکن را دریافت کنند، نه اینکه کار چقدر طول کشیده است. مدت زمان انجام کار، مسئولیت شما است، نه آنها.

• قیمت ثابت

در شرایط رکود اقتصادی، بسیاری از کاروکسب‌ها این نگرانی را دارند که قیمت خود را پایین نگه دارند تا بتوانند با شرکت شما به‌عنوان یک شرکت خدماتی با قیمتی ثابت قرارداد ببندند. آستریانگ معتقد است که مشتریان، خواهان قیمت ثابت هستند. وی همچنین اضافه می‌کند که "کارآفرینان قیمت ساعتی را می‌پسندند، در اینجا این پرسش به وجود می‌آید، کدام‌یک به ریسک انتخابش می‌ارزد؟ به نظر می‌رسد درصورتی‌که قیمت را ثابت انتخاب کنیم، بهتر باشد." اگر انجام یک پروژه بیش از آنچه انتظار می‌رفت طول بکشد، شما با ریسک از دست دادن پول از طرف مشتری روبه‌رو هستید و اگر مشتریانی دارید که بر روی قیمت ثابت پافشاری می‌کنند، شما باید ببینند که آیا درصورتی‌که پروژه بیش از حد طول بکشد، حاضر به پرداخت هزینه‌ی بیشتر به شما هستند یا خیر؟

مفهوم قیمت ثابت یعنی به حداقل رساندن عدم اطمینان مشتری از قیمت نهایی که ممکن است به‌خاطر نوسانات بازار، متغیرهای زمانی یا تغییرات احتمالی در یک پروژه باشد. قیمت ثابت به مشتری می‌گوید که خطر افزایش هزینه‌های داخلی شرکت متعلق به خود شرکت است، نه او. با این حال،

صرفاً یک قیمت ثابت برای متقاعدکردن مشتریان برای اینکه بازهم به ما مراجعه کنند، کافی نیست. مشوقهای بیشتر یا مقررات قراردادی هم باید در کنار قیمت ثابت برای محصولات یک شرکت وجود داشته باشد تا آن شرکت بتواند در یک فضای رقابتی کار کند.

گاهی اوقات اصطلاح "قیمت ثابت" برای اشاره به سیستمی به کار می‌رود که در آن قیمتها نسبتاً پایدار هستند. مثلاً، قیمت یک محصول در وب‌سایت ممکن است ماهها یا حتی سالها تغییری نکند. در چنین شرایطی، این اصطلاح با "قیمت‌گذاری" پویا در تناقض است، مدلی که در آن قیمتهای آنلاین به صورت خودکار و در واکنش به شرایط مختلف به روز می‌شوند.

در ادامه مثالهایی از این دست را آورده‌ام.

● مشاوران قراردادی

مشتریان ممکن است به‌عنوان یک استراتژی قیمت‌گذاری، سخت‌ترین شغلها را به مشاوران واگذار کنند و از آنها توقع قیمت ثابت داشته باشند. این استراتژی درصورتی کارساز است که مطمئن باشند آن کار قابل انجام است و به موفقیت می‌رسد و مشاور هم دقیقاً بداند که در چه زمانی، چکار باید بکند. گاهی ممکن است مشاور از مشتری بخواهد شرایطی را در قرارداد ذکر کند که امکان تغییر به قیمت ثابت هم وجود داشته باشد، تنها درصورتی‌که هدف پروژه تغییر کند.

● قیمت‌گذاری متنوع

به‌غیر از اینکه باید برای ارائه‌ی هر نوع خدماتی قیمت منصفانه‌ی مرتبط با آن را در نظر گرفت، باید ببینید که می‌خواهید برای تمام مشتریان یک قیمت را در نظر بگیرید و یا از روش قیمت‌گذاری متنوع استفاده کنید و با توجه به مذاکره با مشتریان برای هر کدام قیمت مشخصی در نظر بگیرید. آستریانگ معتقد است که درصورتی‌که بخواهید از این روش قیمت‌گذاری استفاده کنید، انتظار این است که به‌عنوان مثال، اگر مشتریانی به شما گفتند که می‌خواهند ۱۰۰۰ ساعت از وقت شما رزرو کنند، شما قیمت پایین‌تری برای آنها در نظر بگیرید (مانند قیمت عمده‌فروشی در فروش کالا)، اما به‌طور عمومی در نظر گرفتن قیمتهای متفاوت برای مشتریان متفاوت در ارائه‌ی خدمات باعث آسیب به کاروکسب شما خواهد شد. به‌یاد داشته باشید، چیزی که هیچگاه یک شرکت نباید آن را از دست بدهد، عزت و احترام میان مشتریان است.

نوعی استراتژی قیمت‌گذاری که در آن قیمت یک محصول یا خدمت بر اساس منطقه، مکان فروش، تاریخ، یا سایر عوامل فرق می‌کند. قیمت‌گذاری متنوع، قیمت محصولات را به‌گونه‌ای تنظیم می‌کند تا به توازن مطلوبی بین حجم فروش و درآمد حاصل از فروش هر آیتم براساس ویژگیهای مجموعه‌های مختلف نقاط فروش برسد.

قیمت‌گذاری متغیر همچنین از چرخه‌ی کاروکسبی هم پیروی می‌کند. مثلاً، قیمت ماشین چمن‌زنی در تابستان بالا است؛ چون تقاضا در این فصل بالا است. زمانی که تابستان تمام می‌شود، قیمتها هم پایین می‌آیند؛ چون تقاضا کم می‌شود و فروشندگان می‌خواهند انبارهای خود را از کالاهای اضافی خالی کنند.

برخی شرکتها از به‌کار بردن استراتژی قیمت‌گذاری متنوع اجتناب می‌کنند؛ چون معتقدند که این نوع قیمت‌گذاری مشتریان را آزار می‌دهد. برای مثال، فردی که قیمت بالایی را برای یک صندلی در هواپیما پرداخته است، اگر بفهمد که مسافری که کناردست او نشسته است، قیمت پایین‌تری داده است، ناراحت می‌شود. قیمت‌گذاری متنوع همچنین در موقعیتهایی که قیمت‌گذاری از لحاظ فیزیکی ثابت است، کاربردی ندارد، مثلاً در موقعیتهایی که قیمتها به‌صورت دستی به کالاها چسبانده می‌شود.

از دیدگاه روانشناختی، چیزی که باعث می‌شود قیمت‌گذاریِ متنوع، جالب به نظر بیاید، این است که در برخی موارد مصرف‌کنندگان با پرداخت قیمتهای مختلف برای یک محصول یا سرویس مشابه، مشکلی ندارند و حتی گاهی اوقات آن را می‌پذیرند. اما در برخی موارد دیگر شاکی می‌شوند و اعتراض می‌کنند. چرا؟

برای پاسخ دادن به این سؤال، ابتدا باید بفهمیم که قیمت‌گذاری متنوع چگونه کار می‌کند. در ادامه سه مثال از قیمت‌گذاری متنوع در سه صنعت مختلف ایرلاین، خرده‌فروشی، و هتل آورده‌ام.

- **بلیت هواپیما:** طبیعی است که اگر بلیت هواپیما را یک یا دو روز قبل از تاریخ پرواز بخرید، قیمت بیشتری را باید بپردازید. در مقابل، اما اگر دو ماه قبل‌تر، بلیت را خریده باشید، مبلغ ارزان‌تری را پرداخت کرده‌اید. تنوع قیمت بلیت هواپیما باتوجه به ویژگیهایی که می‌خواهید تغییر می‌کند؛ مثل اینکه چند تا چمدان در چک‌این داشته باشید، اینکه صندلی شما فضای بیشتری برای پاهایتان داشته باشد، یا اینکه بخواهید زودتر از بقیه سوار هواپیما شوید. البته خیلی از این مثالها را هنوز در ایران تجربه نکرده‌ایم، اما قیمتهای صندلی در زمانهای خرید متفاوت و تفاوت قیمت بیزنس‌کلاس با معمولی را لمس کرده‌ایم.

- **خرید کتاب از یک خرده‌فروش آنلاین:** قبلاً اینطوری بود که کتابفروشان سالی یکبار یا هر دو سال یکبار قیمتهایشان را تغییر می‌دادند. اما حالا دیگر از این خبرها نیست. قیمت کتابها، درست مانند کالاهایی که به‌صورت آنلاین به فروش می‌رسند، اغلب در طیف گسترده‌ای تغییر می‌کند. من تنوع قیمت کتابی را در طی سه‌ماه در آمازون برسی کردم. بالاترین قیمتش ۱۲۰ دلار است. اما چند روز بعد با کمتر از ۱۵ دلار می‌توانستید این کتاب را بخرید. در ایران اکثر ناشران کتابهایی را که چندسال قبل چاپ کرده‌اند، اما هنوز به فروش نرسیده است را با

برچسب قیمت جدید (متناسب با هزینه‌های چاپ و قیمت کتاب جدید) ارائه می‌کنند و توجیه‌شان هم این است که اگر الان بخواهم چاپ کنم، هزینه‌ها به مراتب بیشتر است. البته ما در انتشارات بازاریابی با همکاران قرار گذاشته‌ایم که هیچ‌گاه قیمت پشت جلد را تغییر ندهیم بلکه، برعکس در نمایشگاههای کتاب با تخفیف هم ارائه می‌کنیم. قیمت کتابهای آنلاین در فضای دیجیتال نظیر فیدیبو به مراتب پایین‌تر از نسخه‌های چاپی است

- **اتاق هتل:** قیمت هتلها در پاسخ به تقاضای مشتریان به‌طور معمول خیلی متنوع است. زمانی که تقاضا بالا است، یا در شرایطی که هتل می‌داند فروش در آینده بالا خواهد رفت، قیمتها بالا است. در زمانی که تقاضا پایین است و فصل سفر نیست، قیمتها پایین می‌آیند. برای مثال شرایط قیمت‌گذاری زیر را در نظر بگیرید:

قیمت‌گذاری متنوع برای فروشندگان، به دو دلیل بسیار قدرتمند است. اول اینکه، به مشتریان اجازه می‌دهد که به‌طور طبیعی براساس میزان ارزش محصول یا خدمت یا تمایل خودشان، مبلغ را پرداخت کنند. و دوم اینکه، در بسیاری موارد، می‌تواند این درک و احساس را ایجاد کند که محصول ارزشش خیلی بیشتر است و درواقع درک بالقوه‌ی مشتریان از ارزش آن را افزایش می‌دهد. این خصوصیت دوگانه‌ی قیمت‌گذاری متنوع به این معنی است که ما شاهد افزایش تنوع و طیف گسترده‌تری از قیمتها خواهیم بود، حتی در موقعیتهایی که تا پیش از این قیمتها پایدار بودند.

قیمت‌گذاری فصلی در کاروکسب‌های خدماتی

در ادامه، چگونگی قیمت‌گذاری در برخی از کاروکسب‌های خدماتی فصلی را به‌عنوان نمونه آورده‌ام.

- **مقاصد گردشگری**

بسیاری از مقصدهای گردشگری[1] بسته به فعالیتهای اصلی شرکتها در آن مکان، به صورت فصلی خدمات ارائه می‌دهند. برای مثال، پیستهای اسکی به‌خاطر نیازمند بودن به برف و هوای سرد، عمدتاً در طول ماههای سرد سال و در فصل زمستان فعالیت می‌کنند. اما برخی دیگر از مقاصد گردشگری در فصل تابستان است که رونق دارند. همان‌طور که پیش از این هم گفتم، برخی کاروکسب‌ها در طول فصل پررونق تعطیل هستند و تجهیزات و امکاناتشان برای مشتریان و افراد علاقه‌مند قابل استفاده نیست. مانند همین پیست دیزین که در اواخر آذرماه یا اوایل دی‌ماه و با بارش برف باز

1. Tourism Destinations

می‌شود. در برخی کاروکسب‌های دیگر، از امکانات برای سایر اهداف در طول فصل بدون فروش استفاده می‌شود. به‌عنوان مثال، یک پیست اسکی ممکن است میزبان گردشگرانی در فصل تابستان باشد، زمانی که امکان اسکی کردن وجود ندارد. البته بعضی از پیست‌های اسکی در کشورهای اروپایی خلاقیت به خرج داده‌اند و با پوشش پلاستیکی بر روی پیست در شرایط تابستان هم امکان اسکی را فراهم کرده‌اند. به این ترتیب محصول را از حالت فصلی خارج کرده‌اند.

اگر در فصل زمستان به بخش‌های جنوبی کشور سفر کرده باشید، متوجه می‌شوید که قیمت تورها، بلیت هواپیما، هتل و حتی قیمت محصولاتی که در آن منطقه عرضه می‌شوند، بالاتر از فصل گرم سال است. مثلاً فروشندگان صنایع دستی در جزایر قشم و هرمز مجبورند که در این فصل قیمت محصولات خود را بالا ببرند؛ چون در فصل گرم سال گردشگران زیادی به این دو جزیره نمی‌رود.

البته فروشنده یا مالک یک کاروکسب باید حواسش باشد که قیمت خیلی بالایی ندهد. در زمانی که دلار سیر صعودی خود را طی می‌کرد و به مرز ۲۰ هزار تومان رسیده بود، به یزد، شهری با گردشگران خارجی بسیار سفر کرده بودم. مالکان خانه‌های خشتی و فروشندگان صنایع دستی از این موضوع گله داشتند که توریست‌های خارجی فقط یک چیز از ایران و یزد شنیده‌اند که: "فقط چانه بزنید." و حاضر نیستند مبلغ عنوان‌شده را بپردازند. بهتر است فروشندگان محلی قیمت‌های سنجیده‌ای را برای محصولات خود تعیین کنند تا با چنین واکنش‌هایی از سوی توریست‌ها مواجه نشوند که مجبور شوند قیمت‌ها را با چانه‌زنی گردشگران، خیلی پایین‌تر بیاورند و با این کار در همه‌جای دنیا اینگونه شایع شود که: "به ایران که رفتی، فقط چانه بزن."

● افراد و شرکت‌های ارائه‌دهنده‌ی خدمات باغبانی و سم‌پاشی

مراقبت از باغ و باغچه و چمن یکی از کاروکسب‌های فصلی بویژه در مناطقی است که زمستان سردی را تجربه می‌کنند. این شرکت‌ها در فصل‌های خاص سرشان شلوغ است و چمن‌ها و بوته‌ها را می‌زنند، درخت‌ها را هرس می‌کنند، سم‌پاشی می‌کنند، باغچه‌ها را مرتب می‌کنند و...

● شرکت‌های ارائه‌دهنده‌ی خدمات برف‌روبی در استان‌های پربرف

اما کاروکسب‌های برف‌روبی کارشان را در طول زمستان و برخی دیگر زودتر و در اواخر پاییز شروع می‌کنند. معمولاً به‌خاطر اینکه در سال‌های مختلف بارش‌های برفی متفاوتی داریم، این کاروکسب‌ها دچار تغییراتی می‌شوند.

برخی سال‌ها رونق خوبی دارند، درحالی‌که در برخی موارد فاصله‌ی زمانی زیادی بین دو بارش ایجاد می‌شود. معمولاً در کشورهای پربرف برخی افراد و شرکت‌های خدماتی یک قیمت فصلی را در قرارداد ذکر می‌کنند و مشتری در هر سال یک مبلغ خاصی را صرف‌نظر از اینکه چقدر برف ببارد،

به شرکت می‌پردازد. گاهی شرکتهای ارائه دهنده‌ی خدمات باغبانی، در فصل زمستان هم خدمات برف‌روبی ارائه داده و از این طریق درآمد خود را افزایش می‌دهند.

قیمت‌گذاری معمولاً برای مالکان شرکتهای باغبانی و برف‌روبی کار دشواری است. اولین سؤالاتی که باید در این زمینه از خودتان بپرسید، اینها هستند:

برای برف‌روبی یا باغبانی موارد زیر چقدر باید پول بگیرم؟

- برف‌روبی/ باغبانی یک حیاط یا سقف یک خانه
- مرتب کردن یک بوته و آراستن آن
- از بین بردن بوته‌ها و کاشت گل

جواب به هرکدام از این موارد به این عوامل بستگی دارد:

- تجهیزاتی که در اختیار دارید.
- زمانی که باید برای انجام هرکدام صرف کنید.
- مشتریان حاضرند چقدر پول بابت این کارها بدهند.

به همین دلیل است که توصیه می‌شود سعی کنید در قیمت‌گذاری کسب‌وکارهای فصلی از رقیبان خود تقلید نکنید؛ چون در این‌صورت پولتان را از دست خواهید داد. راه درست قیمت‌گذاری در این کاروکسب این است که عدد و رقم خودتان را خوب بشناسید. این شناخت از خود به شما قدرتی می‌دهد تا قیمت‌گذاری درستی داشته باشید و برندتان را به بازار معرفی کنید. شما دقت کنید خدمات بعضی از مکانیک‌ها در نزد مردم گران‌تر است، اما چون ثابت کرده‌اند که کارشان ارزش دارد، مشتریان زیادی دارند. شاید از خودتان بپرسید چکار می‌توانید بکنید تا میزان ارزشی که به مشتری می‌دهید افزایش یابد؟ در ادامه، چند توصیه برای داشتن یک قیمت‌گذاری مناسب در کاروکسب فصلی اینچنینی آورده‌ام:

زمان‌بندی

بسیاری از استادکارهای حرفه‌ای موضوع مهم زمان را در نظر نمی‌گیرند. از یک کرنومتر یا یک اپ زمان‌بندی موبایل استفاده کنید. زمانی را که برای باغبانی یا برف‌روبی یک حیاط با فلان متراژ صرف می‌کنید، درنظر بگیرید. مثال زیر را در نظر بگیرید:

- دو تا ملک
- هر دو ۶۹۶/۷۷۲۸ مترمربع

کار ملک اول ۲۵ دقیقه طول می‌کشد و ملک دوم ۴۵ دقیقه. اگر برای هر دو ملک یک قیمت مشابه در نظر بگیرید، این شما هستید که علاوه بر انجام کار، به مشتری پول هم می‌دهید.

شناسایی بازار

اگر می‌گوییم در این شغلها از رقبایتان تقلید نکنید (به شرط اثبات برند شایسته‌ی خودتان به بازار)، این بدان معنی نیست که چشمانتان را ببندید و سرتان را مثل کبک در برف کنید. به سایر کاروکسب‌های مشابه نگاه کنید ببینید آنها چکار می‌کنند. بررسی کنید و ببینید کدام استادکار یا شرکت خدماتی مشابه در منطقه‌ی شما موفقتر از بقیه است. سعی کنید بفهمید که چرا این فرد یا شرکت از بقیه متمایز شده است. آیا شیوه‌ی ارائه‌ی خدماتش آن را معروف کرده است؟

اقدام مهم دیگری که در این باره باید بکنید، این است که خودتان را به مشتریان احتمالی در منطقه نشان دهید. باید بفهمید که آنها به دنبال چه نوع خدماتی هستند و بابت دریافت چه نوع خدمتی حاضرند پول بدهند. این کار به شما کمک می‌کند تا بتوانید سود مشخصی را تعیین کنید و به آن دست یابید.

هزینه‌های عملیاتی خود را بشناسید

هر کاروکسبی هزینه‌های خاص خودش را دارد. هرکاری که شما از طلوع تا غروب آفتاب انجام می‌دهید، هزینه دارد.

هزینه‌های عملیاتی[1] را محاسبه کنید:

- هزینه‌ی سوخت
- مدت زمانی که طول می‌کشد تا به محل کار برسید.
- هزینه‌های نگهداری از تجهیزات
- هزینه‌های کارگری (حتی اگر خودتان تنهایی کار می‌کنید، برای خودتان یک دستمزدی را در نظر بگیرید).
- اگر علاوه بر کار مشخص‌شده، محوطه را تزئین می‌کنید، باید هزینه‌ای اضافی را در نظر بگیرید.

تمامی هزینه‌های بالا را باهم جمع کنید. مهمترین اصل این است که بدانید بهترین حاشیه‌ی سود چه عددی باید باشد.

قیمتهای خود را تست کنید

این مرحله، خیلی مهم است. در ادامه، به شیوه‌ای اشاره کرده‌ام که این قبیل کاروکسب‌ها قیمت خدمات خود را با آن تعیین می‌کنند:

---

1. Operational Costs

- آنها هزینه‌های عملیاتی خود را محاسبه می‌کنند.
- سپس بسته به احساس خودشان نسبت به پتانسیل پرداخت مشتری و موارد دیگر، درصدی به آن اضافه می‌کنند.

همین!

بهتر است بدانید که خیلی از رقیبان شما هیچ وقت قیمت‌هایشان را تست نمی‌کنند. مردم معمولاً می‌ترسند که چیزی را امتحان کنند. می‌ترسند با مشتریانشان حرف بزنند. کمتر کسی اطلاعات را پیگیری می‌کند تا بفهمد کجا می‌تواند پول بیشتری به‌دست بیاورد. باز هم تأکید می‌کنم این شیوه برای خدمات فصلی مناسب است و برای فعالیت‌های روان‌پزشکی و مشاوره توصیه نمی‌شود؛ چون قیمت خدمات شما را در بازار مشتریان پخش می‌کنند و ثبات قیمت تا مقطع زمانی تغییر قیمت بعدی نشانه‌ی قدرت برند است. اما قیمت که با چانه‌زنی مشخص شود حالت حجره‌ای را پیدا می‌کند.

قیمت‌گذاری را بخشی از فرهنگ کاروکسب خود کنید

بدین‌منظور مثلاً می‌توانید:

- قیمت‌هایتان را به صورت ماهانه یا فصلی ارزیابی کنید.
- همیشه "ارزش مشتری" را به‌خاطر داشته باشید.

باغبانی و امثالهم نمونه‌هایی از کاروکسب‌های فصلی اینچنینی است و شما می‌توانید شیوه‌ی قیمت‌گذاری آن را به بعضی از کاروکسب‌های دیگر تعمیم دهید.

امکانات تفریحی

امکانات تفریحی محلی تقریباً شبیه به همان کاروکسب‌های مقاصد گردشگری در فصل‌های خاصی از سال هستند. مثلاً، شهربازی‌ها عمدتاً در فصل بهار و تابستان فعالیت می‌کنند. اردوهای تابستانی و لیگ‌های ورزشی تفریحی معمولاً در طول فصل تابستان رونق بیشتری دارند و در زمستان تمام می‌شوند. مالکان این کاروکسب‌ها ممکن است طبق تجربه متوجه شوند که پایین آوردن قیمت‌ها در طول روزهای هفته، مشتریان بیشتری را به سوی آنها روانه می‌کند و در نتیجه درآمد را افزایش می‌دهد. اگر قیمت یک ورزش تفریحی برای مدتی طولانی تغییری نکند، مالک کسب‌وکار امکان افزایش قیمت را بدون کاهش تقاضای مشتری در این موقعیت دارد.

شرکتهای فعال در زمینه اظهارنامه‌های مالیاتی

مهلت تسلیم اظهارنامه‌ی مالیاتی در ایران حداکثر تا پایان چهار ماه شمسی پس از سال مالی است

(یعنی ۳۱ تیرماه)؛ و این زمان از سال را به فصل خدمات آماده‌سازی مالیاتی می‌شناسند. شرکتهایی که در این زمینه فعالیت می‌کنند اغلب در ساعتهای خاصی از فصل مالیاتی باز هستند. برخی از آنها به محض تسلیم اظهارنامه‌های مالیاتی بسته می‌شوند.

قیمت بسیاری از اینگونه خدمات به صورت ساعتی تعیین می‌شود. برخی هم براساس حجم کاری. برای اینکه تعیین کنید که برای هرتعداد فاکتور چقدر باید پول بگیرید، به موارد زیر توجه کنید:

● سطح دانش و تجربه‌ی کاری

اگر به‌تازگی این کار را شروع کرده‌اید و به دنبال سهم بازار هستید، فکر خوبی است که در ابتدا قیمتهایتان نسبت به بقیه کمی پایین‌تر باشد تا مشتری جذب کنید. حواستان باشد که قیمت اولیه خیلی هم پایین نباشد. قیمت پایین‌تر مثل یک پرچم قرمز برای مشتریان احتمالی است که توجهشان را جلب می‌کند.

اگر کار مالیاتی را سالهای زیادی است که انجام می‌دهید و در این زمینه تبحر و تجربه دارید، می‌توانید قیمت خیلی بالاتری را برای خدمات خود در نظر بگیرید. داشتن دانش مالیاتی پیشرفته کمک شایانی به شما برای قیمت‌گذاری می‌کند.

● مخارج کلی

مهم است قیمت را به‌گونه‌ای تعیین کنید که از پس تمامی هزینه‌های موجود هم بربیایید و در آخر هم سودی برایتان باقی بماند. آیا دفتری را مخصوص این کار اجاره کرده‌اید و باید کرایه پرداخت کنید؟ آیا چند نفر را برای این کار استخدام کرده‌اید؟ چقدر برای نرم‌افزارهای مالیاتی پول خرج کرده‌اید؟ مطمئن شوید که تمامی هزینه‌ها را محاسبه کرده‌اید. افرادی که در خانه این کار را انجام می‌دهند، هزینه‌های خیلی کمتری دارند.

● کشش قیمتی [1]

پیش از تعیین یک قیمت پایین، فکر کنید ببینید که مخارج کلی شما در یک یا دوسال بعد، در چه وضعیتی است. اگر فعلاً کارهای مالیاتی را در خانه انجام می‌دهید و قصد دارید در آینده یک دفتر اجاره کنید و به صورت حرفه‌ای‌تری این کار را ادامه دهید، قیمتی که تعیین کرده‌اید باید بتواند هزینه‌های جدید شما را هم پوشش دهد. این موضوع را هم در نظر داشته باشید که همیشه پایین آوردن قیمت راحت‌تر از بالا بردن آن است. اما اینکه چگونه قیمت را تعدیل کنید نیاز به بررسی

---

1. Price Elasticity

همه‌جانبه از ارزش مشتری، فعالیت رقبای مطرح، و قدرت برند شخصی یا سازمانتان دارد.

• قیمت رقبا

از رقیبانتان خرید کنید تا مطمئن شوید که بازار محلی و رقبایتان را خیلی خوب می‌شناسید. همچنین می‌توانید با تماس گرفتن و پرس‌وجو از خودشان درباره‌ی قیمت و خدماتشان به این اطلاعات دست یابید.

• قیمت میانگین ملی

نکته‌ی مهم دیگری که باید در نظر بگیرید، قیمت رایج این کار در کشور است. با بررسی قیمت رایج، متوجه می‌شوید که کف قیمت انجام کارهای مالیاتی چقدر است و شما چه قیمتی می‌توانید برای آن تعیین کنید.

چگونه قیمت بدهیم؟

به دو روش می‌توانید این کار را انجام دهید: ساعتی و حجم فرمهای مالیاتی. معمولاً مؤسسات مالیاتی ملی بر اساس جداول و اظهارنامه‌های مالیاتی که باید برای مشتری تهیه کنند، قیمت تعیین می‌کنند.

تعیین قیمت از طریق فرمهای مالیاتی، منصفانه‌ترین راه است؛ چون اگر بخواهید قیمت ساعتی بدهید، باید این نکته را در نظر داشته باشید که برخی از کارمندان ممکن است کند باشند و برخی دیگر عملکرد سریع‌تری داشته باشند.

زیر نظر داشتن و تغییر دادن قیمت

در کاروکسب‌های خدماتی، بیشترین هزینه‌های شما مربوط به هزینه‌های نیروهای کار شما می‌شود، شامل دستمزد، پورسانت و... اگر در حال حاضر در مورد فروش خدمات با سود قابل قبول، مشکل دارید، شاید مربوط به هزینه‌های بالای نیروی کار نسبت به قیمت خدمات باشد. البته می‌توانید با ارزیابی دوباره‌ی هزینه‌های کلی و کم کردن از هزینه‌های غیرضروری، به دنبال راه‌هایی برای کاهش هزینه‌ها و رسیدن به سود دلخواه باشید.

میزان سوددهی را به‌طور ماهیانه بررسی کنید

شما نیاز دارید تا به‌طور ماهیانه از میزان سوددهی سازمان خود آگاه باشید و در اواسط هر ماه، باید ارزیابی مالی ماه قبل را آماده داشته باشید. آستریانگ می‌گوید: "یکی از اشتباهاتی که بیشتر کارآفرینان مرتکب می‌شوند، این است که زمان کافی برای بررسی ارزیابی مالی سازمان خود نمی‌گذارند. البته

در بعضی موارد هیچ شخصی نیز به آنها نگفته است چگونه این کار را انجام دهند." علاوه بر اینکه شما نیازمند بررسی صورتهای مالی به صورت ماهیانه هستید، همچنین نیازمند اطلاع از سوددهی یا عدم سوددهی به ازای هر خدمت فروخته‌شده هستید.

واکنش بازار نسبت به خدمات و قیمت جدید را بسنجید

همیشه نیازمند سنجش واکنش بازار نسبت به قیمتها و خدمات جدید به‌منظور کمک به میزان فروش خود در بهترین قیمت هستید. اغلب بهترین زمان برای انجام این کار، وقتی است که می‌خواهید قیمت را به یک مشتری جدید اعلام کنید. در این موارد می‌توانید قیمت را افزایش دهید و در کنار آن یک جایزه و یا خدمت ویژه برای مشتری در نظر بگیرید. میزان افزایش یا کاهش در حجم خدمات به‌فروش‌رفته را اندازه‌گیری کرده و میزان سود ناخالصی را که به دست آورده‌اید، محاسبه کنید.

در بالا بردن قیمت هوشمندانه عمل کنید

این یک حقیقت است که شما برای حفظ کاروکسب خود گاه‌به‌گاه نیازمند افزایش قیمت هستید و درصورتی‌که این کار را انجام ندهید، نمی‌توانید مدت‌زمان زیادی در بازار بمانید. شما همیشه باید میزان قیمت و میزان هزینه‌های خود را رصد کنید تا بتوانید در بازار رقابتی باقی بمانید و درآمدی که شایسته‌ی آن هستید را به دست آورید. اما باید بدانید افزایش قیمت، ریسکهایی را نیز به همراه دارد، بویژه زمانی که مشتریان شما در شرایط سخت اقتصادی به‌سر می‌برند. در اینجا چند راهنمایی درباره‌ی اینکه کجا و چگونه افزایش قیمت دهیم را با هم مرور می‌کنیم:

- زمانی که رقبای شما قیمتشان را افزایش می‌دهند، شما نیز قیمت خود را افزایش دهید.
- زمانی که مشتریان به شما گفتند قیمت شما پایین است، می‌توانید قیمت خود را افزایش دهید.
- به هیچ‌وجه قیمت را به مقدار بسیار زیاد افزایش ندهید.
- با احتیاط و با در نظر گرفتن تمام جوانب، افزایش قیمت دهید.

در خصوص چگونگی افزایش قیمت در فصلهای بعدی نکاتی را یادآور می‌شوم.

داستانی تأثیرگذار در شیوه‌ی قیمت‌گذاری خدمات مشاوره‌ی من:

زمانی که در اوایل دهه‌ی هشتاد کار مشاوره‌ی بازاریابی کاروکسب را پس از سالها دانشجویی در دانشگاه بازار از سمت ویزیتوری تا مدیرعامل و مدیرکل، و دانشجویی در دانشگاه علوم در سطوح مختلف تحصیلی شروع کردم، داستانی را خواندم. داستان از این قرار بود که روزی گل‌فروشی در مغازه‌ی خود مشغول به‌کار بود که دید یک ماشین بنز بسیار شیک جلوی مغازه‌اش ایستاد و یک مرد

جاافتاده‌ی بسیار آراسته و باوقار از آن پیاده شد و به داخل مغازه‌ی گل‌فروشی آمد. گل‌فروش بسیار محترمانه به ایشان خوشامد گفت و پرسید دستورشان چیست؟ آن مرد چند شاخه گل برداشت به گل‌فروش داد تا آن را برایش آماده کند. گل‌فروش نهایت دقت و سلیقه را به خرج داد و یک دسته گل زیبا با روبان انتخابی مشتری تهیه کرد. مشتری پرسید چقدر باید بدهم، و گل‌فروش گفت پنج دلار. مرد هم پنج دلار پرداخت کرد. گل‌فروش اجازه خواست که دسته گل را در صندلی عقب ماشین او بگذارد و پس از خداحافظی به مغازه برگشت، اما متوجه شد مشتری که در پشت فرمان نشسته بود حرکت نکرد و از ماشین پیاده شد و به داخل مغازه آمد. آن مرد به گل‌فروش قصه‌ی ما گفت مرد جوان از رفتار و ادب و سلیقه‌ات خیلی خوشم آمد. حال می‌خواهم به تو هدیه‌ای بدهم، و هدیه‌ی من یک نصیحت است. گل‌فروش با اشتیاق گفت بفرمایید. آن مرد گفت از همین حالا قیمت محصولات خود را دوبرابر کن و رفت. گل‌فروش در فکر فرو رفت که مشتریان حاضر نیستند رقم بیشتری بپردازند. در همین فکر بود که خانمی وارد مغازه شد و چند شاخه گل برداشت و از گل‌فروش خواست دسته‌گل را برایش تهیه کند. در هنگام اعلام قیمت، گل‌فروش که هنوز در فکر نصیحت آن مرد شیک‌پوش بود، دید قیمت همیشگی این دسته‌گل ۳ دلار است، اما دل به دریا زد و گفت شش دلار. آن خانم گفت اجازه می‌دهید من ۵ دلار بپردازم؟ و پرداخت کرد. گل‌فروش متوجه شد خودش از ارزش محصولاتش خبر نداشته است و بازار برای او و محصولاتش ارزش بیشتری می‌پردازد. این قصه من را به فکر فرو برد. کوله‌بار تجربه‌ی سالیان سال شاگردی و کسب تجربه در بازار در کنار مطالعات بسیاری سبب شده بود تا مشتریان پرلطف من را با ویژگیهایی نظیر ساده‌ساز مفاهیم پیچیده، ساده‌گویی و راحتی در انتقال مطالب و کاربردی بودن پیشنهاداتم بشناسند. در آن زمان ساعت مشاوره‌ی من ۲۰۰ هزار تومان بود. از فردا به مسئول دفترم گفتم ساعت مشاوره را مبلغ پانصد هزار تومان اعلام کنید. ایشان با تعجب گفت برای همین دویست هزار تومان بعضی کلی چانه می‌زنند. عرض کردم چانه‌زنی در رفتار خیلی از ما ایرانی‌ها هست و هر رقمی بگویید باز هم چانه می‌زنند، پس پانصد هزار تومان اعلام کنید.

یک مورد دیگر بگویم که در آن زمان من برای یک‌ساعت اول هم هزینه‌ای نمی‌گرفتم و مشاوره‌ی ساعتی نداشتم بلکه، مشاوره‌ی قراردادی داشتم که بر اساس میزان ساعات کارم در هر ماه برای کارفرما صورتحساب ارسال می‌شد. پس از مدتی متوجه شدم بسیاری از عزیزان اصلاً قصد جذب مشاور ندارند بلکه، سؤالاتشان را جمع می‌کنند، و می‌آیند یک‌ساعت در دفتر من پاسخهایشان را می‌گیرند و می‌روند. و بسیاری از آنها مدیران میانی شرکتها هستند. روزی به یکی از این مدیران عرض کردم اشکالی ندارد، یک جلسه‌ی دیگر هم با جناب مدیرعامل تشریف بیاورید؛ چون بسیاری از این تصمیمات در حد اختیارات ایشان است و آن مدیر میانی جمله‌ای گفت که آه از نهادم بلند شد. او گفت اصلاً مدیرعامل من در جریان نیست که من اینجا هستم، خودم آمده‌ام تا سؤالاتم را بپرسم.

یا در سمیناری یکی از مدیران عامل را دیدم و گفتم چرا موضوع مشاوره را که مدیرفروشتان آمده بود، پیگیری نکردید؟ ایشان گفت من اصلاً در جریان نیستم. این بود که تصمیم گرفتم جلسات مشاوره حتماً با حضور فرد تصمیم‌گیر اصلی باشد. پس از مدتی به یک آمار جالبی از ثبت تماس، و تعدادی که منجر به قرارداد مشاوره می‌شد رسیدیم. و آن آمار این بود که ده‌درصد از کسانی که مراجعه می‌کنند در نهایت به قرارداد می‌رسند و بسیاری از این عزیزان هم بیشتر برای پاسخ به اشکالاتشان آمده‌اند. از اینجا بود که تصمیم گرفتم حق جلسه‌ی اول را هم با دریافت هزینه انجام دهم. و پس از مدتی باز به یافته‌ی جالب‌توجهی رسیدیم که از تعداد تماس‌های تلفنی و مذاکره‌ی قیمت حدود ده‌درصدشان وجه را واریز می‌کنند و برای یک‌ساعت مشاوره می‌آیند، حال به قرارداد منجر بشود یا نشود. دیدم این ده‌درصد در هر حالت ثابت است. پس از مدتی دیدم بعضی از دوستان و همکاران کم‌تجربه‌تر هم با این قیمت کار می‌کنند، باز رقم مشاوره را دوبرابر کردم، باز هم همان ده‌درصد سر جایش بود و حال که نیمه‌ی دوم سال ۱۳۹۸ است، رقم مشاوره‌ی ساعتی ۴ میلیون تومان و مشاوره‌ی قراردادی ۲ میلیون تومان است و هنوز هم آن درصدها سرجای خودش هست.

یادآور می‌شوم باز هم فقط قیمت تنها ملاک نیست، کیفیت کار، مطالعه و کسب تجربه‌ی مستمر برای اینکه مشتری خشنود باشد هم در کنار قیمت مهم است. به‌عبارتی، مشاور رقم ارزش مشتری برای برندش را می‌گیرد. وقتی مشتریان خشنود باشند، مجدداً مراجعه می‌کنند و خودشان سفیر برندشان می‌شوند.

البته بدیهی است افرادی فقط یک‌ساعت زمان را ببینند و سال‌ها مرارت پشت آن و راهکارهایی را که می‌دهید، متوجه نباشند و از مراجعه خودداری کنند. باید گفت آنها هم حق انتخاب دارند.

یاد داستانی افتادم که به شیوه‌های مختلف هم شنیده‌ایم، داستان کشتی که در بندری خراب شده بود و تمام مکانیک‌ها از درست کردنش عاجز بودند، نهایتاً فردی گفت پیرمرد مکانیکی هست که بسیار سالخورده است و سال‌ها روی کشتی کار کرده است، بروید و او را بیاورید. پیرمرد یک‌ساعتی در کشتی قدم زد و نهایتاً در جایی ایستاد. نگاهی به بالا کرد و یک لوله‌ای بود که زانویی داشت. گفت چکشی بیاورید و من را بلند کنید تا به آن زانویی برسم و سپس ضربه‌ای به آن زد و گفت استارت بزنید، کشتی درست شد.

همه با تعجب دیدند بله کشتی درست شد، ناخدا با خوشحالی بسیار گفت پدرجان چقدر پرداخت کنم؟ پیرمرد گفت ۱۰۰۰ دلار، ناخدا با تعجب گفت حتماً شوخی می‌کنید، ۱۰۰۰ دلار برای یک چکش زدن؟ پیرمرد گفت نه ۹۹۹ دلار برای اینکه فهمیدم چکش را کجا بزنم و یک دلار هم برای چکش زدن.

درس‌های قیمت‌گذاری از یک کاروکسب مبتکرانه در حوزه‌ی خدمات:

اوبر (Uber) یک سرویس همسفری آنلاین مستقر در سان‌فرانسیسکو است. اپلیکیشن تلفن هوشمند

به‌طور خودکار مسافرین را با نزدیک‌ترین راننده مرتبط می‌سازد و موقعیت مسافر را به راننده می‌فرستد. مشتریان از طریق اپلیکیشن، تقاضای خودرو کرده و موقعیت راننده خود را ردیابی می‌کنند. رانندگان اوبر از خودروی شخصی خود استفاده می‌کنند و عموماً کسانی هستند که رانندگی را به‌عنوان شغل دوم و کمک‌هزینه انتخاب کرده‌اند. این سرویس در اوت ۲۰۱۶ در ۶۶ کشور و ۵۰۷ شهر در سطح جهان در دسترس است. اپ اوبر به‌طور خودکار کرایه را محاسبه کرده و پرداختی را به راننده منتقل می‌کند. با افزایش محبوبیت شرکت‌هایی چون اوبر، بسیاری از شرکت‌های دیگر مدل کاروکسب آن را تکرار کرده و این روند به "اوبری‌سازی"[1] مشهور شده است. در ایران شرکت‌هایی چون اسنپ و تپسی از همین مدل کاروکسب استفاده کردند. البته در بسیاری جاها آنان مورد حملات شدید صنعت تاکسیرانی قرار گرفته‌اند که آنان را به عملیات تاکسیرانی غیرقانونی، پایین آوردن قیمت و خدمات ناایمن متهم می‌کنند. یادتان هست رانندگان تاکسی در مقابل مجلس شعار می‌دادند "اسنپ امریکایی تعطیل باید گردد"، ولی بالاخره اتحادیه‌ی تاکسیرانی هم خود به این مدل کاروکسب روی آورد. اوبر که خود رقیب بسیاری از خدمات حمل‌ونقل شهری بوده حالا رقبای کمی ندارد. نزدیک‌ترین رقیب به آن شرکت لیفت[2] است. لیفت با سرمایه‌گذاری شاهزاده‌ی سعودی اخیراً توانسته تنها در یک‌ماه افزایش سرمایه‌ی یک‌میلیارد دلاری داشته باشد و ارزش کل آن به حدود ۵ میلیارد دلار رسیده است.

به هر ترتیب از زمان تأسیس و نخستین روزهای فعالیت اوبر در سان‌فرانسیسکو و حومه‌ی آن، این شرکت رشد و گسترش بسیاری سریعی داشته است. اوبر تنها در نیم‌سال می‌تواند ارزش شرکت خود را بیش از دوبرابر افزایش دهد.

استراتژی پویای قیمت‌گذاری از سوی اوبر همواره یکی از اصلی‌ترین عوامل موفقیت آن بوده است که می‌توان از آن نکات زیادی آموخت. کاربران خدمات اوبر معتقدند که حضور خدمات موبایلی مثل اوبر، رفتار و قیمت تاکسی را به شکل ملموسی تغییر داده است. از طرف دیگر، سادگی پرداخت هم جذابیت اصلی این مدل بیزینس است. اپلیکیشن اوبر با اتصال یک کارت اعتباری[3] فعال می‌شود و بعد از اینکه سفر به پایان می‌رسد مبلغ را از کارت مسافر کسر می‌کند و عموماً به‌طور مساوی بین خود و راننده تقسیم می‌کند. یکی از هزینه‌های روانی که همیشه در پایان سفر درون‌شهری داشتم این بود که به راننده تاکسی سرویس می‌گفتم چقدر باید پرداخت کنم و او هم جواب می‌داد هرچقدر لطف و کرم شماست. و در مقابل اصرار من که نرخ‌تان را بگویید، در خیلی از موارد متوجه می‌شدم که بیشتر گرفته‌اند، اما الان با این مدل کاروکسب، مشتری با خیال راحت و بدون چانه‌زنی و نگرانی از پرداخت بیشتر سفر می‌کند. و اما درس‌ها:

---

1. Uberization
1 Lyft
1 Credit Card

۱- هزینه همه چیز نیست

پنج سی (۵C) قیمت‌گذاری شامل هزینه‌ها (Costs)، رقابت (Competition)، ظرفیت (Capacity)، شرایط (Conditions) و مشتریان (Customers) می‌شود. اغلب شرکتها حداکثر یک یا دو عامل را در قیمت‌گذاری خود لحاظ می‌کنند و بویژه تأکید فراوانی روی هزینه دارند. اما به‌منظور جامع‌نگری در قیمت‌گذاری و ایجاد یک راهبرد جامع قیمت‌گذاری می‌بایست همه‌ی عوامل پنجگانه مدنظر قرار گیرند.

البته درک هزینه‌ها یکی از ارکان دستیابی به سودآوری است و مبنای قیمت‌گذاری را شکل می‌دهد. اما همان‌گونه که تجربه‌ی اوبر نشان می‌دهد، محدود ساختن استراتژی قیمت‌گذاری به هزینه‌های تمام‌شده به‌علاوه درصدی سود می‌تواند سودآوری را تحت‌الشعاع قرار دهد. عموماً کرایه‌ی تاکسیها بر اساس هزینه‌های تمام‌شده اعم از سوخت مصرف‌شده، استهلاک خودرو، و دیگر عوامل محاسبه می‌شود، حال آنکه اوبر الگوریتم قیمت‌گذاری هوشمندانه‌تری دارد و تمایل مشتری برای پرداخت را نیز در راهبرد قیمت‌گذاری خود لحاظ می‌کند.

به‌علاوه، عامل ظرفیت[1]، دیگر عاملی است که در مدل قیمت‌گذاری اوبر مورد استفاده است. کرایه‌ها در اوبر همانند خطوط هواپیمایی و هتلها تا حد زیادی مبتنی بر ظرفیت تکمیل‌شده‌ی سرویس محاسبه می‌شود. اوبر برای قیمت‌گذاری مسیر سفر یک الگوریتم دارد که در آن زمان و میزان تقاضا برای سفر هم در نظر گرفته می‌شود. در زمانهایی که تقاضا برای سفر بالا است، مثلاً در زمانهای اوج ترافیک و شلوغی مرکز شهر، قیمت به طرز قابل ملاحظه‌ای افزایش پیدا می‌کند.

۲- قیمت‌گذاری نوسانی

الگوریتم قیمت‌گذاری اوبر متکی بر تحلیل حجم عظیمی از داده و اطلاعات و بینشهای برآمده از بررسی رفتار مشتری است، این مدل متکی بر انعطاف‌پذیری در قیمت‌گذاری و دیگر متغیرهایی نظیر جغرافیا، به‌منظور پیش‌بینی عرضه و تقاضا است. اوبر با استفاده از این اطلاعات، قیمت بهینه را در زمانهای مختلف روز، هفته و ماه تعیین می‌کند. اگر از اوبر به‌عنوان راننده یا مسافر استفاده کرده باشید، حتماً با واژه‌ی سرج پرایس[2] آشنا هستید، سرج پرایس یا قیمت نوسانی به معنی این است که در صورت زیاد بودن تقاضا برای اوبر، هزینه‌ی استفاده از اوبر زیادتر می‌شود؛ یعنی اگر سرج پرایس ۲ باشد، هزینه‌ی مسافر و همچنین عایدی راننده ۲ برابر حالت معمولی می‌شود، قیمت سرج طی ساعتهای پرتردد و همچنین محلهای شلوغ یک امر همیشگی و معمولی بوده است. این مدل هوشمندانه به اوبر کمک می‌کند تا به محض تغییر یک متغیر به‌سرعت قیمت را تنظیم کند.

1. Capacity
2. Surge price

و در نهایت این مسافران اوبر هستند که کرایه را پذیرفته یا ممکن است رد کنند. زمانی که تقاضا بسیار بیشتر از عرضه باشد، قیمت کرایه‌بهای تاکسی‌های اوبر می‌تواند تا هشت برابر باشد. البته اگر مشتریان زیادی از پرداخت این هزینه سر باز زنند، اعتبار مدل اوبر در قیمت‌گذاری زیر سؤال خواهد رفت، اما تاکنون چنین اتفاقی رخ نداده است. در واقع اگر ارزش ادراک‌شده که از سوی مشتری کمتر از بهای تعیین‌شده باشد، اوبر مجبور است قیمتهای خود را کاهش دهد.

از دیدگاه بلندمدت، تعیین سریع قیمت بر اساس تمایل مشتری به پرداخت و توازن عرضه و تقاضا در بازار فرا رقابتی[1]، موجب شده تا اوبر از موقعیت‌گذاری مناسبی در بازار بهره مند شود.

۳- در مورد قیمت‌گذاری خود داستان خوب و قانع‌کننده‌ای بگویید

به‌رغم حملات رسانه‌ای شدید و سوگیری اتحادیه‌های تاکسیرانی علیه سرویسهایی مثل اوبر، این شرکت توانسته به دلیل عمل به تعهدات خود در ارائه‌ی خدمات ممتاز، از پایگاه مردمی مناسب و مشتریان وفاداری بهره‌مند باشد. اوبر با دیگر سرویسهای کرایه‌ی تاکسی متفاوت است، مشتریان اوبر حتی خودرویی که قرار است دنبالشان بیاید و مدل آن، کرایه‌ی حدودی و امتیاز راننده را قبل از آنکه حتی ماشین برسد، می‌دانند.

عامل سهولت دلیل اصلی تمایل مردم به استفاده از خدمات اوبر، و قبول پرداخت بهای بالاتر در ساعات اوج است. ارزش محوری اوبر، حاشیه‌ی سود بالاتری را برای آن رقم زده است.

نکته اینجاست که باید یاد بگیریم چه عواملی موجب تحریک خرید مشتری می‌شود و باید این عوامل را در نقل داستانی قانع‌کننده در مقوله‌ی قیمت‌گذاری به‌کار ببریم.

مسافران اوبر[2] قبل از رسیدن تاکسی در مورد قیمت به توافق می‌رسند و در واقع آنها قبل از سوار شدن به خودرو همه‌ی اطلاعات را دریافت می‌کنند و در صورت توافق، خودروی موردنظر برای ایشان ارسال می‌شود. اوبر در استراتژی خود؛ احساس و منطق مشتری را به‌صورت توأمان لحاظ کرده است، نکته‌ای که باید در تدوین راهبردهای تجارت مورد توجه جدی قرار گیرد، به احساس مشتری و نظر او احترام بگذارید.

نکاتی درباره‌ی قیمت‌گذاری نرم‌افزار و محصولات دیجیتال

قیمت‌گذاری محصولات مختلف بسته به مخاطبان هدف، شرایط محیط خرد و کلان، قیمت رقبا، نوع محصول و... دارای جزئیاتی است که بسیار مهم هستند. در اینجا می‌خواهم درباره‌ی قیمت‌گذاری نرم‌افزار و محصولات دیجیتال مطالبی را بیان کنم.

---

1. Hypercompetition
2. Uber

۱) بازار خود را بشناسید و به صورت رقابتی قیمت‌گذاری کنید

بهتر است ابتدا یک ارزیابی مقایسه‌ای انجام دهید تا بفهمید رقبا برای محصولات دیجیتالی مشابه محصول شما چگونه قیمت‌گذاری می‌کنند. سپس قیمت محصول خود را برخلاف شیوه‌ی رقبا تعیین کنید. اگر محصول شما با ویژگی انحصاری خاص، یا همراه با جایزه یا ارزش افزوده‌ای عرضه می‌شود که رقبایتان از داشتن آن محروم هستند، می‌توانید قیمت را کمی بالاتر از آنها یا دست‌کم متناسب با ارزش افزوده‌ای که محصول را به همراه آن عرضه می‌کنید انتخاب کنید. اگر رقبایتان محصول یا محصولاتی مشابه محصولات شما دارند، حتماً نسبت به میزان تخفیفات بدون از دست دادن حاشیه‌ی سود خود توجه داشته باشید.

۲) از روش قیمت‌گذاری درجه‌بندی شده استفاده کنید

قیمت‌گذاری درجه‌بندی‌شده امری متداول در حوزه‌ی کاروکسب‌های مرتبط با نرم‌افزارهای کامپیوتری است. امروزه مشتریان با این مدل قیمت‌گذاری آشنایی دارند و شما می‌توانید سطوح متفاوتی از ارائه‌ی خدمات، اطلاعات و همچنین دسترسی به برخی ویژگیهای خاص محصول خود را با قیمتهای متفاوت برای آنها فراهم کنید.

۳) به مشتریان اجازه‌ی تست محصول قبل از خرید را بدهید.

اخیراً تمامی شرکتهای تولیدکننده‌ی نرم‌افزار به مشتریان خود اجازه می‌دهند تا قبل از خرید، به صورت آزمایشی از محصول مورد نظر خود استفاده کنند. اغلب مدت زمان این استفاده‌ی آزمایشی، هفت‌روز الی یکماه می‌باشد. اگر شما نیز این کار را انجام می‌دهید بهتر است که یک پاسخگوی خودکار داشته باشید که قبل از آنکه مدت زمان دوره‌ی استفاده‌ی آزمایشی منقضی شود، این موضوع را به اطلاع مشتری برساند و از او بخواهد که نسخه‌ی کامل را خریداری کند. همچنین می‌توانید پیشنهادات ویژه‌ای برای مشتریانی داشته باشید که پیش از منقضی شدن دوره‌ی استفاده‌ی آزمایشی، برای خرید نسخه‌ی کامل نرم‌افزار اقدام می‌کنند.

۴) از روشهای روانشناختی قیمت‌گذاری استفاده کنید.

منظور از روشهای روانشناختی در قیمت‌گذاری، روشهای قیمت‌گذاری هستند که حس یک خرید ارزانتر را به مشتری منتقل می‌کنند. در بعضی از فروشگاهها تمامی قیمتها به عدد صفر ختم می‌شوند. درحالی‌که در فروشگاههای تخفیفی بعضاً بسیاری از قیمتها با عدد ۹ تمام می‌شوند. پیشنهاد این است که به جای قیمتهای رند مانند ۸۰.۰۰۰ تومان از قیمتهایی مانند ۷۹.۰۰۰ تومان استفاده کنیم تا حسی خرید ارزانتری را به مشتری منتقل کنید.

۵) برای مشتریان جایزه در نظر بگیرید.

مطمئناً هیچ‌کسی از خرید همراه با دریافت جایزه بدش نمی‌آید. جایزه می‌تواند مانند ارزش درک‌شده‌ای از سوی مشتری به حساب آید که او را برای خرید از شما متقاعد می‌کند. مطمئن باشید جایزه دادن به خریداران، ارزش قابل‌توجهی برای شما به همراه خواهد داشت.

۶) به مشتریان گارانتی بازگشت هزینه بدهید.

در نظر گرفتن گارانتی بازگشت هزینه‌ی مشتریان، ریسک معامله کردن با شما را برای آنها به حداقل می‌رساند. معمولاً مشتریان در خرید از سازمانهای کمتر شناخته‌شده بسیار احتیاط می‌کنند؛ مگر اینکه بدانند که پولشان به خطر نمی‌افتد. اما از طرف دیگر شما نیز باید ریسک این کار بپذیرید و تا زمانی که از کارآیی نرم‌افزار خود مطمئن نشده‌اید، آن را منتشر نکنید.

استراتژی قیمت‌گذاری در سوپرمارکتها و فروشگاههای زنجیره‌ای

شرکتها در بخشهای مختلفی با یکدیگر به رقابت می‌پردازند و قیمت‌گذاری یکی از مهمترین حوزه‌های رقابت بین شرکتها است. قیمت‌گذاری آنقدر مهم است که باعث شد شرکت وال‌مارت با اتخاذ استراتژی قیمت‌گذاری پایین به‌صورت روزانه (EDLP[1]) به یکی از غولهای خرده‌فروشی در جهان تبدیل شود.

تعیین استراتژیهای قیمت‌گذاری در سوپرمارکتها به ۲ دلیل فرایند پیچیده‌ای است: اول اینکه در تصمیمات قیمت‌گذاری، مدیران باید بین ترجیحات مشتریان با ظرفیتهای شرکت و قیمت رقبا تعادل برقرار کنند که کار آسانی نیست. در مرحله‌ی دوم، قیمت‌گذاری ارتباط تنگانگی با رفتار مصرف‌کننده دارد و از آنجایی که تمام سوپرمارکتها به داده‌های مرتبط با رفتار مصرف‌کننده دسترسی ندارند، نمی‌توانند از این اطلاعات به‌منظور اتخاذ تصمیمات مربوط به تعیین قیمت استفاده کنند.

با توجه به گسترش روزافزون فروشگاههای زنجیره‌ای[2] و اهمیت سیاستهای قیمت‌گذاری در این مراکز، در اینجا قصد داریم به بررسی سه پرسش مهم بپردازیم:

۱- سوپرمارکتهای زنجیره‌ای به چه میزان استراتژیهای قیمت‌گذاری خود را با شرایط محلی و بومی تطبیق می‌دهند؟

۲- آیا انواع خاصی از سوپرمارکتها یا هایپرمارکتها نسبت به سایر مراکز در ارتباط با قیمت‌گذاری دارای تمایز هستند؟

۳- شرکتها اقدامات رقبا را در زمینه‌ی قیمت‌گذاری چگونه پیش‌بینی می‌کنند و چه عکس‌العملی در مورد آن نشان می‌دهند؟

---

1. Everyday Low Price
2. Chain Stores

در ادامه، به بررسی پاسخ این سه سؤال خواهیم پرداخت.

در مورد سؤال اول، ذکر این نکته لازم است که ویژگیهای جمعیت‌شناختی[1] مصرف‌کننده نقش مهمی در تعیین استراتژی قیمت‌گذاری یک شرکت دارد. در حقیقت این ویژگیها، چارچوب کلی قیمت‌گذاری در یک بازار را تعیین می‌کنند. نتایج تحقیق الیکسون و مسیرا (۲۰۰۸) نشان می‌دهد که استراتژی EDLP در مناطقی که ساکنین آنها تنوع نژادی بالاتر، درآمد پایین‌تر و تعداد وسیله‌نقلیه‌ی کمتر به ازای هر منزل مسکونی دارند، مورد ترجیح است. این دو محقق دریافتند که هدفگیری اصلی این استراتژی، مصرف‌کنندگان با درآمد پایین و خانواده‌های بزرگ هستند. فروشگاههایی همچون وال‌مارت، و فود لاین[2] دقیقاً با همین تفکر قیمت‌گذاری خود را انجام می‌دهند. همچنین مصرف‌کنندگانی که مدل سبد ثابت[3] را ترجیح می‌دهند، جامعه‌ی هدف این استراتژی می‌باشند. این دسته از مصرف‌کنندگان، نسبت به قیمت کل سبد محصولی که می‌خرند، حساس هستند.

در مورد سؤال دوم باید به این مسأله‌ی مهم اشاره کرد که ویژگیهای یک فروشگاه تأثیر مستقیمی روی سیاستهای قیمت‌گذاری آن دارند. برای مثال، فروشگاههایی که به لحاظ مساحت بزرگتر هستند و به صورت عمودی به سیستم توزیع مرتبط شده‌اند، بیشتر ترجیح می‌دهند که از استراتژی EDLP استفاده کنند. اتخاذ این استراتژی به سرمایه‌گذاری بالا، دقت زیاد در مدیریت موجودی فروشگاه و انتخاب محصولات بر اساس نیازهای روزمره‌ی مصرف‌کنندگان بستگی دارد. بنابراین، شبکه‌ی توزیع باید از چابکی بالایی برخوردار باشد.

در ارتباط با سؤال سوم، پیش از هر چیز باید توجه داشت که استراتژی قیمت‌گذاری، بخشی از استراتژی کلی سازمان است. بنابراین، جایگاه‌سازی در بازار نقش مهمی در قیمت‌گذاری محصولات یک فروشگاه دارد. اگر هدف یک کاروکسب این باشد که خود را از رقبا متمایز سازد، می‌تواند با اتخاذ سیاستهای قیمت‌گذاری بالاتر یا پایین‌تر از حد معمول بازار، تصویر یک فروشگاه لوکس یا یک فروشگاه ارزان‌قیمت را در ذهن مخاطب ایجاد کند. با وجود این، نتایج تحقیق الیکسون و مسیرا (۲۰۰۸) نشان داد که اغلب فروشگاهها سیاستهای قیمت‌گذاری خود را در راستای همسو شدن با سایر فروشگاهها انتخاب می‌کنند. در کنار این همراستایی، اقدامات دیگری همچون طرحهای ترویجی، قرعه‌کشی و... می‌تواند عامل تمایز یک فروشگاه با سایر فروشگاهها باشد. در واقع، فروشگاهها ترجیح می‌دهند به جای آنکه خود را در مورد یک کالای خاص، متمایز کنند (یا به عبارت دیگر منزوی سازند)، به قیمت‌گذاری به‌عنوان بخشی از استراتژیهای کلی خود نگاه کنند و در صورت لزوم تغییرات لازم را در سطح آن ایجاد کنند.

---

1. Demographics
2. Food Lion
3. Fixed Basket

گاه در استراتژی قیمت‌گذاری خود تجدیدنظر کنید

ممکن است شما محصولات یا خدماتی مانند محصولات و خدمات نرم‌افزاری عرضه کنید که مشتریان برای استفاده از آن باید به صورت ماهانه به شما مبلغ مشخصی را بپردازند. اما آیا تاکنون از مشتریان خود خواسته‌اید برای یک حق اشتراک[1] کامل پیش‌پرداخت داشته باشند؟

سعی کنید تا جایی که امکان دارد قیمت‌ها را به صورت ماهیانه اعلام کنید (البته در شرایطی که بازار از یک ثبات نسبی برخوردار باشد). این کار باعث می‌شود که ویژگی‌هایی که به آن‌ها اشاره شد مقرون‌به‌صرفه‌تر باشند. بسیاری از مشتریان توان خرید یک اشتراک کامل را ندارند، اما حتی اگر قادر به انجام این کار نیز باشند، شما در حقیقت از آن‌ها می‌خواهید برای کلّیت چیزی که ممکن است در طول یک‌سال برای آن‌ها قابل مشاهده نباشد، هزینه‌ای به شما پرداخت کنند.

اگر محصولی که مشتری برای آن هزینه‌ای پرداخت می‌کند، برای مدتی طولانی در دسترس نباشد، در اینجا بهتر است که در قیمت این محصول تجدیدنظر کنید و از مشتری بخواهید تنها پیش‌پرداختی هرچند اندک برای سفارش این محصول داشته باشد.

در مورد این کالاها همچنین می‌توانید از روش تقسیم قیمت استفاده کنید؛ در این روش می‌توانید از مشتری بخواهید که در اقساط مساوی و یا سپرده‌گذاری هزینه‌ی کالا را پرداخت کند. با این کار کالاهای گران‌قیمت نیز در دسترس مشتری خواهند بود.

---

1. Subscription

فصل هفتم

قیمت‌گذاری محصولات لوکس

قیمت‌گذاری محصولات لوکس[1]

یکی از اولین تداعیهای ذهنی واژه‌ی "لاکجری"[2]، صفت گران است که به‌سرعت از ذهن همه‌ی ما می‌گذرد. از این رو، انتظار می‌رود که در رابطه‌ی میان لوکس‌گرایی و قیمت، با چیزهای پیچیده و شگفت‌انگیزی برخورد کنیم.

در سطح مفهوم، می‌دانیم که لوکس را به محصولات دارای ارزش نمادین بالا تعبیر می‌کنند. این ارزش نمادین، برای لوکس‌گرایی یک ضرورت است که البته اندازه‌گیری و کمّی‌سازی آن بسیار مشکل و امری نسبی است. اما با تمام اینها، ایجاد ارزش نمادین مستلزم هزینه است، بنابراین، باید برای آن قیمتی تعیین کرد.

تا زمانی که محصولات لوکس در مقیاس و تناوب پایین به فروش می‌رسند، برخلاف محصولات مصرفی که کاهش هزینه‌ی جزئی به علت تیراژ بالا به صرفه‌جویی جدی در هزینه‌ی کل شرکت منجر می‌شود، در محصولات لوکس از هزینه و کاهش آن چشم‌پوشی می‌شود. همچنین محصولات لوکس نمونه‌های همتا و قابل مقایسه‌ی کمی دارند، از این رو، مقایسه‌ی قیمتی آنها چندان معنایی ندارد. به دلایل فوق، قیمت مهمترین عامل در تعیین استراتژی برندهای لوکس به شمار نمی‌آید، درحالی‌که در دنیای محصولات مصرفی[3]، بسیاری از عرضه‌های محصولات جدید به دلیل رقابت

۱- علاقه‌مندان می‌توانند برای آشنایی بیشتر به کتاب استراتژی لوکس‌گرایی با ترجمه‌ی اینجانب و امیرحسین سرفرازیان - انتشارات بازاریابی مراجعه کنند.

2. Luxury
3. Consumer Goods

قیمتی و به‌منظور توجیه تمایز قیمت محصول در برابر رقبا صورت می‌گیرد.

از سویی، لوکس‌گرایی و قیمت همیشه جدایی‌ناپذیر نیستند. بسیاری از چیزهای لوکس قیمت مشخصی ندارند، و یا برای برخی فراتر از قیمت هستند (سلامتی برای بیمار، وقت آزاد برای مدیر تحت فشار، هوای تمیز برای شهرنشین‌ها). حتی امروزه، بخش عمده‌ای از چیزهایی که لوکس به‌شمار می‌آیند، خارج از اقتصاد دادوستد قرار می‌گیرند (زیبایی، هنر، شادی، طبیعت، محیط‌زیست)؛ اما همه‌ی اینها به حوزه‌ی فردی و لوکس بودن از نظر یک فرد مرتبط هستند. تمام این لوکس‌های بسیار مهم که در بالا از آنها نام بردیم، زمانی به حوزه‌ی لوکس‌گرایی وارد می‌شوند که بعد جامعه‌شناختی بیابند و بتوانند تمایز اجتماعی خلق کنند.

قیمت عمدتاً به‌منظور آشکارسازی تمایز اجتماعی وارد استراتژی برندهای لوکس می‌شود: "بوگاتی ویرون، گرانترین خودروی جهان"، "جوی[1]، گرانترین عطر دنیا، عطری که برای تولید ۳۰ میلی‌لیتر از آن ۱۰۶۰۰ گل یاس و ۳۰۰ رز استفاده شده است"، در مورد آخر آمار تعداد گلها برای پشتیبانی از قیمت ارائه می‌شود. از دیگر مثالهای استراتژی قیمتی می‌توان به افتتاح رستوران آلن دوکاس در نیویورک با ادعای گرانترین رستوران جهان، و عرضه‌ی ساعت ریچارد میل به نام آر. ام. دو صفر هشت با قیمت ۴.۱۵۵.۰۰۰ یورو نام برد.

این نوع استراتژی بندرت به قصد موفقیت مالی طرح می‌شود و اگر به موفقیت مالی هم دست بیابد، همیشگی نخواهد بود: همیشه یک برند تازه‌وارد و احتمالاً گرانتر از راه خواهد رسید. همچنین، این استراتژی به‌سرعت موجب ایجاد سوءظن می‌شود. حتی در لوکس‌گرایی مفهوم ارزیدن و هزینه‌ی تملک حتی در لایه‌های زیرین ذهن مشتری وجود دارد: اولین سؤالی که مشتری از خود می‌پرسد این است که ارزش نمادین محصول که موجب این قیمت شده است، چیست؟ حتی افرادی که از عهده‌ی قیمت آن برمی‌آیند، از اینکه خام و ساده‌اندیش پنداشته شوند، بیزار هستند.

کوچکترین ناامیدی از تطابق قیمت با ارزش نمادین و کارکردی محصول به شکل‌گیری پچ‌پچ و تبلیغ منفی در میان رهبران عقیده‌ی جمعهای کوچک، و سقوط مشتری به دسته‌ی پایین‌تر، و احمق جلوه کردن وی منجر می‌شود.

کشش قیمتی

هر کتاب معروف علم اقتصاد را که ورق بزنید، یکی از مباحث نخست که مشاهده می‌کنید، کشش قیمتی[2] است. در این مبحث، یاد می‌گیریم که وقتی قیمت بالا می‌رود، تقاضا[3] کاهش می‌یابد.

1. Joy
2. Price Elasticity
3. Demand

در واقع، در بازاریابی سنتی، یکی از مهمترین عوامل، رابطه‌ی حجم - قیمت است، و درک و اندازه‌گیری آن در قالب ضرایب کشش قیمت، از ضروریات است. حداقل در لوکس‌گرایی مفهوم کشش قیمتی آنطور که در کتابهای اقتصاد خوانده‌ایم، معنا ندارد. در ادامه، دلایل این مسأله را مرور خواهیم کرد.

ضریب کشش ممکن است وجود نداشته باشد

به‌منظور تعریف ضریب کشش، وجود رابطه‌ی قیمت - حجم را باید فرض بگیریم به‌گونه‌ای که با تغییر کوچکی در قیمت، تغییر کوچکی در حجم فروش به وجود می‌آید، و هرگز جهشی شدید در هر یک از طرفین بر اثر تغییر دیگری به وجود نمی‌آید (مرجوع شدن شدید کالا و یا رشد انفجاری فروش).

این فرضیات برای کالاهای معمولی صادق، اما بندرت در دنیای محصولات لوکس قابل پیاده‌سازی هستند، حتی وقتی به فروشهای تعداد بالا دست بیابیم (کیفهای شنل، ساعتهای کارتیه) این مسأله را با مفهوم موسوم به "اثر آستانه‌ای"[1] تشریح می‌کنند: پایین‌تر از قیمتی خاص، محصول از نظر مشتری به‌عنوان محصول لوکس شناخته نمی‌شود. با رفتن به پایین این آستانه‌ی قیمتی، مشتری خرید خود را متوقف می‌کند و با افزایش قیمت به بالای آستانه‌ی قیمتی، دوباره فروش برند شروع می‌شود... البته اگر کیفیت، توجیه‌کننده‌ی قیمت باشد!

بر طبق مفهوم اثر آستانه، ناحیه‌ی قیمتی دیگری در زیر ناحیه‌ی لوکس وجود دارد که به‌طور کامل از سوی مشتری لوکس نادیده گرفته می‌شود. این ناحیه را به اصطلاح "پرستیژ توده" می‌نامند. پرستیژ توده، گوش به فرمان اقتصاد کلاسیک و بازاریابی سنتی است و هرگز در بازی با کلمات و ایجاد سردرگمی در مشتری تردید نمی‌کند.

اثر آستانه‌ای، ریشه در ادراک روانشناختی مشتری دارد. در لوکس‌گرایی، رابطه با قیمت بیشتر از جنس روابط کیفی است (خیلی گران است / به اندازه‌ی کافی گران نیست) تا روابط کمّی (قیمت آن چقدر است؟)؛ از این رو، ادراک قیمتی در بخش لوکس بیشتر روانشناختی است تا منطقی.

تمایزهای قیمتی می‌بایست به اندازه‌ای باشند که بازه‌های آستانه‌ای روانشناختی را طی کنند (به‌طور معمول، حداقل ۳۰ درصد اختلاف قیمت، یک تمایز قابل توجه به شمار می‌آید)؛ میزان اختلاف قیمت کمتر از آستانه‌ی قیمتی کاملاً نادیده گرفته می‌شود.

ضریب کشش ممکن است منفی باشد

در برخی موارد ضریب کشش قیمتی محصول لوکس مانند کالاهای معمولی منفی است، یعنی با

---

1. Threshold Effect

افزایش قیمت کالا، از فروش آن کاسته می‌شود و بالعکس، اما این موارد بسیار نادر هستند: اگر برای کالاهای معمولی، حتی نوع ممتاز آن، شما قیمت ۱۰۰ را هدف قرار داده‌اید و برچسب ۹۹ روی کالا می‌زنید، در لوکس‌گرایی این کار عاری از معنا است.

به‌غیر از موارد استثنایی، اگر کالایی که پیش‌تر خوب فروش می‌کرد، دیگر خوب نمی‌فروشد، شما نباید برای افزایش فروش، قیمت را کاهش دهید بلکه باید عرضه‌ی محصول را کاملاً متوقف و دوباره از نو آغاز کنید.

ضریب کشش ممکن است صفر باشد

این مورد در لوکس‌گرایی شایع است: وقتی یک محصول بازار خود را به دست آورد، بازه‌ای به نسبت وسیع از قیمت به خود اختصاص می‌دهد که درون این بازه با تغییر قیمت، تعداد مشتری‌ها تغییر نمی‌کند (بلیت صندلی کنسرت یک هنرمند مشهور، یا یک خانه و آپارتمان رؤیایی).

ضریب کشش ممکن است مثبت باشد

کالاهایی که با افزایش قیمت، میزان فروش آن‌ها افزایش می‌یابد، در اصطلاح "کالاهای وبلن[1]" می‌نامند. وبلن، اقتصاددان قرن نوزدهمی نروژی، است که به نظریه‌پرداز طبقه‌ی خوش‌گذران معروف است. اثر وبلن در کالاهای لوکس بسیار شایع است. این اثر با منطق و آنچه در سایر کالاها روی می‌دهد، در تناقض آشکار است.

برای افزایش تقاضا و بازتولید فاصله، قیمت را افزایش دهید

به‌طور عام، قیمت متوسط محصولات یک برند لوکس می‌بایست در طول زمان افزایشی باشد: در لوکس‌گرایی، دینامیک توسعه‌ی برند بر پایه‌ی افزایش تعداد مشتریان با کاهش قیمت تعریف نشده است؛ کاهش قیمت به کاهش ارزش برند می‌انجامد. افزایش تعداد مشتریان می‌بایست از طریق افزایش افراد مشتاق به پرداخت هزینه برای دسترسی به برند صورت بگیرد.

عرضه‌ی خطوط محصول ارزان‌تر، ویژه‌ی مشتریان موسوم به "گذری" که بسیاری از برندها آن را امتحان کرده‌اند، درهرحال نشانه‌ای از ضعف برند است. اگر این خطوط ارزان‌قیمت‌تر بخوبی با همه‌ی کدهای لوکس‌گرایی کنترل نشوند، این خطر وجود دارد که برند را از قلمروی لوکس‌ها به بیرون بکشند.

عرضه‌ی محصول در پایین‌ترین سطح قیمتی هرم محصولات لوکس، اگر کیفیت بالایی داشته

---

1. Veblen Good

باشند، به هیچ‌وجه در تضاد با لوکس‌گرایی نیست. هدف این است که مشتریان جدیدی را با دنیای برند لوکس آشنا کنیم، بدون اینکه مجبور باشیم محصولات خیلی زیادی بفروشیم و یا قیمت میانگین محصولات برند کاهش بیابد. این کاری است که لویی ویتن با محصولات کوچک چرمی خود، تیفانی با جواهرات کوچک نقره‌ای‌اش، پییر هرمه با بسته‌های کوچک شیرینی کادویی خود، انجام می‌دهند.

اثر وبلن برای هر فردی که با سازوکار و تفاوت عمیق میان محصولات لوکس و کلاسیک آشنا نیست، تناقض‌آمیز و شگفت‌انگیز است، اما در عمل مدیریت آن چندان آسان هم نیست. در ادامه، در سه مطالعه‌ی موردی از دنیای حرفه‌ای این مسأله را بیشتر واکاوی می‌کنیم.

مطالعه‌ی موردی ۱:
افزایش قیمت: مورد کالای موجود

افزایش قیمت با این خیال خام که مشتریان بیشتر به فروشگاههای ما هجوم می‌آورند، به تنبیه ما از سوی بازار منجر خواهد شد. مشتریان احمق نیستند. مشتری کالاها و برندهای لوکس خبره است، و به‌طورکامل از چیزی که برایش پول می‌پردازد و ارزش آن، آگاه است. در واقع، اگر یک محصول بخوبی می‌فروشد، به‌خاطر این است که قیمت‌گذاری صحیحی داشته است؛ اثر وبلن در اینجا عاری از معناست و برای افزایش قیمت می‌بایست دلیل خوبی داشته باشیم، و مشتری از آن دلایل آگاه شود. به همین دلیل است که وقتی لویی ویتن در ژاپن با تغییر شدید در برابری ین- یورو روبه‌رو می‌شود، در روزنامه‌های کثیرالانتشار این کشور به تشریح دلایل تغییر قیمت محصولات با توجه به تغییرات نرخ ارز و اثر آن بر قیمت می‌پردازد.

با وجود این، اگر تصمیم به افزایش تدریجی و نرم قیمت گرفتید، و امیدوار بودید که فروش افت نکند، می‌بایست دقت کنید که ارزش ادراکی محصول نزد مشتریان بیش از قیمت آن باشد و مشتری حاضر به پرداخت هزینه برای آن باشد: شما نمی‌توانید و نباید انتظار داشته باشید که با چسبانیدن مقادیری طلا و الماس به محصول و تحمیل هزینه‌ی بیشتر به مشتری، فروش آن را افزایش دهید.

شما می‌بایست بخش رؤیایی محصول و رؤیایی مشتریان را بشناسید، و به افزایش قیمت و فروش از طریق ارضای بیشتر رؤیای مشتری بیندیشید.

دوراندیشی و عملکرد بلندمدت، می‌تواند برای برند، مشتریان وفادار و همراه، حتی با افزایش قیمت بسازد، کراگ با بیش از پانزده سال حضور در بازار و اطمینان از ایجاد و انتقال ارزش به مشتری و کسب وفاداری وی، از طریق مکانیزم افزایش قیمت برای توزیع‌کننده، دست به حذف برخی توزیع‌کننده‌های بد (که به دنبال قیمت پایین‌تر بودند) با مشتریهای خوب (که

به دنبال ارزش افزوده بودند) زد.
علاوه بر این، نیروهای فروش و تبلیغات و ارتباطات برند می‌بایست با افزایش قیمت همراهی کنند. به‌طورکلی، تشریح دلیل اضافه قیمت برای مشتری، چه از طریق توضیحات فروشنده و چه ابزارهای تبلیغی، ضروری است. در نهایت، هر محصولی می‌بایست ناحیه‌ی مشروعیت خود را بشناسد و افزایش قیمت را در این ناحیه تعریف کند.
در لوکس‌گرایی بر خلاف محصولات انبوه، با افزایش بهره‌وری حاصل از افزایش فروش محصول و صرفه‌جویی هزینه، قیمت کاهش نمی‌یابد. برند لوکس با افزایش بهره‌وری در سطح فعلی، به جای کاهش قیمت، کیفیت فعلی را افزایش می‌دهد. برای مثال، لویی ویتن به دلیل رشد فروش کیفهای کلاسیک مونوگرام، شاهد کاهش هزینه‌ی قابل توجهی ناشی از صرفه‌جویی مقیاس در زیپهای مورد استفاده در کیفها بود، به‌طوری‌که با وجود افزایش قیمت چرم، در نهایت، شاهد کاهش هزینه‌ی تولید محصول بود.
لویی ویتن به جای کاهش قیمت خرده‌فروشی، قیمت را ثابت نگاه داشت و از تکنولوژی جدیدتری که ژاپنی‌ها برای تولید زیپهای با کیفیت بالاتر اختراع کرده بودند، استفاده کرد و بدین‌ترتیب، قیمت را کاهش نداد و ارزش دریافتی مشتری را بدون تحمیل هزینه‌ی اضافی بابت کیفهای با تکنولوژی و کیفیت بالاتر افزایش داد.

مطالعه‌ی موردی ۲:
افزایش قیمت: مورد عرضه‌ی بازه‌ی جدید محصول درون هسته‌ی اصلی کسب‌وکار برند

پیش از ادامه‌ی بحث، می‌بایست این موضوع را شفاف کنیم که ما درباره‌ی بسط برند به حیطه‌های جدید گفت‌وگو نمی‌کنیم، همچنین موضوع مورد بحث ما در این بخش درباره‌ی محصولات جانبی به‌منظور ترغیب مشتریان گذری نیست بلکه، درباره‌ی معرفی محصولات جدید در هسته‌ی اصلی کاروکسب برند حرف می‌زنیم که با مشتریان وفادار به برند سروکار دارد.
ویژگی اصلی محصولاتی که در هسته‌ی برند عرضه می‌شوند، این است که باید در سطحی بالاتر از محصولات فعلی قرار بگیرند. لوکس‌گرایی از فاصله و تمایز میان خریدار و غیرخریدار سخن می‌گوید، و می‌بایست به‌طور مداوم این فاصله را برای مشتریانش بازتولید کند.
یک خط جدید محصول به‌منظور عام و مبتذل کردن برند ارائه نمی‌شود بلکه، باید بتواند چشمها را به خود خیره کند و ارزش بیشتری بیافریند. این یک استراتژی کلاسیک در لوکس‌گرایی است که بویژه در هتلداری و کسب‌وکارهای فنی (خودرو، الکترونیک، فناوریهای

پیشرفته، و...) به‌طور نظام‌مند به‌کار برده می‌شود. از طرف دیگر، برندهای ضعیف‌تر محصولات جدید را بسیار ارزان‌تر از محصولات فعلی عرضه می‌کنند: چند سال پیش، درحالی‌که رنو ول ساتیس هزینه‌ای حدود ۴۳۳,۰۰۰ یورو و ۳۵ درصد، بیش از یک مرسدس کلاس سی با همان مشخصات داشت، اما محصول بعدی رنو، لوگان ۵۵,۰۰۰ یورویی بود و محصول بعدی مرسدس، اس‌ال ای‌ام‌جی ۲۳۰ هزار یورویی.

اما اگر با وجود این، برند لوکس تصمیم به عرضه‌ی محصول ارزان‌تر در هسته‌ی برند خود گرفت (مانند عرضه‌ی بی‌ام‌دبلیو سری ۳ پس از سری ۱)، می‌بایست برای بازار به‌روشنی مشخص کند که این استراتژی از سر ضعف برند (ما دیگر قادر نیستیم به عرضه‌ی مدلهای گران‌تر بپردازیم) نیست بلکه، استراتژی از سر قوت برند (ما قادر به نوآوری بیشتر هستیم) است. برند باید پس از عرضه‌ی بازه‌های جدید و ارزان، به‌سرعت تعادل را با عرضه‌ی محصولات در بالاترین سطح قیمتی، برقرار کند: به‌یاد داشته باشید، قیمت میانگین محصولات هسته‌ی برند می‌بایست همواره افزایشی باشد.

مطالعه‌ی موردی ۳:
افزایش قیمت: مورد عرضه‌ی محصولاتی که برای کل بازار تازگی دارند

در اینجا هم میان دنیای لوکس‌گرایی و بازار سنتی تناقض وجود دارد. در بازاریابی کلاسیک، وقتی برندی محصولی جدید عرضه می‌کند، ابتدا در موقعیتی بالا قرار دارد، و پیشگامان و نوجویان را هدف قرار می‌دهد، سپس با افزایش فروش و طبق قاعده‌ی اقتصاد مقیاس، بتدریج از قیمت محصول می‌کاهد تا به مخاطبان بیشتر دست بیابد و از محصول خود در برابر حضور رقبای جدید محافظت کند.

بسیاری از محصولات صنعتی، مانند بیک، به منظور ایجاد مانع ورود برای رقبا، از ابتدا و با در نظر گرفتن منحنی تجربه‌ی مشتری، قیمتهای خود را با سرعت بیشتری کاهش می‌دهند. اما در لوکس‌گرایی، برندها اغلب با قیمت پایین در سطح پایین بازه‌ی مورد قبول شروع می‌کنند، و پس از آن قیمت محصول تصحیح می‌شود که البته این تصحیح افزایشی خواهد بود.

قیمت ممتاز

در بازاریابی مصرفی، برند الزاماً به قیمت ممتاز پیوند نخورده است: ایزی‌جت و رایان‌ایر، دو برند هواپیمایی هستند که به قیمتهای پایین‌شان معروفند. بیک، برند خودکارهای ارزان است. اما در لوکس‌گرایی، قیمت ممتاز دلایلی برای لوکس بودن و بخشی از رؤیای محصول لوکس به شمار می‌آید.

قیمت ممتاز[1]، اثبات‌کننده‌ی ارزش برند است، این ویژگی هم در برندهای مصرفی و هم لوکس صادق است، اما در برندهای لوکس از اهمیت بیشتری برخوردار است و بخشی از جنبه‌ی غیرکارکردی و رؤیای برند و بازآفریننده‌ی فاصله و تمایز است. برای اینکه بتوان برندی را لوکس دانست، تفاوت قیمتی محصول برند با محصولات قابل قیاس اما بدون برند، حداقل باید ۳۰ درصد باشد. در عمل اغلب این تفاوت ۱۰۰ درصد و حتی بیشتر است.

کیفیت توزیع نیز از عواملی است که توجیه‌کننده‌ی قیمت است. فرمهای مختلف توزیع (و خدمات مرتبط به آن) بخشی پیوسته با کالا به شمار می‌آیند.

از سویی، قیمت ممتاز همیشه برای محصولات اصلی برند که در حوزه‌ی مشروعیت آن قرار دارند، بیشتر است. اندازه‌گیری ممتاز بودن قیمتی به صورت منظم امری ضروری است. ممتاز بودن قیمتی یکی از شاخصهای ملموس و عینی نشان‌دهنده‌ی قدرت برند است. ساعتهای لوکس و قیمت یک اونس طلا، از مثالهای ممتاز بودن قیمت محصول لوکس است. مطالعه‌ی مقایسه‌ای قیمت اونس طلا و قیمت ساعتهای لوکس بر حسب وزن طلای به‌کار رفته در محصول، به ما امکان می‌دهد که پرستیژ و جایگاه برند لوکس را بررسی کنیم. کارتیه، به‌طور نظام‌مند به مطالعه‌ی تطبیقی قیمت ساعتهای لوکس خود و قیمت اونس طلا می‌پردازد، زمانی که فاصله‌ی قیمتی ساعتهای کارتیه با قیمت اونس به کمتر از ۳۰ درصد برسد، از نظر این شرکت زنگ خطر به صدا درآمده است.

تعیین قیمت در لوکس‌گرایی

قیمت "ارزش مبادله‌ای" یک محصول است، اما آن چیزی که کالا را لوکس می‌کند، "ارزش نمادین" آن است. این بدین‌معنی است که هرچه برند از ارزش نمادین بیشتری برخوردار باشد، می‌تواند قیمتهای بالاتری را به بازار تحمیل کند؛ در واقع یک برند هنگامی در قلمروی خودش لوکس محسوب می‌شود که بتواند هر قیمتی را بدون اینکه به سخره گرفته شود، ارائه دهد: ساعت‌سازهای بزرگ سوئیسی نظیر بلنکپین، یا اودمار پیگه، می‌توانند به‌سادگی قیمتهای ۱ میلیون یورویی را برای ساعتهای با تعداد محدود ارائه دهند، و در فروش آن موفق باشند.

در ابتدای فصل گفته شد که قیمت در کل، عامل مهمی در استراتژیهای برند لوکس به شمار نمی‌آید، و عاملی است که متعاقب استراتژی تعیین می‌شود. با وجود این، تعیین قیمت همچنان تصمیمی مهم و حیاتی به شمار می‌آید، حتی برای برندهایی که در قیمت‌گذاری وسعت‌عمل بیشتری نسبت به برندهای کلاسیک دارند.

اولین گام مانند هر برند کلاسیکی، دستیابی به درکی درست از فضای رقابتی برند است. البته

---

1. Premium Price

به‌یاد می‌آورید که فضای رقابتی محصولات لوکس بسیار وسیع‌تر از حوزه‌ی مستقیم رقابت محصول است. اولین نتیجه این است که قیمت محصول بر حسب روش معمول هزینه‌ی تمام‌شده و افزودن عددی به هزینه‌ها به دست نمی‌آید بلکه، برعکس درست شبیه مهندسی معکوس، شما از قیمت شروع می‌کنید و با توجه به قیمت محصول، هزینه‌ی تمام‌شده را مشخص می‌کنید، مواد اولیه و جنبه‌های کارکردی را تعیین می‌کنید و جنبه‌های رؤیایی محصول را در نظر می‌گیرید و نسبت میان جنبه‌ی کارکردی و رؤیایی را رعایت می‌کنید.

دومین گام، این است که به‌سرعت فروش محصول را آغاز کنید، و به‌دقت آن چیزی را که در سطح مشتری نهایی (نه توزیع‌کننده) روی می‌دهد، زیر نظر بگیرید. با فرض اینکه قیمت محصول لوکس همواره می‌بایست افزایش بیابد، راه مؤثر این است که از کف ناحیه‌ی مشروعیت قیمتی شروع کنید، و سپس بتدریج قیمت را افزایش دهید، و اگر قیمت به اندازه‌ی کافی قابل توجیه نبود، به ویژگیها و امتیازات محصول بیفزایید تا تعادل برقرار شود. این افزایش قیمت و یا ویژگیهای محصول آنقدر ادامه پیدا می‌کند تا تعادل میان حجم فروش و حاشیه‌ی سود برقرار شود. این نقطه، همان نقطه‌ی بهینه‌ی برند است.

دلیل این تاکتیک ساده است: از آنجایی که ما از قبل نمی‌توانیم ارزش رؤیایی محصول را که مشتری حاضر به پرداخت هزینه برای آن است، تعیین کنیم، و با توجه به اینکه محصولات لوکس، محصولات وبلنی هستند، صرفاً با شروع از قیمتی پایین و افزایش تدریجی قیمت تا نقطه‌ی توقف فروش، می‌توان ارزش پولی بخش نمادین برند را محاسبه کرد.

پس از کشف قیمت، می‌توان استراتژی قیمتی را با شرایط اقتصادی و استراتژی شرکت (سودآوری، رشد، تصویر برند و...) پیوند داد.

بگذارید بار دیگر تأکید کنم که در برندهای کلاسیک، قیمت از بالا برای محصولات جدید نوآور شروع می‌شود، و گام‌به‌گام کاهش می‌یابد، درست برعکس فرایندی که در محصولات لوکس طی می‌شود.

هدف قیمتی در لوکس‌گرایی با این پرسش تعیین می‌شود: "مشتریان من چقدر حاضرند بابت محصولات من بپردازند، که محصولی لوکس به دست بیاورند و در عین حال از عهده‌ی هزینه‌ی آن بربیایند؟"

مدیریت قیمت در طول زمان

از زمانی که قیمت محصول به اصطلاح کشف شد، و سودآوری و فروش در هماهنگی با اهداف شرکت مشخص شد و هسته‌ی سخت مشتریهای محصول شکل گرفت، از آن پس مشکل مدیریت قیمت در طول زمان سر برمی‌آورد، که نیازمند تعیین سیاستهای قیمتی مشخص است.

به‌طور کلی، دو دسته‌ی عمومی از سیاستهای قیمتی در لوکس‌گرایی موجود است: سیاستهای مرتبط با عرضه، و سیاستهای مرتبط با تقاضا.

سیاستهای قیمتی مرتبط با عرضه

بازاریابی لوکس‌گرا، برخلاف بازاریابی کلاسیک، بازاریابی عرضه‌محور است، نه بازاریابی تقاضامحور. بنابراین ابتدا برند، قیمت را تعیین می‌کند و پس از آن مشتری قیمت محصول را می‌پردازد. این سیاست قیمتی جنبه‌ی عملی ضد این قانون بازاریابی است: "لوکس قیمت را تعیین می‌کند، نه قیمت لوکس را."

در ابتدا، همان‌طور که پیشتر اشاره کردیم، بازار برند لوکس کوچک است و مشتریان معدود هستند، به‌گونه‌ای که به آسانی می‌توان از نظر ایشان اطلاع یافت؛ در این شرایط قیمت نقش متغیر تنظیم‌کننده‌ی استراتژی را ایفا می‌کند.

پس از اینکه قیمت به‌درستی تنظیم شد، با افزایش فروش و تعداد مشتریان، شرایط برای همیشه تغییر می‌کند. در شرایط جدید به دلیل تعدد مشتریان و فقدان ارتباط نزدیک با ایشان، دیگر قیمت نمی‌تواند متغیر تنظیم‌کننده‌ی استراتژی باشد. حال قلمروی قیمتی برند مشخص شده است، و برند می‌بایست بخوبی آن را در دو حالت مدیریت کند:

- برند می‌بایست همواره با تغییر مطلوبیت (احتمالاً تغییر مثبت) قیمت را تنظیم کند.
- مشکلات جهانی شدن برند و استراتژی قیمت جهانی را مدیریت کند.

با از راه رسیدن موفقیت محصولات در سطح ملی و منطقه‌ای، باید آنها را جهانی پنداشت؛ زیرا هزینه‌ی حمل‌ونقل نسبت به قیمت محصولات پایین است و تقاضا هم حالت جهانی دارد. در چنین شرایطی، محصولات لوکس به آسانی سفر می‌کنند، مشتریان محصولات لوکس هم زیاد سفر می‌کنند، بنابراین، می‌بایست انسجام سختگیرانه‌ای در قیمت خرده‌فروشی محصول در سراسر دنیا برقرار شود. برای دستیابی به انسجام قیمتی دو استراتژی غالب وجود دارد:

۱- قیمت تعدیل‌شده‌ی محلی در تطابق با هزینه‌های محلی توزیع

این استراتژی را می‌توان تا حد زیادی یک استراتژی هزینه‌ی تمام‌شده در حوزه‌ی توزیع دانست؛ تفاوت قیمتی میان دو کشور از تفاوت هزینه‌ی حمل‌ونقل (هزینه‌ی ارسال + هزینه‌ی گمرکی + نوسانات برابری نرخ ارز) و هزینه‌ی توزیع محلی (هزینه‌های خرده‌فروشی محلی، نرخ مالیات) ناشی می‌شود؛ نمونه‌ی کامل این استراتژی لویی ویتن است، لویی ویتن با گره زدن قیمت به نوسانات متغیرهای مرتبط با توزیع، حاشیه‌ی سود تعیین‌شده‌ی خود را تضمین کرده است، در عوض دلیل هر

تغییر قیمت یک محصول در کشورهای مختلف را به‌طور شفاف برای مشتریان روشن می‌کند؛ بدین‌ترتیب مشتری مختار است که کالای خود را از جای ارزانتر بخرد (برای مثال، پاریس یا هنگ‌کنگ)، اما در هر حال از کیفیت یکسان آن در همه‌جا مطمئن باشد.

در این رویکرد، نقاط مهم که می‌بایست مدیریت شوند عبارتند از:

- **افکار عمومی:** می‌بایست به‌طور شفاف اطلاعات و ضرایبی که باعث تغییر قیمت در یک کشور می‌شود، برای افکار عمومی آن کشور تشریح شود.
- **مدیریت بازارهای خاکستری:** برند می‌بایست مراقب به وجود آمدن جریان غیررسمی کالا میان کشورهای مختلف باشد، در چنین شرایطی با اینکه برند حاشیه‌ی سود خود را دارد، اما توزیع‌کنندگان رسمی زیان می‌بینند، و علاوه بر آن، ریسک به وجود آمدن شبکه‌ی پولشویی افزایش می‌یابد.

مثال معروف این مسأله، فروشگاه لویی ویتن پاریس در دهه‌های گذشته است. پیشتر میان قیمت خرده‌فروشی محصولات لویی ویتن در پاریس و توکیو ۴۰ درصد اختلاف قیمت وجود داشت، به نحوی که هزینه‌ی گمرکی و هزینه‌ی بالای خرده‌فروشی در توکیو را توجیه می‌کرد. برای یک گردشگر معمولی ژاپنی به‌صرفه بود که برای خود و خانواده‌اش در پاریس کیف لویی ویتن به‌عنوان سوغات بخرد و ۳۰ درصد تعرفه‌ی گمرکی آن را بپردازد.

اما اگر فردی می‌توانست کیفها را بدون پرداخت مالیات بفروشد، برایش سود بالایی به همراه داشت؛ حتی بیش از این، اگر فردی پولی داشت که می‌بایست تطهیر و رد آن گم می‌شد (شبکه‌های مجرمانه که حاضر به پرداخت کمیسیون ۳۰ درصدی برای پولشویی بودند)، قاچاق کیفهای ویتن وسیله‌ی خوبی به شمار می‌آمد. تقاضا برای کیفهای لویی ویتن در ژاپن آنقدر بالا بود که فروش آنی تضمین‌شده باشد. در چنین شرایطی، فشار زیادی به فروشگاه خیابان مارسو پاریس می‌آمد و ژاپنی‌های بسیاری روبه‌روی فروشگاه صف می‌کشیدند. به‌رغم اینکه صف کشیدن ممنوع شد، گردشگران به هر عابری پول می‌دادند تا داخل فروشگاه برود و یک کیف ویتن برایشان بخرد؛ خیلی از کسانی که در آن زمان دانش‌آموز بودند یادشان هست که بدین شکل پول‌توجیبی‌شان را تأمین می‌کردند، اما هیچ‌کس درک نمی‌کرد چرا مردم معمولی ژاپنی به آنها پول می‌دادند تا از یک فروشگاه در آن نزدیکی خرید کنند!

۲- قیمتهای جهانی

این استراتژی زمانی کاربرد پیدا می‌کند که قیمت محصول خیلی بالا باشد و اندازه‌ی آن کوچک باشد، و در نتیجه هزینه‌ی حمل‌ونقل آن به نسبت قیمت محصول قابل صرف‌نظر کردن باشد. مثال این

محصولات، برندهای ساعت و جواهر هستند. در این موارد، ریسک قاچاق و یا هجوم برای خرید از یک فروشگاه معین وجود ندارد، اما در عوض هر نوسان در قیمت ارز، مالیات، و یا افزایش تعرفه‌ی گمرکی بخشی از حاشیه‌ی سود را می‌خورد.

مورد فروشگاههای معاف از مالیات

فروشگاههای معاف از مالیات[1]، ترکیبی از دو مورد بالا هستند، قیمت آنها نه به‌طورکامل جهانی است و نه به‌طورکامل محلی؛ وضعیت مناطق معاف از مالیات ویژه است، و قیمت آنها از قیمتهای بازار محلی پایین‌تر است.

این بازار مسافرتی، بهتر است به‌عنوان فضایی مجزا در نظر گرفته شود، بویژه که شرایطی انحصاری دارد: مدیر فرودگاه در عمل در نقش مشتری انحصاری عمل می‌کند و می‌تواند شرایط خود را تحمیل کند. در محصولات لوکس، عطر بیش از همه به این بازار نزدیک است.

سیاستهای قیمت‌گذاری مرتبط با تقاضا

سیاستهای قیمت‌گذاری تقاضامحور در گذشته و زمانی که کار بیشتر سفارشی بود، نرم و معمول بودند، اما با روند مردم‌سالار شدن لوکس‌گرایی در قرن بیستم به حاشیه رفتند. فناوریهای جدید (کامپیوتر و پس از آن اینترنت) به این سیاستها فرصت حیاتی دوباره داده است. دو رویه‌ی مجزا در این زمینه قابل شناسایی است.

تغییر قیمتی با زمان مرتبط است، اما از طرف برند مدیریت می‌شود

این سیاست بیشتر در صنعت گردشگری (هتلداری، کشتیهای تفریحی، سفرهای هوایی) مورد استفاده قرار می‌گیرد، اما در عرصه‌ی لوکس‌گرایی اهمیت بالایی کسب کرده است و کاربرد زیادی به‌عنوان دروازه‌ی ورودی برای مشتریان تازه‌وارد دارد. مشتریان تازه‌وارد[2] بدین‌ترتیب می‌توانند به خدمات مطلوب خود در هزینه‌ی پایین‌تری دسترسی داشته باشند (برای مثال، بازدید خارج از فصل گردشگری از جاذبه‌های توریستی) این‌حالت را نمی‌توان محصول تخفیف‌خورده به حساب آورد، از طرف دیگر این کار نباید مانند کالاهای کلاسیک به شیوه‌ای برای پرکردن جاهای خالی تبدیل شود.

یک مثال از کشتیهای تفریحی بزنیم؛ بسیاری از مشتریان این کشتیهای تفریحی، افرادی دارای سنین کمابیش بالا هستند. اگر یک شرکت که کشتی را چارتر کرده است بخواهد طرحی برای تازه‌ازدواج‌کرده‌ها ارائه دهد، افرادی که بهای کامل بلیت را پرداخته‌اند، احساس تبعیض و خسران

---

1. Tax-free shoo
2. Newcomers

نمی‌کنند؛ چرا که همه می‌دانند ماه‌عسل یک شرایط استثنایی است. برعکس احتمالاً حضور نوعروس و دامادها در کنار ایشان در کشتی تفریحی یادآور دوران خوب جوانی خواهد بود. اما اگر شرکت کشتی را با پیشنهادات لحظه‌ی آخری با قیمت پایین‌تر پر کند و خدمات ارائه‌شده به دلیل افزایش تعداد مسافران کاهش بیابد، قطعاً با مسافرانی شاکی روبه‌رو خواهد بود که پول کامل پرداخته‌اند و خدمات ناقص دریافت کرده‌اند. برند لوکس اگر درهایش را نیمه‌باز بگذارد، برای آن دلیلی قانع‌کننده دارد (موقعیتهای خاص).

مثال فوق بخوبی برخی قواعدی که می‌بایست رعایت شوند را مشخص می‌کند:

- هیچ‌گاه مشتریان فعلی را با کاهش خدمات ارائه‌شده به دلیل ورود تازه‌واردها تنبیه نکنید بلکه، مواظب باشید افرادی که هزینه‌ی کامل را پرداخته‌اند، به هیچ قیمتی احساس نکنند به آنها توهین شده است.

- توضیح و توجیه مثبت و روشنی برای قیمتهای ویژه داشته باشید (ماه‌عسل، فصل کم‌سفر[1] و ...)

- کیفیت خدمات را برای کسانی که از پیشنهاد ویژه استفاده می‌کنند، پایین‌تر نگیرید؛ می‌بایست خدمت ما برای همه‌ی مشتریان لوکس بماند.

- مطمئن شوید افرادی که از مزیت پیشنهاد ویژه بهره برده‌اند، از اعضای قبیله‌ی مشتریان برند بوده‌اند؛ لوکس‌گرایی اساساً تفکیک‌گرا است.

قیمت، آزادانه نسبت به تقاضا و پیشنهاد تغییر می‌کند

این مورد به دنیای حراجیها مرتبط می‌شود، و در اصل متعلق به محصولات استثنایی (به نام هنر) متمرکز در مکانهای نسبتاً غیرقابل دسترس (حراجیهای هنری) است، اما فناوریهای نوین آن را متحول کرده و به زمینه‌های دیگر تعمیم داده است: در شرایطی که محصولات لوکس به دلیل عمرشان شاهد افزایش ارزش هستند، بازار دست‌دوم قابل اهمیتی حول آنها سر برآورده است، و اینترنت به این بازار اجازه‌ی پول‌سازی می‌دهد، برای مثال، سایت ایی‌بی.[2]

در لوکس‌گرایی حراج ممنوع!

حراج[3]، تخفیف مشخص و عمومی با هدف فروش کالاهای بدفروش و فروش نرفته است، که به کل در مسیری متعارض با لوکس‌گرایی قرار دارد. قیمت و ارزش کالای لوکس باید در طول زمان افزایش

---

1. Low Season
2. Ebay
3. Auction

بیابد، نه اینکه به ناگهان سقوط کند:

- محصول لوکس می‌بایست بی‌زمان باشد، نه اینکه به‌سرعت منسوخ و از مدافتاده شود.
- خرید یک محصول لوکس، عملی تعمدی و برنامه‌ریزی‌شده است، نه حرکتی لحظه‌ای و ناشی از تب خرید و تقلیدوار.
- قیمت در لوکس‌گرایی در پس‌زمینه است، نه اینکه عامل اصلی و پیشاهنگ باشد. در حراج شما قیمت را می‌خرید، نه محصول را.

در نتیجه، برندی که حراج دارد را نمی‌توان لوکس حساب کرد، و محصولات حراجی‌ها نیز لوکس محسوب نمی‌شوند. این موردی است که دامنگیر خطوط محصولات مد برندهای لوکس است. حراج در مد، امری مهم و کلیدی است: مد اساساً درباره‌ی تغییرات برنامه‌ریزی شده است.

هر سال چند بار، ضروری است که مشتریان را به داخل فروشگاه‌ها بکشانید و باعث خرید آن‌ها شوید. از این رو، فروشگاه‌ها نیازمند فضا برای محصولات جدید هستند. کالاهای فروش‌نرفته می‌بایست در فرایند حراج به فروش بروند.

اگرچه در ظاهر هر دو دسته محصولاتی از جنس پوشیدنیها و اکسسوری هستند، اما حراج در یکی از اصول، مهم و در دیگری از اعمال ممنوعه است. برای مثال، لویی ویتن که گاهی کیفهای خاص مد هم تولید می‌کند، اما اگر در انتهای فصل کیفهای فروش‌نرفته داشته باشد، به جای کاهش قیمت و حراج، در اقدامی به ظاهر غیراقتصادی همه‌ی آن‌ها را معدوم می‌کند. استراتژی لوکس لویی ویتن[1] در کالاهای چرمی ایجاب می‌کند که از زیان معدوم کردن تعدادی کیف فانتزی به نفع حفظ تصویر قدرتمند لوکس خود بگذرد.

کاهش قیمت

ممکن است در شرایط خاصی و برای مشتریان ویژه لازم باشد مزایای قیمتی قائل شویم. به‌منظور حفاظت از برند و مشروع کردن کاهش قیمت، این رویکرد می‌بایست شخصی‌سازی و خصوصی‌سازی شود: شما قیمت را کاهش نمی‌دهید، به‌خاطر اینکه قادر به فروش محصول نیستید.

برعکس، این برند است که تصمیم می‌گیرد که یک مشتری خاص از مزایای آن برخوردار باشد. نکته‌ی مهم برای مدیریت اینگونه کاهش قیمتی، این است که ارزش محصول را پایین نیاورده‌اید، در عین حال با ایجاد امکان چانه‌زنی ارزش بیشتری برای یک مشتری خاص منتقل کرده‌اید. دو راه و دلیل مشروع برای اینگونه کاهش قیمتها عبارتند از:

---

1. Louis Vuitton

۱) **وسوسه کردن مشتریانی که از داشتن تعداد زیادی از محصولات این برند احساس گناه می‌کنند:** این افراد باز هم به خرید ادامه می‌دهند، اما با این توجیه که این محصول حاصل یک چانه‌زنی خوب است. نکته‌ی مهم این است که آنها آن برند را دوست دارند و باز هم به دوست داشتن آن ادامه می‌دهند، حتی اگر تخفیفی در کار نباشد، اما این چانه‌زنی علاقه‌ی ایشان به برند را افزایش می‌دهد؛ در واقع تخفیف ناشی از چانه‌زنی برای این دسته مشتریان، نوعی هدیه بابت وفاداری ایشان است. به‌خاطر داشته باشید این تخفیف و چانه‌زنی صرفاً منحصر به مشتریان وفادار برند است.

۲) **دادن فرصت به مشتریان جدید برای کشف دنیای برند.** برای اینکه سوءبرداشت پیش نیاید، دلیل اعطای این مزیت باید روشن شود. برای مثال، مزیتی که برای زوجهای تازه ازدواج‌کرده قائل شویم، یا برای اولین فرزند، یا به دست آوردن درجه و مقامی با پرستیژ.

همان‌طور که مشاهده کردید، مدیریت اکتساب، ابزار مؤثری است که می‌تواند در لوکس‌گرایی مورد استفاده قرار بگیرد و امتیازات ارائه‌شده‌ی قیمتی بر اساس اکتسابات و شرایط خاص مشتری می‌بایست ارائه شود.

قیمت و ارتباطات مرتبط با آن

تمام ویژگیها و پیچیدگیهای منحصربه‌فرد مدیریت قیمت‌گذاری در لوکس‌گرایی در ارتباطات مرتبط با آن خلاصه شده است: چگونه و با چه کسی باید درباره‌ی قیمت محصول لوکس سخن بگویید. قیمت در لوکس‌گرایی چیزی است که مشتری همواره درباره‌ی آن می‌اندیشد، اما هیچ‌گاه در مورد آن حرفی نمی‌زند، بنابراین ارتباطات در قیمت‌گذاری لوکس، بازی خلق وسوسه است. در ارتباطات مرتبط با قیمت‌گذاری دو اصل باید رعایت شود:

- قیمت می‌بایست معلوم باشد، اما نه به صورت آشکار و رسمی.
- چارلز رویس، شریک بنیانگذار رولزرویس، می‌گوید: اگر بایستی قیمت آن را بپرسید، قاعدتاً از عهده‌ی هزینه‌ی آن برنمی‌آیید. بنابراین، ارتباطات باید به پالایش افراد دارای توانایی خرید از سایرین کمک کند.

به‌طور کلی، سطح قیمتی، نه قیمت دقیق و ریز محصول شاخص برند، می‌بایست برای عموم و نه فقط مشتریان احتمالی شناخته‌شده باشد. هرچه تعداد آگاهان بیشتر، بهتر (کارکرد لوکس‌گرایی به‌عنوان طبقه‌بندی‌کننده و موجد فاصله‌ی اجتماعی)

علاوه بر این، اینکه قیمت مفروض بیشتر از قیمت واقعی باشد، برای برند مطلوب است. اینجا

هم داستان کالاهای کلاسیک و لوکس در تضاد با هم قرار دارد. در محصولات کلاسیک این قیمت کم است که برای محصول حکم تبلیغ را دارد، و برند کلاسیک مشتری احتمالی را با فرض قیمت ارزان به داخل می‌کشد، و سپس سعی می‌کند از طریق گزینه‌ها و خدمات جانبی به وی بیشتر بفروشد، و در محصولات لوکس، بالا پنداشتن قیمت است که هاله‌ای از درخشندگی به دور آن می‌تند، مشتری پس از ورود به فروشگاه از اینکه جرأت کرده وارد فروشگاه شده و با قیمت کمتر خرید کرده، شادمان خواهد بود.

دو اثر مثبت بالا بودن قیمت مفروض نسبت به قیمت واقعی عبارتند از:

● در مواردی که کالا برای هدیه دادن به‌کار برده می‌شود، ارزشی بیشتر به آن می‌دهد. بخش عمده‌ای از بازار لوکس در واقع بازار هدیه است: بهتر است که هدیه گران باشد، و بهتر از آن اینکه گران به نظر بیاید و قیمتش معلوم نباشد.

● مشتری غیرحرفه‌ای و به اصطلاح تازه‌کار پس از خرید درمی‌یابد که چیزی که به دست آورده است، آنقدر که واهمه داشته، گران نبوده است (بازیابی اطمینان پس از خرید).

قیمت به شکل عمومی تبلیغ نمی‌شود

منطق لوکس‌گرایی حکم می‌کند که قیمت در ملأ عام جار زده نشود. تبلیغات یک برند لوکس هیچ‌گاه از قیمت حرفی به میان نمی‌آورد، حتی بیش از این تذکر قیمت (به شکل اتیکت قیمتی) در فروشگاه هم صورت نمی‌گیرد، بویژه فروشگاه‌های پرچمدار[1] برند؛ اگر محدودیت‌های قانونی برند را به داشتن اتیکت قیمتی اجبار کنند، تا جایی که ممکن است آن را پنهان و با جلب‌توجه کم می‌چسبانند.

استراتژی ایده‌آل، دو نکته‌ی ذیل را رعایت می‌کند:

● سطح قیمتی برای همه مشخص است، و در صورت ممکن دست‌بالا فرض می‌شود.

● تنها کسی که خرید می‌کند از قیمت واقعی آگاه است.

بهترین مثال، رستورانهای لوکس است: منو برای مهمان بدون قیمت است و برای میزبان برچسب قیمت دارد (در گذشته فقط منوی مردان قیمت داشت)، و یا صورتحساب پیش از رفتن به رستوران و یا پس از آن دریافت و پرداخت می‌شود.

قیمت باید فروش برود

در حال حاضر باید به این نکته اشاره کنیم: از آنجایی که محصول لوکس را مشتری با رغبت خود

---

1. Flagship Stores

می‌خرد و هنر فروش کمتر مطرح است، قیمت اغلب تنها چیز باقیمانده است که در فروشگاه باید به فروش برود، گاهی همین قیمت هم به فروش نمی‌رود؛ چک‌هایی که بدون هیچ نگاه‌کردنی نوشته و امضا می‌شوند، نشان‌دهنده‌ی این است که قیمت محصول هم نیاز به فروخته‌شدن نداشته، و مشتری با رغبت خرید کرده است. نقش فروشنده در چنین شرایطی مهم است: فروشنده می‌بایست برای مشتری ارزش نمادین[1] محصول را بخوبی و به‌طور مفصل توضیح دهد، با جزئیات فرایند تولید، مواد خام، موارد خاصی را که در محصول به‌کار رفته است توضیح دهد، شرح این موارد بسیار مهم‌تر از توضیح درباره‌ی قیمت است. مشتری باید دریابد که برای کیفیت و ارزش پرستیژی که به دست می‌آورد، در واقع محصول ارزان هم هست: این مسأله‌ی مهمی است، که پیش از خرید و بلافاصله پس از پرداخت پول مشتری باید رخ بدهد، تا مشتری از انتخابش مطمئن شود. قیمت مسأله‌ای ثانویه و رازمانند است، که هیچ‌گاه نباید به‌طور مستقیم به آن اشاره کرد. توجه داشته باشید، این یکی از گول‌زننده‌ترین نقاط استفاده از اینترنت در لوکس‌گرایی است، و یکی از مهم‌ترین دلایل اجتناب لوکس‌گرایی از اینترنت به‌عنوان ابزار فروش است.

---

1. Symbolic Value

فصل هشتم

قیمت‌گذاری کاروکسب‌های نوآفرین (استارت‌آپی)

در کارگروه واژه‌گزینی بازاریابی در فرهنگستان زبان و ادب فارسی برای ترجمه‌ی کلمه‌ی استارت‌آپ[1]، واژه‌های شرکتهای نوآفرین تصویب شد. این شرکتها عمدتاً بر پایه‌ی فناوری قرار دارند. یادآوری می‌کنم آینده را بنگاههای اقتصادی اداره خواهند کرد که روی دو حوزه‌ی دانشی مارکتینگ و فناوری مسلط باشند. به انسانهایی که در این دو حوزه تخصص داشته باشند تک‌شاخ[2] می‌گویند. آینده را تک‌شاخ‌ها هدایت می‌کنند. در اینجا مدلهای قیمت‌گذاری برای شرکتهای نوظهور یا استارت‌آپ می‌آید.

۱۰ مدل قیمت‌گذاری برای استارت‌آپ‌ها

تأثیرات مدلی که برای قیمت‌گذاری محصولات و یا خدمات خود انتخاب می‌کنیم، بسیار قابل توجه بوده و علاوه بر تعریف تصویر برند[3] ما، الزامات سرمایه‌گذاری و بقای کاروکسب ما در بلندمدت را تعیین می‌کند.

مدل درآمدی که ما انتخاب می‌کنیم اساساً از استراتژی تجاری‌مان نشأت گرفته و کلید دستیابی به اهداف مالی‌مان است. این مدل انتخابی می‌بایست عوامل بسیاری از جمله مشتریان هدف و

1. Startup
2. Unicorn
3. Brand Image

ویژگیهای بازاری که قصد فعالیت در آن داریم، مدلهای قیمت‌گذاری مورد استفاده‌ی رقبا و راهبردی که به باور ما همسوی محصولات آینده و سمت‌وسوی حرکت ما است را مدنظر قرار دهد.

به‌علاوه، مدل تجاری شرکت ما در تعامل نزدیک با مدل بازاریابی آن قرار دارد. بازاریابی یکی از ابزارهای ابتدایی برای شناخته شدن و دسترسی به فرصتهاست، اما قیمت‌گذاری مشخص می‌کند که چگونه در بلندمدت کسب درآمد و سود خواهیم کرد.

در مجموع، اصل سادگی یکی از مهمترین قواعدی است که می‌بایست در مدلهای قیمت‌گذاری لحاظ شود؛ چرا که مشتریان نوعاً نسبت به قیمت‌گذاریهای مصنوعی و یا پیچیده دغدغه دارند. اصل سادگی بیان می‌کند که اگر سیستمها ساده و به دور از پیچیدگی بمانند، عملکرد بهتری خواهد داشت. بنابراین، سادگی باید هدف اصلی طراحی مدلها و سیستمها بوده و از پیچیدگیهای بیهوده اجتناب کرد. به هر روی، چالش ما تعیین قیمت درست متناسب با ارزش ادراک‌شده از سوی مشتری همراه با نرخ بازگشت عادلانه و سودآور برای شرکت ما است.

در ادامه ۱۰ مدل پرکاربرد قیمت‌گذاری مورد بررسی قرار می‌گیرد:

۱- محصول یا خدمت رایگان بوده و درآمدزایی از طریق آگهی حاصل می‌شود

این یکی از پرکاربردترین مدلهای قیمت‌گذاری مورد استفاده بخصوص شرکتهای استارت‌آپی اینترنتی است که با عنوان مدل فیس‌بوک نیز شناخته می‌شود که در آن خدمت به‌صورت رایگان ارائه می‌شود و درآمدها از طریق تبلیغات کلیکی[1] به دست می‌آید. این مدل هر چند برای مشتریان فوق‌العاده به نظر می‌رسد، اما برای شرکتهای نوپا چندان مناسب نیست، مگر آنکه سرمایه‌ی هنگفتی در اختیار داشته باشند.

۲- محصول رایگان است، اما بابت خدمات پول می‌پردازید

در این مدل، محصول به رایگان در اختیار مشتری قرار گرفته اما بابت نصب، سفارشی‌سازی[2]، آموزش و یا دیگر خدمات؛ هزینه دریافت می‌شود. این مدل خوبی برای کشاندن مشتری به سمت برند است، اما توجه داشته باشید که چنین شکلی از کاروکسب، تجارتی بر مبنای خدمات است که محصول در آن به‌عنوان یکی از هزینه‌های بازاریابی در نظر گرفته می‌شود.

۳- مدل فری‌میوم

فری‌میوم[3] یک مدل یا روش کاروکسب و یا درآمدزایی است که مثلاً نرم‌افزار، رسانه، بازی یا خدمات

---

1. PPC
2. Customization
3. Freemium

وب به‌صورت رایگان ارائه می‌شود، اما برای دسترسی به امکانات جانبی و خدمات بیشتر از کاربر و یا مصرف‌کننده پول دریافت می‌شود. به‌طور مثال، اسکایپ[1] سرویس تماس‌های رایانه‌ای خود را به رایگان عرضه کرده و سپس از طریق فروش تماس‌های عادی، Voice mail و سایر خدمات درآمد کسب می‌کند.

به عبارت دیگر، سازمان آنچه مورد علاقه‌ی کاربران است به‌طور رایگان در اختیار ایشان قرار می‌دهد و خدمات بیشتری را که می‌تواند تجربه‌ی قبلی کاربران از محصول رایگان را جذاب‌تر از قبل کند و کاربران از آن استقبال می‌کنند، در ازای دریافت هزینه عرضه می‌کند. توجه داشته باشید این مدل قیمت‌گذاری نیز نیازمند سرمایه‌گذاری قابل توجه به‌منظور دستیابی به جمعیت انبوه کاربران و تلاش فراوان در راستای ایجاد تمایز و فروش خدمات پریمیوم[2] (پولی) به کاربران رایگان است.

۴- مدل هزینه‌محور

در این مدل سنتی‌تر قیمت‌گذاری، قیمت ۲ تا ۵ برابر هزینه‌ی تمام‌شده‌ی محصول تعیین می‌شود. اگر محصول شما انبوه و مصرفی باشد (مثل کالاهای تند فروش)، حاشیه‌ی سود نهایتاً ۱۰ درصد خواهد بود. این مدل زمانی بهترین کارآیی را دارد که بتوان به کمک فناوری، میزان هزینه کرد را به شکل بسیار قابل‌توجهی کاهش داد. این مدل زمانی که رقبای زیادی در بازار حضور دارند، کارآیی ندارد.

۵- مدل ارزش‌محور

این مدل بویژه در مورد قیمت‌گذاری دارایی‌های نامشهود و همچنین کالاهای فناوری بنیان و اطلاعاتی (مثل خدمات تلفن همراه و مخابرات) مورد استفاده است. در واقع مدل مذکور درصورتی‌که بتوانید ارزش قابل‌توجهی را به مشتری در قبال خرید محصول یا خدمت خود ارائه کرده و یا هزینه‌ی زیادی را برای او صرفه‌جویی کنید، کارآمد خواهد بود. این مدل به‌طور مثال در مورد قیمت‌گذاری داروهای جدیدی که راه‌حلی برای مشکلات حاد جسمانی هستند، کاربرد دارد.

۶- قیمت‌گذاری پرتفولیو

این مدل تنها زمانی که سبدی از محصولات و خدمات داریم که هر یک بها و کاربرد متفاوتی دارند، مؤثر خواهد بود. در اینجا هدف، ایجاد درآمد از طریق ارائه‌ی سبد محصولات[3] است.

---

1. Skype
2. Premium
3. Portfolio

۷- قیمت‌گذاری طبقاتی و یا حجمی

در برخی از انواع محصولات که محصول مورد نظر شرکت دارای یک و یا صدها و هزاران مصرف‌کننده است، رویکرد عمومی تعیین قیمت از طریق دامنه‌ی گروههای کاربران و دامنه‌ی حجم مصرف است. تعداد طبقات را به‌منظور ساده‌سازی مدیریت آن محدود نگه دارید. این رویکرد عموماً در مورد محصولات و یا خدمات مصرفی کاربرد ندارد.

۸- موقعیت‌گذاری رقابتی

در محیطهای بشدت رقابتی[1]، قیمت نیز باید صرف‌نظر از هزینه‌های تمام‌شده و یا حجم فروش، رقابتی باشد. این مدل اغلب به این شکل است که در حوزه‌های خاص به‌منظور دفع رقبا، قیمتهای پایین تعیین می‌شود و زمانی که رقابت اندک است، قیمتها بالا تعیین می‌شود. اما به‌یاد داشته باشید که رقابت صرف بر مبنای قیمت، راه میان‌بری به سوی شکست تجارت نوپای شما محسوب می‌شود.

۹- قیمت‌گذاری بر اساس ویژگیها

این رویکرد زمانی کاربرد دارد که بتوان نسخه‌ی بدون امکانات محصول را به قیمت پایین‌تر و در ازای ویژگیهای افزوده، بهای بالاتری دریافت کرد. این می‌تواند رویکردی کاملاً رقابتی باشد، اما طراحی محصول باید به‌گونه‌ای باشد که در سطوح مختلف، کاربری خوب و مناسبی داشته باشد که تحقق این امر هزینه‌بر و نیازمند آزمون و خطا، مستندسازی و غلبه بر چالشها است.

۱۰- مدل تیغ[2]

در این مدل، محصول پایه، پایین‌تر از هزینه‌ی تمام‌شده به فروش می‌رود و انتظار می‌رود که درآمد از طریق فروش ملحقات و محصولات مکمل گران‌قیمت‌تر تأمین شود. مانند چاپگرهای ارزان‌قیمتی که کارتریج جوهر آنها بسیار گرانتر از خود محصول است و یا دوربینهایی که لنز آنها چندین برابر خود دستگاه قیمت دارد. به‌کارگیری این مدل نیز مستلزم وجود سرمایه‌ی اولیه‌ی قابل توجه بوده و گزینه‌ی چندان مناسبی برای استارت‌آپ‌ها نیست.

1. Hyper-competitive
2. Razor Blade

فصل نهم

قیمت‌گذاری در بازارهای صادراتی

شرکتها در مسیر رشد و توسعه از سطوح محلی به منطقه‌ای، ملی، بین‌المللی، جهانی و فراملیتی حرکت می‌کنند. وقتی شرکتی تصمیم به عرضه‌ی محصول در بازار خارجی می‌گیرد، معمولاً با صادرات شروع می‌کند. صادرات به دو دسته‌ی غیرمستقیم و مستقیم بخش‌بندی می‌شود. صادرات غیرمستقیم به حالتی گفته می‌شود که یک فرد یا شرکت ایرانی یا خارجی به شرکت شما مراجعه کند و محصول را با ارز رایج مملکت بخرد و خودش نسبت به صادرات اقدام کند. این حالت را در سالهای گذشته بخصوص برای صادرات موادغذایی به کشور عراق زیاد دیده‌ام. در این حالت درست است که فروش شما افزایش یافته است، اما دو ایراد اساسی که به صادرات غیرمستقیم وارد است عبارتند از اینکه ارز خارجی وارد مملکت نشده و دیگر اینکه شما معمولاً از سرنوشت محصولتان بی‌خبر هستید. اگر طرف خارجی در نگهداری درست عمل نکند و محصول فاسد شود یا محصولاتی نظیر لوازم خانگی که نیاز به نصب و خدمات پس از فروش دارند، اگر در این‌خصوص در آن بازار ضعیف عمل شود، در نهایت، برند شما زیر سؤال می‌رود. از این رو، توصیه‌ی جدی من این است که پس از مدتی با شناخت و مطالعه، بازار صادراتی را رأساً به‌دست بگیرید و با ایجاد دفتر فروش یا جذب نماینده‌ی واجد شرایط، نسبت به صادرات مستقیم عمل کنید و محصولتان را رها نکنید. به صادرات به‌عنوان یک بازار بلندمدت نگاه کنید، به‌کارگیری صحیح آمیزه‌ی بازاریابی از جمله قیمت‌گذاری شایسته به موفقیت شما در بازار صادراتی کمک می‌کند.

قیمت‌گذاری در بازار صادراتی را جدی بگیرید. ابتدا از بازار مربوط با کسب اطلاعات لازم شناخت پیدا کنید، عوامل توزیع آن بازار را بشناسید. چه‌بسا هزینه‌های نامشهودی در آن بازارها وجود داشته باشد که بعداً متوجه آنها شده در نتیجه با زیان مواجه خواهید شد. رقبای بازار صادراتی هدف را بخوبی بشناسید، بدانید که موفقیت شما در بازار داخلی تضمین موفقیت‌تان در بازار صادراتی نیست. سطح بازی و نوع بازیگران در آن بازار متفاوت است. نقش آمیزه‌ی بازاریابی خصوصاً شبکه‌ی توزیع در آن بازار در نحوه و میزان قیمت‌گذاری بسیار تأثیر دارد. شناخت فرهنگ بازار در سودوزیان بازار صادراتی بسیار مهم است. برای مثال، ژاپنی‌ها تمایل دارند وقتی محصولی در بازار ژاپن به فروش می‌رسد، باید تعداد بیشتری از کاسبهای ژاپنی از آن درآمد داشته باشند؛ بدین رو، زنجیره‌ی مربوطه تا رسیدن به مصرف‌کننده طولانی‌تر است.

کوکاکولا و پپسی با هم وارد بازار ژاپن شدند، کوکاکولا با تحقیقات بازاریابی متوجه شد راه موفقیت این است که با یک شرکت ژاپنی همکاری کند؛ از این رو، برای توزیع با شرکت میتسویی قرارداد بست، بنابراین، هم یک شرکت ژاپنی را به‌کار گرفت و هم مردم از هموطنشان نوشابه می‌خریدند، اما پپسی خواست خودش برای فروش مستقیم عمل کند و در نتیجه، نسبت به کوکاکولا ناموفق بود.

قیمت‌گذاری محصولات صادراتی

تصمیماتی که یک سازمان در زمینه‌ی قیمت‌گذاری اتخاذ می‌کند، از اهمیت بالایی برخوردار هستند؛ زیرا تأثیر مستقیمی روی درآمد آن دارد. با توجه به محیط در حال تغییر بازارهای امروزی، گرفتن این تصمیمات کار آسانی نیست. قیمت‌گذاری محصولات صادراتی به محصولاتی اشاره دارد که در یک کشور ساخته و در یک یا چند کشور دیگر به مشتریان فروخته می‌شود. در چنین شرایطی، موضوع قیمت‌گذاری پیچیده‌تر از قبل نیز می‌شود؛ زیرا لازم است شرایط بازارهای خارجی و تفاوتهای آنها از لحاظ فرهنگی، اقتصادی، حقوقی و سیاسی را نیز مدنظر قرار داد. در اینجا قصد داریم به مرور برخی از ادبیات تحقیق صورت‌گرفته در این زمینه بپردازیم.

• آرگوسیلیدیس و ایندوناس، ۲۰۱۰

این دو محقق با استفاده از مفهوم بازاریابی رابطه‌ای[1]، به بحث درباره‌ی این نکته پرداختند که قیمت‌گذاری محصولات صادراتی باید به محرکهای ارزش‌آفرین برای مشتری توجه کند. این تلاش باید به‌طور خاص بر توسعه‌ی هرچه بیشتر اعتماد بلندمدت در رابطه‌ی بین مشتری و شرکت تأیید داشته باشد. بنابراین، استفاده از مفهوم قیمت‌گذاری رابطه‌ای از سوی صادرکنندگان، به آنها اجازه

1. Relational Marketing

می‌دهد که به‌راحتی رضایت مشتری را ارتقا بخشند و اطلاعات لازم را از طریق واردکنندگان جمع‌آوری کنند.

● گریفیث و یالچینکایا، ۲۰۱۰

این دو در پژوهش خود درباره‌ی قیمت‌گذاری محصولات صادراتی، دیدگاه منبع‌محور را اساس کار خود قرار دادند. بر اساس این دیدگاه، تفاوت در منابع ارزشمند، کمیاب و غیرپایدار به ایجاد مزیت رقابتی کمک می‌کند و این در نهایت، به عملکرد بهتر شرکت می‌انجامد.

در ارتباط با قیمت‌گذاری محصولات صادراتی، دو سطح از منابع مرتبط با مزیت رقابتی وجود دارند: منابع کشور، و منابع سازمان. در مورد منابع کشور باید اظهار داشت که برخی از آنها مانند سیستم آموزش پیشرفته، زیرساخت‌های قوی برای بازاریابی، بهره‌وری بالای نیروی کار و... نقش بسیار مهمی در پایین آمدن هزینه‌ی بازاریابی دارند و زمانی که هزینه‌ی بازاریابی پایین بیاید، شرکت می‌تواند محصول خود را با قیمتی پایین‌تر یا کیفیتی بالاتر از رقبا عرضه کند. عوامل اجتماعی، حقوقی و سیاسی نیز که بر فعالیت‌های اقتصادی تأثیر می‌گذارند از جمله‌ی همین منابع هستند. دسته‌ی دوم، منابع یک سازمان هستند که شامل توانایی بازاریابی و توانایی عملیاتی آن سازمان می‌شوند. هرچقدر این توانایی‌ها بالاتر باشند، شرکت می‌تواند در اتخاذ قیمت‌های رقابتی‌تر برای محصولاتش بهتر عمل کند.

● هالتمن، رابسون و کاتسیکیس، ۲۰۰۹

یکی از دیدگاه‌های رایج در زمینه‌ی تصمیمات استراتژی قیمت‌گذاری که پایه‌ی نظری بسیاری از تحقیقات را شکل می‌دهد، تئوری احتمال وقوع[1] است. دلیل استفاده از این تئوری کاملاً مشخص است. هر استراتژی که اجرای آن تحت تأثیر عوامل محیطی باشد، با احتمالاتی در وقوعش مواجه است. بنابراین، ارتباط بین استراتژی بازاریابی و عملکرد صادرات به محیط درونی و بیرونی یک سازمان بستگی دارد. در این دیدگاه سه نوع متغیر وجود دارد: متغیرهای احتمالی، متغیرهای واکنشی، و متغیرهای عملکردی. در بستر قیمت‌گذاری محصولات صادراتی، متغیرهای احتمالی به عوامل محیطی و سازمانی مرتبط با استراتژی قیمت‌گذاری (مانند حمایت دولت، اندازه‌ی شرکت) گفته می‌شوند. منظور از متغیرهای واکنشی، استراتژی‌ها و اقدامات در زمینه‌ی قیمت‌گذاری محصولات صادراتی (مانند روش قیمت‌گذاری، رویکرد قیمت‌گذاری و...) است و متغیرهای عملکردی، سنجش مشخص عملکرد صادرات (مانند میزان فروش، سهم بازار و ...) را شامل می‌شوند.

---

1. Contingency theory

یک تجربه:
چند سال قبل یک شرکت تولیدکننده‌ی تایر اتومبیل اروپایی محصولات تولیدی خود را در بازار ایران با قیمت پایین‌تر از بازار خودش عرضه می‌کرد. بدیهی است در اینجا فرضیاتی پیش می‌آید، اول اینکه محصول عرضه‌شده در بازار ایران اصلی نیست که پس از بررسی مشخص شد کاملاً اصل است. فرض دیگر این بود که شرکت برای به‌دست گرفتن بازار ایران مشمول ضررروزیان می‌شود و چون هزینه‌های حمل‌ونقل و بیمه و توزیع و بازار ایران هم به آن اضافه شده بود، اما با بررسی دقیقتر متوجه شدیم شرکت خارجی سهم هزینه‌های ثابت محصولاتی که به ایران می‌فرستد را صفر در نظر گرفته؛ چون معتقد بود کل هزینه‌های ثابتش را از قیمت‌گذاری بازار کشور خودش درمی‌آورد و ظرفیت خالی‌اش را برای ایران تولید می‌کند. به همین دلیل هزینه‌ی کل فقط هزینه‌ی متغیر شده بود و به این طریق ضمن سود بردن از هر دو بازار توانسته بود خط تولید خود را با حداکثر ظرفیت به‌کار بگیرد و در بازار ایران هم با قیمت رقابتی محصول عرضه کند. ضمن اینکه پشتوانه‌ی اعتبار اروپایی بودن یک میراث در جذب مشتریان برای آنها است.

۵ استراتژی مهم قیمت‌گذاری صادرات در بازاریابی بین‌المللی

۱- سقوط منحنی تقاضا

شرکت در این استراتژی قیمتها را به دلیل رقابت احتمالی، سریعتر و بیشتر از حد مجاز کاهش می‌دهد. هدف شرکتی که چنین استراتژی را به‌کار می‌گیرد، این است که جایگاه خودش را در بازارهای خارجی به‌عنوان یک تولیدکننده‌ی موثر باز کند، پیش از آنکه رقیبان داخلی و خارجی بتوانند وارد این بازار شوند.

بیشتر شرکتهایی که می‌خواهند محصول یا خدمت جدید و نوآوری را معرفی کنند، این استراتژی را انتخاب می‌کنند. در تمام طول استراتژی تقریباً مرکز و تأکید روی موضوع قیمت‌گذاری بر اساس آنچه که بازار تاب تحملش را دارد، می‌باشد و از این نقطه به سمت هزینه‌های قیمت‌گذاری با یک سرعت خاص حرکت می‌کند. این سرعت حرکت باید به حدی آرام باشد که بتواند کسب درآمد و سود کند و درعین حال باید به حدی تند و سریع باشد که از ورود رقیبان به بازار جلوگیری کند. شرکتهایی که از این استراتژی استفاده می‌کنند، در تلاشند تا همزمان که جای پای خود را در بازار محکم می‌کنند، هزینه‌های توسعه را بهبود ببخشند.

۲- قیمت‌گذاری خامه‌گیری در بازار

یک هدف خیلی ساده و شاید کمی غیرطبیعی این باشد که امکان به دست آوردن سود بزرگی در

کوتاه‌مدت فراهم کنید و بلافاصله از این کاروکسب خارج شوید. در این استراتژی بدون نگرانی درباره‌ی موقعیت شرکت در بازار خارجی برای طولانی‌مدت، بالاترین قیمت ممکن برای ویژگی متمایز محصول یا خدمت در کوتاه‌مدت در نظر گرفته می‌شود.

البته پس از مدت کوتاهی می‌توان قیمت‌ها را کمی پایین آورد تا بازار دوم را هم جذب کرد و یا کسب درآمد را بیشتر کرد. با این‌حال، در این استراتژی توجه کمی به موقعیت دائمی شرکت در زمینه‌ی کاری‌اش می‌شود. شرکت‌ها این استراتژی را به‌کار می‌گیرند؛ چون یا فکر می‌کنند که آینده‌ی خوب و دائمی برای این محصول یا خدمت در بازار خارجی یا سایر بازارها وجود ندارد یا اینکه هزینه‌های آن بالا است و ممکن است یک رقیب وارد بازار شود و بازار را از دست آن‌ها بقاپد.

۳- قیمت‌گذاری نفوذی

در این استراتژی قیمت تا جایی که امکان دارد پایین در نظر گرفته می‌شود تا بتواند به‌سرعت یک بازار انبوه را ایجاد کند. در قیمت‌گذاری نفوذی[1] تأکید بیشتر روی ارزش است، نه هزینه‌های تنظیم قیمت و اینگونه فرض می‌شود که اگر قیمت تعیین‌شده برای وارد شدن به بازار انبوه[2] باشد، اثر این حجم انبوه بازار باعث می‌شود که هزینه‌ها به اندازه‌ی کافی پایین بیاید تا محصول یا خدمت از این قیمت سود کند.

در صنعتی که کاهش هزینه‌ها روندی سرعتی دارد، قیمت‌گذاری نفوذی می‌تواند این روند را تسهیل سازد. در این استراتژی همچنین فرض می‌شود که تقاضا بسیار انعطاف‌پذیر است یا خریداران خارجی در درجه‌ی اول براساس قیمت خرید می‌کنند. این استراتژی برای شرکت‌های چندملیتی که از کشورهای کمتر توسعه‌یافته تقاضا دارند، از استراتژی خامه‌گیری[3] مناسب‌تر است.

شکل شدیدتر قیمت‌گذاری نفوذی، قیمت‌گذاری گسترده است. این استراتژی هم مشابه به قیمت‌گذاری نفوذی است با این تفاوت که قیمت خیلی پایین‌تر است تا درصد بیشتری از مشتریانی را جذب کند که خریدار احتمالی خدمات با قیمت پایین هستند. این استراتژی بر این فرض است که:

۱- درجه‌ی بالایی از کشش قیمتی تقاضا وجود دارد.

۲- هزینه‌ها بشدت حساس به کاهش حجم خروجی هستند.

۴- قیمت‌گذاری پیشگیرانه

قیمت‌گذاری بسیار پایین برای جلوگیری از رقابت، هدف قیمت‌گذاری پیشگیرانه[4] است. به همین

---

1. Penetration pricing
2. Mass Market
3. Skimming
4. Preventive Princing

دلیل قیمت به هزینه‌ی کل واحد بستگی دارد. از آنجایی که هزینه‌های پایین‌تر نتیجه‌ی افزایش حجم است، اما خریداران همدیگر را از وجود قیمت‌های پایین‌تر باخبر می‌کنند. در این استراتژی در صورت لزوم برای جلوگیری از رقابت بالقوه‌ی قیمت‌ها حتی ممکن است قیمت‌ها موقتاً پایین‌تر از هزینه‌های کلی تنظیم شود. فرض بر این است که سود در بلندمدت و با تسلط بر بازار ایجاد خواهد شد.

۵- قیمت‌گذاری انقراضی

هدف از قیمت‌گذاری انقراضی از بین بردن رقبای موجود از بازارهای بین‌المللی است. معمولاً تولیدکنندگان بزرگ و کم‌هزینه این استراتژی را به‌عنوان ابزاری آگاهانه برای بیرون راندن تولیدکنندگان ضعیف‌تری که در حاشیه هستند، به‌کار می‌گیرند. ازآنجایی که این استراتژی می‌تواند آثار مخربی برای شرکت‌های کوچک و مؤسسات نوپا در کشورهای توسعه‌یافته داشته باشد، می‌تواند باعث کند شدن روند پیشرفت اقتصادی شود و در نتیجه توسعه‌ی بازارهای دیگر را تضعیف سازد.

دو استراتژی قیمت‌گذاری پیشگیرانه و انقراضی، خطر جدی "تخریب" را در بازارهای بین‌المللی دارند. درواقع، آنها بسته به قیمت داخلی بازار، صرفاً عامل اصلی فرایند تخریب هستند. اگرچه به‌کارگیری این دو استراتژی می‌تواند بازار خارجی را جذب و رقبا را از عرصه خارج کند، اما باید در اتخاذ آنها جوانب احتیاط را رعایت کرد.

این خطر همیشه وجود دارد که دولت‌های خارجی محدودیت‌های خودمختاری را در واردات و فروش خدمت و محصول تحمیل کنند و در نتیجه، بازار به‌طور کامل برای تولیدکننده بسته شود. مهم‌تر از آن، وقتی مشتریان به خرید با قیمت پایین عادت کردند، تقریباً دشوار و غیرممکن است که بتوان آنها را به سطوح سودآور رساند.

۲۰ توصیه برای موفقیت در قیمت‌گذاری صادراتی:

۱- ابتدا با تحقیقات بازاریابی یا بازارگردی دقیق از مشتریان شناخت خوبی پیدا کنید (رفتار مصرف‌کننده، قدرت خرید، نوع کالای درخواستی و...)

۲- رقبای نزدیک به خودتان را شناسایی کنید، مقایسه‌ای دقیق بین محصولات خودتان و آنها به‌عمل آورید، قدرت کشور مبدأ در بازار هدف صادراتی از نظر جایگاه در روح و روان مردم را به دست بیاورید. (مثلاً جایگاه اسم آلمان در کشور عراق). قیمت آنها را مطلع شوید و شرایط فروش و نحوه‌ی توزیع‌شان را بشناسید.

۳- شبکه‌های توزیع را بشناسید، شبکه‌ی توزیع قوی را ارزیابی کنید. به بهترین شیوه‌ی توزیع پی ببرید.

۴- اگر قرار است نماینده یا عامل پخش بگیرید، به‌طور دقیق اعتبار، جایگاه، قدرت در پخش (انبار، وسایل حمل‌ونقل و...) آنها را بررسی کنید و نماینده‌ی مناسب انتخاب کنید. رقم مناسب برای موفقیت در توزیع در سطوح کانال توزیع را به‌دست آورید.

۵- شیوه‌های ترویج و ارتباطات به‌منظور شناساندن شایسته‌ی محصولات در بازار هدف را بررسی کنید و هزینه‌های آن را برآورد کنید.

۶- اگر قرار است خدمات پس از فروش داشته باشید، عوامل آن را بشناسید و هزینه‌هایش را برآورد کنید.

۷- استراتژی مناسب قیمت‌گذاری خودتان و تاکتیک‌های شایسته را انتخاب کنید.

۸- هزینه‌های تمام‌شده‌ی کالا در داخل کشور را شامل هزینه‌های ثابت و متغیر به‌نحو درست محاسبه کنید.

۹- هزینه‌های حمل‌ونقل تا مرز، هزینه‌های عبور از مرز، هزینه‌های رساندن تا انبار و هزینه‌های پخش را دقیق برآورد کنید.

۱۰- هزینه‌های بیمه و خسارت در تأخیر را بشناسید.

۱۱- هزینه‌های خسارت نظیر آسیب‌دیدگی حین حمل، ضایعات، تفاوت بین باسکول این سوی مرز با آن سوی مرز یا کسری بار در حین حمل را برآورد کنید.

۱۲- هزینه‌ی تهیه‌ی مدارک صادراتی نظیر هزینه‌های خروج، گواهی از مبدأ، هزینه‌های بهداشت، انرژی اتمی، قرنطینه (در صورت لزوم)، هزینه‌های بازرسی، را برآورد کنید.

۱۳- هزینه‌های مالی نقل و انتقال را محاسبه کنید.

۱۴- نرخ برابری ارز را محاسبه کنید.

۱۵- عوارض صادراتی و مشوق‌های صادراتی را بشناسید و محاسبه کنید.

۱۶- هزینه‌های خرده‌فروشی در بازار هدف را برآورد کنید.

۱۷- هزینه‌های ثابت و متغیر نهایی را به‌صورت دقیق برآورد کنید. مثلاً اگر قرار است هزینه‌ی دفتر یا منابع انسانی داشته باشید، از آنها غافل نشوید.

۱۸- از هزینه‌های تسهیل کار در بازار هدف صادراتی نظیر هزینه‌های خرده‌فرمایشات مقامات محلی (مثلاً در کشور تاجیکستان بسیار با این مورد برخورد کردم) آگاه باشید.

۱۹- درصدی هم به‌عنوان هزینه‌ی پیش‌بینی‌نشده در نظر بگیرید.

۲۰- با عنایت به هزینه‌های تمام‌شده، قیمت رقبا و ارزش مشتری، سود را برآورد و قیمت فروش را مشخص کنید و به‌صورت مرتب رصد و بازنگری کنید.

فصل دهم

کاربرد اصول، فنون و هنر مذاکره در قیمت‌گذاری

اهمیت مذاکرات قیمت

مذاکره یکی از مهارتهای کلامی است که در حوزه‌ی ارتباطات به‌کار گرفته می‌شود. مذاکره گفت‌وگوی سازمان‌یافته‌ای است که بین دو یا چند گروه برای دستیابی به توافق مشترک با هدف برد طرفین صورت می‌گیرد. مذاکره می‌تواند بین دو نفر باشد که به‌صورت دیالوگ یا گفت‌وگوی دوطرفه صورت می‌گیرد. بدیهی است مذاکرات گروهی به‌مراتب دشوارتر از مذاکرات فردی است؛ چون تقسیم کار و هماهنگی و وحدت در بین افراد یک تیم مذاکره‌کننده بسیار مهم است.

برای موفقیت در مذاکرات قیمت در ابتدا نیازمند اطلاعات هستیم. باید از شرایط بازار کاملاً اطلاع داشته باشیم تا قدرت مذاکره‌مان افزایش یابد. سپس به اعصاب پولادین نیازمندیم. باید مراقب باشیم که عصبانی نشویم. باید در مذاکرات صبر و حوصله داشته باشیم. از همه‌ی اینها مهمتر، توانایی خونسرد بودن است. بازی، اصلی‌ترین واقعیت جهان مذاکره است. ما در حقیقت در حال نقش بازی کردن هستیم. گاه در مذاکرات برای آنکه گرفتار استراتژی کالباسی نشویم، لازم است یکی از ما نقش فرد خوب و دیگری فرد بد را بازی کند تا بتوانیم به خواسته‌ی خود دست یابیم. استراتژی کالباسی حالتی است که طرف مذاکره یکی‌یکی امتیازات را می‌گیرد، مثلاً می‌گوید از شما انتظار داریم پنج‌درصد تخفیف بیشتر به ما بدهید و پس از اعلام موافقت شما سپس می‌گوید همچنین انتظار داریم مدت چک را برای ما یکماه بیشتر کنید و پس از موافقت شما می‌گوید البته حمل‌ونقل هم از طرف شما

باشد و... دقت کنید شما ممکن است هر مرحله را فقط با مرحله‌ی قبل مقایسه کنید و بگویید ارزشی ندارد به‌خاطر این درخواست نه بگویم، اما اگر همه‌ی درخواستهای او را کنار هم بگذارید می‌بینید امتیازات زیادی را داده‌اید.

باید به‌خاطر بسپاریم که آنچه فروشندگان عالی را از فروشندگان خوب ممتاز می‌کند، قابلیت ترکیب گفتار و شنیدار و آگاهی درباره‌ی نیازهای مشتری و اعتمادسازی است.

توصیه می‌کنم در کلاسهای دوره‌ای اصول، فنون و هنر مذاکره شرکت کنید. کتابهای مفید مذاکره را بخوانید و یک مذاکره‌کننده‌ی حرفه‌ای خوب بشوید.

امتیاز گرفتن در مقابل امتیاز دادن:

توان مذاکره و چانه‌زنی از ابزار موثر رسیدن به قیمتهای رضایت‌بخش است. اگر مشتری در مرحله‌ی مذاکره انتظار تخفیف دارد، باید امتیازهایی مانند این موارد را بدهد:

- زودتر یا بی‌درنگ پرداخت کند.
- سفارش خود را زمان‌بندی کرده و با برنامه‌ی تولید هماهنگ کند.
- به مقدار سفارش بیفزاید یا به‌طور مشخص نشان دهد که اگر با دریافت چند محموله‌ی نخست راضی بود، دادوستد را حتماً ادامه خواهد داد.

■ **نکته:** چیزی که راحت به دست بیاید کم‌ارزش و بی‌ارزش می‌شود. بنابراین، سعی کنید امتیاز دادن را برای مشتری شیرین کنید.

تأثیر مذاکره در قیمت محصولات

قیمت نهایی برخی از محصولات از طریق مذاکره بین فروشنده و خریدار تعیین می‌شود. اثر مذاکره بر قیمت‌گذاری بستگی دارد به مهارتهای مذاکره و موقعیت هر دو طرف، و همچنین تعهدی که هر دو طرف برای پیگیری و داشتن یک رابطه‌ی بلندمدت کاروکسبی به یکدیگر متعهد می‌شوند.

برنده شدن یا شکست خوردن

در معامله‌ای نظیر فروش ماشین دست‌دوم، فروشنده و خریدار اهداف متفاوت، اما نه لزوماً متناقض با یکدیگر دارند. هدف فروشنده در کوتاه‌مدت این است که به بالاترین قیمت ممکن دست یابد، درحالی‌که هدف خریدار این است که بیشترین ارزشی را که می‌تواند با کمترین قیمت ممکن به دست بیاورد. اگر خریدار، ماشین را با قیمت خیلی پایین‌تری که خود فروشنده هم راضی باشد، بخرد، می‌توان خریدار را برنده‌ی این مذاکره دانست. اگر فروشنده بتواند ماشین را با قیمت خیلی بالاتری بفروشد به‌گونه‌ای که خریدار هم راضی باشد، در چنین موقعیتی این فروشنده است که برنده‌ی مذاکره است.

اگر فروشنده با قیمتی که ماشین را می‌فروشد، راضی باشد و از آن طرف هم خریدار از ارزشی که دریافت می‌کند، راضی باشد، در چنین موقعیتی هر دو طرف از معامله راضی هستند و احتمال اینکه در آینده بخواهند دوباره باهم دادوستد داشته باشند، بیشتر است.

قیمت رزرو (قطعی)

در هر مذاکره‌ی قیمتی، خریدار و فروشنده یک قیمت رزرو هم دارند. مثلاً، ممکن است فروشنده ترجیح دهد که ماشین را نفروشد، مگر اینکه دست‌کم بتواند دویست میلیون تومان به‌دست آورد. درحالی‌که خریدار ممکن است ترجیح دهد که اگر قیمت ماشین بالای دویست‌وبیست میلیون تومان باشد آن را نخرد. در چنین موقعیتی، دویست میلیون تومان قیمت رزرو فروشنده است و دویست‌وبیست میلیون تومان قیمت رزرو خریدار.

قیمت هدف

به‌منظور داشتن یک مذاکره‌ی کارآمد، هر دو طرف مذاکره باید یک قیمت هدف و همچنین یک قیمت رزرو داشته باشند. قیمت هدف، بهترین نتیجه‌ی ممکن است که هر دو طرف می‌توانند به آن دست یابند. ممکن است فروشنده تمایل داشته باشد که ماشین را با قیمت حداقلی دویست میلیون تومان بفروشد، اما ممکن هم است ترجیح دهد که آن را با قیمت دویست‌وبیست میلیون تومان بفروشد. ممکن است خریدار تمایل داشته باشد بالای دویست‌وبیست میلیون تومان هم بپردازد، اما شاید هم ترجیح دهد که فقط دویست میلیون تومان بپردازد. در چنین موقعیتی، قیمت هدف فروشنده دویست‌وبیست میلیون تومان و قیمت هدف خریدار دویست میلیون تومان است.

نقطه‌ی توافق احتمالی

مذاکرات قیمت تنها زمانی موفق می‌شود که درصدی از توافق احتمالی بین قیمت رزرو هر دو طرف مذاکره وجود داشته باشد. وقتی قیمت رزرو فروشنده دویست میلیون تومان و قیمت رزرو خریدار دویست‌وبیست میلیون تومان است، نقطه‌ی توافق احتمالی ممکن است هر قیمتی باشد بین دویست میلیون و دویست‌وبیست میلیون تومان. در یک مذاکره‌ی غیردوستانه، هر دو طرف مذاکره نهایت تلاش خود را می‌کنند تا جایی که امکان دارد نزدیک‌ترین قیمت به قیمت هدف را کسب کنند، حتی اگر این قیمت به روابط بلند کاروکسب صدمه بزند.

روش‌های مذاکره‌ای که رضایت در آنها متقابل باشد، درواقع توافقی است که آسیبی به روابط بلندمدت نمی‌رساند. روش مذاکره‌ی برد-برد امکان تکرار مذاکرات جدید و به دنبال آن معاملات جدید و موفق را فراهم می‌آورد.

قیمت نهایی

در مذاکره‌ای که هر دو طرف مذاکره به دنبال مزیتی هستند، ممکن است یک طرف مذاکره از اینکه خودش مذاکره را آغاز کند و پیشنهاداتش را بدهد، خودداری کند؛ چون می‌خواهد زمان بخرد و اطلاعات بیشتری از قیمت هدف طرف مقابل کسب کند. تاکتیک دیگر این است که به‌صورت عمدی پیشنهاد اول را شما بدهید و از این طریق آغاز مذاکرات بعدی را کلید بزنید.

در مذاکره‌ای که بر پایه‌ی برد-برد استوار است، هر دو طرف مذاکره به دنبال راههایی برای برآوردن نیازهای یکدیگر هستند. مثلاً، ممکن است فروشنده یک پیشنهاد خوب بدهد مانند یک گارانتی اضافی بدون پرداخت هیچ هزینه‌ای تا ارزش پیشنهادش را برای خریدار بالا ببرد. همین کار باعث می‌شود تا خریدار، قیمت بالاتر را بپذیرد. مذاکره، قیمت نهایی را به قیمت هدف خریدار یا فروشنده نزدیکتر می‌کند. البته به چگونگی انجام مذاکره و انعطاف‌پذیری آن هم بستگی دارد.

برای مشترکین قیمتهای ویژه در نظر بگیرید

اگر برنامه‌ی خاصی برای مشترکین[1] و مشتریان ثابت خود دارید (و یا می‌خواهید داشته باشید) و همچنین به دنبال افزایش نرخ تبدیل خود هستید، از این روش استفاده کنید. شخصی که مشترک شما شده است، باید تفاوتی با دیگر افراد داشته باشد. شاید شما علاقه‌مند باشید که گاه‌به‌گاه به او پیشنهاد تخفیف بدهید و یا قیمتهای ویژه‌ای را برای او در نظر بگیرید. داشتن باشگاه مشتریان[2] و کارتهای اعتباری در این موارد بسیار موثر است. در آموزشگاه بازارسازان و انتشارات بازاریابی به‌کارگیری این سیاست آثار خوبی داشته است.

توضیح دلایل متفاوت بودن قیمت به مشتریان

شما بدون تردید به محصولات خود علاقه‌ی زیادی دارید؛ این محصولات چه به دست خودتان درست شده باشند و چه به‌وسیله‌ی تیمتان، بخوبی می‌دانید که چه زحمتی برای به دست آوردن آنها کشیده شده است.

در بسیاری از مواقع این علاقه‌ی صاحبان کاروکسب‌ها نسبت به محصولاتشان به طرز آشکاری خود را در قیمت‌گذاری محصولات نشان می‌دهد. اما اگر بسترهای لازم و دلایل محکمی پشت این قیمت‌گذاری نباشد، درک لزوم خرید از شما برای مشتریان بسیار سخت خواهد شد. بنابراین، هیچ‌گاه از اظهار دلایل به مشتری برای کم کردن نگرانی وی و سؤالاتش در ارتباط با قیمت‌گذاری خود نهراسید. مثلاً در مورد یک پیراهن نخی، حتماً به مشتری این توضیح را بدهید که قیمت آن به دلیل

---

1. Subscribers
2. Customer Club

استفاده از نخ حاصل از الیاف طبیعی است و از پیراهن‌های تهیه‌شده از الیاف مصنوعی گرانتر است.

می‌توانید از روشهای زیر برای توضیح دلایل تفاوت قیمت و قیمت‌گذاری خود استفاده کنید.

- به مشتری درباره‌ی ویژگیهای خاص هر محصول توضیح بدهید.
- از تاریخچه‌ی کاری خود بگویید و اینکه کار خود را از کجا شروع کرده‌اید و تجربه و اثر آن را در محصول نشان دهید.
- از مزیتهای رقابتی[1] خود برای مشتری صحبت کنید.
- هنگام صحبت در موارد فوق، اینکه مشتری عضو کدام دسته از مشتریان محسوب می‌شود را در نظر بگیرید. برای مثال فرض کنید در بازار صنعتی فعالیت می‌کنید و می‌خواهید دستگاهی را به شرکتی بفروشید. قطعاً در مذکرات فروش شما با سه دسته گفت‌وگو خواهید داشت. یک دسته نیروهایی مثل سرپرست خط تولید و فنی هستند و وقتی با آنها حرف می‌زنید، در اینکه این دستگاه چگونه کار شما و کارگرانتان را راحت‌تر می‌کند، صحبت کنید. هیچ‌گاه با آنان از سود شرکت صحبت نکنید؛ چون ممکن است حتی تأثیر منفی داشته باشد.

وقتی با مدیران میانی مثل مدیرتولید و مدیر فنی و مدیر بازرگانی صحبت می‌کنید، از تکنیک حل مسأله استفاده کنید. ابتدا با طرح سؤالات درست متوجه شوید مسائل اساسی آنان چیست. مثلاً می‌گویند در پاسخ به درخواستهای بخش فروش، دیر عمل می‌کنیم و کند هستیم، حال شما می‌توانید به آنها نشان دهید که دستگاه شما چگونه با سرعت بیشتری عمل می‌کند. اما وقتی با مدیران ارشد و صاحبان شرکت صحبت می‌کنید، با زبان سود حرف بزنید و بگویید این دستگاه به این‌صورت ضایعات شما را کم می‌کند و بهره‌وری را افزایش می‌دهد و در نتیجه، سود را بالا می‌برد.

یا در طبقه‌بندی دیگر، توجه به مشتری جزو نیم درصد صرفاً کیفیت‌خواه یا چهارده‌ونیم درصد صرفاً قیمت‌خواه یا هشتادوپنج درصد ارزش‌خواه، مهم است.

---

1. Competitive Advantages

فصل یازدهم

کاربرد نورومارکتینگ در قیمت‌گذاری

نورومارکتینگ و قیمت‌گذاری

آیا تاکنون به این موضوع فکر کرده‌اید که چرا افراد قیمتهایی را بر روی محصولات خود گذاشته‌اند که بسیار بالا است و با وجود شواهدی که از بازار مبنی بر اشتباه بودن و بالا بودن این قیمت به دست می‌آید، باز هم بر آن تأکید دارند؟ تحقیقات نورومارکتینگ[1] به ما می‌گویند که تصمیمات مالی اغلب در حالتی گرفته می‌شوند که احساسات ما تحلیل منطقی مالی ما را به چالش کشیده و باعث می‌شود قیمتهایی را برای محصولات در نظر بگیریم که خارج از محدوده‌ی صحیح قرار دارند.

کریستین داونی[2]، در قالب مطلبی که در روزنامه‌ی واشنگتن‌پست منتشر کرده است، به ما نشان می‌دهد که چگونه فروشندگان منازل مسکونی، زمانی که بین قیمت بازار و ارزش ادراک‌شده از سوی مشتری اختلاف وجود دارد، به مشکل برمی‌خورند:

"بخش کوچکی از این تحقیق به املاک و مستغلات اختصاص یافته است، درحالی‌که نورومارکتینگ به ما می‌گوید که این مؤلفه‌ها به صورت منطقی نیز می‌توانند در بحث خرید و فروش منازل نیز استفاده شوند. برای مثال، مطالعات زیادی بر روی مفهوم "زیان‌گریزی" انجام شده است که نشان می‌دهد زمانی افراد به سمت انکار حقیقت گرایش پیدا می‌کنند که آنچه تحت مالکیت ایشان است،

---

1. Neuromarketing
2. Kirstin Downey

دچار کاهش ارزش شود. در این حالت حاضرند آن محصول را نگه داشته تا اطمینان حاصل کنند قیمت دوباره افزایش می‌یابد و برای این کار حاضرند مدت‌زمانی طولانی صبر کنند. اقتصاددانان معتقدند افراد همین کار را در ارتباط با منازل مسکونی خود انجام می‌دهند و مدعی قیمت در سطحی می‌شوند که منطقی به نظر نمی‌رسد. به‌طور مشابه، فروشندگان منازل نیز قیمت‌هایی را در نظر می‌گیرند که همسایگان آنها از بالاترین سطح بازار دریافت کرده‌اند و آن را به قیمت فعلی ترجیح می‌دهند و تنها زمانی میل به فروش دارند که به آن قیمت بالا دست پیدا کنند."

کریستوفر جی.مایر، مدیر مرکز املاک و مستقلات پاول میلستون در دانشگاه کاروکسب کلمبیا در نیویورک می‌گوید: "این یک زیان‌گریزی کلاسیک است." او همچنین اضافه می‌کند: "شما می‌توانید، ولی نمی‌خواهید این کار را انجام دهید. شما نمی‌خواهید متوجه ضرر شوید. اینکه این موضوع در ارتباط با بازاریابی مرتبط با فروش منزل در نظر گرفته شود، خیلی خوب عمل نمی‌کند. شما با منازل مسکونی زیادی مواجه خواهید شد که فروش نمی‌روند." در حقیقت مایر معتقد است افراد اجازه می‌دهند که آرزوها و افکار آنها بر ادراک واقعی‌شان غلبه کند؛ چرا که دوست ندارند خود را در حال انجام اشتباه ببینند.

دیوید لابیسون، مدرس روانشناسی و اقتصاد در دانشگاه هاروارد، معتقد است که افراد اعتقاد دارند قیمت منزل مسکونی‌شان نمی‌تواند کمتر از قیمتی باشد که برای آن هزینه پرداخت کرده‌اند. وی می‌گوید: "به نظر می‌رسد یک مقاومت روانشناختی در مقابل ضرر کردن در ازای فروش منزل مسکونی وجود دارد." او سپس اینچنین ادامه می‌دهد: مردم فکر می‌کنند در ازای آن پول به دست می‌آورند... این منطق برای مدت‌زمان زیادی کار می‌کرد، ولی اکنون منقضی شده است."

بهره‌گیری از نورومارکتینگ در ترغیب مشتری به خرید

"قیمت‌گذاری" به‌رغم دشواری آن، همواره از سوی مدیران جدی گرفته نمی‌شود. گاه همین توجه کم و فرار از زیر بار مسئولیت سخت و دشوار استراتژی قیمت‌گذاری، راه را برای راه‌حل‌های ساده اما ضررده باز می‌کند.

متخصصان بر این باورند که احتمال باورهای غلط تأثیر جدی در این کم‌توجهی برای "قیمت‌گذاری" دارد. نظیر آنکه کافی است قیمت رقبا را در بازار رصد کنیم. متعاقب آن می‌توانیم قیمت‌گذاری محصولمان را اجرا کنیم.

به نظر می‌رسد تعداد این باورهای غلط و هم خساراتی که وارد می‌کنند، بیش از آن چیزی است که به یک یا چند اشتباه قیمت‌گذاری محدود شود. این مقدمه‌ی مطلبی است که در شماره‌ی چهل‌وششم نشریه‌ی توسعه مهندسی بازار، انتشار یافت و بیش از هر چیز بر اهمیت قیمت‌گذاری صحه گذاشت. اما تاکنون روش‌های متعددی برای تدوین استراتژی قیمتی معرفی شده‌اند و دانش نورومارکتینگ

نیز از این قافله عقب نمانده است. نوروپرایسینگ یکی از زیرمجموعه‌های نورومارکتینگ است که به استفاده از آموزه‌های مغز در قیمت‌گذاری و نشان دادن قیمت می‌پردازد.

بهترین تعریف نورومارکتینگ از نظر انجمن علمی تجاری نورومارکتینگ بدین‌گونه است: هر گونه فعالیت تحقیقاتی مربوط به بازار و بازاریابی که از روشها و تکنیکهای علوم مغزی و یا یافته‌ها و دیدگاههای حاصل از علوم مغزی استفاده ببرد. نورومارکتینگ یکی از حیطه‌های علمی رو به رشد است که مرتبط با دانش رفتار مشتری می‌باشد. تئوریهای نورومارکتینگ برای اولین بار در دهه‌ی ۹۰ میلادی مطرح شد. دانشمندان با حمایت مؤسسات بزرگی مانند کوکاکولا به بررسی تصاویر مغزی و فعالیتهای عصبی قابل مشاهده‌ی مشتریها پرداختند. اصطلاح نورومارکتینگ یا "بازاریابی عصب‌پایه" از سال ۲۰۰۲ و به‌وسیله‌ی ال اسمیتس رواج یافته است. در آن زمان تعداد بسیار کمی از شرکتهای امریکایی مثل برایت هوس و سیلزبرین[1] برای اولین بار از تحقیقات نورومارکتینگ استفاده و لزوم مشورت با متخصصان این زمینه را به شرکتهای دیگر توصیه کردند.

هدف نورومارکتینگ، درک بهتر تأثیر محرکهای کاروکسب، با مشاهده و تفسیر هیجانات انسان می‌باشد. منطق ورای نورومارکتینگ این است که تصمیم‌گیری در انسان، آنگونه که موجودی با حساب و کتاب در نظر گرفته می‌شود، آگاهانه نمی‌باشد. امروزه مدلهای اقتصادی موجود به زیر سؤال رفته است. در عوض عقیده‌ی دیگری هر روز بیشتر مورد تأیید قرار می‌گیرد: این عقیده که تمایل به خرید محصولات و استفاده از خدمات، یک فرایند هیجانی است که در این بین، مغز از میان‌برهای فراوانی استفاده می‌کند تا فرایندهای تصمیم‌گیری را شتاب بخشد.

مطالعات نورومارکتینگ درباره‌ی ارتباط هیجانات و تصمیم‌گیری بوده و قصد دارد که با استفاده از این دانش، فرایند بازاریابی را مؤثرتر سازد. این دانش می‌تواند در زمینه‌ی طراحی محصول، بهبود تبلیغ و آگهی، قیمت‌گذاری، طراحی فروشگاه و بهتر ساختن تجربه‌ی مشتری[2] به‌طورکلی به‌کار گرفته شود. این زمینه بر اساس دانش حاصل از رشته‌های عصب‌شناسی اقتصادی[3]، علم اعصاب[4]، علوم اعصاب رفتاری و روانشناسی شناختی[5] بنا نهاده شده است. اما برای سالیان متمادی است که اهل بازار می‌دانند که قیمت، یکی از عوامل مهم در موفقیت یک محصول یا کالا می باشد. دانستن اینکه اطلاعات مربوط به قیمت، چگونه ادراک و پردازش می‌شوند یک ارزش افزوده از طرف نورومارکتینگ برای این قسمت از فعالیتهای بازار می‌باشد.

سؤالی که درصدد پاسخگویی به آن هستیم، این است که آیا تصمیم به خرید از دیدن قیمت یک

1. SalesBrain
2. Customer Experience
3. Neuroeconomy
4. Neuroscience
5. Cognitive Psychology

محصول تأثیر می‌پذیرد یا خود کالا؟ به این معنا که آیا مشاهده‌ی قیمت یک محصول در ابتدا موجب تغییر نظر افراد در مورد فرایند خرید می‌شود یا اینکه باعث تغییر نحوه‌ی کدگذاری مغز در مورد ارزش آن کالا می‌شود یا خیر؟ با این تفاسیر آیا باید ابتدا در مورد محصول توضیحات لازم ارائه شود و سپس قیمت آن بحث شود و یا باید عکس این روند طی شود؟

حالا به لطف فناوریهای عصب‌شناسی و دانش متخصصان نوروماركتینگ، پاسخ این سؤال که سالهاست ذهن بازاریابان را به خود درگیر ساخته است داده شده است. موضوعی که به بازاریابان می‌آموزد که چه استراتژیهایی برای قیمت‌گذاری مناسب است.

محققین به نامهای اوما کارماکار، باب شیو و برایان کناستون به ارزیابی نحوه‌ی واکنش مخاطبان به چگونگی ارائه و پرزنت محصول به مشتری پرداخته‌اند. در آزمایشی که به کمک فناوری FMRI و در دانشگاه استنفورد انجام گرفت، چهل دلار در اختیار هر یک از شرکت‌کنندگان قرار گرفت و از آنها خواسته شد که به تصاویر کالا که در صفحه‌نمایش مقابلشان نمایش داده می‌شد به همراه قیمت آنها دقت کنند. شرکت‌کنندگان در آزمایش نخست ابتدا تصویر کالا و مشخصات آن را می‌دیدند و در آزمایش بعدی ابتدا قیمت آن را می‌دیدند، اما در نهایت، تصویر هر کالا به همراه قیمت آن را با هم می‌دیدند. حالا پس از تماشای هر تصویر شرکت‌کنندگان باید با فشار دادن یک دکمه، مشخص می‌کردند که آیا قصد خرید آن محصول را دارند یا خیر. در پایان، آزمایش‌کنندگان به سؤالاتی در مورد اینکه هر کدام از کالاها را چقدر پسندیدند، پاسخ دادند.

آزمایشها نشان داد که سیگنالهای عصبی مشتریان زمانی که ابتدا قیمت کالا را می‌بینند، نسبت به زمانی که ابتدا خود کالا و ویژگیهای آن را ببینند، متفاوت است.

آنها به بررسی فعالیتها و واکنش مغزی شرکت‌کنندگان در لحظه‌ای که کالا و قیمت آن را می‌دیدند پرداختند. آنها دو ناحیه از مغز، یکی ناحیه‌ای که مسئول ارزیابی تصمیمات است یاکورتکس[1] پیشانی، و دیگری ناحیه‌ی لذت یعنی ناحیه‌ای که با ارزیابی احساسی از کالاها ارتباط دارد را بررسی کردند. محققان قصد داشتند تا پاسخ این پرسش را بیابند که آیا الگوهای عصبی الان دو ناحیه از مغز در لحظاتی که شرکت‌کنندگان ابتدا کالا و مشخصات آن یا ابتدا قیمت آن را می‌دیدند تفاوت دارد یا نه. نتایج نشان داد که الگوهای مغزی در این دو حالت متفاوت از یکدیگر است. بنابراین، الگوی فعالیت قشر پیشانی مغز نشان می‌دهد که الان ترتیب (ابتدا نمایش کالا و مشخصاتش و یا ابتدا نمایش قیمت) اهمیت دارد. پس سیگنالهای عصبی مشتریان زمانی که ابتدا قیمت کالا را می‌دیدند، متفاوت از زمانی بود که ابتدا خود کالا و ویژگیهای مرتبط با آن را می‌دیدند. به بیان ساده، اگر مشتریان ابتدا با قیمت محصولی مواجه شوند، سؤالی که برای آنها ایجاد خواهد شد چنین خواهد بود که آیا الان

1. Cortex

کالا را دوست دارم؟ اما اگر ابتدا خود کالا را ببینند سؤالی که برای آنها به وجود می‌آید این است که آیا این کالا با فلان قیمت می‌ارزد؟

این یافته نشان داد که ابتدا دیدن قیمت کالا تأثیر چندانی در رفتار خرید مشتریان ندارد. در واقع در هر دو حالت آزمایش، شرکت‌کنندگان تعداد مشابهی کالا خریداری کردند و احساسات مشابهی نسبت به آنها داشتند؛ حتی اگر مشتریان ابتدا قیمت کالا را ببینند و نسبت به ارزش آن انتقاد داشته باشند، جذابیت کالاها برای آنها تفاوت چندانی نمی‌کند. لازم به ذکر است بیشتر شرکت‌کنندگان در این آزمایش بین ۲۰ تا ۳۰ سال داشتند و کالاهایی در اختیار آنها قرار گرفت که برای جوانان جذابیت دارد، کالاهایی از قبیل لباس، هدفون، تبلت، و... .

محققین نتیجه گرفتند اگر مصرف‌کننده به کالایی علاقه‌مند بوده و آن کالا دارای جذابیت لازم برایش باشد و همچنین او توانایی خرید آن محصول را داشته باشد، آنگاه آن محصول را خواهد خرید. در این شرایط برای خریدار تفاوتی نمی‌کند که ابتدا خود کالا را ببیند یا اینکه ابتدا قیمت آن را مشاهده کنند.

نتایج این پژوهش می‌تواند برای خرده‌فروشان سودمند واقع شده و اطلاعات مفیدی در مورد تصمیم خرید مشتریان در اختیار آنان قرار دهد. دیدن قیمت کالا در ابتدا تنها زمانی احتمال خرید را افزایش می‌دهد که از نظر مشتری کالا مفید و کاربردی باشد. در این حالت جذابیت احساسی کالا برای مشتری تأثیر چندانی بر تصمیم وی برای خرید آن ندارد.

اما نتایج در مورد کالاهای ضروری که چندان جذابیتی برای مشتری ندارد، متفاوت خواهد بود. محققان در آزمایش دیگری واکنش مغزی مصرف‌کنندگان در مورد کالاهای ضروری، اما غیرجذاب را بررسی کردند، در برخی از موارد ابتدا کالا و در برخی دیگر ابتدا قیمت کالا به آنها نشان داده می‌شد و پس از انجام آزمایش نیز میزان تمایل آنها برای خرید هر یک از این کالاها از آنها پرسیده شد. در این حالت، ابتدا دیدن قیمت کالا بر تصمیم خرید مشتریان تأثیرگذار بود. در مورد کالاهایی که برای شرکت‌کنندگان در این آزمایش جذابیت چندانی نداشت، اگر آنها ابتدا قیمت کالاها را می‌دیدند احتمال خرید آنها بیشتر می‌شد.

این بدان معناست که خرده‌فروشان باید تمرکز تبلیغات مربوط به کالاهای کاربردی را متمرکز بر قیمت کرده و مصرف‌کنندگان را در معرض قیمت کالا قرار دهند. در این حالت، خرده‌فروشان باید کارکرد کالا را بسیار بیشتر از شکل ظاهری آن برجسته کنند. در این حالت، پرسش اساسی این نیست که قیمت باعث جذابیت بیشتر یک کالا می‌شود یا نه بلکه، این است که آیا محصول به قیمتی که عرضه‌شده می‌ارزد یا خیر.

بدین‌رو، اولویت قرار دادن بهای محصول و نمایش قیمت در ابتدا، رابطه‌ی میان سود حاصل از قیمت کالا و منفعت حاصل از خود کالا را برجسته می‌کند.

یافته‌های اسکن‌های فناوری FMRI چه چیزی را نشان دادند؟

آنچه متفاوت بود، فعالیت مغزی شرکت‌کنندگان در آزمون بود. بسته به آنکه شرکت‌کنندگان اول و یا در آخر قیمت را ببینند، نقاط متفاوتی از مغز آنها فعال‌تر می‌شد.

آیا محصول شما ارزشی فوق‌العاده را ارائه می‌کند؟ آیا قیمت‌ها را شکسته‌اید، و یا قیمت‌هایتان به نسبت رقبا کمتر است؟

اگر می‌خواهید محصولتان در ابتدا بر مبنای ارزشی که ارئه می‌کند ارزیابی شود، اولویت را با قیمت قرار دهید. این راهکار مشتری را وامی‌دارد تا بیش از جزئیات محصول روی قیمت متمرکز شود.

سایت وال‌مارت، یکی از نمونه‌های قابل‌توجهی است که همواره متمرکز بر قیمت‌گذاری و ارزش محصولات است. نخستین موردی که هر کاربری در مراجعه به صفحه‌ی وال‌مارت با آن مواجه می‌شود، قیمت است که به شکلی برجسته به آن اشاره شده است و قیمت محصولات حتی با فونتی بسیار بزرگتر از سایر بخش‌ها درج شده است.

شکل و شمایل ارائه‌ی محصول به وضوح در راستای آن است که کاربران، محصول را در چارچوب ارزش ارائه‌شده ببینند.

درحالی‌که اغلب بازاریابان تصور می‌کنند که محصولاتشان ارزش قابل توجه و خوبی را ارائه می‌کنند، اما اولویت قرار دادن قیمت همیشه گزینه‌ی عاقلانه‌ای نیست.

برندهای لوکس و خرده‌فروشان سطح بالا، به‌عنوان مثال، می‌بایست بیشتر روی محصول تکیه کرده و آن را مطلوب کنند. زمانی که قیمت و محصول در کنار یکدیگر نمایش داده می‌شود، مصرف‌کننده محصول ارائه‌شده را بر مبنای "آیا من این محصول را دوست دارم؟" می‌سنجد و ارزیابی می‌کند.

Tiffany.com به ما نشان می‌دهد که چطور با یک ترفند در نمایش قیمت تأخیر بیندازیم. در ابتدا ما یک صفحه‌ی اینترنتی زیبا به همراه تصویری چرخان و از نمای نزدیک یکی از محصولات تیفانی را می‌بینیم:

در همین صفحه همچنین امکان مشاهده‌ی تیزری از ساعت‌های تولید این کمپانی و همین‌طور ویدئویی از مراحل ساخت این محصول بخصوص از طریق چند لینک امکان‌پذیر است. هر دو این امکانات در راستای منحصربه‌فرد ساختن و مطلوب‌سازی هرچه بیشتر این محصول طراحی شده‌اند.

کاربران با کلیک روی دکمه اطلاعات بیشتر در خصوص محصولات تیفانی، به صفحه‌ای هدایت می‌شوند که در نگاه اول مشابه یک کاتالوگ اینترنتی معمولی است:

اما با اندکی دقت متوجه می‌شویم که این یک کاتالوگ الکترونیکی معمولی نیست؛ چرا که برخلاف بروشورهای رایج محصول فاقد قیمت محصولات مندرج نیست. در واقع، مادامی که نشانگر موس

را روی تصویر محصول مورد نظر نبریم، نمی‌توان قیمت آن را مشاهده کرد:

تیفانی هوشمندانه در نمایش قیمت محصول تا جای ممکن تأخیر انداخته است. و در زمان نمایش بهای محصول، آن را به شکلی نه‌چندان برجسته و با قلم ریز، اما قابل درک نشان می‌دهد. در واقع اگر وارد صفحه محصولات شوید، دوباره قیمت آخرین آیتم قبل از دکمه خرید بوده و مجدداً سعی شده تا تأکید از روی آن برداشته شود:

همان‌طور که خود تیفانی می‌گوید: "ما می‌دانیم که قیمت، چندان موردِ قابل توجهی نیست، آن هم زمانی که محصولی را خریداری می‌کنید که میراث‌دار پیشینه‌ای درخور و کیفیتی شایسته است، و ما باید آن را بیان کنیم".

تیفانی در تمرکز روی محصول و انداختن وقفه در نمایش قیمت، عملکرد تحسین‌برانگیزی داشته است. رویکرد آنان درسی خوب برای خرده‌فروشان اینترنتی است که گمان می‌برند نمایش اطلاعات محصول پیش از قیمت، امکانپذیر نیست.

تنها انتقاد وارد به رویکرد این برند آن است که تیفانی می‌توانست در همان صفحه ابتدایی و بدون نیاز به لینک‌دهی، مطالبی را در خصوص محصولاتش ارائه کند. ارائه‌ی جذاب اطلاعات می‌تواند مطلوبیت محصول را نزد کسانی که جذب ظاهر کالای شما شده‌اند، بیشتر کند. مورد بعدی که باید مورد توجه قرار بگیرد، اهمیت اطلاعات بصری و ارائه‌ی محتوای تصویری جذاب و نقش آن در افزایش مطلوبیت و اشتیاق نسبت به محصول است.

محصول شما چه چیزی ارائه می‌کند؟

نتایج این تحقیق نشان می‌دهد که اگر در نمایش قیمت و تقدم و تأخر تغییر ایجاد کنید، می‌توانید چارچوبی را که مشتری از طریق آن به ارزیابی محصول ارائه‌شده می‌پردازد، تحت کنترل درآورید.

آیا شما ارزشی را به فروش می‌رسانید؟ اولویت را با قیمت قرار دهید و روی آن تأکید کنید.

اما اگر محصولتان شکلی از مطلوبیت را می‌فروشد، ابتدا محصول را عرضه کنید و بعد قیمت را به شکلی قابل درک ارائه کنید.

توجه داشته باشید که برای هر دسته محصول می‌توانید رویکردی متفاوت را در پیش بگیرید. ممکن است تمرکز اولیه‌ی شما بر مطلوب‌سازی محصولتان باشد و در عین حال ممکن است بخواهید اقلامی را به فروش رسانید که نمایانگر ارزشی فوق‌العاده‌اند. به‌طور مثال برند لکسوس، هرگز در مورد خودروهای لوکس خود، اولویت را روی قیمت نمی‌گذارد، اما در عین حال از اهرم قیمت در هنگام عرضه‌ی محصولات ارزان‌قیمت‌تر در جشنواره‌های فروش بهره می‌برد.

اگر تصمیم گرفته‌اید که رویکرد اولویت قیمتی را در پیش بگیرید و روی ارزش تمرکز کنید، اطمینان یابید که ارزش پیشنهادی واقعی باشد. اگر مشتریان خود را در چارچوب قیمت‌گذاری/ ارزش

قرار دهید و نتوانید ارزشی را که از دیدگاه آنان باورپذیر است ارائه کنید، ممکن است فرصت فروش را از دست بدهید. مقاله‌ی منتشره در نشریه‌ی هاروارد ضمن نقل‌قول از کارمارکار، می‌نویسد:

> اگر تخفیف دندان‌گیری ارائه نمی‌کنید، با برجسته کردن و اولویت دادن به قیمت محصول در جایگاه ضعف قرار خواهید گرفت؛ چرا که حالا مصرف‌کننده قیمت را به‌صورت شناختی و از روی منطق موشکافی می‌کند تا اطمینان یابد که خرید آن ارزش پرداخت آن بها را دارد. این موقع دیگر نمی‌توانید مردم را وادارید که به این نتیجه برسند که محصول خود را به قیمت منصفانه‌ای به آنها عرضه می‌کنید.

چگونگی اثرگذاری بر مشتریان و معماری اقناع با بهره‌گیری از نورومارکتینگ

شش توصیه‌ی زیر در راستای اثرگذاری بر مشتریان و معماری اقناع را به‌کار بگیرید:

۱- اشاره به پول شما را مغرور می‌کند

تصاویر و هر نوع اشاره‌ای به پول، به شما حس غرور می‌دهد و می‌تواند شما را به سمت اقداماتی خودخواهانه هدایت کند، از کمک به دیگران بازدارد و به بیان کلی‌تر شما را خودمحور سازد. اینگونه نشانه‌ها را می‌توان در مورد محصولات پولساز استفاده کرد، محصولاتی که مصرف‌کننده یا خرید آنها قصد کسب درآمد دارد، اما در مورد محصولات گران اثر عکس دارند. همچنین در مورد اقدامات خیریه و زمانی که به احساسات همدردی و بخشندگی نیاز است، نباید از اشارات پولی استفاده کرد.

۲- اولویت نمایش با گرانترین گزینه‌ها است

اگر محصولات یا خدمات شما دارای یک دامنه‌ی قیمتی است و چندین قیمت متفاوت را شامل می‌شود، همیشه اول گرانترین گزینه‌ها را نمایش دهید. با این کار در ذهن مشتری یک مرجع روانی برای مقایسه ایجاد می‌کنید که قیمتهای بعدی را با آن مقایسه می‌کند. در نتیجه، قیمتهای بعدی نسبتا معقولتر و مناسبتر به نظر می‌آید.

۳- بستر عرضه بر تجربه‌ی ما اثر می‌گذارد

در آزمایشی به نام اثر فولگرز[1]، قهوه‌ی آماده‌ی فولگرز را در یک رستوران گران‌قیمت بدون اینکه بگویند این قهوه‌ی آماده است، سرو کردند و آنچه که مشاهده شد، این بود که مشتریان کیفیت آن را خوب ارزیابی کردند. محیط و بستر عرضه می‌تواند مشتری را برای خرید و پرداخت پول ترغیب

1. The Folgers Effect

کند. بنابراین، در فروش حضوری و حتی آنلاین باید جلوه‌ی بصری و ظاهری محیط عرضه نیز از کیفیت بالایی برخوردار باشد. برای مثال، خریداران در وب‌سایتهایی که ظاهر مناسبی ندارند و از کیفیت بصری در حد میانگین برخوردار نیستند، تمایلی برای خرید ندارند.

۴- قیمتهای دقیق را نقل کنید

قیمتهای گردشده، پولها را در جیب مشتریان نگه می‌دارد. وجود اعداد اضافی به‌غیر از صفر به مشتری به‌صورتی روانی این اطمینان را می‌دهد که قیمت‌گذاری با دقت انجام شده است. بنابراین، به‌جای قیمت ۱۰۰.۰۰۰ شاید ۱۰۲.۰۰۰ یا ۹۸.۰۰۰ مناسبتر باشد.

۵- از گزینه‌های نسبتاً مشابه به‌عنوان هدف مصنوعی استفاده کنید

ذهن ما زمانی که در شرایطی قرار می‌گیریم که انتخاب سخت باشد، آزرده می‌شود. به دنبال یک عامل مشکل‌گشا می‌گردیم تا ما را از سختی تصمیم‌گیری خلاص کند. مغز ما در مقایسه‌ی حالات کاملاً مشابه چندان کارآمد نیست و همیشه به دنبال برتری یک گزینه نسبت به گزینه‌ی دیگر است. بنابراین، اگر شما بتوانید از یک گزینه‌ی نسبتاً مشابه که از مرغوبیت کمتری نسبت به گزینه‌ی اصلی برخوردار است به‌عنوان هدف مصنوعی استفاده کنید، کار دشوار تصمیم‌گیری را برای مغز آسان کرده‌اید و در نتیجه، موفق به فروش محصول می‌شوید. بنابراین، بین گزینه‌ها یک مورد نه‌چندان خوب نیز بگنجانید تا در دوراهیها، مسیر دلخواه شما طی شود. در نظر داشته باشید که این گزینه‌ی نه‌چندان خوب، می‌تواند از بین محصولات رقبا نیز باشد.

۶- گزینه‌ها را کم کنید

شاید در مورد دامنه‌ی گسترده‌ی خواسته‌ها و ترجیحات مشتریان زیاد شنیده باشید، اما نکته اینجا است که اگر گزینه‌های زیادی پیش روی ما قرار گیرد، مخصوصاً اگر این گزینه‌ها بیش از حد مشابه باشند، تصمیم‌گیری و انتخاب دشوار می‌شود. باید در مورد مزیت دامنه‌ی محصولات و به اصطلاح عامیانه، جوریِ جنس، یک بازنگری داشته باشیم. فهرست موجودی را به چند مورد کلیدی و محدود از محصولات کاهش دهید و با این کار در نتیجه‌ی آسانتر شدن انتخاب، فروش خود را افزایش دهید.

با این اقدامات از ذهن غیرمنطقی افراد نفع ببرید و از اینکه محصولات مرغوب شما در دام شکافهای ذهن ناخودآگاه[1] اسیر شوند، جلوگیری کنید.

بسیارند محصولات مرغوبی که به‌رغم وجود دلایل منطقی برای خرید آنها، به دلیل عرضه با

1. Unconscious mind

زبان ناصحیح در قفسه‌ها باقی می‌مانند و از سوی دیگر محصولات نامرغوبی که درست بازاریابی می‌شوند و هدف‌گیری مناسبی دارند و در نتیجه به دست مصرف‌کنندگان می‌رسند.

فصل دوازدهم

کاربرد روانشناسی
در قیمت گذاری

روانشناسی علمی است که روی دو چیز مطالعه می‌کند، یکی رفتار که عینی[1] است و دیگری فرایندهای ذهنی که قابل مشاهده نیستند، ولی از طریق شیوه‌هایی چون زبان بدن می‌توانیم تا حدود زیادی به آنها پی ببریم. در مذاکرات قیمتی با مشتریان آنها را در چهار فاز روانی می‌توانیم مشاهده کنیم. فاز اول، فاز عناد است، وقتی مشتری قیمت محصول را می‌بیند یا می‌شنود پس می‌زند، گارد می‌گیرد و زبان بدنش[2] نشان می‌دهد که تمایلی برای خرید ندارد. در این حالت باید او را وادار به حرف زدن کنید، برای این کار با طرح سؤالات درست ایشان را به حرف بیاورید و سپس با گوش دادن درست متوجه می‌شوید که علت گارد آنها چیست! شاید مشتری توان خرید محصول را ندارد و شما می‌توانید محصول ارزان‌تری را به او پیشنهاد دهید. شاید مشتری از کیفیت مطمئن نیست و شما می‌توانید با ذکر دلایل منطقی این مانع را برطرف کنید و... پس از فاز عناد، مشتری به فاز خنثی می‌رسد، در این حالت گارد ندارد، اما همچنان تمایل جدی نیز برای خرید نشان نمی‌دهد. با مدیریت مذاکره می‌توانیم او را به فاز همراهی برسانیم.

در این فاز، مشتری سؤال می‌پرسد برای اینکه اطلاعات بیشتری داشته باشد و به زبان بی‌زبانی تمایل خودش را نشان می‌دهد، لازم است به‌دقت به سؤالات او با سعه‌ی صدر پاسخ دهید تا نهایتاً

---

1. Obhective Behavior
2. Body Language

ایشان را به فاز همدلی[1] برسانید که فاز آخر است. در اینجا دلها یکی شده است، مشتری اعتماد لازم را کسب کرده است و حتی ممکن است به شما بگوید هرچه که شما صلاح می‌دانید.

روانشناسی و ارتباطات[2] دو بال کبوتر بازاریابی هستند، نسبت به آنها مسلط شوید و از به‌کارگیری صحیح آنها در راستای برد طرفین لذت ببرید.

تقسیم‌بندی انسانها بر اساس رفتار قیمتی

طبق تحقیقات انجام‌شده، انسانها از نظر رفتار قیمتی به ۳ دسته تقسیم می‌شوند:

الف) نیم‌درصد از افراد جامعه صرفاً کیفیت‌خواه هستند؛ یعنی قیمت برای آنها کاملاً بی‌اهمیت است و تنها می‌خواهند بهترین جنس با بالاترین کیفیت را داشته باشند. برای مثال، در منطقه‌ی لواسان در سال ۱۳۹۵ رستورانی همبرگر با قیمت ۲۵۰ هزار تومان عرضه می‌کرد و مشتری خوبی هم داشت؛ چون مشتریان می‌گفتند سس مخصوص فرانسوی دارد، خاویارش اصل دریای خزر است و... . البته روز قبل باید سفارش می‌دادید تا بتوانید آن همبرگر را بخورید. مشتریان چنین محصولی، همان نیم‌درصد هستند.

ب) ۱۴.۵ درصد افراد جامعه صرفاً قیمت‌خواه هستند و مهمترین ویژگی برای آنها قیمت پایین است. این افراد به‌عنوان مثال در خرید لباس می‌گویند، همین که مرا بپوشاند کافی است و چیز دیگری برایم مهم نیست؛ یا در مورد غذا فقط به دنبال این هستند که سیر شوند و طعم و کیفیت و این قبیل مسائل اهمیت کمی در مقایسه با قیمت دارد. به نظرم فلافل مامان‌جون با درک همین موضوع به‌سرعت رستورانهای زنجیره‌ای خود را گسترش داد، درست است که طبقات درآمدی بالا و متوسط هم به‌صورت هوسی و تفننی فلافل می‌خوردند، اما طبقه‌ی ضعیف از نظر درآمدی جامعه این انتخاب اولشان است.

برای مثال، در هنگامی که گوشت کیلویی چهل‌هزار تومان بود، غرفه‌های پروتئین میدان میوه و ترهبار سوسیس آلمانی را با قیمت ده‌هزار تومان در هر کیلو به مردم دیدم، درصورتی‌که طبق استاندارد این سوسیس حداقل باید ۴۰٪ گوشت داشته باشد که فقط گوشت آن ده‌هزار تومان می‌شود، حتی اگر بگوییم کارخانه سوسیس و کالباسی با قیمت بسیار مناسب خرید کرده و مثلاً از سرچشمه (کشتارگاه) خرید کرده و سی‌هزار تومان هم خرید کرده باشد، باز هم چهل درصد آن می‌شود دوازده‌هزار تومان. اضافه کنید، موارد دیگر که به آن باید اضافه شود و هزینه‌های تولید و توزیع و... پس بهتر است دقت بیشتری در انتخاب غذا صورت گیرد.

ج) ۸۵ درصد افراد جامعه ارزش‌خواه هستند. ما عمدتاً با این ۸۵ درصد سروکار داریم. این افراد

---

1. Empathy
2. Communications

به مقایسه‌ی هزینه‌های چهارگانه با فایده‌های چهارگانه می‌پردازند.

پس ارزش، مطلوبیتی است که سبب تصمیم‌گیری مشتری می‌شود. همان‌طور که در صفحات قبل آمد، فرد زمانی که می‌خواهد خریدی انجام دهد، چهار هزینه پرداخت می‌کند. هزینه‌ی اول مالی است؛ یعنی همان پولی که می‌پردازیم. هزینه‌ی دوم زمان است. شاید برای شما هم پیش آمده باشد که حاضر باشید پول بیشتری پرداخت کنید، ولی در صف نایستید. مدیرعاملی را می‌شناسم که برای از دست ندادن زمان حاضر بود هزینه‌ای بسیار بیشتر برای مواد اولیه بپردازد تا خط تولیدش متوقف نشود. هزینه‌ی روانی همان استرسی است که به فرد وارد می‌شود، برای مثال، اگر می‌گویند فلان کالا ضمانت مشروط (وارانتی[1]) دارد، آیا واقعاً به همین شکل است؟ برای مثال، ما در شرکت رونیکس مدت ضمانت بی‌قیدوشرط (گارانتی) ابزار برقی را به ۵ سال افزایش دادیم که در نتیجه‌ی آن فروش بالا رفت. در حقیقت ما هزینه‌ی روانی[2] مشتری را پایین آوردیم و نگرانیهایش را برطرف کردیم.

حال به بررسی چهار فایده می‌پردازیم؛ این چهار فایده عبارتند از: فایده‌ی اصلی، فایده‌های جانبی، تصویر ذهنی، و ارتباطات.

فرض کنید شرکت رونیکس می‌گوید شما بتن تخریب‌کن می‌خرید تا به‌وسیله‌ی آن بتن تخریب کنید. فایده‌ی اصلی این دستگاه تخریب بتن است. اما فایده‌ی جانبی چه مواردی را در بر می‌گیرد؟ برای مثال، می‌توانم از خدمات ۲۴ ساعته نام ببرم، اینکه شما در هر جای ایران این دستگاه را خرید و استفاده کنید، درصورتی‌که به مشکل برخوردید ما در کمتر از ۲ ساعت کنار شما خواهیم بود و یا همان دستگاه را تعمیر خواهیم کرد یا تا زمان تعمیر شدن آن، یک عدد از همان کالا در اختیار شما قرار خواهد گرفت که توقف کار نداشته باشید؛ این همان فایده‌ی جانبی است.

- **نکته:** از آنجا که رقبای اصلی در فایده‌های اصلی به یکدیگر شباهت پیدا کرده‌اند، رقابت به سمت فایده‌های جانبی رفته است. اگر روی فایده‌های جانبی سرمایه‌گذاری کنیم، می‌توانیم روی قیمت‌گذاری مانور دهیم.

دو فایده‌ی بعدی، تصویر ذهنی و ارتباطات هستند. تصویر ذهنی یعنی برداشتی که مشتری از ما دارد؛ مثلاً اینکه آیا ما را شرکتی خوشنام و خوش‌اخلاق می‌بینند؟ آیا ما را شرکتی پایبند به قول و تعهد می‌بینند؟ و... ارتباطات، مورد آخر است که از طریق تبلیغات و روابط‌عمومی[3] ایجاد می‌شود. اگر در سازمان خود به صورت مرتب و مستمر به دنبال کاهش هزینه‌ها و افزایش فایده‌ها باشیم،

1. Warranty
2. Psychological Cost
3. Public Relation

در واقع "مهندسی ارزش" انجام داده‌ایم. مهندسی ارزش یعنی اینکه چگونه ارزش را برای مشتری خود افزایش دهیم.

تمام شرکتهای جهان ۴ هدف اصلی دارند: اصل بقا، اصل رشد، اصل سود و اصل ارتقای کیفیت زندگی بشریت. در اساسنامه‌ی شرکت شما مدت فعالیت آن نامحدود ذکر شده است. این اصل بقاست، هیچ شرکتی نمی‌گوید که من می‌خواهم ۲، ۵ یا ۱۰ سال فعالیت کنم.

اصل بعدی، اصل رشد است. شما با خود می‌گویید اگر ۵۰۰ واحد در ماه بفروشیم، عالی است. زمانی که به این عدد دست یافتید، می‌خواهید ۵ هزار واحد بفروشید. ذات بشر کمال‌گرا و سیری‌ناپذیر است. شرکتهای محلی، منطقه‌ای، استانی، کشوری، ملی و در نهایت بین‌المللی می‌شوند. این اصل رشد است.

- **نکته:** رشد یک هدف میانی و نه یک هدف غایی است. رشد تا جایی ارزشمند است که به سود لطمه نزند. بعضی از مدیران آنقدر شیفته‌ی رشد می‌شوند که سازمان خود را بزرگ و بزرگتر می‌کنند، تا جایی که به خود می‌آیند و می‌بینند درحال ورشکسته شدن هستند. باید مراقب باشیم که در تله‌ی رشد سازمان خود نیفتیم. بزرگ شدن سازمان بدون افزایش فروش و بالا رفتن سود، بدین‌معنی است که هزینه‌های ثابت ما در حال افزایش هستند. دلیل اینکه سازمانهای بزرگ ورشکسته می‌شوند، این است که فراموش می‌کنند صرفاً برای رشد نیامده‌اند. رشد خیلی خوب است، اما به شرطی که به سود بینجامد.

بهبود ادراک مشتری از قیمت

شرکتها چگونه می‌توانند ادراک مشتری از قیمت خود را بهبود ببخشند؟ بدین‌منظور شرکتها می‌توانند یک یا چند مورد از تاکتیکهای زیر را انتخاب کنند:

الف) ارائه‌ی قیمتهایی پایین‌تر: همان‌طور که عنوان شد بجز کاروکسب‌هایی که لوکس‌فروش هستند، سایر کاروکسب‌ها می‌توانند با ارائه‌ی تخفیفهای درست و بجا، روی درک مشتری تأثیر بگذارند.

ب) تبلیغات گسترده با تأکید بر قیمت: اگر به دنبال این هستیم که مشتری درک بهتری از قیمتهای ما پیدا کند، باید یک استراتژی جامع برای تبلیغات داشته باشیم و در کانالهای مختلف روی قیمت خود مانور دهیم.

ج) آمیزه‌ی خوب/ بهتر/ بهترین: همان‌طور که قبلاً نوشتم، یکی از بهترین اقدامات در زمینه‌ی قیمت‌گذاری محصولات، ارائه‌ی یک بسته‌ی ترکیبی از قیمتها برای محصولاتی است که آنها را در سه دسته‌ی خوب، بهتر و بهترین بخش‌بندی کرده‌ایم. این بخش‌بندی به مشتری امکان می‌دهد تا از بین گزینه‌های موجود، بهترین را انتخاب کند. ضمن اینکه کاروکسب ما در ذهن

مشتری به یک تصویر محدود نمی‌شود بلکه، افراد مختلف می‌توانند نحوه‌ی قیمت‌گذاری ما را درک و با آن ارتباط برقرار کنند. فراموش نکنید که بخش‌بندی را از خوب شروع کنید تا مصرف‌کنندگان احساس نکنند کالایی ضعیف یا متوسط را می‌خرند.

در ادامه، به برخی از تکنیکهای روانشناسی در قیمت‌گذاری اشاره شده است:

- **تکنیک تله‌ی ارزش:**[1] اگر مشتری، قیمت شما را با قیمت دیگران مقایسه می‌کند، باید بگویید که قیمت، محصول، برند، توزیع، تبلیغات و خلاصه همه‌ی اینها در کنار یکدیگر و با هم ارزش دارند. بنابراین، به جای مذاکره‌ی قیمتی، مذاکره‌ی ارزشی کنید.
- **تکنیک دام هندوانه:** اجازه ندهید مشتری به اصطلاح با گذاشتن هندوانه زیر بغل شما، امتیازات مورد نظر را بگیرد، بدون آنکه امتیازی بدهد.
- **تکنیک شخص ثالث مجهول:** اگر مشتری ادعایی را مطرح کرد که شما قصد رد کردن آن را داشتید، در اینجا با عبارتی مانند "اطلاعات صحیح به سمع مبارکتان نرسانده‌اند"، یک شخص ثالث مجهول را مقصر می‌دانیم. هیچ‌وقت به مشتری نگوییم که تو دروغ می‌گویی.
- **تکنیک پلیس خوب، پلیس بد:** همان‌طور که اشاره شد، در مذاکرات گاه لازم است فردی در تیم مذاکره نقش پلیس بد (عصبانی، پرخاشگر و...) را بازی کند تا فرد دیگری در همان تیم نقش پلیس خوب (آرام، خونسرد، متین و...) را ایفا کند.
- **تکنیک تخته وایت‌برد:** گاه در مذاکرات مشاهده می‌شود که مشتری قیمتهای مختلف را روی تخته وایت‌برد نوشته و قیمت شما را بالاتر از سایر رقبا نوشته است. گول نخورید. در اکثر مواقع این ساختگی است و مشتری قصد دارد از استراتژی تخته وایت‌برد استفاده کند.
- **تکنیک استراتژی کالباسی:** در اینجا مشتری، شما را به سمتی می‌برد که مرحله به مرحله از شما امتیاز می‌گیرد و شما به خود می‌آیید و می‌بینید که کلی امتیاز داده‌اید و هیچ امتیازی نگرفته‌اید.
- **تکنیک احساسی کردن:** مشتری سعی می‌کند احساسات شما را درگیر کند تا امتیازات بیشتری بگیرد. مثلاً می‌گوید نیت و شرایط شما خوب است، اما من درمانده‌ام. مواظب باشید این تصمیمات در حد مدیران شرکت است و نیروها نباید خارج از آیین‌نامه و بر اساس دلسوزی عمل کنند.
- **تکنیک عصبی کردن:** گاهی مشتری عمداً شما را ناراحت می‌کند تا در عصبانیت امتیازی را بدهید.

1. Value Trap Technique

- **تکنیک تله‌ی اعتمادبه‌نفس:** مشتری سعی می‌کند اعتمادبه‌نفس شما را پایین بیاورد.
- **تکنیک قیمت‌گذاری پویا:** به معنی تغییر دادن متناسب با شرایط است.
- **تکنیک قیمت‌گذاری یک‌بخشی و دوبخشی:** در اینجا برای حالتهای مختلف سفارش مشتری قیمتهای مختلف در نظر می‌گیریم.
- **تکنیک دام سقوط آزاد:** زمانی که دو رقیب در رقابت با هم مدام قیمتها را کاهش دهند، در نهایت هر دوی آنها از بازار خارج خواهند شد.
- **تکنیک دام تعدد:** زمانی که یک محصول جدید وارد بازار می‌شود، رقبا به‌سرعت از روی آن کپی‌برداری می‌کنند. بنابراین، لازم است مواردی همچون محصول، لوگو، شعار و... را ثبت کرد.
- **تکنیک نوآوری معکوس:** یعنی ابتدا از بازارهای ضعیف‌تر شروع می‌کنیم و سپس با ارتقای کیفیت وارد بازارهای بالاتر می‌شویم.
- **تکنیک شکلاتی:** کاهش دادن وزن بدون کاهش دادن قیمت
- **تکنیک پرهیز از تله‌ی انصاف:** گاه مشتریان، فروشندگان را در بن‌بستهای احساسی نظیر اینکه انصاف نیست دچار می‌کنند و با تسخیر احساسات آنها سعی می‌کنند امتیازات خارج از عرف بگیرند. لازم است فروشندگان، آموزش لازم ببینند و تأکید کنند که ما یک شرکت هستیم و چارچوبهای تخفیف از سوی سازمان تعیین شده است و به آن چیزی که در حد اختیار من بوده است، عمل کرده‌ام. نگران خرید کردن تعداد کمی از مشتریان نباشید، بسیاری از آنها وقتی دیدند شما محکم هستید، خرید خواهند کرد.
- **تکنیک تبلیغات مؤثر:** با تبلیغات مؤثر مشتری را علاقه‌مند به خرید و پذیرش قیمت می‌کنند.
- **تکنیک قیمت کمتر از برآورد:** برای مثال به مشتری بگویید پروژه‌ی شما حداکثر ۳۰۰ میلیون تومان هزینه دارد، سپس موقع تسویه‌حساب ۲۸۴ میلیون تومان از او بگیرید. در اینجا به لحاظ روانشناسی به محبوب قلب او تبدیل می‌شوید.
- **تکنیک قیمت مرجع:** قیمتی است که در بازار جا افتاده است و مشتری در ذهن دارد، و بخصوص در زمانی که کالاها بسیار شبیه به هم هستند، دست شرکت را برای قیمت بالاتر می‌بندد، در این‌صورت پیشنهاد من افزایش یک مزیت به محصول و آمیزه‌ی بازاریابی و جدا کردن محصول شرکت از محصولات رقبا است.

به شرکتهای پخش هم توصیه می‌کنم کالایی را که شرکتهای دیگر هم دارند، در سبدتان نیاورید، مثلاً توزیع‌کنندگان کیسه‌فریزر و کیسه‌زباله تمایل دارند برندهایی چون پنگوئن را به دلیل شناخته‌شده بودن در سبد محصولاتشان داشته باشند. درحالی‌که وقتی چند رقیب پخش

دیگر هم این محصول را دارند، رقابت جنگ قیمتی صورت می‌دهند و این به ضرر شما هم هست.

- **باندلینگ و ری باندلینگ:** به معنای پکیج کردن محصولات است و سپس قیمت پایین‌تر گذاشتن مجموع آنها نسبت به جمع خریدهای تکی است.
- **هفته ی اوج (ساعت اوج):** معمولاً در بازار ایران هفته‌ی آخر ماه و ساعت آخر فروش، هفته‌ی اوج و ساعت اوج فروش است و نیروهای فروش چون به کف جدول پورسانتشان می‌خواهند وارد شوند؛ به آب‌وآتش می‌زنند و معمولاً با التماس یا قولهای غیرواقعی مشتریان را برای خرید ترغیب می‌کنند. اگر مدیرفروش در طول ماه مواظب فروش باشد و با برنامه‌ریزی و اجرا و نظارت درست عمل کند، اجازه نمی‌دهد نیروها در زمانهای اوج، اقدامات خارج از میل سازمان انجام دهند.
- **قانون وبر - فخنر:** فرض کنید شخصی را که در یک بیابان برهوت و در سکوت مطلق زندگی می‌کند به باغی ببریم که در آن پرندگان خوش‌الحان آواز می‌خوانند. چه حسی به این فرد دست می‌دهد؟ مطمئناً اعصابش خرد می‌شود. حال فرض کنید فردی را که سالها در ترافیک تهران زندگی کرده به آن باغ ببریم. چه حسی به این فرد دست خواهد داد؟ بدون شک آرامش. قاون وبر - فخنر می‌گوید رفتار انسانها میانگین تجربیات گذشته‌ی آنها است. در مبحث قیمت‌گذاری، کسی که قیمت پایینی را تجربه کرده یا قیمت بالایی را پرداخته است، اگر در معرض قیمتهای جدید قرار گیرد ممکن است حسی را تجربه کند که افراد دیگر که به آن قیمتها عادت کرده‌اند، تجربه نکنند.
- **تله ی رشد فروش:** قبلاً نوشتم که فروش یک هدف میانی است و اگر رشد فروش در راستای سودآوری سازمان باشد بسیار پسندیده است، اما اگر در قیمت‌گذاری اشتباه کرده‌ایم و برای هر واحد محصول که می‌فروشیم زیان می‌دهیم، در این‌صورت فروش بیشتر یعنی زیان بیشتر. دقت کنید فروشی که در راستای سود باشد مدنظر است.
- **تله ی قربانی:** متأسفانه در ایران خیلی از شرکتها قربانی زیاده‌خواهی سایرین می‌شوند. مثلاً انتظار دارند جلسه‌ی مشاوره رایگان باشد یا کالا و خدمات دریافتی بدون وجه باشد یا با قیمتی باشد که در نهایت، فروشنده ضرر می‌کند.
- **تعیین محدوده‌ی قیمت:** کف و سقف قیمت را برای خود و نیروهایتان مشخص کنید تا آنها از زیان به شرکت یا خارج شدن از حیطه‌ی انصاف خودداری کنند.
- **نفرین مصرف‌کننده:** معمولاً کسانی که در حراجیها در نهایت برنده می‌شوند، بعداً پشیمان شده و به حالتی دچار می‌شوند که نفرین مصرف‌کننده نام دارد؛ چون آنها گاه تحت تأثیر جوّ و شرایط و شاید برای روکم‌کنی در آن لحظه قیمت بالاتر را می‌دهند و سپس پشیمان می‌شوند.

- **اهمیت تبلیغات در جایگاه قیمتی:** انتخاب جایگاه قیمت بر روی کاروکسب، کیفیت محصول، برندینگ و چگونگی نوآوری شرکت و بازار هدف تأثیر می‌گذارند. تبلیغات کمک می‌کند که ارزش ویژه‌ی برند[1] و رضایتمندی مشتری بالا رود و هویت مشتری و معیارهای بازاریابی ارتقا یابند. بنابراین، استفاده‌ی درست و بجا از تبلیغات نقش مهمی در مباحث قیمت‌گذاری دارد.

- **قدرت برند:** جالب است مردم به تغییرات قیمتی در برندهای جهانی حساسیت کمتری نسبت به برندهای محلی خود دارند. بنابراین، قیمت در کانون مفهوم برند وجود دارد. شرکتی که روی بسته‌بندی‌اش قیمت مصرف‌کننده می‌زند؛ یعنی به اوج قدرت برند خود رسیده است. هر چقدر شفافیت در اعلام قیمت بیشتر باشد، قدرت برند بیشتر است.

جنسیت و تأثیر از قیمت

- **دقت:** خانمها در قیمت دقت خیلی بیشتری نسبت به آقایان دارند. معمولاً خانمها جزئی‌نگر هستند و آقایان کلی‌نگر. خانمها با حوصله‌ی بیشتر خرید می‌کنند (خصوصاً خانمهایی که شاغل نباشند)، اما آقایان در خرید عجول‌تر هستند. بنابراین، وقت‌گذاری، مقایسه با جاهای دیگر، چند بار رفتن و برگشتن، جستجو در اینترنت و مطلع بودن از قیمت شما و رقبایتان و توجه به جزئیات سبب می‌شود که شرکتها و مغازه‌داران در مواجهه با خانمها صبورتر و دقیقتر و باحوصله‌تر باشند. ضمن اینکه خانمها حاکمان بازارهای مصرفی هستند. این خانمها هستند که برای خریدهای منزل تصمیم می‌گیرند، حتی کت‌وشلوار شوهرانشان را هم آنها انتخاب می‌کنند. پس توجه به رفتارشناسی خانمها و نحوه‌ی ارتباط با آنها بخصوص جنبه‌ی احساسی بودنشان در قیمت‌گذاری و نحوه‌ی ارتباط بسیار مهم است.

- **رقابت جهت‌دار:** آقایان زمانی که از چیزی خوششان می‌آید، فقط روی آن تمرکز می‌کنند و اطراف را نمی‌بینند. اما خانمها جامعیت‌نگری بیشتری در خرید دارند. البته این رفتار آقایان بیشتر در بازار مصرفی صادق است. در بازار صنعتی مثلاً وقتی که می‌خواهند یک دستگاه یا خط تولید و یا مواد اولیه بخرند، جامعیت‌نگری بیشتر می‌شود. آقایان حاکمان بازارهای صنعتی هستند و مهمترین عامل برای آنان عوامل اقتصادی است.

- **به‌خاطرسپاری:** خانمها قیمت را خیلی بهتر از آقایان به‌خاطر می‌سپارند. حافظه‌ی خانمها عالی کار می‌کند، حتی قیمت چند سال قبل را هم به‌خاطر دارند. در گفت‌وگو با ایشان دقت بیشتری داشته باشید.

---

1. Brand Equity

- **نشانه‌های اکتشافی:** آقایان دنبال کشف کردن هستند. به همین دلیل است که می‌گوییم قیمت را برای آنها برجسته کنید. استفاده از رنگ قرمز، فونت و برجستگی نوشتاری روی آنها تأثیر می‌گذارد.
  - **نکته:** یک‌درصد افزایش در میزان رضایتمندی مشتری همراه با ۶ صدم درصد کاهش در حساسیت او به قیمت خواهد بود. توجه به ابعاد روانشناسی در قیمت‌گذاری و ارتباطات بسیار مهم است. هرچقدر خشنودی مشتریان بیشتر شود، حساسیت آنها در مقابل قیمت کنترل می‌شود. پس تأکید می‌کنم قیمت را به‌عنوان تک عامل نبینید، جامعیت‌نگری و اهمیت به آمیزه‌ی بازاریابی بسیار مهم است.

قیمت عامل اصلی نارضایتی مشتری نیست

از قیمت به‌عنوان عامل نارضایتی مشتریان نام برده می‌شود. این در حالی است که تحقیقات ثابت کرده اگر قیمت را به حد مورد نظر افرادی برسانید که به دلیل بالا بردن آن با شما قطع ارتباط می‌کنند، حداکثر ۱۰ درصد این افراد برمی‌گردند. ۶۸ درصد مشتریان به دلیل نارضایتی از رفتار نیروهای یک شرکت با آن قطع ارتباط می‌کنند. قیمت، کیفیت و سایر عوامل در مجموع ۳۲ درصد از دلایل نارضایتی مشتریان را تشکیل می‌دهند. عدم اطلاع سازمانها از این موضوع سبب می‌شود که به‌سرعت سراغ قیمت بروند، و معمولاً در چنین شرایطی، هر زمان که با نیروهای فروش جلسه می‌گذارید و از آنها می‌پرسید چکار می‌توان کرد تا فروش بیشتر شود، بلافاصله ۴ پیشنهاد به شما می‌دهند:

۱- قیمت را پایین بیاورید.
۲- تخفیفها را بیشتر کنید.
۳- مدت چکها را بالا ببرید.
۴- تبلیغات را زیاد کنید.

اگر فروشنده‌ای را دیدید که بگوید قدرت مذاکره‌ی ما خوب نیست و لازم است برای ما کلاس بگذارید؟ یا فروشنده‌ای را دیدید که بگوید آقای مدیرعامل در هفته، یکی - دو روز را به بازارگردی اختصاص بدهید؛ زیرا مهارتهای ادراکی شما بهتر از من است و چیزهایی را می‌بینید و می‌شنوید که من به‌عنوان فروشنده نمی‌توانم، به آن فروشنده جایزه بدهید.

در مجموع تأکید می‌کنم قیمت هم یکی از تاکتیکهای لازم برای موفقیت در بازار است، اما نقش قیمت در مجموع ۱۸٪ بیشتر نیست؛ پس بلافاصله به فکر کاهش قیمت و افزایش تخفیف نیفتید، شاید چاره‌ی کار در جای دیگری است. شاید بازارتان را درست انتخاب نکرده‌اید، شاید روی تبلیغ و ترویج کار نکرده‌اید؛ شاید شبکه‌ی توزیع‌تان درست عمل نمی‌کند. شاید نیروهایتان درست انتخاب نشده‌اند و درست آموزش ندیده‌اند.

چند سال قبل یک شرکت تولیدکننده‌ی کیک و کلوچه تصمیم داشت قیمت محصولاتش را پایین بیاورد؛ چون القای فروشندگان به مدیریت ارشد این بود که دلیل اصلی عدم مزیت‌شان در بازار، قیمت بالا است، اما وقتی گشتی در بازار زدیم، متوجه شدیم دلیل اصلی ضعف در تور ویزیت و مراجعه‌ی ویزیتورهاست.

تأثیر روانی قیمت بر درک از کیفیت:

قیمت اطلاعات ارزشمندی را با خود به همراه دارد؛ به‌گونه‌ای که مردم فکر می‌کنند یک قیمت بالا برابر است با کیفیت بالا. قیمت بالاتر همچنین منزلت و جایگاه بالای خریدار را به دیگران نشان می‌دهد. مثلاً برک و هاکوپیان هر دو نیاز به پوشش رسمی آقایان را برطرف می‌کنند، پراید و بنز نیز هر دو نیاز جابه‌جایی را برطرف می‌کنند، بیک و بیژن هر دو نیاز به جذابیت و پذیرش را برطرف می‌کنند. اما هر یک از این دوگانه‌ای که گفتم، خواسته‌ی بخش خاصی از بازار خواهند بود و به بینندگان پیامهای متفاوتی را مخابره می‌کنند.

همه‌ی ما به‌عنوان مصرف‌کننده فکر می‌کنیم قیمتهای بالا برایمان آزاردهنده هستند و قیمتهای پایین جذاب، اما قیمتها اطلاعات قدرتمند و ارزشمندی به همراه خود دارند که می‌تواند این رابطه‌ای را که ذهن ما می‌سازد، نقض کند.

میزان قیمت یک محصول، اطلاعات خوبی درباره‌ی کیفیت خوب یا بد آن به ما می‌دهد. برای مثال، اگر من به شما بگویم که قیمت یک خودروی خیلی خاص دو میلیاردوپانصد میلیون تومان است، حتی اگر هیچ اطلاع دیگری درباره‌ی این خودرو ندهم، احتمالاً ویژگیها و ظاهر یک خودروی لوکس را در ذهن تصور می‌کنید. بعید است که یک پراید هاچ‌بک یا یک مینی‌ون را با این قیمت تصور کنید. از طرف دیگر، اگر به شما بگویم که ناهار امروزم کلاً ۱۰ هزار تومان برایم خرج برداشت، احتمالاً حدس می‌زنید که یک هات‌داگ یا (فلافل) خورده‌ام یا غذایم را از ونهای غذایی که در خیابان سی‌تیر تهران تعداشان زیاد است، خریده‌ام.

سطح قیمتی یک محصول، به خودی خود اطلاعات مفیدی درباره‌ی محصول به ما می‌دهد. ارزش اطلاعات قیمتی، قدرت خیلی بالایی دارد، خصوصاً زمانی که قیمت محصول یا خیلی بالا است یا خیلی پایین. برای اینکه قدرت ارزش اطلاعاتی قیمتها را بهتر درک کنید، برایتان مثالی از یک مشاور حرفه‌ای به اسم دوری کلارک[1] را بازگو می‌کنم، که یکی از نویسندگان پرفروش نیویورک‌تایمز است. دوری کلارک به‌عنوان سخنران اصلی در یک کنفرانس سالانه دعوت شده بود. زمانی که از او درباره‌ی قیمت سخنرانی‌اش پرسیدند، پایین‌ترین قیمت ممکن یعنی ۳ هزار دلار را پیشنهاد داد.

---

1. Dorie Clark

قیمتی بسیار پایین‌تر از چیزی که دست‌اندرکاران کنفرانس انتظارش را از یک سوپراستار سخنرانی و مشاور داشتند. پس به جای اینکه خوشحال شوند که چنین سخنران حرفه‌ای و قدرتمندی حاضر است با ۳ هزار دلار در کنفرانس سخنرانی کند، شک کردند که نکند انتخاب اشتباهی کرده‌اند؟ نکند بهترین سخنران را برای کنفرانس به این مهمی انتخاب نکرده‌اند؟ نکند کیفیت سخنرانی در این کنفرانس پایین باشد؟ چرا؟ فقط به‌خاطر قیمت پایینی که سخنران پیشنهاد کرده بود. خود کلارک هم توصیه می‌کند که: "قیمت در اغلب اوقات، نماینده و نشانگر کیفیت است. و زمانی که قیمت پایینی ارائه می‌دهید، این سیگنال را به سمت مشتری می‌فرستید که شما به ارزش خودتان شک دارید. یا حتی شاید محصول یا خدمت شما هیچ ارزشی ندارد که قیمتش آنقدر پایین است."

به‌عنوان جمع‌بندی یادآور می‌شوم که در ارزیابی انواع گوناگون محصول، قیمت دو نقش دارد.

الف) اثر موازنه‌ای قیمت: اصل موازنه در استراتژی می‌گوید برای به‌دست آوردن چیزی باید چیز دیگری را از دست بدهی. به عبارتی هزینه‌ای را قربانی کنی تا فایده‌ای را به‌دست آوری تا به ارزش و مطلوبیتی برسی که نسبت به قبل از آن خشنودتر باشی.

ب) اثر اطلاعاتی قیمت: که در حقیقت همان ادراک قیمتی است؛ چون مصرف‌کنندگان الزاماً همیشه پایین‌ترین قیمت را نمی‌خرند بلکه، از اطلاعات قیمت، ادراکی در خصوص کیفیت در روح و روان آنها نقش می‌گیرد. آنها کیفیت بالاتر را مترادف قیمت بالاتر می‌دانند، البته تا جایی که ارزش داشته باشد.

قیمت بالا یا پایین؟ مسأله این است

در اواخر دهه‌ی ۱۹۹۰ میلادی، وقتی شرکت پراکتراندگمبل[1] می‌خواست تا محصول جدیدش به نام Olay Total Effects را معرفی کند، این غول خرده‌فروشی قیمتهای مختلفی را امتحان کرد: ۱۲.۹۹ دلار، ۱۵.۹۹ دلار، ۱۸.۹۹ دلار تا بفهمد کدام قیمت بیشتر مشتریان هدف را بیشتر جذب می‌کند. روی تمامی این قیمتها، سود خود را هم محاسبه کرده بود. تعداد قابل‌توجهی از مصرف‌کنندگان این محصول را با پایین‌ترین قیمتش از داروخانه یا خرده‌فروشیها خریده بودند. این دسته از خریداران، مشتریان داروخانه‌ای بودند. اما مشتریان با پرستیژی که معمولاً از فروشگاههای بزرگ خرید می‌کنند، خیلی واکنشی به این محصول جدید با قیمت ۱۲.۹۹ دلار (یعنی پایین‌ترین قیمت) نشان ندادند. این دسته از مشتریان فکر می‌کردند که این محصول برای حضور در قفسه‌های یک فروشگاه به این بزرگی و شیکی، خیلی ارزان است و به‌درد آنها نمی‌خورد. میزان تقاضا و خرید هر دو دسته از مشتریان در قیمت ۱۵.۹۹ دلار، کاهش داشت. اما زمانی که قیمت محصول به ۱۸.۹۹ دلار افزایش پیدا کرد،

1. Procter & Gamble

تقاضای هر دو دسته از مشتریان و خصوصاً آن گروه پرستیژی که از فروشگاههای شیک و بزرگ خرید می‌کردند، بشدت بالا رفت. و حتی میزان فروش این قیمت از پایین‌ترین قیمت یعنی ۱۲.۹۹ دلار هم بیشتر شد. یعنی مشتریان بیشتری می‌خواستند یک محصول مشابه را با بالاترین قیمتش بخرند! جولیبرو، مدیر تحقیق و توسعه‌ی همین محصول، این رفتار را اینگونه توضیح می‌دهد:

"طبق مشاهداتی که داشتیم، متوجه شدیم که قیمت ۱۲.۹۹ دلار، واقعاً قیمت خوبی بود. ۱۵.۹۹ دلار خوب نبود. و ۱۸.۹۹ دلار عالی بود. قیمت ۱۸.۹۹ دلار، مشتریان از هر دو کانال را به سمت محصول جدید می‌کشاند. برای یک مصرف‌کننده‌ی با پرستیژ ارزش بیشتری داشت که برای یک محصول دقیقاً یکسان، ۳۰ دلار بیشتر بپردازد. اما ۱۵.۹۹ دلار خوب نبود؛ چون برای مشتریان داروخانه‌ای خیلی گران و برای مشتریان باپرستیژ ارزان بود."

نکته‌ای که در این داستان قابل‌توجه است این است که پراکترانگمبل یک محصول را در جاهای مختلف امتحان کرد و همان محصول یکسان، واکنشهای مختلفی را نشان داد. ارزش اطلاعاتی قیمت ۱۸.۹۹ دلاری برای مشتریان فروشگاههای بزرگ این بود که این، یک محصول خوب و اثرگذار است. و مردم معمولی که از داروخانه خرید می‌کردند، آن را یک کالای لوکس مقرون‌به‌صرفه قلمداد کردند. قیمت کمتر ممکن بود به موفقیت محصول ضربه بزند.

زمانی که کنسرو ماهی پونل رهبر کیفیتی بازار بود و قیمتش نسبت به سایر رقبا بالاتر بود، در یکسال که مدیرعامل تصمیم گرفت جوایز و تندیس سازمان حمایت از تولیدکنندگان و مصرف‌کنندگان را دریافت کند، قیمت را افزایش نداد و افزایش قیمت از سوی چند رقیب مطرح سبب شد قیمت محصول آنها با پونل یکسان شود. نتیجه این بود که فروش پونل کاهش یافت و تصورات و لابدهای بازار عمل کرد. (لابد کیفیت آن پایین آمده است، لابد مشکل فروش دارند، لابد...) وقتی شرکت مجدداً افزایش قیمت داد و فاصله‌ی محصول خود را با رقبا حفظ کرد، موفق شد بازار قبلی خود را پس بگیرد.

وقتی ارزیابی کیفیت سخت باشد، مشتریان از قیمت بالای محصول، کیفیت آن را حدس می‌زنند

همان‌طور که در هر دو مثال بالا نشان داده شد، ارزش اطلاعاتی قیمت بویژه زمانی قدرتمند است که خریدار در تشخیص کیفیت کالا دچار مشکل می‌شود. بازاریابان به این موقعیتها "یک تجربه‌ی خوب" می‌گویند. کیفیتی که تنها پس از اینکه آن سرویس یا کالا تجربه شد، می‌توان آن را ارزیابی کرد. درباره‌ی محصول جدید شرکت پراکترانگمبل که به‌تازگی به بازار معرفی شده بود، مصرف‌کنندگان هنوز هیچ ایده‌ای درباره‌ی محصول نداشتند.

بازاریابان معمولاً در موقعیتهایی که ارزیابی کیفیت یک محصول برای مصرف‌کننده سخت باشد، قیمت بالایی را برای آن در نظر می‌گیرند تا مشتریان احساس کنند که دارند یک محصول باکیفیت

بالا می‌خرند. در اینجا است که باید وقت بگذارید و تحقیقاتی را انجام دهید تا بفهمید که مشتریان چه ویژگیهای دیگری را به‌غیر از قیمت بالا، دلیلی بر با کیفیت بودن یک محصول می‌دانند.

تصمیمهایی که درباره‌ی قیمت گرفته می‌شوند به‌طور قابل‌توجهی بر ذی‌نفعان یک سازمان تأثیر می‌گذارد. هر رهبر یا دپارتمانی که در یک سازمان، وظیفه‌اش هدایت قیمتها و یا تغییر آن است، باید از سهامداران دیگر هم خرید کند. شاخصهای کلیدی عملکرد[1] یا معیارهای موفقیت برای تمامی ذی‌نفعان یک سازمان باید در راستای هرگونه تغییرات کنشگرایانه در استراتژی قیمت‌گذاری باشد. قیمت‌گذاری یک فرایند جداگانه نیست و نیازمند به گفت‌وگوها و جلسات سازمانی دارد تا اهداف بلندمدت مالی و همچنین استراتژی محصول و بازار به روشنی تعیین شود.

باز هم یادآور می‌شود قیمت هم یکی از اجزای آمیزه‌ی بازاریابی است که در کنار محصول (شامل کیفیت، برند محصول، بسته‌بندی، رنگ، طرح، اندازه، مزه، خدمات، برچسب، تنوع و...)، در کنار توزیع (شامل نمایندگیها، عاملین، بنکدارها، عمده‌فروشیها، خرده‌فروشیها، انبارداری، حمل‌ونقل، دفتر فروش و...)، در کنار ترویج و ارتباطات (شامل تبلیغات، روابط‌عمومی، چاشنیهای فروش، بازاریابی مستقیم، بازاریابی حسی، فروش حضوری و بازاریابی میدانی) در تأثیرگذاری بر مشتریان عمل می‌کند.

ضمن اینکه وقتی از سیاست قیمت‌گذاری صحبت می‌کنیم، مواردی نظیر فهرست بها، انواع تخفیفات، انواع اعتبارات، انواع نحوه‌ی تسویه‌حساب و... همه با هم سیاست قیمت را به‌عنوان یکی از ابزارها، تاکتیکها و آمیزه‌ی بازاریابی تشکیل می‌دهند. پس هیچ عاملی در کاروکسب به تنهایی قابل تصمیم‌گیری نیستند، تغییر در یک عامل سبب تغییر در سایر عوامل و در نتیجه درک مشتری از شرکت ما و محصول ما می‌شود. پس عاقلانه و با بررسی تصمیم بگیرید.

خط‌مشی ترکیبی کیفیت و قیمت

کیفیت \ قیمت	بالا	متوسط	پایین
بالا	۱- خط‌مشی اضافه قیمت	۲- فایده‌ی زیاد	۳- خط‌مشی فایده‌ی عالی
متوسط	۴- خط‌مشی اجحاف	۵- خط‌مشی فایده‌ی متوسط	۶- خط‌مشی فایده‌ی خوب
پایین	۷- خط‌مشی چپاولی/کلاهبرداری	۸- خط‌مشی اقتصادی کاذب	۹- خط‌مشی اقتصادی

ماتریس کیفیت - قیمت

1. KPIs

مشتری در سنجش ارزیدن قیمت بلافاصله کیفیت را در ذهن خود سنجش می‌کند و از تعامل قیمت و کیفیت به نتیجه می‌رسد. پس توجه به ماتریس ۹ خانه‌ای که به همین منظور طراحی شده است، مهم است.

در ماتریسی که در اینجا آمده است (ماتریس کیفیت - قیمت) ۹ حالت وجود دارد:

همان‌طور که می‌بینید در حالت اول، کیفیت محصول شما بالاست و قیمت نیز بالا می‌باشد. به این وضعیت خط‌مشی اضافه قیمت گفته می‌شود (محصول لوکس). در حالت دوم، قیمت متوسط و کیفیت بالا است. در اینجا فایده‌ی زیادی به مشتری می‌دهیم. در حالت سوم، قیمت پایین و کیفیت بالا است. این خط‌مشی فایده‌ی عالی نام دارد. در حالت چهارم، قیمت بالا و کیفیت متوسط است. در اینجا با خط‌مشی اجحاف طرف هستیم؛ یعنی قیمت بالا است، اما کیفیت متوسط است. در حالت پنجم، که قیمت و کیفیت هر دو متوسط هستند، خط‌مشی فایده‌ی متوسط را داریم. در حالت ششم، قیمت پایین و کیفیت متوسط است که خط‌مشی فایده‌ی خوب نام دارد. در حالت هفتم قیمت بالا و کیفیت پایین است که این خط‌مشی به اصطلاح چپاولی و کلاهبرداری است. در حالت هشتم، قیمت متوسط و کیفیت پایین است که خط‌مشی اقتصادی کاذب نام دارد و در حالت نهم قیمت و کیفیت هر دو پایین هستند که خط‌مشی اقتصادی نام دارد. برخی از مشتریان به دنبال ارزان‌ترین محصول هستند و کیفیت برایشان اهمیتی ندارد.

خط‌مشی‌های ۱، ۵ و ۹ همگی می‌توانند در یک سطح بازار، همزیستی داشته باشند. یعنی یک شرکت می‌تواند کالایی با کیفیت بالا و قیمت فروش بالا عرضه کند و دیگری کالایی متوسط در سطح قیمت فروش متوسط، و شرکت سوم کالایی با کیفیت پایین و قیمت پایین عرضه کند. تا زمانی که بازار از سه گروه تشکیل می‌شود، هر سه رقیب می‌توانند همزیستی مسالمت‌آمیز داشته باشند.

خط‌مشی‌های ۲، ۳ و ۶ راه‌های حمله به جایگاه‌های اریبی را نشان می‌دهند. در حقیقت در این حالت‌ها شرکت‌ها به دنبال سهم گرفتن از بازار و افزایش پوشش بازار هستند.

خط‌مشی‌های ۴، ۷ و ۸ به معنی دریافت قیمت زیاد نسبت به کیفیت است. در اینجا مشتریان احساس می‌کنند که از سوی شرکت مورد چپاول قرار گرفته‌اند و شرکت کلاهبرداری کرده است. این احتمال هم وجود دارد که مشتریان علیه شرکت شکایت کنند و یا تبلیغات منفی دهان به دهان راه بیندازند. مدیران حرفه‌ای معمولاً از پیروی از این خط‌مشی‌ها خودداری می‌کنند.

قیمت‌گذاری و قواعد اجتماعی

علاوه بر عوامل روانشناسی، قواعد اجتماعی نیز در قیمت‌گذاری مؤثر هستند. قواعد اجتماعی قیمت‌گذاری دو نوع هستند: توصیفی و تجویزی (جدول ۱۲.۱). قواعد توصیفی، آنچه را که از یک قیمت عادی انتظار می‌رود، توصیف می‌کند. به مثال‌های صفحه‌ی بعد توجه کنید:

ما انتظار داریم که قیمت یک قوطی رب گوجه ۱۰.۰۰۰ تومان باشد.

ما انتظار داریم که قیمت پاکتی که یک سوپرمارکت اقلام خریداری شده را در آن قرار می‌دهد، رایگان باشد.

ما انتظار داریم که قیمت کالاها در این بازار به صورت توافقی محاسبه شود.

نقض قواعد توصیفی عموماً غیر قابل انتظار و با قضاوتهای دور از انصاف صورت می‌گیرد؛ اما واکنشی که مشتریان به این نقض انجام می‌دهند خیلی شدید نیست. به‌عنوان مثال، اگر در یک بازار کالاهای دست دوم، فروشنده قیمتی مشابه قیمت آکبند همان کالا را برای فروش به مشتری اعلام کند، مشتری نهایتاً متعجب خواهد شد، ولی عصبانی نخواهد شد.

قواعد اجتماعی تجویزی	قواعد اجتماعی توصیفی
باید به مشتریان وفادار تخفیف داد	قیمت بنزین برای هر لیتر برابر است با ۳۰۰۰ تومان
قیمت آب نباید بعد از وقوع یک طوفان بالا برود	استفاده از آسانسور رایگان است
قیمت باید انعکاس کیفیت کالا باشد	آثار هنری در مزایده به فروش می‌رسند
اطلاعات کامل قیمت‌گذاری باید قبل از خرید در دسترس باشد	طعمهای مختلف ماست، قیمت یکسان دارند
قیمت‌گذاری باید بر مبنای هزینه صورت گیرد	اقلام با اندازه‌ی بزرگ به ازای هر ریال ارزانتر از اقلام سایز معمولی قیمت‌گذاری می‌شوند
هیچ شخصی نباید از دوست خود سود بگیرد	

جدول ۱۲.۱: قواعد اجتماعی تجویزی و قواعد اجتماعی توصیفی

قواعد تجویزی نه‌تنها آنچه را که به صورت عادی اتفاق می‌افتد بلکه، آنچه باید و یا نباید انجام شود مشخص می‌کنند. به مثالهای زیر توجه کنید:

- مصرف‌کنندگان باید برای آنچه می‌خرند، هزینه پرداخت کنند.
- فروشندگان باید برای خریدهای با تعداد بالا تخفیف بدهند.
- مشتریان وفادار باید از تخفیفهای ویژه‌ای که شامل حال مشتریان جدید نمی‌شود، برخوردار شوند.

نقض‌کنندگان قواعد تجویزی به علت ناجوانمردانه رفتار کردن نه تنها با شخص شما بلکه، با عموم افراد جامعه، مجازات می‌شوند. قواعد تجویزی محصول یک حس اخلاقی هستند، یعنی باور به اینکه چیزی که تجویز می‌شود نه تنها امری عادی بلکه، صحیح است. البته این موضوع بر این امر دلالت ندارد که که این قواعد بر طبق بعضی از مؤلفه‌های انتزاعی اخلاقی کاملاً درست یا غلط هستند بلکه، در موقعیتهای خاص و با فرهنگ خاص می‌توان درست یا غلط بودن آنها را تشخیص

داد.

قوانین به‌طور رسمی و شفاف قواعد تجویزی را بیان می‌کنند. اگرچه این قواعد قبل از قانون‌گذاری نیز وجود دارند، اما بعد از آن از سوی قانون، حمایت، نگهداری و تمدید می‌شوند. به‌عنوان مثال، قاعده‌ی اجتماعی بر علیه بالا رفتن قیمت بعد از حوادث طبیعی مانند سیل و زلزله اکنون به صورت رسمی و به نام قانونی که افراد را از انجام این کار منع می‌کند، شناخته می‌شود.

فصل سیزدهم

اشتباهات متداول در قیمت‌گذاری و حساسیت مشتریان به قیمت

آیا فرایند قیمت‌گذاری همواره به بهترین شکل در سازمان‌ها انجام می‌شود؟ ای‌کاش پاسخ به این سؤال مثبت بود اما متأسفانه سازمان‌ها در جریان این فرایند دچار اشتباهاتی می‌شوند که برخی از اشتباهات رایج را با هم مرور می‌کنیم:

- **قیمت‌گذاری به صورتی که توجه بسیار زیادی به هزینه‌ها شود:** به عبارت دیگر، به رقبا و ارزش مشتری توجهی نمی‌شود. نباید تصور کنیم هرچقدر که هزینه‌ی ما باشد سود مورد نظر را باید روی آن بکشیم و مشتری هم باید بپردازد. این تفکر در بازار انحصاری جواب می‌دهد، اما در بازار رقابتی جایی ندارد، لازم است به تمام عوامل مؤثر در قیمت‌گذاری توجه شود.

- **عدم تجدیدنظر در قیمت‌ها، متناسب با تغییرات بازار:** در برخی شرایط لازم است قیمت‌ها را افزایش دهیم و در برخی موارد لازم است کاهش قیمت داشته باشیم. هرچند این اقدامات بویژه کاهش قیمت کار سختی است، ولی قواعد خاص خود را دارد.

- **عدم لحاظ سایر عوامل بازاریابی در قیمت‌گذاری:** لازم است میان استراتژی‌های قیمت‌گذاری و استراتژی‌های سازمان در سایر بخش‌ها تناسب وجود داشته باشد. به جامعیت‌نگری تأکید می‌کنم.

- **متفاوت نبودن قیمت در بخش‌های مختلف بازار و محصول:** بخش‌های مختلف بازار

الزامات و شرایط خاص خودشان را دارند و محصولات با کلاس کیفیتی و خدمت خاص خودشان را طلب می‌کنند.

- **متفاوت نبودن قیمت در شرایط گوناگون خرید:** پول ارزش زمانی دارد و متناسب با نحوه‌ی پرداخت پیش‌واریز، نقدی، اعتباری، چکی و رسیدی بایستی قیمت محصولات متفاوت باشد. یا باید تفاوت در قیمت‌گذاری به صورت تکی با خریدهای عمده باشد.
- **عدم توجه به تفاوت قیمت‌گذاری در فروشگاه‌های فیزیکی و فروشگاه‌های آنلاین.**

لازم است در این مورد توضیحات بیشتری ارائه دهم:

یکی از مهم‌ترین پرسش‌هایی که فروشگاه‌های خرده‌فروشی با آن روبه‌رو هستند، این است که آیا باید قیمت کالایی که در قفسه‌ی فروشگاه است با قیمت همان کالا در فروشگاه آنلاین متفاوت باشد؟ مطمئناً پاسخ این پرسش برای فروشگاه‌هایی که قصد رقابت در هر دو حوزه را دارند، بسیار مهم و ضروری است.

بحث قیمت‌گذاری در فروشگاه‌های فیزیکی از زمان تأسیس شرکت آمازون یعنی حدود ۲۵ سال پیش و زمانی که فروشگاه‌های سنتی در رقابت با شرکت آمازون به چالشی جدی دچار شدند، اهمیت زیادی پیدا کرد. به‌عنوان مثال، فروشگاه‌های مکیز و کلز هر دو از افت ۲.۱ درصدی در فروش خود نسبت به ماه گذشته خبر دادند که حکایت از قدرت گرفتن آمازون دارد. این‌دست اتفاقات باعث شد تا برخی از فروشگاه‌ها تمرکز خود را بر روی فروش آنلاین بگذارند. البته همه‌ی ما نیز می‌دانیم که افزایش تعداد مشتریان لزوماً به معنای حضور فیزیکی آنها در فروشگاه‌ها نیست.

در اینجا فروشگاه‌ها با یک مشکل استراتژیک روبه‌رو شدند. شرکت‌ها برای آنکه به مشکلی که پیش‌تر اشاره شد دچار نشوند، مجبورند وارد حوزه‌ی فروش آنلاین شوند و ارزش بیشتری برای مشتریان خود خلق کنند تا مشتریان نیز حامی آنها باقی بمانند و از طرف دیگر نیز فروشگاه‌های فیزیکی خود را محدود به مکان‌هایی کنند که ترافیک جمعیت کافی در آنجا وجود دارد. البته این موضوع نیازمند زمان است، اما در کوتاه‌مدت می‌توان با تجدیدنظر در استراتژی‌های قیمت‌گذاری همچنان در میدان رقابت باقی ماند. مزیت و نکته‌ی جالب تمرکز بر موضوع قیمت‌گذاری، در اثر فوری آن نهفته است. قیمت را می‌توان در عصر یک روز تغییر داد و در فردای روز بعد اثر آن را مشاهده کرد.

البته یافتن بهترین روش قیمت‌گذاری در این زمینه مستلزم پاسخ دادن به دو پرسش زیر است:

۱) آیا فروشگاه‌ها باید قیمت‌های متفاوتی را برای فروش فروشگاهی و فروش آنلاین در نظر بگیرند؟

پیشنهاد این است که با وجود رقبایی مانند دیجی‌کالا (یا هر فروشگاه آنلاین دیگر) دست به حرکتی

انتحاری در کاروکسب خود نزنید و قیمتهای خود را بی‌دلیل نشکنید. البته در این صورت باید از دست دادن تعدای از مشتریان را نیز بپذیرید. اما در زمانی که یک فروشگاه آنلاین دیگر تعداد زیادی از مشتریان شما را به سمت خود جذب می‌کند، در اینجا وقت آن فرا رسیده است که میان قیمتهای آنلاین و فروشگاهی خود تفاوت قائل شوید. عموماً این تصمیم، فروشگاهها را بر سر دوراهی قرار می‌دهد: چنانچه شما قیمت خود را به‌منظور رقابت با رقبای آنلاین در پایین‌تر از حد خود در نظر بگیرید، ممکن است در فروش فروشگاهی خود به علت وجود هزینه‌هایی ثابت مانند دستمزد کارکنان، هزینه‌ی مکان و... دچار کمبود منابع مالی شوید. اما از طرف دیگر چنانچه قیمتهای شما جوری تنظیم شده باشند که در فروش فروشگاهی به شما سود برسانند، در اینجا دیگر قیمتهای اینترنتی شما رقابتی نخواهند بود؛ چرا که قیمتی که برای تمامی کانالهای توزیع[1] یکسان در نظر گرفته می‌شود در نهایت، باعث ضرر و زیان در یکی از بازارهای هدف[2] خواهد شد.

بسیاری از خرده‌فروشان، در فروشگاههای مختلف برحسب بازار و نوع رقابت، قیمتهای مختلفی را انتخاب می‌کنند. قیمت یک محصول در یک فروشگاه می‌تواند تحت تأثیر قیمت همان محصول در فروشگاه دیگر قرار گیرد. بنابراین، امری عادی است که قیمت یک محصول از یک فروشگاه به فروشگاه دیگر متفاوت باشد. این امر بدیهی و منطقی است و می‌توان همین وضعیت را به قیمت‌گذاری آنلاین نیز تعمیم داد. اگر فروشگاههای آنلاین را رقابتی‌تر در نظر بگیریم، پس مسأله‌ی تخفیف در اینجا نیز حائز اهمیت است.

شاید این پرسش به وجود بیاید که آیا با وجود قیمتهای اینترنتی تخفیفی همه‌ی افراد خرید خود را آنلاین انجام خواهند داد؟ پاسخ روشن است. خیر! جالب است بدانید که بیشتر افراد همچنان خرید از فروشگاه فیزیکی را ترجیح می‌دهند. در نیمه‌ی دوم سال ۲۰۱۶ تنها ۷.۷ درصد از تمام خریدهای انجام‌شده اینترنتی بود و مابقی از طریق خرید حضوری انجام شده بود.

جالب این است که بعضی از مشتریان قیمتها را در فروشگاههای آنلاین بررسی می‌کردند و با مقایسه‌ی بین قیمتها، مطلع شده، به بازار فیزیکی مراجعه کرده و خریدشان را انجام می‌دادند.

یک تجربه: در یکی از شرکتهای طرف مشاوره اینجانب، قراردادی را با دیجی‌کالا بستیم، شرط دیجی‌کالا این بود که بازرسین ما در بازار می‌گردند و نباید جایی قیمت محصولاتی را که به ما داده‌اید را ارزانتر از ما پیدا کنند و از طرفی محصولات هم طوری بود که قیمت مصرف‌کننده نداشت و کنترل تمام خرده‌فروشیها کار دشواری بود؛ چون بعضی از آنها قیمت کالای رند بازار را بسیار پایین (حتی پایین‌تر از قیمت خرید) اعلام کرده، و در مقابل کالاهای

1. Distribution Channels
2. Target Market

گمنام و برندهای ضعیف‌تر را با حاشیه‌ی سود بالاتر می‌فروشند، و به این نحو در نهایت سود می‌برند. از این رو، چاره‌ی کار را در این دیدیم که محصولات خاص دیجی‌کالا بزنیم و نمونه‌ی آن را در بازار محصول عرضه نکنیم. به این طریق هر دو بازار را پوشش داده بودیم، بدون اینکه به بازاری صدمه‌ای بزنند.

۲) آیا زمانی که خریداران درخواست می‌کنند که قیمت‌های فروشگاهی و آنلاین یکسان باشد، می‌توان این کار را انجام داد؟

با وجود تفاوت در قیمت‌های آنلاین و فروشگاهی این مسأله که مشتریان فروشگاهی درخواست یکسان بودن قیمت با قیمت آنلاین را به شما بدهند، امری اجتناب‌ناپذیر است. به‌شخصه به‌عنوان یک مشاور در زمینه‌ی استراتژی‌های قیمت‌گذاری با از بین بردن ارزش فروشگاهی به‌وسیله‌ی یکی‌کردن قیمت فروش آنلاین و فروشگاهی موافق نیستم. حتی اگر به هر دلیلی موافق تفاوت قیمت آنلاین و فروشگاه نیستید، راهکارهایی مانند اعتباردهی به مشتری را در نظر بگیرید تا اینگونه بین این دو کانال فروش تفاوت ایجاد کرده باشید.

با وجود تلفن‌های هوشمند، یافتن قیمت‌های پایین‌تر برای مشتریان در زمانی که در فروشگاه حضور دارند امری آسان به نظر می‌رسد. این موضع همچنین می‌تواند خرده‌فروشان را نسبت به قیمت‌گذاری متفاوت فروشگاهی و آنلاین مردد کند. چیزی که برای شرکت‌های هواپیمایی و فروشگاه‌های خرده‌فروشی اتفاق افتاد؛ در این صنایع، مشتری تفاوت قیمت را می‌پذیرد و بهترین قیمت را انتخاب می‌کند. به‌منظور موفقیت در دنیای مدرن خرده‌فروشی، صاحبان کاروکسب چاره‌ای ندارند جز اینکه خود را با شرایط جدید وفق دهند و فروشگاه آنلاین و فیزیکی را در کنار یکدیگر مورد توجه قرار داده و استراتژی قیمت‌گذاری مناسبی برای هر دوی آنها داشته باشند.

اگر بخواهیم تا اینجا مباحث را جمع‌بندی کنیم، باید بگوییم که قیمت‌گذاری باید چهار ویژگی داشته باشد:

۱- ارزشمند باشد.

۲- رقابت‌پذیر باشد.

۳- زمان‌گرا باشد.

۴- شرایط محور باشد.

حال این پرسش پدید می‌آید که در چه مواقعی مصرف‌کنندگان به افزایش قیمت حساس نیستند؟ پاسخ آن بشرح زیر است:

● کاملاً منحصربه‌فرد باشد. وقتی کالا خاص باشد حساسیت قیمتی مصرف‌کننده کم می‌شود.

- کیفیت بسیار بالا باشد و چون بخش بالای درآمدی جامعه مشتریان محصولات گران هستند، حساسیت کمتری دارند.
- برای محصول جایگزینی وجود نداشته باشد و مشتری مجبور به خرید باشد.
- قیمت نسبت به درآمد فرد و خانوار اندک باشد. هر قدر میزان درآمد افراد و خانوار بیشتر شود، هرچقدر هم هزینه‌های زندگیشان افزایش یابد، در مجموع درصد هزینه‌های موادغذایی و پوشاک و سایر هزینه‌های معمول نسبت به درآمدشان کاهش می‌یابد.
- دیگران در هزینه‌های فرد و خانوارش مشارکت داشته باشند، مثل پرداخت بخشی از کرایه‌ی منزل زوجهای جوان به‌وسیله‌ی والدین آنها.

عوامل مختلفی بر حساسیت قیمت تأثیر می‌گذارند که نی‌گل، یکی از اساتید حوزه‌ی قیمت‌گذاری، ۹ عامل مختلف را به شرح زیر شناسایی کرده است:

۱- تأثیر فایده‌ی منحصربه‌فرد

۲- تأثیر آگاهی از کالای جانشین

۳- تأثیر دشواری مقایسه (زمانی که نمی‌توان کالا را با کالایی دیگر مقایسه کرد)

۴- تأثیر هزینه‌ی کل

۵- تأثیر مزیت پایانی

۶- تأثیر هزینه‌ی مشترک

۷- تأثیر سرمایه‌گذاری انجام‌شده

۸- تأثیر قیمت نسبت به کمیت

۹- تأثیر موجودیها، برای مثال فصل درحال تمام شدن است و شما حجم زیادی از یک محصول فصلی دارید. یا به‌عنوان مثالی دیگر چاپ یک کتاب در حال اتمام است و نزدیک نمایشگاه کتاب هستید و شما به‌عنوان انتشاراتی تصمیم می‌گیرید مثلاً ۱۰۰ عدد باقیمانده را به پخشی‌ها ندهید تا بتوانید در نمایشگاه به مصرف‌کننده‌ی نهایی بفروشید.

از بررسی تمام نکات مطرح‌شده پیرامون حساسیت مشتری به قیمت، می‌توان به این نتیجه رسید که درک مصرف‌کننده از قیمت به اندازه‌ی خود قیمت مهم است.

قیمت موضوعی است که نقش مهمی در صنایع مختلف در اقصی نقاط جهان ایفا می‌کند. خرده‌فروشانی همچون آلدی[1] و وال‌مارت از قیمت به‌عنوان ابزاری جهت جایگاه‌سازی خود در تقابل

1. ALDI

با رقبا استفاده کرده‌اند. این شرکتها و بسیاری شرکتهای دیگر قیمتهای خود را کاهش می‌دهند؛ زیرا اعتقاد دارند این اقدام سبب بالا رفتن ارزش ادراک‌شده برای مصرف‌کننده می‌شود. با بالا رفتن تب کاهش قیمت، ممکن است مدیران تصمیمهای عجولانه‌ای بگیرند؛ تصمیمهایی که شاید نه تنها به نفع کاروکسب‌شان نباشد بلکه به آن آسیب نیز وارد کند.

زمانی که مدیریت یک سازمان تصمیم به کاهش قیمت می‌گیرد، لازم است به یک سؤال بسیار مهم پاسخ دهد: آیا مصرف‌کنندگان متوجه کاهش قیمت می‌شوند؟ این سؤال از آنجایی اهمیت دارد که درک مصرف‌کننده از قیمت به اندازه‌ی خود قیمت دارای اهمیت است. حتی اگر مصرف‌کننده متوجه تک‌تک تصمیمهای سازمان در ارتباط با قیمت‌گذاری نشود، سازمان باید اطمینان حاصل کند که مصرف‌کننده حس خوبی نسبت به قیمتهای آنها در مقایسه با رقبا پیدا کرده است. بیشتر شرکتها – بجز شرکتهایی که محصولات لوکس می‌فروشند و می‌خواهند در ذهن مخاطب به‌عنوان برندی گران شناخته شوند – به دنبال این هستند که در مقایسه با رقبای خود قیمت پایین‌تری را برای محصولاتشان در نظر بگیرند. تحقیقات صورت‌گرفته نشان می‌دهد که برداشت مشتریان از قیمتهای ارائه‌شده در یک فروشگاه، تابع عواملی است که تنها به قیمت محدود نمی‌شوند. برای مثال، در یک تحقیق، فروشگاهی که ظاهر شیک‌تری داشت از نظر مصرف‌کنندگان محصولاتی با قیمتی بالاتر می‌فروخت، درحالی‌که اینطور نبود و در واقعیت قیمتهای این فروشگاه پایین‌تر از رقیب بود. در اینجا به این فروشگاه توصیه می‌شود که بتدریج قیمت خود را بالا ببرد؛ زیرا در ذهن مصرف‌کنندگان این کشش قیمتی برای محصولات آن وجود دارد.

امروزه مشتریان این توانایی را یافته‌اند که قیمتها را به آسانی با هم مقایسه کنند. این توانایی باعث شده که مشتریان خریدهای خود را از چند فروشگاه انجام دهند و به اصطلاح آن را بشکنند. آمار نشان می‌دهد که حدود نیمی از هزینه‌کرد یک مشتری در طول یک‌ماه در فروشگاههایی انجام می‌شود که گزینه‌ی اصلی خرید وی به حساب نمی‌آیند. از این رو مدیریت ادراک مشتری از قیمت به اندازه‌ی ساختار قیمت‌گذاری از اهمیت برخوردار است.

فصل چهاردهم

باورهای غلط
در قیمت گذاری

در علوم اجتماعی حکم قطعی دادن را نمی‌پسندم؛ چون ما با انسان سروکار داریم با تمام پیچیدگیها و شخصیت و فرهنگ و ادراکات و...

مهم این است که در سازمان استراتژی مدون مبتنی بر شناخت دقیق از تمام عوامل مؤثر بر کاروکسب‌مان داشته باشیم و سپس متناسب با شرایط در کنار برنامه‌ریزی استراتژیک[1]، تفکر استراتژیک[2] هم داشته باشیم تا متناسب با تغییرات ما هم تغییر کنیم. یادآور می‌شویم سازمانها دستوراتشان را از محیط می‌گیرند و نقش مدیران، فهم درست این دستورات و متناسب‌سازی با سازمان خودشان است. فلسفه‌ی جلسات هیأت‌مدیره و کمیته‌های بازاریابی و قیمت‌گذاری و نظایر آن هم همین است. با این مقدمه به چند باور غلط می‌پردازم که بعضاً به‌عنوان حکم قطعی داده می‌شود:

۱- حتماً باید قیمت رقبا را بپذیریم

همان‌طور که قبلاً نوشتم اطلاعات درست؛ دقیق و بهنگام داشتن از رقبا لازمه‌ی تصمیم‌گیری صحیح است، اما اینکه هر کاری آنها کردند ما هم عیناً باید انجام دهیم را قبول ندارم. شما باید ببینید شرکت موج‌ساز، موج‌سوار یا اسیر موج هستید، سپس تصمیم بعدی را بگیرید. در هر حالت شناخت رقبا و

---

1. Strategic Planning
2. Strategic Thinking

اطلاعات داشتن از آنها لازم است، اما نوع تصمیم‌گیری خصوصاً در حوزه‌ی قیمت‌گذاری متفاوت است.

۲- تنها راه افزایش فروش کاهش قیمت است

اتفاقاً در اکثر مواقع با این نظریه مخالف هستم. بسیاری از مواقع سازمان ایرادات کار خود را درست نمی‌شناسد، مثلاً ضعف در ترویج و ارتباطات دارد یا سیستم توزیع‌اش درست کار نمی‌کند، یا بسته‌بندی[1] محصولات نیاز به اصلاح دارد و...، ولی متأسفانه اولین راه‌حل که به ذهن بسیاری از مدیران می‌رسد کاهش قیمت، افزایش تخفیف، افزایش مدت چکهای دریافتی است که اینها اشتباه است و ضررو‌زیان قابل‌توجهی را هم از نظر مالی و هم از نظر اعتباری به شرکت وارد می‌کند. تازه اگر هم به‌صورت قطعی ایراد را در بالا بردن قیمت دیدید با راهکارهایی مثل دادن امتیاز جدید (و نه کاهش قیمت) موضوع را مدیریت کنید. کاهش قیمت وقتی است که واقعاً دیگر هیچ امکانی وجود نداشته باشد.

۳- باید از همه ارزانتر بفروشیم

این توصیه برای همه جایز نیست، باید ببینید بازار هدف شما در استراتژی‌تان کجا تعریف شده است. اگر شرکتی هستید که تصمیم گرفته‌اید محصولاتی با کیفیت قابل قبول اما با قیمت پایین برای طبقات کم‌درآمد جامعه داشته باشید، این توصیه درست است. مثال شرکت بیک که یادتان هست، اما قطعاً این توصیه برای برندهایی که بازار هدفشان طبقات با درآمدی بالاست کاربرد ندارد و بدتر ضدارزش می‌شود.

شاید مدیران بگویند با حفظ کیفیت نسبت به رقبای مطرح در آن بازار هدف با در نظر گرفتن حاشیه‌ی سود پایین‌تر سیاست قیمت رسوخ در بازار را در نظر گرفته‌ایم، که این سیاست می‌تواند درست باشد، اما خیلی حواستان جمع باشد؛ چون اشتباهات در این سیاست می‌تواند جبران‌ناپذیر باشد.

۴- قیمت‌گذاری مهم نیست

در کاروکسب و بازاریابی همه‌چیز مهم است. از هیچ عاملی به سادگی نگذرید. بعضاً می‌شنویم که می‌گویند اگر برند قوی باشد، مشتریان چشم‌وگوش بسته می‌آیند و خرید می‌کنند. یادمان باشد فقط نیم‌درصد از افراد جامعه صرفاً کیفیت‌خواه[2] هستند و قیمت برایشان مهم نیست، تازه آنها می‌گویند به شرط داشتن کیفیتی که بالاترین باشد. حتی در قیمت‌گذاری محصولات لوکس هم دیدید که قیمت‌گذاری مهم است.

---

1. Packaging
2. Quality-seeker

۵- بهینه‌سازی قیمت دشوار است

ممکن است در قیمت‌گذاری اشتباه کرده باشید یا بنابر تغییرات محیطی مجبور شوید قیمت‌های جدید را پس از بررسی و درک کامل بازار و شرایط اعمال کنید. در این‌حالت باید تصمیمات قاطع خودتان را بگیرید و صادقانه به بازار اعلام کنید. از دشوار بودن آن نترسید، برای مدیر آگاه و مطلع هیچ چیز دشوار نیست.

۶- افزایش قیمت باعث از دست دادن مشتریان می‌شود

البته مشتریان از افزایش قیمت‌ها معمولاً استقبال نمی‌کنند و خوشایندشان نیست، اما اگر اصول گفته‌شده در چگونگی افزایش قیمت‌ها را رعایت کنید و با آنها گفت‌وگو کنید، آنها هم متقاعد می‌شوند و با شما کار خواهند کرد.

۷- ما همین الان هم گران‌ترین محصولات و خدمات را ارائه می‌کنیم

گفتن این جمله آسان نیست، شما باید بررسی جامعی داشته باشید، شاید قیمت محصول شما بالاتر از رقبای مطرح‌تان باشد، اما در نهایت، ارزش و مطلوبیت نهایی که به آنها می‌دهید و از مقایسه‌ی فایده‌های دریافتی (فایده‌های اصلی - فایده‌های جانبی - تصویر ذهنی - ارتباطات) و در مقابل هزینه‌های پرداختی (زمان - مالی - انرژی - روانی) حاصل می‌شود، بیشتر باشد. معادله‌ی ارزش را از مقایسه‌ی دقیق خودتان با رقبای مطرح بشناسید و در مواقع لزوم با مذاکره‌ی درست، ارزش‌ها را به مشتری نشان دهید.

۸- هیچ‌گاه پیشتاز برای افزایش قیمت نباشید

اینکه در یک صنعت کدام بنگاه اقتصادی در یک برهه‌ی زمانی شروع‌کننده‌ی افزایش قیمت باشد، مهم است. اگر شما وجه تمایز و مزیت رقابتی قابل قبولی نسبت به رقبای مطرح‌تان ندارید، این توصیه درست است، اما اگر رهبر بازار[1] هستید این توصیه صحیح نمی‌باشد؛ چون همه به رهبر بازار نگاه می‌کنید و در مواقعی که برای افزایش قیمت مواد، دستمزد و سربار اگر افزایش قیمت ندهید، وارد زیان می‌شوید. افزایش بموقع قیمت مهم و درست است.

۹- قیمت صادراتی باید کمتر از بازار داخلی باشد

بعضی از مدیران تصور می‌کنند برای دستیابی به بازار صادراتی حتماً باید قیمت صادراتی‌شان کمتر

---

1. Market Leader

از قیمت داخلی باشد. این لزوماً درست نیست. شما باید رقبای بازار هدف صادراتی را با بررسی و تحقیقات بازار بشناسید و جایگاه خودتان را نسبت به آنها بسنجید و سپس قیمت‌گذاری کنید. چه‌بسا بتوانید بالاتر از بازار داخل بفروشید و سود بیشتری کسب کنید.

۱۰- اگر قیمت مناسب باشد، نیاز به تبلیغات ندارید

بارها در این کتاب تأکید کردم که هیچ‌یک از ابزارهای آمیزه‌ی بازاریابی (محصول، قیمت، ترویج، توزیع و ارتباطات) را به‌صورت مجزا مورد ارزیابی و تصمیم‌گیری قرار ندهید، هریک از اینها کارکرد خودشان را دارند و مشتری به مجموع آنها نگاه می‌کند. پس شناساندن وجوه تمایز شرکت و محصولات و خودتان نیاز به بهره‌گیری از ابزارهای ترویج و ارتباطات به‌نحو درست و اصولی دارد.

۱۱- قیمت را بیشتر از یکبار در سال افزایش ندهید

این توصیه شاید در بازارهای باثبات صحیح باشد، اما در بازار ایران که متأسفانه گاه قیمت مواد، دستمزد و سربار، لحظه‌ای بالا یا پایین می‌شود، نمی‌تواند صحیح باشد. افزایش مکرر قیمت قطعاً صحیح نیست، ولی ممکن است مجبور شوید در سال چندبار افزایش قیمت داشته باشید. به‌هرحال محیط کلان و محیط خرد بازار هدف را به‌صورت مرتب و دقیق رصد کنید و سپس تصمیم بگیرید.

۱۲- به واسطه‌ها بگویید هر چقدر فروختند مفت چنگشان

قیمت جزئی از آبرو، حیثیت و اعتبار شرکت است و هرج‌ومرج قیمتی را نمی‌پسندم. به‌هرحال قیمت‌گذاری باید از اصول و قواعد پیروی کند. اگر یک محصول با چند قیمت به مصرف‌کننده عرضه شود، به اعتبار برند شرکت لطمات زیادی می‌زند. کنترل قیمت و نظارت از سوی شرکت مادر را توصیه می‌کنم.

۱۳- با سرعت می‌توان سیاست قیمت‌گذاری سازمان را عوض کرد

سیاست قیمت‌گذاری یک سازمان ریشه در تفکرات بنیانگذار و مدیران ارشد آن دارد و جزئی از فرهنگ سازمان شده است و تغییر فرهنگ به‌سادگی امکان‌پذیر نیست و نیاز به گذر زمان و زیرساخت آموزش و تأکید و جدّیت مدیریت ارشد برای جا انداختن سیاست جدید دارد. سیاست قیمت‌گذاری خُم رنگرزی و مسابقه‌ی دو سرعت نیست بلکه، جا افتادن غذا و کوهنوردی است. پس حوصله داشته باشید و جدیت، تا شیوه‌های نوین در سازمان شما نهادینه شود.

۱۴- پیاده‌سازی قیمت‌گذاری ارزش‌محور با دستور مدیریت ارشد اجرایی می‌شود

درست است که مدیران ارشد متولیان فرهنگ سازمان هستند و تفکرات و عزم ایشان مهمترین عامل

گذار قیمت از هزینه‌محوری و رقابت‌محوری به ارزش‌محوری است، اما علاوه بر آن، این تغییر مهم مستلزم این است که جزو اولویتهای سازمان باشد و برای مدیران میانی هم بخوبی باورسازی و باورپذیری شده باشد، ساختار سازمان و کمیته‌ی قیمت‌گذاری اجازه‌ی آن را بدهد، قابلیتهای لازم از جمله نرم‌افزار و مغزافزار و دل‌افزار در راستای آن ساماندهی شده باشد و فرایندها و سایر ابزارها مهیا باشد.

۱۵- اگر در کمیته‌ی قیمت‌گذاری نظرات متفاوت بودند و با رأی‌گیری سیاست قیمت‌گذاری را تعیین کنید

این یکی از مواردی است که همیشه در سازمانها با آن مسأله داشته‌ام. یادآور می‌شوم کمیته برای بحث و گفت‌وگوی علمی و عملی است، اما در مدیریت، مسئول هر تصمیم باید مشخص باشد. مدیر ارشد دانا و مسلط تمام نظرات را می‌شنود و با طرح سؤالات درست همه‌ی اعضا را به چالش می‌کشد، بازار را مورد بررسی و تحقیق قرار می‌دهد و سپس تصمیم نهایی را خود می‌گیرد. این خیلی مهم است که مدیر متعهد به اجرای تصمیم باشد و با جان و دل آن را قبول داشته باشد. ما لازم است بین کار تیمی[۱] و تصمیم تیمی تمایز قائل شویم. کار تیمی بسیار هم مورد تأکید است، اما تصمیم باید از طریق مسئول آن اتخاذ شود.

۱۶- تصمیم قیمت‌گذاری کار یکی از نیمکره‌های مغز است

کسانی که از سیاست قیمت‌گذاری هزینه‌محور استفاده می‌کنند و اهل دودوتا چهارتا هستند، بیشتر تابع نیمکره‌ی چپ مغز هستند که خواستگاه منطق است. کسانی که از دیدگاه ارزش‌محور استفاده می‌کنند و اهل شهود و بینش و بصیرت هستند و از روانشناسی و احساس کمک می‌گیرند، بیشتر تابع نیمکره‌ی راست مغز هستند، اما درواقع جامعیت‌نگری در قیمت‌گذاری مستلزم توجه و تعامل هر دو نیمکره است، ما هم به قابلیتهای تحلیلی و نرم‌افزار احتیاج داریم و هم به توان مذاکره و روانشناسی و مهارت گفت‌وگو و داستانگویی.[۲] پس به هر دو نیمکره‌ی مغز عنایت داشته باشید.

۱۷- یادگیری برای آموزشهای تجویزی کفایت می‌کند

آموزش را می‌توان به دو دسته‌ی آموزش تجویزی نظیر آنکه در کلاسهای درس دانشگاه معمولاً اجرا می‌شود و آموزش توصیفی که خواندن و گوش کردن داستانهای موفقیت و شکست صاحبان کاروکسب است، بخش‌بندی کرد. واقعیت این است که برای ایجاد تغییر و نهادینه‌سازی آن در سازمان برای

1. Teamwork
2. Story Telling

سیاست قیمت‌گذاری ما به هر دو نوع آموزش احتیاج داریم، هم باید با آموزش تجویزی نکات لازم برای تحول و کنار گذاشتن شیوه‌ی قبل و دلایل پذیرش شیوه‌ی جدید را ترسیم و تفهیم کرد و هم با آموزش توصیفی و اجازه‌ی اجرا و تجربه کردن و مهارت‌آموزی در عمل در نهادینه‌سازی آن اقدام کرد. ما برای تغییر ماندگار و اثرگذار نیاز به همکاری منطق و احساس افراد دیگر داریم.

۱۸- نیروی فروش ملزم به تبعیت و اجرای بی چون‌وچرای آیین‌نامه است

خیلی سال پیش لی کان هی، بنیانگذار سامسونگ، کتابی نوشت با نام "تغییر از اینجا آغاز می‌گردد." گذر از سیاست قیمت‌گذاری قدیمی به سیاست قیمت‌گذاری ارزش‌محور نیاز به پذیرش تمام مجریان فروش دارد. اگر فروشندگان با روح و جانشان قیمت را قبول نکرده باشند، بدیهی است با اعتمادبه‌نفس پایین با مشتری مواجه شده و در زبان بدن و زبان لحن‌شان تزلزل خواهند داشت و در نتیجه در مذاکرات فروش قوی عمل نخواهند کرد. پس هرچقدر که لازم است برای دانش و سواد و مهارت افراد فروش وقت بگذارید.

۱۹- اگر در نهادینه‌سازی سیاست قیمت‌گذاری مدنظر مدیریت ارشد موفق نشدید، مقصر را پیدا کنید و با او برخورد کنید

یک نگاه غلط در سازمان، نگاه مقصریابی است، درحالی‌که آنچه سازمان را در مسیر درست نگه می‌دارد، نگاه مسأله‌یابی است. یادمان باشد هر قصوری دلایل (و نه یک دلیل) متعدد دارد که بخشی از آن به مدیریت ارشد، بخشی مدیران میانی، و بخشی کارکنان، و بخشی شرایط محیط کلان و محیط خرد سازمان دارد.

موانع پیاده‌سازی سیاست قیمت‌گذاری می‌توانند مواردی چون ضعف در اقتدار مدیریت ارشد، تصمیم بدون فکر و گوش نکردن به صدای بازار و کمیته‌ی قیمت‌گذاری، تمرکز زیاد بر قابلیتهای کمّی و نیمکره‌ی چپ مغز و غافل شدن از نیمکره‌ی راست مغز، عجول بودن و حوصله نداشتن برای فرهنگ قیمت جدید، مهیا نکردن ابزار و شرایط کار و... باشند.

۲۰- این حرفها برای بازار اروپا و امریکا است و نه ایران

در خیلی از موارد سازمانهای ایرانی دچار سندرم برای اینجا اختراع نشده[1] است، می‌شوند. و می‌گویند اینها برای ایران نیست و بازار ما اجازه‌ی پیاده‌سازی سیاستهای نوین را نمی‌دهد. حقیقت این است که تمام این نکات به شرط تعهد و مشورت‌پذیری مدیریت ارشد، همراهی مدیران میانی و فرهنگ‌سازی

---

1. Not-Invented Here Syndrome

برای همه‌ی دست‌اندرکاران خصوصاً تیم فروش شدنی است. خودتان را دچار افسانه‌ها و بزرگنمایی‌های خودساخته نکنید. می‌گویند فردی اسم پسرش را گذاشته بود رستم و خودش از او می‌ترسید. حقیقت این است که گفته‌هایی چون زمانه و شرایط کشور اجازه‌ی این حرف‌ها را نمی‌دهد، تا تخفیف ندهی نمی‌توانی بفروشی، باید سر مشتری کلاه گذاشت، نمی‌توانیم قیمت‌ها را افزایش دهیم، برای موفقیت در بازار نیاز به پول هنگفت داریم، همیشه باید دنباله‌رو باشید و... ساخته و پرداخته‌ی ذهن مدیران ضعیف است، پندار قوی، گفتار قوی و رفتار قوی مبتنی بر علم و عمل و عشق است که شما را در بازار رقابتی موفق می‌کند.

فصل پانزدهم

توصیه‌هایی برای جمع‌بندی

در تألیف این کتاب به سبک و سیاق سایر کتابهای تألیفی‌ام سعی کردم با ساده‌سازی و ساده‌گویی مطالب و مفاهیم علمی و با نگرش بازار ایران و با بهره‌گیری از منابع علمی معتبر و تجربیات سالیان شاگردی کردن در دانشگاه بازار و دانشگاه علوم و مشاوره‌های متعدد در کاروکسب‌های مختلف خدماتی، صنعتی و مصرفی، کتابی کاربردی به‌منظور استفاده‌ی صاحبان، مدیران و کارشناسان بنگاههای اقتصادی تقدیم کنم.

در پایان به‌عنوان جمع‌بندی بیست نکته‌ی اساسی را یادآور می‌شوم.

۱- قیمت‌گذاری را به‌عنوان یکی از اجزای آمیزه‌ی بازاریابی در نظر بگیرید و از مطرح کردن آن به‌تنهایی خودداری کنید. تصمیمات حوزه‌ی قیمت‌گذاری بدون توجه به سایر عوامل آمیزه‌ی بازاریابی نظیر محصول (کالا / خدمات)، توزیع، ترویج و ارتباطات یک اشتباه استراتژیک است. به عبارتی لازم است بین تمام این عوامل تناسب استراتژیک وجود داشته باشد. تغییر در هرکدام از آنها سبب تغییر در کل آمیزه خواهد شد، پس نگرش سیستمی و جامعیت‌نگری بین تمام آنها توصیه‌ی جدی من است.

۲- مشتریان تعهدی ندارند که هزینه‌های بالای قیمت تمام‌شده‌ی شما را بپردازند، پس با به‌کارگیری توصیه‌های ارائه‌شده در خصوص مدیریت هزینه‌ها، قدرت خودتان را در هنگام قیمت‌گذاری و مانور در بازار نشان دهید. به تمام هزینه‌های توجه جدی داشته باشید، از هیچ کوتاهی و تصوری در

مدیریت درست هزینه‌ها نگذرید، فرهنگ استفاده از زمان، منابع و مواد را در سازمان به نحو احسن نهادینه کنید. هر هزینه‌ی ثابت یا متغیر بی‌مورد در نهایت تأثیرش را در هزینه‌ی کل و در نتیجه قیمت محصولات شما خواهد گذاشت.

۳- فرق خرج نکردن با درست خرج کردن را بدانید. متأسفانه گاه در توصیه‌های مدیریت هزینه‌هایی که ارائه می‌کنم به‌صورت نادرست برداشت می‌شود. منظور من هزینه‌های نابجا است، اما بعضی از هزینه‌ها در واقع سرمایه‌گذاری هستند برای سود بلندمدت، برای مثال، هزینه‌های آموزش درست و اصولی خودتان و نیروهای فنی و تولید و فروش، هزینه‌های درست و بجای ترویج و ارتباطات برای شناساندن برند سازمان و محصولات به بازار هدف. لازم است خصوصاً مدیران مالی با نگاه اقتصاد مدیریت عمل کنند و نه نگاه کوتاه‌مدت حسابداری!

۴- به‌طور مرتب فعالیت رقبا، خصوصاً رقبایی که شما را با آنها در بازار مقایسه می‌کنند و در این کتاب با عنوان رقبای مطرح از آنها نام بردیم، رصد کنید. آنها را زیرنظر بگیرید و با اطلاعات دقیق و درست و بهنگام از آنان تصمیم خودتان را اتخاذ کنید. منظور من این نیست که عیناً از رقبا تقلید کنید بلکه، یادآور می‌شوم که بدون اطلاعات از رقبا، تصمیم‌گیری در حوزه‌های بازاریابی خصوصاً قیمت‌گذاری غلط است.

۵- از قوانین و محدودیتهای بازار هدف مطلع باشید. مصوبات دولت و مراجع نظارتی را بموقع مطالعه کنید. با مشاوران مالی، حقوقی و بازاریابی خودتان در خصوص چگونگی اجرای آنها جلسه بگذارید. در بازارهای صادراتی از قوانین مربوطه بخوبی آگاه شوید. برای آگاهی خودتان و عوامل مؤثر بر موفقیت‌تان سرمایه‌گذاری کنید. برای آگاهی از قوانین زمان بگذارید و هزینه کنید تا بعداً هزینه‌های سرسام‌آور و جریمه‌ها را پرداخت نکنید.

۶- به سیستمهای اطلاعات بازاریابی[1] و تحقیقات بازار خیلی اهمیت بدهید. از قیمت‌گذاری لحظه‌ای و بدون مطالعه بپرهیزید. از مدلهای قیمت‌گذاری با نظر مشاور اصلح استفاده کنید. گاهی یک‌درصد افزایش قیمت، ده‌درصد سودآوری دارد، به شرطی که درست تصمیم گرفته باشید. با بررسی دقیق بازار، ارزش مشتری از محصول و ارزش برندتان را قبل از عرضه‌ی آن به بازار مطلع شوید و در فواصل زمانی مشخص آن را ارزیابی کنید و با درک بازار، ساختارهای قیمت متناسب و اصولی را

---

1. Marketing Information system

تدوین و مدیریت کنید.

۷- در هنگام دشوار شدن فروش بلافاصله به آخرین راه‌حل که کاهش قیمت و افزایش مدت چک و افزودن به تخفیفها است، فکر نکنید، بررسی جامعی داشته باشید شاید ایراد کار در جای دیگری است. مواظب دامهای کاهش قیمت باشید.

۸- درست است که افزایش قیمت اصولی منجر به سود بیشتر شرکت می‌شود، اما اشتباه در این مورد هم سبب از دست دادن بازار می‌شود. پس در هنگام تصمیم‌گیری برای افزایش قیمت، توصیه‌های ذکرشده را جدی بگیرید، تصمیماتی نگیرید که بعداً مجبور به برگشت بشوید. حرفه‌ای رفتار کنید. آینده‌پژوهی[1] را در قیمت‌گذاری مدنظر داشته باشید، با مشاوران اصلح در خصوص آینده‌ی بازار و تحولات اقتصادی صحبت کنید و سپس تصمیم بگیرید.

۹- به مجموع عوامل مؤثر در قیمت‌گذاری که به‌طور مفصّل به آنها پرداختم، توجه داشته باشید. مجموع عوامل خارجی و داخلی مهم هستند. باز هم تأکید می‌کنم به‌صورت تک‌عاملی تصمیم نگیرید. نگرش سیستمی و جامعیت‌نگری شرط موفقیت در دنیای پیچیده، رقابتی و با عدم قطعیت بازار حال و آینده است.

۱۰- استراتژی کاروکسب‌تان را تدوین کنید. از نظرات مشاوران خبره در جلسات تدوین استراتژی استفاده کنید، اما در اجرایی کردن آن، شرایط را به‌صورت جدی رصد کنید و تفکر استراتژیک داشته باشید، به‌روز باشید و نگرش اقتضایی را به‌صورت حرفه‌ای به‌کار بگیرید.

۱۱- یکی از مباحث مهم در قیمت‌گذاری موضوع تخفیفها است. در هنگام لزوم از قوانین طلایی تخفیف دادن استفاده کنید. اختیارات نیروهای فروش در تخفیف دادن را در مذاکرات مشخص کنید. در فروشگاهها برای تخفیف دادن آئین‌نامه داشته باشید و خیلی مراقبت کنید.

۱۲- از افراط و تفریط در قیمت‌گذاری خودداری کنید. جایگاه برندتان را در بازار بشناسید. شما باید دلایل قوی و محکم برای مشتریان داشته باشید که چرا باید محصول شما را با قیمت اعلام‌شده بخرند! پس به وجوه تمایزشان توجه کنید. قیمت بیش از حد بالا و بیش از حد پایینی که خارج

1. Future studies

از استراتژی و مطالعه باشد، می‌تواند ضررهای جبران‌ناپذیری به شرکت بزند.

۱۳- به چرخه‌ی عمر محصول در استراتژیهای قیمت‌گذاری توجه کنید، اینکه محصول در کدام مرحله‌ی معرفی، رشد، بلوغ و نزول است؛ یعنی به شما کمک می‌کند که شایسته‌ترین تصمیم‌ها را بگیرید.

۱۴- مواظب تغییر قیمت نمایندگان و عاملین فروش بدون هماهنگی با شرکت مادر باشید. تأکید می‌کنم برندهای معتبر به‌صورت مرتب بازارشان را رصد می‌کنند. این شرکت شماست که باید برای قیمت تصمیم بگیرد و نه واسطه‌ها که با اقداماتی مثل زیرفروشی یا گران‌فروشی به برندتان لطمه خواهند زد. البته در بعضی از محصولات در دنیا نظیر بعضی از اقلام موادغذایی یا بهداشتی متناسب با منطقه در دنیا قیمتها را تغییر می‌دهند. در بعضی از کالاها نظیر برندهای لباس یکسانی قیمت یک مدل در شعبات، نشانه‌ی اعتبار سازمان است.

۱۵- به سه عامل زمان، مقدار و مبلغ در همه حالت توجه داشته باشید. پیوستگی این سه مورد در تصمیم‌ها و اقدامات شما حائز اهمیت هستند.

۱۶- همان‌طور که در یک فصل جداگانه تأکید کردم قوانین قیمت‌گذاری در محصولات پرستیژی و لوکس متفاوت از محصولات ضروری و رقابتی هستند. اگر در کار عرضه‌ی محصولات لوکس هستید، پس این قوانین را به‌کار گیرید.

۱۷- در کتاب تأکید کردم که سه تفکر هزینه‌یابی، درآمدزایی و ثروت‌زایی در حوزه‌ی مدیریت مالی در سطح مدیران ارشد و میانی می‌تواند وجود داشته باشد. هنر شما در این است که شما با به‌کارگیری راهکارهای توأم با افزایش درآمد و بهره‌وری و کاش هزینه‌های نابجا، تفکر ثروت‌زایی را در سازمان نهادینه کنید.

۱۸- قبلاً در کتابهای دیگر هم نوشته‌ام که بازاریابی و از جمله قیمت‌گذاری که جزئی از آن است، جزو علوم بهره‌بردار هستند و از دستاوردهای علوم دیگر برای رسیدن به اهداف کاروکسب استفاده می‌کنند.
همان‌طور که دیدید نورومارکتینگ، روانشناسی، ارتباطات و... همه در حوزه‌ی بازاریابی و قیمت‌گذاری به کمک می‌آیند، پس مطالعه و کلاس رفتن در حوزه‌های جانبی هم توصیه می‌شود.

۱۹- قیمت‌گذاری باید دغدغه‌ی همیشگی مدیران باشد، مدیران عامل باید بدانند آنقدر این تصمیم مهم است که نباید قصوری صورت گیرد. حتماً کمیته‌ی قیمت‌گذاری متشکل از مدیر توسعه بازار، مدیر فروش، مدیر مالی، مدیر تولید و مشاور بازاریابی سازمان با ریاست مدیرعامل تشکیل شود. به مدیرعاملان یادآور می‌شوم به همه‌ی افراد مربوطه از جمله خودتان تأکید کنید که در جلسات با اطلاعات به‌روز و نه اطلاعات سوخته حاضر شوند. خودتان برای بازارگردی وقت بگذارید، فقط به گزارش رسیده از سوی نیروها اکتفا نکنید. حداقل در هفته یک روز را صرف حضور در بازار کنید تا با بهره‌گیری از مهارت ادراکی‌تان نادیده‌های گزارش نیروها را ببینید.

۲۰- از اینکه همراه همیشگی من و خانواده‌ی TMBA هستید سپاسگزارم. تقاضا می‌کنم سایر کتاب‌های انتشارات بازاریابی را بخوانید، در کلاس‌های آموزشگاه بازارسازان شرکت کنید، از خدمات تیم توانمند کانون تحقیقات و تبلیغات ضمیر بازار بهره بگیرید، از مشاوره‌های مشاوران خانواده‌ی کاری ما استفاده کنید و از خدمات مرکز استعدادشناسی، منابع انسانی و کاریابی بازارشناسان بهره بگیرید، و بدانید که این نکات که در جمع‌بندی آمده است تمامی ندارد، پس همواره دانشجو باشیم. دانشجویی می‌کنیم تا در اجرا موفق‌تر عمل کنیم. در یک عبارت کوتاه اما بسیار پرمغز و پرمعنا، عالم عامل عاشق باشیم.

پیوست ۱

گفت‌وگوی اختصاصی دوماهنامه‌ی توسعه مهندسی بازار با دکتر مارک استیوینگ، متخصص قیمت‌گذاری
شماره‌ی ۳۳ - مهر و آبان ۱۳۹۲

قیمت‌گذاری به شیوه‌ی علمی؛ یک درصد افزایش قیمت، ۱۰ درصد افزایش سود

• در مورد تجربه‌ی کاری خود با شرکتهای بزرگ توضیح دهید.

به‌عنوان مدیر قیمت‌گذاری با شرکتهای ماکسیم اینترگریتد و نشنال سمیکانداکتور فعالیت کرده‌ام. علاوه بر این، به‌عنوان مشاور قیمت‌گذاری با شرکتهایی نظیر سیسکو سیستمز و پراکتراندگمبل همکاری کرده‌ام.

• در مورد مفاهیم و موضوعات جدیدی که در کتاب جدید خود "قیمت‌گذاری مؤثر: راهنمای شما برای سودآوری" مطرح کرده‌اید، توضیح دهید.

شاید مهمترین ویژگی این کتاب این است که برای اقتصاددانان و افراد دانشگاهی نوشته نشده است و فهم مطالب آن برای مدیران آسان است. در این کتاب، مقوله‌ی قیمت‌گذاری در قالب چهار مفهوم کلیدی مطرح شده است که عبارتند از: ارزش، تقسیم‌بندی قیمتها، قیمت‌گذاری سبد محصولات، و تغییرات قیمت.

به‌طورکلی می‌توان گفت این کتاب دارای چهار ویژگی است: ۱) این کتاب فاقد پیچیدگی زبانی کتابهای دانشگاهی است و زبان آن برای مدیران ساده و قابل فهم است، ۲) بر اهمیت روزافزون و بسیار زیاد ارزش در تعیین قیمتها تأکید می‌کند، ۳) ماهیت کلیدی قیمت‌گذاری را تبیین می‌کند، و ۴) دید تازه‌ای در مورد قیمت‌گذاری ارائه می‌کند که برای آینده بسیار مفید است.

● مخاطبان این کتاب چه کسانی هستند؟

مهمترین مخاطبان این کتاب صاحبان کاروکسب‌های کوچک و مدیران محصولات هستند. اما به‌طورکلی، این کتاب برای همه‌ی افرادی که نسبت به شناخت و درک مبانی قیمت‌گذاری علاقه‌مند هستند مفید است.

● اهمیت و جایگاه قیمت‌گذاری در بازارهای رقابتی امروز چگونه است و چه فرصتها و تهدیداتی در این زمینه فراروی شرکتها وجود دارد؟

قیمت قدرتمندترین متغیر در بازاریابی است. یک درصد افزایش قیمت می‌تواند سود شرکت را ده‌درصد افزایش دهد. این عدد واقعاً بزرگی است. مشکل این است که بسیاری از افراد نمی‌توانند و نمی‌دانند چگونه قیمت‌گذاری را مدیریت کنند.

● چه بازخوردهایی از جامعه‌ی دانشگاهی کاروکسب پیرامون کتابتان داشته‌اید؟

صاحبان کاروکسب شیفته‌ی این کتاب شده‌اند. در رتبه‌بندی سایت آمازون، این کتاب حائز پنج ستاره شده است. بسیاری از افراد به من گفته‌اند که این کتاب را چندین بار مطالعه کرده‌اند.

● منظور شما از قیمت‌گذاری بر مبنای بخشهای مختلف بازار چیست؟

قیمت‌گذاری متفاوت برای مشتریان مختلف (نظیر قیمت‌گذاری بلیت موزه برای مشتریان مختلف)، قیمت‌گذاری متفاوت در مناطق مختلف (نظیر ردیف صندلیهای جلو یا عقب در سالن نمایش تئاتر)، قیمت‌گذاری متفاوت با توجه به زمان (فصل، ماه، سال و...)، قیمت‌گذاری متفاوت برای شکلهای مختلف یک محصول (نظیر قیمت‌گذاری برای بسته‌بندیهای مختلف شیر خشک).

به عبارت دیگر، قیمت‌گذاری بر مبنای بخشهای مختلف بازار، روشی برای قیمت‌گذاری است که در آن کالاهای یکسان با قیمتهای متفاوتی به مشتریان مختلف ارائه می‌شود.

گروهی از مشتریان هستند که تمایل دارند قیمت بالاتری بپردازند، در مقابل گروه دیگری از مشتریان به دنبال خرید با کمترین قیمت هستند. بر اساس روش تقسیم‌بندی قیمتها، قیمتهایی که برای این دو گروه مشتری در نظر گرفته می‌شود، متفاوت خواهد بود.

به‌عنوان مثال، مشتریانی که به قیمت حساس هستند، در هنگام خرید رویکرد مقایسه‌ای دارند. در مقابل، مشتریانی که به قیمت حساسیتی ندارند صرفاً به دنبال کالایی هستند که نیاز دارند و آن را خریداری می‌کنند.

در حوزه‌ی فروش اینترنتی، تشخیص این دو گروه چندان دشوار نیست. مشتریانی که حساس به قیمت هستند از وب‌سایتهای مقایسه‌ی قیمت وارد سایت شما می‌شوند. قیمت‌گذاری برای این

گروه از مشتریان باید با انعطاف بیشتری صورت گیرد. مشتریانی که صرفاً به دنبال کالای موردنظر خود هستند و به قیمت آن حساسیت نشان نمی‌دهند، از سایتهای توصیف و مرور کالاها به وب‌سایت شما وارد می‌شوند. از این گروه از مشتریان می‌توانید بالاترین قیمت را مطالبه کنید.

- **تفاوت میان قیمت‌گذاری مذاکره‌ای و قیمت‌گذاری غیر مذاکره‌ای چیست؟**

در بسیاری از فروشگاههای خرده‌فروشی در امریکا برچسب قیمت روی کالاها وجود دارد. این مبلغی است که افراد باید بپردازند و هیچ مذاکره‌ای در مورد آن صورت نمی‌گیرد. از سوی دیگر مواردی از قبیل اتومبیل و منزل مسکونی به شکل مذاکره‌ای خریدوفروش می‌شود. مشکلات و چالشهای قیمت‌گذاری در این دو حوزه متفاوت است.

- **لطفاً در مورد باندلینگ و دی باندلینگ توضیح دهید که در کتاب درباره‌ی آنها صحبت شده است.**

باندلینگ عبارت است از قیمت‌گذاری چند کالا با هم، و دی باندلینگ عبارت است از قیمت‌گذاری کالاهایی که عمدتاً با هم فروخته می‌شوند به صورت جداگانه.

- **از نظر شما، سه تن از اشخاص برجسته درحوزه‌ی قیمت‌گذاری چه کسانی هستند؟**

تعداد افرادی که در زمینه‌ی قیمت‌گذاری کارهای شاخصی انجام داده‌اند کم نیستند، با وجود این، می‌توان از افراد برجسته‌ای چون تام‌نگل، ویدهولدن، و کنت موفرو نام برد.

- **در سالهای اخیر، چه مفاهیم و اصطلاحاتی به عرصه‌ی قیمت‌گذاری وارد شده است؟**

مفاهیم چندان زیادی معرفی نشده‌اند، بیشتر کاربردهای جدیدی برای مفاهیم گذشته مطرح شده‌اند. با وجود این، شاید بتوان گفت مهمترین مفهومی که در سالهای اخیر در حوزه‌ی قیمت‌گذاری مطرح شده است، مفهوم بهینه‌سازی است.

پیشرفت روزافزون فناوری اطلاعات و روشهای کمّی، محاسبه‌ی امکان قیمت‌گذاری بر مبنای بخشهای مختلف بازار را به صورت دقیقتر، هدفمندتر، و جزئی‌تری فراهم آورده است. به عبارت دیگر، قیمت‌گذاری برای بخشهای بسیار کوچک بازار نیز امکانپذیر شده است و این مسأله‌ی بسیار مهمی است.

پیوست ۲

گفت‌وگوی اختصاصی دوماهنامه‌ی توسعه مهندسی بازار با دکتر مایکل راشتون
شماره‌ی ۳۸ - مرداد و شهریور ۱۳۹۳

قیمت‌گذاری و بازاریابی آثار هنری

دکتر مایکل راشتون، استاد دانشگاه ایندیانا در ایالات متحده، است. علاوه بر این، دکتر راشتون، مدیر برنامه‌ی مدیریت هنر و همچنین برنامه‌ریزی استراتژیک این دانشگاه می‌باشد. وی دارای دکتری مدیریت از دانشگاه بریتیش‌کلمبیا است. ایشان همچنین، دارای سابقه‌ی همکاری آموزشی و پژوهشی با دانشگاههای جرجیا، رجینا (کانادا)، تامساینا (استرالیا) است/ دکتر مایکل راشتون در سال ۲۰۰۹ و ۲۰۱۱، موفق به کسب جوایز پژوهشی از دانشگاه ایندیانا شد. اقتصاد فرهنگی، سازمانهای غیرانتفاعی، و سیاستگذاری و مدیریت، از جمله علائق ایشان در حوزه‌ی پژوهش و تدریس است. مایکل راشتون نویسنده‌ی کتاب "قیمت‌گذاری استراتژیک برای آثار هنری" است که در سال ۲۰۱۴ از سوی انتشارات راتلج منتشر شد. وی همچنین، ویراستار کتاب "جوامع خلاق: آثار هنری در توسعه‌ی اقتصاد" بوده است و مقدمه‌ای بر این کتاب نگاشته است. بحث کپی‌رایت، قیمت‌گذاری آثار هنری، و مدیریت رویدادهای هنری و فرهنگی از جمله موضوعات اصلی مقالات ایشان است.
گفت‌وگوی وی را در ادامه می‌خوانید.

- **خودتان را معرفی کنید.**

من مایکل راشتون، اهل کانادا هستم، و دکتری اقتصاد از دانشگاه بریتیش کلمبیا دارم. در حال حاضر، عضو هیأت‌علمی دانشگاه ایندیانا هستم و همچنین مدیریت مرکز هنر این دانشگاه را نیز بر عهده دارم.

● چه موضوعات جدیدی را در کتاب قیمت‌گذاری استراتژیک آثار هنری مطرح کردید؟

در این کتاب شیوه‌های خلاقانه‌ای برای قیمت‌گذاری آثار هنری مطرح شده است. قیمت‌گذاری بلیت ورودی موزه‌ها، جشنواره‌ها، کنسرتها، و رویدادهایی از این‌دست نسبت به قیمت‌گذاری تک‌تک آثاری که ممکن است در یک گالری ببینید، در این کتاب مورد تأکید بیشتری قرار گرفته است. البته در این موارد نیز تکنیکهای مفیدی ارائه شده است.

● چه عاملی شما را بر آن داشت که این کتاب را بنویسید؟

چندین سال است که برای دانشجویان مدیریت هنر، اقتصاد کاربردی تدریس می‌کنم. در مورد قیمت‌گذاری آثار و رویدادهای هنری منابع کمی وجود دارد و من مجبور بودم نوشته‌های خودم را در اختیار آنها قرار دهم. به این نتیجه رسیدم که نگارش کتابی پیرامون قیمت‌گذاری آثار و رویدادهای هنری می‌تواند برای دانشجویان، مدیران، و سایر فعالان این حوزه بسیار مفید باشد.

● مخاطبان این کتاب چه کسانی هستند؟

دانشجویان علاقه‌مند به مدیریت هنر و کسانی که در این حوزه در موزه‌ها و سایر سازمانهای هنری فعال هستند، از مخاطبان عمده‌ی این کتاب محسوب می‌شوند.

● ارکان یک استراتژی منسجم برای قیمت‌گذاری آثار هنری چیست؟

نکته‌ی مهم این است که بدانید افراد مختلف به یک اندازه نسبت به آنچه شما ارائه می‌کنید، راغب نیستند.

برخی از افراد حاضرند برای خرید آثار هنری و یا بازدید از یک رویداد هنری مبالغ زیادی بپردازند، اما برخی دیگر توانایی و تمایل کمتری برای این کار دارند. بنابراین، قیمت‌گذاری باید طوری صورت گیرد که افرادی را که تمایل به پرداخت مبالغ بالا دارند، به این کار مجاب کنید و در عین حال رویداد و یا اثر هنری را از دسترس کسانی که تمایل به پرداخت کمتری دارند، خارج نکنید.

● چه عوامل ناملموسی بر قیمت‌گذاری آثار هنری تأثیر می‌گذارند؟

پیش‌بینی میزان علاقه و نحوه‌ی عکس‌العمل مردم نسبت به یک اثر و یا رویداد هنری بسیار دشوار است و هیچ‌گاه نمی‌توان با قطعیت در مورد آن سخن گفت. مدیران باید نسبت به اطلاعات و بازخوردهای اولیه نسبت به یک رویداد هنری به‌سرعت واکنش مناسب نشان دهند تا در قیمت‌گذاری به خطا نروند.

• هنرمندان برای قیمت‌گذاری آثار خود چه نکاتی را باید مدنظر قرار دهند؟

آنها باید برداشت درستی از بازار داشته باشند و نحوه‌ی قیمت‌گذاری آثار مشابه (از نظر کیفیت) را رصد کنند. علاوه بر این، آنها باید اعتمادبه‌نفس داشته باشند و در قیمتی که پیشنهاد می‌کنند اطمینان داشته باشند، در غیراین‌صورت، مشتریان به‌سادگی متوجه آن می‌شوند. همچنین هنرمندان جوان می‌توانند به مرور، قیمت اثر خود را افزایش دهند.

• چگونه می‌توان از قیمت‌گذاری آثار هنری به‌عنوان ابزاری برای ترویج استفاده کرد؟

اگر یک اثر هنری چندان شناخته شده نباشد، با یک قیمت پایین‌تر می‌توان آن را به مردم معرفی کرد و سپس به مرور، قیمت آن را افزایش داد.

• منظور شما از قیمت‌گذاری پویا چیست؟

در قیمت‌گذاری پویا[1]، فروشنده به اطلاعاتی که مربوط به تقاضای مصرف‌کنندگان است عکس‌العمل نشان می‌دهد و قیمتها را بر اساس این اطلاعات منطبق می‌کند. به‌عنوان مثال، اگر میزان فروش بلیتهای یک کنسرت در روزهای سه‌شنبه بیشتر از چهارشنبه است، فروشنده می‌تواند قیمتهای روز سه‌شنبه را افزایش، و قیمتهای روز دوشنبه را کاهش دهد.

• تقسیم‌بندی بازار محصولات رویدادهای هنری چگونه است؟

تقسیم‌بندی این بازار، زمانی صورت می‌گیرد که ما به این نتیجه برسیم گروهی از مردم تمایل بیشتری به پرداخت پول برای آثار هنری دارند. فروشنده می‌تواند برای گروههای مختلف مردم قیمتهای مختلفی تعیین کند. به‌عنوان مثال، از آنجایی که دانشجویان قدرت خرید کمتری دارند، عموماً قیمت کمتری برای آنها در نظر گرفته می‌شود.

• منظور شما از قیمت‌گذاری تک‌بخشی و دوبخشی چیست؟

قیمت‌گذاری دوبخشی به این‌صورت است که خریداران یکبار بهای ورود به کنسرت و یا تئاتر را می‌پردازند و داخل مجموعه نیز برای سایر خدمات مجدداً پول پرداخت می‌کنند.

گاهی اوقات یکی از این دو بها، و نه هر دو، می‌تواند صفر باشد. به‌عنوان مثال، یک موزه می‌تواند علاوه بر بلیت ورودی، برای بخشی از بخشهای خود نیز جداگانه بلیت بفروشد.

1. Dynamic Pricing

● در کدام کشورها به قیمت‌گذاری آثار هنری اهمیت بیشتری داده می‌شود؟

تولید و عرضه‌ی آثار هنری از طریق مؤسسات خیریه و یا بودجه‌ی دولتی مورد حمایت قرار می‌گیرد و یا به کمک درآمدزایی مستقل، در کشورهایی که بخش عمده‌ی درآمدهای حوزه‌ی هنر از طریق قیمت‌گذاری حاصل می‌شود، طبعاً توجه بیشتری به قیمت‌گذاری استراتژیک می‌شود.

● ایران و هنر آن را چقدر می‌شناسید؟

تاکنون به ایران سفر نکرده‌ام و اطلاعات چندانی در مورد آن ندارم. با وجود این، ایرانیان زیادی در شهر ونکوور شمالی که در آن بزرگ شده‌ام، زندگی می‌کنند و رستوران‌ها و فروشگاه‌های ایرانی قابل‌توجهی در آن وجود دارد. علاقه‌ی زیادی برای سفر به ایران و آشنایی با فرهنگ و هنر آن دارم.

● مدیران و هنرمندان چه اشتباهات متداولی را در قیمت‌گذاری آثار هنری مرتکب می‌شوند؟

برخی از آن‌ها ارزش یک اثر هنری را با قیمت آن اشتباه می‌گیرند. قیمت یک اثر هنری ممکن است بسیار بیشتر و یا کمتر از ارزش آن باشد.

اشتباه دیگری که برخی از آن‌ها مرتکب می‌شوند این است که رویکرد مشخصی در قیمت‌گذاری ندارند و شرایط بازار، تمایل مصرف‌کنندگان، و حتی مواردی از قبیل هزینه‌های حمل‌ونقل را در نظر نمی‌گیرند.

در نهایت، یکی از شایع‌ترین اشتباهات هنرمندان و مدیران فعال در این زمینه، این است که با افزایش تقاضا، قیمت‌های خود را افزایش نمی‌دهند.

پیوست ۳

(شماره‌ی سی‌ودوم مجله توسعه مهندسی بازار)

میزگرد قیمت‌گذاری در ایران؛ راهکارها و توصیه‌ها

شرکت‌کنندگان در میزگرد

- محمداسماعیل قدس (رئیس هیأت مدیره‌ی شرکتهای پخش پگاه)
- استاد منصور مجدم (عضو هیأت علمی سازمان مدیریت صنعتی)
- دکتر محمود محمدیان (عضو هیأت علمی دانشگاه علامه طباطبایی)
- مهندس نوید ایزدپناه (مدیرعامل شرکت استیل‌البرز)
- محمدرضا رامخو (مدیرعامل شرکت پارسا ابزار تندیس؛ برند رونیکس)
- جعفر واعظی (مدیرعامل شرکت سبلان پارت ایرانیان؛ برند الدورا)
- دکتر نیما یزدان‌شناس (مدیرعامل پخش پگاه)
- پرویز درگی (عضو هیأت مدیره‌ی انجمن علمی بازاریابی ایران)

"قیمت‌گذاری" بقا و انحلال شرکتها را ضمانت می‌کند. درباره‌ی "قیمت‌گذاری" دانش و اطلاعات بسیار کمی داریم؛ اما حرفه‌ایها بخوبی در "بازار" از عهده‌ی آن برمی‌آیند. حرفه‌ایها انتظار دارند برای سلامت فعالیتهای بازار، بهتر است یک طبقه‌بندی کالا صورت گیرد. برخی از کالاها به اجبار باید دارای "قیمت" باشند. برای برخی کالاها، نظارت بر قیمت صورت گیرد، برای برخی کالاها نظام قیمت‌گذاری آزاد باشد.

باور حرفه‌ایها این است که اگر دریافتید که اشتباه قیمت‌گذاری کرده‌اید، قیمت را تغییر ندهید. تغییر قیمت یعنی مرگ کالا. اما برخی دیگر بر این باورند که اشتباه، جبران‌پذیر است، کالا را عرضه کنید تا کالایتان در گوشه‌ی انبار نمیرد.
صاحبنظران پذیرفته‌اند که "قیمت" ابعاد و وجوه مختلف دارد که با تغییر یک وجه، سایر ابعاد و وجوه مختلف نیز تغییر می‌یابد.

• **درگی:** در شرکتهای مختلف که ما برای مشاوره می‌رویم - اعم از شرکتهای صنعتی، مصرفی، خدماتی - با مسائل و موارد متعددی روبه‌روییم. اگر بخواهیم بگوییم بیشترین مسائل شرکتها در کجا است؟ باید گفت: ۱) توزیع، و ۲) قیمت‌گذاری. یک ویژگی خاص هم که این دو موضوع دارند این است که خیلی وابستگی‌شان به محیط بالا است.

در قیمت‌گذاری هم ارتباط آن با مسائل محیط کلان بخصوص با بحث ارز و موضوعاتی از این قبیل چالش‌برانگیز است. می‌توانیم بگوییم قریب به اتفاق مدیران ما صبح که از خواب بیدار می‌شوند، جزو اولین موضوعاتی که کنترل می‌کنند قیمت ارز است؛ چرا که قیمت ارز تأثیرش را روی کسب‌وکار آنها و قیمت محصولاتشان می‌گذارد. این عدم ثبات در ارز باعث شده که مدیریت در ایران به یک پُست بسیار بسیار حساس تبدیل شود، شاید حساستر از اقصی نقاط جهان.

در این میزگرد، سه پرسش اساسی داریم:

۱. چالشهای قیمت‌گذاری در ایران چیست؟
۲. چه توصیه‌ها و پیشنهادهایی بویژه در سطح بنگاهها دارید؟
۳. بر پایه‌ی آینده‌پژوهی با چه پیش‌بینی‌هایی در نظام و سیاست قیمت‌گذاری روبه‌رو خواهیم شد؟

• **مجدم:** بر اساس آمیخته‌ی بازاریابی، قیمت و توزیع در ایران مغفول‌تر از محصول و تبلیغ و بنابراین، جامانده‌تر و پیچیده‌تر است. چون پیچیده‌تر است، خیلی به آن پرداخته نشده است. قیمت‌گذاری در ایران هنوز به صورت سنتی بر اساس نهاده‌ها است. آخرین بررسی هم که کردم، قیمت لبنیات، میوه، و اتومبیل بر اساس نهاده‌ها است و تا موقعی‌که ما هنوز فرهنگ اقتصادی‌مان برای قیمت‌گذاری بر اساس نهاده‌ها پایه‌گذاری شده، همچنان وضع بر همین منوال است.

• **قدس:** آنچه استاد مجدم فرمودند که قیمت‌گذاری بر اساس نهاده‌ها است، به نظرم خوب نیست. اما بالاخره یک حساب و کتابی دارد. بدتر از آن، این است که شما ناگریزید قیمت روی جعبه درج کنید. این رفتار یعنی درج قیمت‌گذاری بر روی جعبه، فروش ثروت ملی است. در عمل نیز، مردم

متضرر می‌شوند.

کالایی را ۱۰۰۰ تومان بر روی جعبه قیمت می‌زنید. تا فروختن کالا، قیمت کالا افزایش می‌یابد. اما نه من مغازه‌دار، و نه من تولیدکننده حق نداریم، بیش از این قیمت بفروشیم. این در حالی است که هم مغازه‌دار، و هم تولیدکننده برای جایگزین کردن آن، باید هزینه‌های بیشتری بپردازند. این فروش ثروت ملی است. تا اینجای کار ایراد دارد، اما فاجعه‌آمیز نیست. فاجعه آنجا آغاز می‌شود که منِ تولیدکننده می‌گویم ۳۰ درصد کم آوردم، به من وام بدهید تا همان تعداد کالای قبلی را تولید کنم. می‌گویند حق وام گرفتن ندارید.

در واقع قیمت‌گذاری یک موضوع است، اجرای همین قیمت‌گذاری غلط به مراتب کار را دشوارتر کرده است. بحث اساسی دیگر در اینجا، نهاده‌ی قیمت‌گذاری است. برای مثال، من تولیدکننده‌ی سس هستم. اینکه ۱۰۰۰ تومان یا ۱۰ هزار تومان این کالا را می‌فروشم، برای مصرف‌کننده اهمیت چندانی ندارد. چون سس کالای ضروری نیست. خوب بود یک طبقه‌بندی کالا انجام می‌شد. یعنی برای کالای طبقه‌ی اول، اجبار قیمت‌گذاری داشته باشیم. برای قیمت‌گذاری کالای طبقه‌ی دوم، نظارت داشته باشیم. اما برای کالای طبقه‌ی سوم، دست را برای قیمت‌گذاری آزاد بگذاریم. باید بکوشیم "قیمت‌گذاری" را برداریم و در اختیار واحد تولیدی قرار بدهیم.

• **درگی:** دوران اقتصاد دستوری و اقتصاد باید و نبایدها گذشته است. باید بپذیریم که دوره‌ی اقتصاد "هست‌ها" و "نیست‌ها" است.

اقتصاد دستوری ظاهرش حمایت از طبقه‌ی مصرف‌کننده است ولی در حقیقت و نهایتاً به همان طبقه‌ی مصرف‌کننده هم بیشتر از تولیدکنندگان ظلم می‌شود.

برای مثال، نانوا حق ندارد قیمت "نان" را افزایش دهد، اما می‌تواند "نان" را کوچک، کم وزن، و حتی بدون کیفیت عرضه کند. هیچ منع قانونی ندارد. چون در قیمت نان، تغییری نداده است.

• **قدس:** ظلم به طبقه‌ی مصرف‌کننده، ظلم به همه است.

• **ایزدپناه:** قیمت فروش هیچ ارتباطی با قیمت تمام‌شده و یا کلاً نهاده‌های آن قیمت ندارد. به باور من قیمت یک کالا متناسب با لذتی است که خریدار از دریافت آن کالا نصیبش می‌شود. فراموش نکنیم که لذت برای افراد مختلف در بخشهای مختلف بازار، متفاوت است.

با این توضیح، قیمت نهاده‌ی یک کالا می‌تواند با کالای دیگر یکسان باشد. اما تیم قیمت‌گذاری می‌تواند هر یک از این کالاها را با قیمت متفاوتی عرضه کند.

گاه ضرورتها ایجاب می‌کند به لحاظ استراتژی، شرکت یا بنگاه اقتصادی، قیمت کالایی را کاهش

یا افزایش دهد، بی‌توجه به "قیمت تمام‌شده". به نظرم، هر نوع محدودیتی در زمینه‌ی اقتصاد آزاد[1]، در نهایت به کاهش توان و رفاه مصرف‌کننده منجر می‌شود. اگر شما برای "صادرات" یا "واردات" محدودیت بگذارید، اگر محدودیت در تعیین قیمت‌گذاری اعمال کنید، این رفاه مصرف‌کننده است که آسیب جدی می‌بیند.

• **درگی:** در جلسات متعدد مشاوره در شرکتهای فولاد هفت الماس و استیل البرز، آقای مهندس ایزدپناه همیشه تأکیدشان بر این بود که قیمت تمام‌شده هیچ نقشی در قیمت‌گذاری ندارد. من تأکید می‌کنم که قیمت تمام‌شده هم یکی از عوامل قیمت‌گذاری است و نمی‌توان آن را نادیده گرفت. در اینجا ۶ عامل برای قیمت‌گذاری با هم نقش‌آفرینی می‌کنند: قیمت تمام‌شده، قیمت رقبا، ارزش مشتری، رسالت شرکت، تفکرات مدیریت، و نقش دولت.

• **محمدیان:** من در سطح بنگاه به "قیمت‌گذاری" می‌پردازم. در بنگاه، تصمیم‌گیری برای قیمت‌گذاری بر عهده‌ی چه کسانی است؟ تجربه‌ی محدود من با شرکتهای مختلف این است که قیمت‌گذاریهای ما همیشه در سطح هیأت‌مدیره است. حالا چه کسانی در نقش تسهیلگران هستند؟

من با قاطعیت می‌گویم بازاریابها اصلاً نقشی ندارند. نمی‌گویم نباید باشند، می‌گویم در قیمت‌گذاری نیستند. اما کسانی که متخصص مالی هستند، ایفاگر نقش اساسی هستند. این در حالی است که می‌دانیم مکانیزم ذهنی متخصص مالی چگونه شکل گرفته است.

بررسیها نشان می‌دهد که متخصصان مالی، "بهای تمام‌شده" را اصلی‌ترین عامل در تصمیم‌گیری قیمت‌گذاری می‌دانند. "مبانی ارزش" و "مسائل مصرف‌کننده"، قاعدتاً از دید متخصصان مالی "پنهان" است.

معتقدم کسانی که اعتقادی به بهای تمام‌شده ندارند، هر زمان که بخواهند قیمت‌گذاری کنند، حتماً "بهای تمام‌شده" را در نظر می‌گیرند و به آن دقت می‌کنند. اکنون بحث بر سر درجه‌ی اهمیت "بهای تمام‌شده" است. بزرگ کردن بیش از حد بهای تمام‌شده و یا برعکس آن یعنی کم‌اهمیت دانستن بیش از حد بهای تمام‌شده، هر دو اشتباه است.

• **رامخو:** عوامل مهم هستند، اما مهمتر این است که ما چه ضریبی به عوامل می‌دهیم. در قیمت‌گذاری "ارزش از دیدگاه مشتری" چه ضریبی دارد؟ "بهای تمام‌شده" چه ضریبی دارد؟ بخشی از این موضوع به صنعتی که در آن کار می‌کنیم نیز بستگی دارد. "ارزش از دیدگاه مشتری" در صنعت

---

1. Free Economy

ما چه ضریبی به خود اختصاص می‌دهد.

بازار ایران، بازار کاملاً متفاوتی است. سیستم قیمت‌گذاری بازار ایران با همه جای دنیا فرق می‌کند. قیمت‌گذاری در بازار ایران را کسانی می‌توانند انجام دهند که تجربه و علم را با هم داشته باشند؛ کسانی که با چالشهای زیادی مثل تک محصولی بودن، واردات، منع واردات، گمرکات و سیاستهای دولتی و... خیلی چیزهای دیگر برخورد کرده و کارآزموده باشند؛ چرا که قیمت‌گذاری باید دارای شرایط و ضوابط خاصی باشد و هر کدام از این موارد روند قیمت‌گذاری را تحت تأثیر قرار می‌دهند.

بهتر است بدانیم برای قیمت تمام‌شده، خط قرمزی وجود دارد. شما هر چقدر دست و بالتان در بازار از جهات مختلفی مثل خدمات حمایتی و پس از فروش، تنوع محصول و یا سازمان تحت مدیریتی که دارید بازتر باشد، در قیمت‌گذاری دست شما بیشتر باز است. پس نمی‌توانیم فقط قیمت تمام‌شده را در نظر بگیریم. به طور مثال وقتی می‌خواهیم برندینگ کنیم، اگر تک‌محصولی باشیم کار برایمان سخت‌تر می‌شود؛ چرا که اگر تنوع محصول زیاد باشد، می‌توانیم به‌واسطه‌ی خوب عمل کردن در قیمت‌گذاری رقابت کنیم. مثلاً می‌توانیم ۴ تا کالا را حتی زیر قیمت تمام‌شده عرضه کنیم.

من روی عاملی به نام "انصاف" تأکید بیشتری دارم؛ انصاف در قیمت‌گذاری، عامل فوق‌العاده مهمی است که می‌تواند از تمام جهت باعث رشد و ارتقای برند شود. "انصاف" به ما می‌گوید: مشتری را راضی نگه داریم.

"رضایت مشتری" خودش برای ما برندسازی می‌کند. احتمال دارد شما در کالایی حتی ۳ یا ۴ سال سودی نبرید و سربه‌سر شود. اما در بلندمدت "سود" و "پول" است که خودش در می‌زند و داخل می‌شود.

- **واعظی:** در صنعت ما، دخالت دولت در قیمت‌گذاری خیلی کم است و کاملاً مشخص است که هر جا دخالتی بوده، نتیجه معکوس شده است. یکی از مواردی که به تازگی سروکار داریم و اجبار است، باید قیمت کالا را روی قفسه‌ها بزنیم.

اما آیا کالاها به همان قیمت فروخته می‌شود؟ دخالت دولت در اینجا سبب شد که یک رفتار غیراخلاقی شکل بگیرد. قفسه دارای قیمتی است، اما کالا به قیمتی دیگر و متفاوت از قیمت درج‌شده‌ی قفسه فروخته می‌شود.

نمونه‌ای دیگر از دخالت دولت، چند روز پیش کالایی از کشور مبدأ خارجی خریداری شد. در گمرک، ارزشی را که تعیین کرده بودیم، نپذیرفتند و ۲۰ درصد گرانتر قیمت گذاشتند. نه خریدار و نه مصرف‌کننده در اینجا سودی نمی‌برند.

"قیمت" همه چیز را منعکس می‌کند: هم کیفیت، هم ضمانت، هم بسته‌بندی، هم ترویج، هم توزیع و هم سایر فعالیتها نظیر تبلیغات.

● **یزدان‌شناس:** قبلاً در داروگر کار کرده‌ام. دو مدل قیمت‌گذاری در آنجا دیدم که هر دو مدل را افراد دانا و حرفه‌ای اجرا کردند. هر دو مدل هم جواب داد. اولی قیمت‌گذاری بر اساس نهاده بود و در مدل دوم اساساً قیمت‌گذاری بر مبنای "نهاده" محلی از اعراب نداشت. کدام درست است؟ اصلاً در اینجا چیزی به نام "درست" وجود دارد؟

ما یک محصول[1] داریم عرضه می‌کنیم، این محصول یا خدمت[2] است یا کالا[3] است. برای مثال، اگر کسی دارد در صنعت خاصی کار می‌کند که خدمات پس از فروش هم معنی دارد، برای قیمت‌گذاری بهتر است ارزش این خدمات با ارزش کالا با هم جمع شده و در نهایت مقدار قیمت مشخص شود.

نکته‌ی مهمی که وجود دارد این است که در "قیمت‌گذاری"، متغیرهای فراوانی وجود دارد. از این رو بهتر است شما با مجموعه‌ای از خطوط راهنما، قیمت‌گذاری را انجام دهید.

من "عرضه و تقاضا" و "نهاده‌های قیمتی" را قبول دارم، اما این چند پارامتر تعیین‌کننده‌ی اساسی نیستند. اگر بخواهم این نکته را قبول کنم پس در مقابل این سؤال که قدرت شخص در تصمیم‌گیری و قیمت‌گذاری چه نقشی ایفا می‌کند، چه باید بگویم؟ به نظرم شخص می‌تواند بدون توجه به نهاده‌ها فعالیتی انجام دهد که عرضه و تقاضا را در بازار به هم بریزد.

نکته‌ی ظریفی که در بحث مدیریت فروش باید به آن توجه کرد، بستری است که در آن کالای قیمت‌گذاری شده در اختیار پخش یا مصرف‌کننده‌ی نهایی قرار می‌گیرد.

بی‌شک عدم کارآیی این بستر و یا عدم در نظر گرفتن هزینه‌های این بستر به عنوان نهاده‌ای در قیمت‌گذاری برای ارائه‌ی محصول به شکل مناسب، یکی از موارد بسیار مهمی است که تأثیر آن در فروش کمتر از خود قیمت‌گذاری نیست. بعضی وقت‌ها شاید اصلاً لزومی ندارد شما قیمت را پایین بیاورید. همین قدر که با احترام با مشتری برخورد کنید و یا چک بلندمدت بگیرید و یا سایر خدمات را به شکل کارا ارائه دهید، موفقیت‌تان به قیمت‌گذاری وابستگی کمتری پیدا می‌کند.

گاه ضرورت‌ها ایجاب می‌کند که پول نقد بازار را جمع کنید. یک محموله از کالاهایتان را فوق‌العاده ارزان می‌فروشید یا تخفیف مناسبی می‌دهید.

بنابراین، از دید من مسأله‌ی قیمت‌گذاری یک مسأله‌ی استراتژیک و کلان است که بر روی عرضه و تقاضا اثر می‌گذارد نه اینکه مسأله‌ای باشد که برای حل آن نیاز به ورودی‌هایی چون عرضه و تقاضا و نهاده‌ها باشد. به نظرم هر چقدر قوی‌تر و پیشروتر باشید، تأثیرپذیری شما از عرضه و تقاضا و نهاده‌ها کمتر خواهد بود. در غیر این صورت، این پارامترها است که بر روی قیمت‌گذاری شما سایه‌ای سنگین‌تر می‌افکند.

---

1. Product
2. Service
3. Goods

● **مجدم:** روشهای مستند قیمت‌گذاری را در گفته‌های دوستان شنیدیم. ولی نگرانیها، نگرانی از مداخله‌ی دولت است. دولت در کشورهای جهان سوم به این علت مداخله می‌کند که داوطلبانه اطلاعات به او نمی‌رسد. مجبور است ورود کند تا به اطلاعات دسترسی پیدا کند. این موضوع هم در زمانی بود که دلار ۷ تومان بود، و هم در زمانی که دلار افزایش قیمت پیدا کرد. ما حسابداری قیمت تمام‌شده را نداشتیم یا گزارش نمی‌کردیم.

شاید بهتر بود برای آنکه بحث به نتیجه‌ی مشخص‌تری بینجامد، روی کالا یا محصول خاصی متمرکز می‌شدیم. برای مثال، به سراغ کالاهای مصرفی می‌رفتیم یا بر روی کالای مصرفی سرمایه‌ای متمرکز می‌شدیم که استیل‌البرز تولید می‌کند، و یا بر روی کالاهایی متمرکز می‌شدیم که کالاهای وارداتی است.

چون کالاهای تولیدی با وارداتی فرق می‌کند، ما نمی‌توانیم با نظر کارشناس گمرکی که در دفتر تعیین ارزش نشسته و قیمتهای جهانی را دارد، مخالفت کنیم. او است که می‌گوید قیمت‌گذاری شما کم است یا بیش از حد است. اصلاً آنجا جای چانه‌زدن نیست. به این ترتیب درمی‌یابیم که ما با مجموعه‌ای از عوامل سروکار داریم که در قیمت‌گذاری دخیلند، اما منجر به قیمت نمی‌شوند. بعد قیمتی را می‌گوییم که به شبکه‌ی توزیع می‌دهیم.

جایگاه "لذت برای قیمت‌گذاری" در جایی مطرح است که شما رفاه دارید. در مسکن مهر، موضوع در حد نیاز است. شما در جستجوی سینکی هستید که بشود ظرف را در آن شست. هیچ ضرورتی ندارد که سینک، ویژگیهای متمایزی داشته باشد نظیر آنچه در سینک استیل‌البرز تعریف کرده‌اید.

بنابراین در قیمت‌گذاری شما با بخش‌بندی بازار، و بازار هدف سروکار دارید. در اینجا هر کالایی قیمت خودش و مشتری خودش را دارد.

جالب است بدانیم الان شبکه‌ی توزیع نیز در "قیمت‌گذاری" نقش اساسی دارد. این توزیع‌کننده است که تولید و بازار را شکل می‌دهد. و حتی قیمت، بسته‌بندی، ترویج[1] را شکل می‌دهد. الان توزیع‌کننده در خیلی از محصولات، جانشین بانک شده است؛ یعنی می‌آید پول می‌دهد، تولیدکننده را حمایت می‌کند و کالایش را می‌گیرد و در نهایت، این توزیع‌کننده است که به هر قیمتی بخواهد کالا را به بازار می‌دهد.

با این توضیحات، بحث قیمت همان‌طور که دوستان گفتند بحث پیچیده، چندبُعدی، و چندسطحی است و برای هر گروه کالایی هم یک رفتار خاصی دارد.

● **درگی:** ما به یک دلیل روشن نمی‌توانیم برای دولت تصمیم بگیریم. چون دولت اصلاً به

---

1. Promotion

توصیه‌ی ما گوش نمی‌کند.

هدف اساسی ما در این میزگرد، بنگاههای اقتصادی است. در بنگاههای اقتصادی، پیشنهادم این است که توصیه‌ها را برای بنگاههای اقتصادی به دو بخش تقسیم کنیم: ۱) توصیه‌های عمومی برای بنگاههای اقتصادی، ۲) توصیه‌های اختصاصی برای بنگاههای اقتصادی.

در توصیه‌های عمومی، شما شرایط محیط کلان را معرفی می‌کنید. بر این پایه نیز، تعدادی اصول را عنوان می‌کنید.

در توصیه‌های اختصاصی، شما وارد پیشنهادهای خاص برای کالاهای صنعتی یا مصرفی از نوع تندمصرف[۱] می‌شوید. در اینجا بهتر است روی سخن ما، مدیران شرکتها باشند. همان کسانی که مسئولیت قیمت‌گذاری را در شرکتها بر عهده می‌گیرند. البته به طور طبیعی، اطلاعات را از زیرمجموعه می‌گیرند و این روال در ایران باب است.

- **مجدم**: قیمت در ایران یک پی (P) مغفول دارد. و آن پی، پروژه[۲] است. موقعی‌که ما داریم خط تولید را راه می‌اندازیم، در حقیقت داریم قیمت را تعیین می‌کنیم که همان امکان‌سنجی است.

گفته شد تکنولوژی یکی از عوامل قیمت‌گذاری است. از همان لحظه‌ای که شما تکنولوژی را انتخاب کردید، در واقع، قیمت را تعیین کرده‌اید. بر پایه‌ی تجربه‌های پیشین‌ام به این نتیجه رسیدم که ما چون پروژه‌هایمان بزرگ بوده، دولتی بوده، حساسیتی نبوده. نه در کیفیت پروژه، و نه در زمان اجرایش حساسیتی نبوده است.

درست با عکس این حالت در خارج از کشور روبه‌روییم؛ چرا که باید پروژه در زمان مشخص، با کیفیت مطلوب و هزینه‌ی مقبول و منطقی پایان یابد. به این ترتیب با "قیمت‌گذاری"، کالا یا محصول وارد بازار می‌شود و رقابت می‌کند.

چنین کالایی، کاملاً متفاوت از کالای عمومی[۳] است که شما هر موقع وارد بازار کردید، مشتری هم دارد. مثل کالای پتروشیمی و آهن‌آلات. ولی از وقتی که شما با کالایی وارد می‌شوید که رقابت دارد، ناگریزید بموقع وارد بازار شوید. در غیر این صورت، وقتی که با تأخیر وارد شوید، عملاً تکنولوژی تغییر یافته و کالای شما از رده‌خارج محسوب خواهد شد. از این رو است که تأکید می‌کنم پی (P) پروژه، در تعیین قیمت فوق‌العاده نقش دارد. مدیران باید بدانند که در چه نسلی از تکنولوژی به سر می‌برند.

شرایط در ایران فرق می‌کند. به‌رغم اینکه درباره‌ی شرایط سروصدا می‌کنیم، اما همین شرایط

1. FMCG
2. Project
3. Commidity

به نفع بنگاههای اقتصادی است؛ چون بازار درهمی است. همه از این بازار آشفته نفع می‌برند. و دولت هم کوشید با مالیات ارزش‌افزوده[1]، مسیر را شفاف سازد. دریابد این کالا وقتی وارد می‌شود، تا کجا می‌رود، چطور می‌رود، چه کسی از آن نفع می‌برد و به چه قیمتی می‌فروشد.

موضوع مهم دیگر، درباره‌ی حق انتخاب مصرف‌کننده است؛ زیرا حق مصرف‌کننده پیش‌نیاز و مقدمه‌ی استقرار دموکراسی سیاسی است. وقتی شما به بازار می‌روید و حق انتخاب ندارید، چه می‌کنید؟ ناگریزید مثلاً سینک چینی بخرید یا سینک استیل‌البرز. وقتی حق انتخاب نداریم، مسائلی پیش می‌آید که باید گفت همچنان مصرف‌کننده باز مظلوم و مغفول واقع می‌شود.

• **قدس:** تکنولوژی در قیمت‌گذاری واقعاً نقش دارد. نقشش هم کاهش‌دهنده‌ی قیمت است. اصلاً شک نکنید.

درست برخلاف آقای رامخو، هر کالایی باید استقلال داشته باشد، یعنی هر کالایی از نظر من اگر از نظر شخصیتی، مصرف‌کننده‌ی خودش را نداشته باشد، کیفیت خودش را نداشته باشد، قیمت خودش را نداشته باشد، سود و زیان خودش را نداشته باشد، می‌میرد.

ما اصلاً و ابداً در قیمت‌گذاریمان مصرف‌کننده را نگاه نکردیم. ما برای چه کسی داریم قیمت‌گذاری می‌کنیم؟ برای مغازه‌دار قیمت‌گذاری می‌کنیم یا برای مصرف‌کننده؟

منِ بنگاه، برای مصرف‌کننده قیمت‌گذاری می‌کنم؛ یعنی هدف من، مصرف‌کننده است. اینکه به مغازه چطور نفوذ کنم توی پی (P) بازار[2] است و نه پی (P) قیمت[3]. یعنی من باید در پی بازار چطور نفوذ کنم؛ در سطح مغازه، در سطح واسطه‌ای که با مصرف‌کننده در ارتباط است. من بحث اصلی و نهایی‌ام این است که باید نهاده را ببینیم. ولی بر اساس عرضه و تقاضا در بازار مصرف‌کننده قیمت‌گذاری کنیم و حالا راه نفوذش را پیدا کنیم ببینم چه جوری وارد بازار شویم؟ چه جوری به اطلاع مصرف‌کننده برسانیم؟ چطور بگوییم جنس من خوب است؟ چطور بگوییم کالایم برای چی گران است؟ برای چی ارزان است. به نظر من جمع ما قیمت‌گذاری مصرف‌کننده را باید ببیند نه قیمت‌گذاری مغازه‌دار و راههای نفوذ مغازه‌دار.

• **درگی:** توصیه‌های دیگری در این بخشها دارید؟

• **قدس:** قیمت‌گذاری‌ام بر این مبنا است که از مالی می‌گیرم، فقط نگاه می‌کنم و اصلاً برای من

---

1. Value Added Tax
2. Place
3. Price

نقش تعیین‌کننده ندارد. مالی برای من اثرگذار نیست. سیستم جدید را در قیمت تمام‌شده گذاشتیم و بر مبنای قیمت تمام‌شده‌ی بقیه‌ی کالاها نگاه نمی‌کنیم که سود دارد یا زیان دارد.

آخرین روشهای مالی دنیا در قیمت تمام‌شده که روش تروپوت است را در نظر می‌گیریم و بنابراین هزینه‌ی متغیر را نگاه می‌کنیم. تا جایی که هزینه‌ی متغیر مثبت داریم، کالا تولید و روانه‌ی بازار می‌شود. ولی نقش اساسی را قیمت‌گذاری رقبا دارد. برای این کار به بازار می‌رویم تا بدانیم کالای رقیب چه قیمتی دارد. جایگاه کالایمان را در نظر می‌گیریم و بر آن پایه، "قیمت‌گذاری" می‌کنیم. اگر دریابیم که اشتباه قیمت‌گذاری کرده‌ایم، باز هم قیمت را کاهش نمی‌دهیم. کاهش قیمت کالا یعنی مرگ و پایان کالا. باید این اشتباه را به طریق دیگری حل کرد و از طریق "جایزه"[1] به مصرف‌کننده، حلش کنیم. برای مثال، به مغازه‌دار تخفیف بدهیم یا به مصرف‌کننده‌ی کالا جایزه بدهیم.

در مجموع عوامل دست به دست هم می‌دهند که جایزه به مصرف‌کننده که نقش اساسی را در تعیین قیمت دارد، نرسد. به همین دلایل، متأسفانه در بازار ایران، قیمت‌گذاری برای مصرف‌کننده به صورت فعال قابل اجرا نیست.

● **ایزدپناه:** مهمترین عامل در قیمت‌گذاری، قیمت پول است. وقتی شما قیمت پول را شفاف نمی‌کنید، عملاً ساختار قیمت‌گذاری و تعیین قیمت‌گذاری دچار اختلال اساسی می‌شود. شما با کنترل قیمت پول می‌توانید، اطمینان را به بازار برگردانید.

● **محمدیان:** گفته شد، نباید کالایی تولید شود که زیان بدهد. این باور، درستی است. اما در دنیای واقعی ناگریزید در سبد محصولات، کالایی تولید کنید یا برون‌سپاری[2] کنید که زیان‌ده است.

برای مثال، شما در صنعت لوازم خانگی هستید. ماشین‌لباسشویی دارید، ماشین ظرفشویی دارید، اما مایکروفر ندارید. مشتری تمایل دارد که تمام آشپزخانه‌اش را با یک برند تکمیل کند؛ به‌رغم آنکه سودآوری نباشد.

تخصص قیمت‌گذاری را در ایران توسعه و گسترش نداده‌ایم. در تمام دنیا در چهار پی (4p)، قیمت‌گذاری نوعاً آن آخر است؛ یعنی بازاریابها قله‌های دیگر را فتح می‌کنند تا به "قیمت‌گذاری" برسند. اما اگر شما بگویید چه نرم‌افزار خوبی برای قیمت‌گذاری در ایران هست، من سراغ ندارم.

● **مجدم:** ما تلاشی برای قیمت‌گذاری انجام دادیم، ۲ تا ۳ سال نیز من روی آن کار کردم. هنوز تعریف درستی از قیمت تمام‌شده نداریم.

---

1. Reward
2. Outsourcing

ما یک قیمت تمام‌شده‌ی خط تولید داریم[1]، یک قیمت تمام‌شده‌ی شرکت داریم. شرکتها وقتی در صورت سود و زیان می‌نویسند قیمت تمام‌شده منهای فروش، منظورشان قیمت تمام‌شده‌ی خط تولید است؛ زیرا پس از آن بلافاصله هزینه‌ی بازاریابی و فروش، هزینه‌ی اداری، و در نهایت هزینه‌ی مالی را دارید. در مدل قیمت‌گذاری باید این موارد هم درنظر گرفته شوند. شرکتها معمولاً آن بالا را نگاه می‌کنند که به کارآیی[2] برمی‌گردد و ظرفیتی که گفتم. بنابراین نرم‌افزارها باید جامع باشد و عوامل متعددی را پوشش بدهد.

لازم است نگاه بخشی را فراموش کنیم. افراد بنا به جایگاههایی که دارند، دیدگاه بخشی را می‌پذیرند. اما بعدها با تغییر سمت و جایگاه، کاملاً مغایر آن رفتار می‌کنند.

• **قدس:** ما یا عرضه و تقاضا را در اقتصاد قبول داریم یا نداریم. ما همواره می‌ترسیم. من نیز موافق نیستم که فردا صبح قیمتها را آزاد کنیم. از نظر من کالاها باید سه دسته بشود.

دسته‌ی سوم اصلاً احتیاج به قیمت‌گذاری ندارد. دسته‌ی دوم باید از سوی تولیدکننده قیمت‌گذاری شود، اما با یک فرمول توافق شده و به مرور و بتدریج قیمت‌گذاری از بین برود. دسته‌ی اول هم همین روش باشد و بعد از بین برود. ولی به هر حال ما باید به سمت اقتصاد آزاد برویم. همچنان که در هشت سال دولت آقای خاتمی این کار را کردیم. نتیجه‌اش را هم دیدیم. کسی قیمت گران عرضه نمی‌کرد و قیمتها بالا و پایین نمی‌رفت. یعنی نرخ تورّممان هم رسید به زیر ۱۰ درصد.

قیمتها اگر آزاد شود، ۱۰ درصد دیگر شاید بالا برود. ولی مطمئن باشید که ۶ ماه دیگر قیمت پایین می‌آید. اصلاً شک نکنید.

• **ایزدپناه:** دو نکته هست؛ یکی اعلام قیمت است، و یکی تثبیت قیمت. نکته‌ای که آقای قدس بیان کردند این است که ایشان مخالف با تثبیت قیمت‌اند و نه مخالف با اعلام قیمت. تثبیت قیمت، غلط است. ولی اعلام قیمت لازم است.

• **محمدیان:** فرض کنید کابینه‌ی قیمت‌گذاری ما، کابینه‌ی اعضای هیأت‌مدیره است. این کابینه باید یک مقداری تفکرات مربوط به استراتژی برند در داخلش شکل بگیرد.

در بخشی از صنایع در جاهایی باید به مقوله‌ی برند نیز فکر کند. می‌گویم گاهی وقتها عدم توجه ما به برند موجب یک نوع قیمت‌گذاری می‌شود که کوتاه‌مدت به ما خدمت می‌کند، اما بلندمدت برند من را تضعیف می‌کند.

---

1. Cost of manufacturing
2. Efficiency

برای مثال، آقای قدس گفتند که تحت هیچ شرایطی حاضر نیستند قیمت را کم کنند. این برای برند تفکر خوبی است که مشتری‌ام را متضرر نمی‌کنم، مصرف‌کننده‌ام را ناامید نمی‌کنم.

ما مجبوریم قیمت‌گذاری احتیاطی کنیم. یعنی چه؟ من می‌گویم اینکه در کشور ما تورم است، آن قسمتهایی که حتی این تورم پایدار است، نوسانات زیادی نداریم. باز ما می‌توانیم آنجا راهکارهایی داشته باشیم. نگرانی ما کجا است؟ نگرانی ما جایی است که در یک بازه‌ی زمانی کوچک تغییرات خیلی زیادی رخ می‌دهد. با وجود این، قیمت‌گذاری هنوز در ایران همچنان مبتنی بر شمّ فردی‌مان و شناخت بازار است که در ما نهفته است.

این باید سیستماتیک باشد. این باید در داخل شرکت یا سازمان، الگوسازی شود. برای مثال افراد صاحب تجربه‌ای که در این جلسه حضور دارند، متغیرهای فراوانی را به سرعت پردازش و بر آن اساس، تصمیم‌گیری می‌کنند. اتفاقاً نتیجه نیز "قیمت‌گذاری" مطلوب است.

● **ایزدپناه:** قیمت پول به عنوان یکی از مهمترین شاخصهای اقتصادی است. می‌دانیم که قیمت پول در مدلهای جدید اقتصادی خیلی وقتها متناسب با هزینه‌ی پول نیست.

خیلی وقتها در دنیا بانکهای مرکزی از ابزارهایی استفاده می‌کنند که قیمت پول را تغییر می‌دهند بر مبنای اهدافی مثل رشد اقتصادی، مقدار بیکاری یا عوامل دیگر که این بدون شک قیمت مصرف‌کننده و قیمت کالا را بر بسیاری از ابعاد اقتصادی خودش تغییر می‌دهد. اگر ما بخواهیم اقتصادی عمل کنیم باید توجه کنیم که چه شاخصهایی برای تعیین قیمت پول در کشور وجود دارد و متناسب با آن قیمت‌گذاری کنیم.

● **مجدم:** قیمت مثل مکعب روبیک است. حداقل ۴ بعد دارد. ولی اگر به هم بخورد، هر بعدش در ابعاد دیگر هم دخالت دارند. به گفته‌ی آقای درگی، مکعب روبیک ایشان ۶ بعدی است که می‌تواند ابعاد دیگر هم به آن اضافه شود.

حالا هزینه‌ی مالی در ایران بعد از نهاده، حرف دوم را می‌زند و آن قیمت ارز و قیمت پولی است که گفتند. بانک مرکزی، نرخ سود را تعیین می‌کند. تعیین نرخ سود می‌تواند محرک سرمایه‌گذاری یا عاملی در جهت جلوگیری از سرمایه‌گذاری باشد. بنابراین، مسائل توسعه‌ای می‌تواند روی قیمت اثر بگذارد.

● **ایزدپناه:** بحث قیمت تمام‌شده و بحث قیمت محصول را می‌خواهم به آن اشاره کنم. نمونه‌ی مشخص‌اش موبایلهایی است که دست همه‌ی دوستان است. کمپانی سونی، قیمت تمام‌شده‌اش را ۱۳۰ دلار اعلام کرده، اما آن را ۶۰۰ تا ۷۰۰ دلار می‌فروشد. به من بگویید چه ارتباطی

بین این دو عدد است؟

مک‌دونالد طبق آمار رسمی که می‌دهد، می‌گوید که قیمت تمام‌شده‌ی بیگ‌مگ ۴۶، ۴۷ سنت است. اما آن را ۶ دلار یا ۷ دلار در جاهای مختلف دنیا می‌فروشد. به من بگوید بین آن ۴۷ سنت تا این ۷ دلار یا ۸ دلار چه ارتباطی وجود دارد؟

● **درگی:** ارتباطش آن جایی است که مک‌دونالد یک روز می‌آید توی بازار، درمی‌یابد رقیب‌اش، به جای ۴۶ سنت، ۴۰ سنت بهای تمام‌شده‌اش است.

مک‌دونالد به‌سرعت باید در فرایندها و فعالیتهایش تجدیدنظر کند. این درحالی است که در قیمت تمام‌شده باید هزینه‌های بازاررسانی، و سایر هزینه‌هایی که بتوانند کالا را به دست مشتری برسانند، در نظر بگیرید.

● **رامخو:** درست است. شما دیگر نمی‌توانید قیمت بازار را تغییر بدهید. می‌توانید بگویید من نمی‌توانم بفروشم. می‌توانید قیمت تمام‌شده را عوض کنید، ولی ارزش مشتری همانجا می‌ایستد.

● **واعظی:** کالاها و مشتریها داستانهای خاص خودشان را دارند. ما نمی‌توانیم مدلی را که در پژو پیاده می‌کنیم در پراید هم پیاده کنیم. آنجا مصرف‌کننده‌ی نهایی ما یک انتظاری دارد. در پژو یک انتظار دیگری دارد. شاید در ابزار یک انتظار دیگری دارد. در سینک یک انتظار دیگری دارد. ما باید بر مبنای ذهن مشتریانمان، بر مبنای آن انتظاری که مصرف‌کننده‌مان دارد، قیمت‌مان را تعیین کنیم.

● **درگی:** این همان ارزش مشتری است؛ از اینجا به بعد، وارد بخش دوم شدیم. چه توصیه‌هایی دارید؟

● **واعظی:** برای قیمت‌گذاری، دو پیشنهاد دارم؛ پیشنهاد اول: مشارکت بخشهای مختلف شرکت ضروری است حتی اگر خود افراد حضور پیدا نکنند، ولی لازم است تفکر آنها باشد؛ یعنی تفکر مالی، تفکر استراتژی، تفکر برند و تفکر بخش فروش را در قیمت تأثیر دهیم.

پیشنهاد دوم قیمت رقبا را در نظر بگیریم، جایگاه خودمان را در نظر بگیریم.

● **رامخو:** برای قیمت‌گذاری در بازار ایران باید جنبه‌های مختلفی را بررسی کنیم. قطعاً قیمت‌گذاری برای تولیدکننده‌ها کاملاً متفاوت از واردکننده‌ها بررسی می شود. قیمت‌گذاری برای کالاهای اساسی و مصرفی را باید متفاوت از هم در نظر گرفت. برای کالاهای غیرمصرفی باید کاملاً

متفاوت از همه‌ی این موارد قیمت‌گذاری کنیم.

برای سهولت در حوزه‌ی کاری خودم می‌توانم بگویم کارخانه باید با کیفیت خیلی خوب، کالا عرضه کند، خدمات پس از فروش خوبی وجود داشته باشد، توزیع و فروش، و واحد تحقیقات بازاری داشته باشیم که هم خارج، و هم داخل را در نظر بگیرد.

قیمت رقبا، کیفیت آنها، قیمت‌گذاری آنها مورد توجه و بررسی قرار گیرد. به این ترتیب، مدیر لایق می‌تواند با در نظر گرفتن مجموعه‌ای از این عوامل، قیمت‌گذاری مطلوبی ارائه کند.

آقای قدس فرمودند که قیمت را تحت هیچ عنوان نباید پایین بیاوریم. من با احترام، مخالف این قضیه‌ام. چرا؟ مدیر در اینجا باید شهامت داشته باشد. اتفاقاً این پایین آوردن قیمت و صداقت با مشتری خودش یک تبلیغات خوب برای برند است.

بهتر است با احترام به مشتری بگوییم قیمتمان آن موقع ۳۰۰۰ تومان بوده، اما حالا ۲۲۰۰ تومان است. رفتار ما این بود که در مغازه‌ها ورود پیدا می‌کردیم، مابه‌التفاوت را نیز می‌پرداختیم. به نظر من این کار زنده کردن آن کالا است.

من به عنوان یک مدیر به هیچ وجه نمی‌توانم بپذیرم که کالایم در گوشه‌ی انبار بماند و فروش آن را از دست بدهم. پرستیژ از نظر من، صداقت با مشتری است. دلیلی ندارد که با قیمت‌گذاری بالا، کالایمان را به یک کالای مرده تبدیل کنیم. اینجا است که مدیر مالی به عنوان نظریه‌پرداز این جریان نقش خود را ایفا می‌کند و به تعبیری به عنوان "نورافکن مدیرعامل" می‌تواند نکات کلیدی و بسیار مهمی در قیمت‌گذاری یک کالا را به مدیر خود یادآوری کند و کمک حال تصمیم‌گیری مدیرعامل باشد.

● **درگی:** اگر رقیب همسطحِ ما، قیمتش را در بازار پایین بیاورد، ما باید چکار کنیم؟ سناریوهای مختلف داریم. یک سناریو می‌گوید ما هم قیمت را پایین بیاوریم. این روش غلط است.

یک سناریو این است که هیچ کاری نکنیم که این هم اشتباه است. یک سناریو این است که شما کیفیت را بالا ببرید و طبعاً قیمت را بالا ببرید. این روش درست است، اما دو محدودیت اساسی داریم. یک محدودیت اینکه همه‌ی مردم کیفیت‌خواه نیستند. کیفیت نسبی است. یک محدودیت دیگر این است که به زمان نیاز دارید.

سناریوی چهارم این است که قیمت را دست نزنید، اما مزیت بدهید. برای مثال، می‌توان گفت که کرایه‌ی حمل را می‌دهیم. جایزه می‌دهیم. هزینه‌ی نصب نپردازید. یک سناریو برای مواردی است که چند برند دارید. اگر رقیب قیمتش پایین است به این دلیل است که سطح من با رقیب متفاوت است. اگر چند تا برند داشته باشید، می‌توانید به مشتری ثابت کنید.

یک سناریوی ششمی هست که متأسفانه بعضی از اسنک‌فروشها و چیپس‌فروشهای ایران یاد

گرفتند. و آن کاهش وزن کالا است. در رونیکس و در الدورا قیمت روی کالا نداریم و کالا از یک پارتی به پارتی دیگر، قیمت‌گذاری متفاوتی دارد. با همان قاعده‌ی "انصاف".

اما سؤال پایانی، بحث آینده‌پژوهی در قیمت‌گذاری است. در حوزه‌ی قیمت‌گذاری، در ایران به چه سمت‌وسویی می‌رویم و آینده چگونه خواهد بود؟

● **مجدم:** دولت تازه آمده، باید ببینیم این دولت چکار می‌کند. بازار ما به رفتار دولت غر می‌زند. ولی از رفتار دولت هم منتفع می‌شود. چون به هر حال به هم ریخته است و همه استفاده می‌کنند. ولی به قول یکی از اساتید اقتصاد، راهنمایی و رانندگی بیش از ۶۰ تابلو دارد. اقتصاد یک تابلو بیشتر ندارد. آن هم قیمت است و قیمت وضعیت اقتصاد را روشن می‌کند. حالا اگر رفتار دولت طوری باشد که قیمت را به طرف ثبات و اعتماد بازار پیش ببرد، به سمت عدم هیجان برای خریدار نبرد، حتماً قیمت می‌تواند متعادل شود؛ یعنی عرضه و تقاضا واقعاً مسأله‌ی جدی است. منتها تقاضای ما کاذب است.

بخشی از تقاضای ما برای خرید، از روی نگرانی از آینده است. می‌خریم، نگه می‌داریم. بخشی از تقاضای ما به سمت خرید و فروش رفته است[1]. مثلاً اتومبیل کالای معاملاتی شده، دلار کالای معاملاتی شده. سکه کالای معاملاتی شده. یعنی بر اساس نیاز نیست. بر اساس ایناست که از آن منتفع شوند. و خودش قابل معامله شده.

بازار روی اعتماد می‌چرخد. اگر دولت در بازار اعتماد ایجاد بکند، با کنار رفتن هیجانات کاذب برای خرید، خودبه‌خود یک آرامشی برقرار می‌شود. اعتماد هم متقابل نیست. چون مردم اعتمادشان را به دولت نشان دادند. حالا باید دولت، اعتمادش را به مردم نشان دهد که یک مقداری بازار آرامش پیدا کند.

● **ایزدپناه:** بزرگترین بحرانهای اقتصادی دنیا از عدم اعتماد شاخصهای اقتصادی ایجاد می‌شود. اقتصاددانان بزرگ معتقدند مهمترین جایی که می‌شود اعتماد ایجاد کرد، همان بهای پول است. وقتی که ما نرخ شبانه‌ی بین بانکی در کشورمان نداریم، حس اعتماد نداریم.

یکی از ابزارهایی که گاهی وقتها می‌توانیم روند قیمت را در بازار پیش‌بینی کنیم، نگاه به نرخ پول است. این یکی از ابزارهای مشخصی است که در دنیا وجود دارد.

وقتی می‌گوییم نرخ پول واقعی، دقیقاً نرخ پول است که دو تا بانک معتبر می‌توانند به صورت آزادانه، پول را در یک ۲۴ ساعت خریدوفروش کنند. وقتی که ما این را به‌عنوان یک واقعیت بپذیریم

---

1. Tradability

و بپذیریم که این وجود داشته باشد، این به من تولیدکننده، برای من قیمت‌گذار تعیین می‌کند که کالای تو ۳ ماه دیگر با توجه به شرایطش چه ارزشی را می‌تواند امروز داشته باشد. این برای من مشخص می‌کند که سرمایه‌گذاریهایم باید چه بازدهی داشته باشند و نگاه می‌کند که قدرت خرید می‌تواند چگونه تغییر کند. و اینها در واقع ابزارهای شناختی ما برای قیمت‌گذاری در آینده است.

اگر بخواهیم قیمت‌گذاری و روندی را در آینده برای قیمت داشته باشیم، باید نگاه کنیم که چقدر نرخ پول امروز در اقتصاد ما شفاف است و نگاه کنیم که چقدر این مسیر به سمت شفافیت پیش می‌رود. هر چقدر این مسیر به سمت شفافیت پیش رود و کمک کند، شاخصهای ضربه‌ای اقتصاد کمتر می‌شود. پس خطر اینکه قیمتها مردم را شوکه کند، کم می‌شود. باید روشهای مبتنی بر شاخصهای قیمت‌گذاریمان دقیقتر شود. چون عوامل ضربه‌ای اقتصاد ما کمتر می‌شود. فکر می‌کنم با توجه به این عقلانیتی که صدایش دارد شنیده می‌شود، ما به سمت بازار شبانه‌ی پول پیش می‌رویم. من پیش‌بینی خودم این است که به سمت یک عقلانیت بیشتر در شاخصهای اقتصادی حرکت خواهیم کرد.

در نتیجه رشد قیمتی در بازار متناسب با رشد بهای پول در کشور خواهد بود، باز هم طبق مدل اقتصاددانهای بزرگ مثل فریدمن.

• **یزدان‌شناس:** مهمترین پارامتر در قیمت‌گذاری در شرایط فعلی، شاخصهای اقتصادی و رفتار دولت است.

به نظرم در کوتاه‌مدت ممکن است این شاخصه‌های تأثیرگذار دارای تلاطمهایی، حداکثر تا یکسال آینده، باشند ولی امیدوارم که اوضاع خوب شود و به ثبات برسیم.

در زمان ثبات، قیمت‌گذاری معنی واقعی خود را پیدا می‌کند، ولی در شرایط متغیر، پارامترهایی چون رانتهای اطلاعاتی و نفوذ در عوامل تصمیم‌ساز مملکتی بسیار کاراتر خواهد بود.

• **واعظی:** در این بحث، اینکه در بخش دولتی، اعتمادسازی می‌شود یا نمی‌شود خیلی دست ما نیست. ما از ممکنات آن بخش در بخش خودمان استفاده می‌کنیم. اساس کار ما در شرکت خودمان اعتمادسازی است بین سرمایه‌گذارها و تولیدکننده‌ها، فروشنده‌ها و مصرف‌کننده‌ها. در این زنجیره‌ی تولیدی که داریم تلاش می‌کنیم این اعتمادسازی را بیشتر کنیم.

• **رامخو:** ما الان باید برای شفافیت هر چه بهتر، شرکتهایمان را آماده کنیم. من مدل کشورهایی مثل آلمان و کشورهای دیگر را که نگاه می‌کنم، و اقتصاد بازشان را و اقتصاد آنها را مقایسه می‌کنم با اقتصاد خودمان و تقابل شرکتها را با اقتصاد، می‌بینم آنها شفاف شفاف‌اند؛ در سودشان، در تولیدشان،

در مالیات دادنشان، در پیشرفت‌شان.

● **قدس:** ولی بالاخره قوانین مالیاتی، برخوردهای مالیاتی، اینکه ممیز با ممیز فرق دارد، حسابرس مالیاتی با حسابرس مالیاتی فرق دارد، اینها همه‌اش موثر است، در همه جای دنیا هم هست.

● **مجدم:** ولی این یک فرهنگ است، فقط یک رفتار انتزاعی نیست. فرهنگ است.

● **درگی:** ما اصطلاحاً در مارکتینگ می‌گوییم که مارکتینگ روی سه تا کلمه مانور می‌دهد. "شناسایی"، "شناساندن"، و سومی هم "خشنودی مشتری" است.

به جای رضایت هم می‌گوییم خشنودی. حالا اگر بخواهیم بگوییم که چه عواملی را باید در سیاستگذاری قیمت‌گذاری مورد شناسایی قرار دهیم؛ یکی بحث محیط کلان است که لابه‌لای صحبتهای همه‌ی دوستان بود. اعم از عوامل اجتماعی، عوامل اقتصادی، عوامل سیاسی، عوامل تکنولوژیک و سایر عوامل.

محیط خرد را باید خیلی خوب بشناسیم. از تأمین‌کننده گرفته تا به واسطه‌ها و رقبا که در صحبتهای همه‌ی دوستان بود حتی کارکنان خود سازمان، مردم، دولت، اینها هست. خود شرکتمان، تکنولوژی‌اش چگونه است؟ جایگاه رقبایش چگونه است؟ چه سطحی از بازار را دارد؟ بازار هدفش را کجا قرار داده؟ بعد بیاییم همه‌ی اینها را جمع‌بندی کنیم به اینجا می‌رسیم که قیمت هم یکی از عوامل آمیزه‌ی بازاریابی است.

قیمت بدون برند، بدون بسته‌بندی، بدون توزیع بی‌معنا است. حالا بهترین سیاستهای قیمت‌گذاری هم داشته باشیم. اما می‌دانیم به واسطه‌ی توزیع است که محصول ما در قفسه‌ی مغازه جا می‌گیرد. و نهایتاً تمام اینها برای این است که ما بتوانیم به مشتری بفروشیم. ما تمامی توصیه‌ها را برای بنگاههای اقتصادی ارائه می‌کنیم تا بتوانند در بازار رقابتی نسبت به رقبایشان در جذب مشتری، فروش به مشتری، نگهداری مشتری، رشد دادن مشتری موفقتر عمل کنند.

راه موفقیت بازاریابی، در جامعیت‌نگری است. در اینکه تمام این عوامل را با همدیگر باید در نظر بگیریم می‌پذیرم که وزن عوامل، بر حسب شرایط متفاوت می‌شود، ولی یک پیچ در اتومبیل نسبت به گیربکس و موتور و سرسیلندر ارزش ریالی پایینی دارد. با وجود این، اگر نبود، بعضی از مواقع می‌بینید که آن موتور و سایر قطعات اصلی نمی‌تواند کارش را انجام دهد.

● **قدس:** من یک مورد فقط اضافه کنم. در چهار پی (4p) آن سه تا الزامی است که باید درست باشد. ولی (p) چهارم، تجربه به من می‌گوید پی (p) چهارم، پی (p) قیمت شرکت را نابود می‌کند

یا شرکت را موفق می‌کند.

پیوست ۴

(شماره‌ی پنجاه‌وهفتم مجله توسعه مهندسی بازار)

میزگرد قیمت‌گذاری از سوی دولت؛ درست یا نادرست؟

شرکت‌کنندگان در میزگرد

- شاهرخ ظهیری (فعال اقتصادی، مشاور کشاورزی و صنایع غذایی اتاق تهران)
- سعید جارودی (مدیرعامل چیلک شرق، دبیر و عضو هیأت‌مدیره‌ی انجمن ملی صنعت پخش ایران، عضو هیأت نمایندگان اتاق بازرگانی صنایع، معادن و کشاورزی ایران)
- علی شریعتی (عضو هیأت‌مدیره‌ی کانون انجمنهای صنایع غذایی ایران، رئیس کارگروه صنایع غذایی - اتاق بازرگانی صنایع، معادن و کشاورزی ایران، عضو شورای پژوهشی انستیتو تغذیه‌ی ایران)
- هاشمعلی حسنی (مدیرعامل شرکت سلولزی حریر پارسیان، نایب‌رئیس انجمن صنایع سلولزی و بهداشتی ایران، کارآفرین - تولیدکننده)
- مهدی میثمی‌فرد (مدیرعامل شرکت تکنان جنوب)
- پرویز درگی (رئیس انجمن علمی بازاریابی ایران، مدیرعامل شرکت TMBA، مدیرمسئول و صاحب‌امتیاز نشریه‌ی توسعه مهندسی بازار و انتشارات بازاریابی)

"قیمت‌گذاری یک ضرورت است که الزامی ندارد بر روی کالاها بویژه اقلام غیراساسی و غیرضروری درج شود".

موافقان و مخالفانی برای "درج قیمت‌گذاری بر روی کالا" وجود دارد؛ موضوعی که سه‌سال در دستور کار دولت یازدهم قرار گرفت و در دولت دوازدهم برای اجرا، به یکباره متوقف شد. میزگرد "بررسی قیمت‌گذاری و درج آن بر روی کالاها" با حضور صاحبنظرانی برگزار شد که "استادان بازار" هستند. به رغم دعوت از نماینده‌ی دولت، ایشان حضور نداشتند. گزارشی از این میزگرد را می‌خوانید که حاضران میزگرد متفق‌القول هستند، دولت باید پای خود را از قیمت‌گذاری کنار بکشد. برخی در نحوه‌ی اجرای آن، نگران مصرف‌کننده بودند؛ این در حالی است که اکثریت حاضران عنوان کردند که برای هر طرح، چالشهایی وجود دارد و در نهایت، اجرای این طرح، به سود مصرف‌کننده خواهد بود. اما تأخیر آن، برای تولیدکنندگان تهدیدی واقعی است و از آن با اصطلاح "پوست تولیدکننده کنده می‌شود"، یاد کردند.

● **درگی:** قرار بود "درج قیمت از روی محصولات" برداشته شود. این دستوری بود که از زمان وزیر پیشین صنعت، معدن و تجارت (مهندس محمدرضا نعمت‌زاده) شروع شد و وزیر جدید (محمد شریعتمداری) نیز با جدیت پیگیر آن بودند. اما در آغاز هفته‌ی اول مهرماه، موضوع متوقف شد و مسکوت ماند؛ به‌گونه‌ای که هیچ توضیحی در این باره از سوی مقامات دولتی ارائه نشد. بدیهی است مسئولان دولتی، هم برای آن شروع، و هم برای توقف آن دلایلی دارند که بهتر است اعلام شود.

● **ظهیری:** قیمت‌گذاری کالا مربوط به حالا نیست؛ یعنی اینکه مثلاً آقای نعمت‌زاده آن را باب کرده باشد و آقای شریعتمداری بخواهد آن را حذف کند. اصلاً اینطور نیست. شاید حدود ۱۰ سال است که من با این مسأله مبارزه می‌کنم؛ چون این مسأله برای دولت، یک ترس روانی را ایجاد کرده است. دولتی‌ها این ترس را دارند که اگر الان قیمت را آزاد کنند، برای مثال قوطی رب، ۱۰ هزار تومان می‌شود!

در تمام دنیا، قیمت کالاها بویژه موادغذایی بر اساس عرضه و تقاضا است. وقتی شما بر اساس عرضه و تقاضا جلو می‌روید دو تا ویژگی و حسن دارد. کیفیت کالا، بالا می‌رود. چون رقیب پیدا می‌کنید، و می‌خواهید که جنس شما را بخرند. ناگزیرید جنس شما از جنس رقیب بهتر باشد. رقابت قیمتی پدید می‌آید. برای مثال، وقتی به خارج از کشور می‌روید، مردم به شما می‌گویند که کدام فروشگاه، کالاها ارزانتر است. دولت باید این شهامت را داشته باشد که "قیمت‌گذاری" را تابع عرضه و تقاضا کند و نیازی به درج قیمت نیست. در شرایط فعلی، درج قیمت بر روی کالاها و موادغذایی، ضررهای زیادی به مردم وارد کرده است. مثلاً ماست نمونه‌ای است از محصولات لبنی که ناگزیرند از کمیت کالا بکاهند، تا با "قیمت درج‌شده" بتوانند بفروشند!

"درج قیمت کالا" در صادرات نیز به ما ضرر می‌زند. راهی نداریم بجز آنکه دولت، پای خود را

از قیمت‌گذاری کنار بکشد. مثال ساده‌ای می‌زنم. سه‌روز به ماه مبارک رمضان مانده است، دولت اطلاعیه داد و قیمت آش‌رشته را برای مردم مشخص کرد. در بهمن‌ماه وزارت بازرگانی اعلام می‌کند که "ما پرتقال شب عید را فراهم کردیم." کسی هم پیدا نمی‌شود که بگوید این قضایا چه ارتباطی با دولت دارد! از زمانی که در مهرام بودم، کوشیدیم به دولت اثبات کنیم که این "قیمت دستوری" به جایی نمی‌رسد. من گوجه‌فرنگی را برای تهیه‌ی رب، با ۲۰ قیمت متفاوت خریداری می‌کنم. گاه گران‌تر، و گاه ارزان‌تر. وقتی قیمت ثابت دستوری داریم، به مصرف‌کننده، و به مردم آسیب می‌زنیم. این ترس برای "درج قیمت‌گذاری" باید برداشته شود. این تصور که همه‌چیز گران خواهد شد، بی‌پایه و اساس است. گران نخواهد شد، و اگر گران شود، تولیدکننده نمی‌تواند بفروشد، و مردم به سراغ تولیدکنندگانی می‌روند که هم کیفیت بهتر دارند، و هم ارزان‌تر می‌فروشند.

● **شریعتی:** فارغ از دیدگاههایی که عنوان شد، از منظر اقتصادی این پرسش را مطرح می‌کنم که چرا سیاستهای اصلاحی اقتصادی دولتمان به ثمر نمی‌نشیند؟ به نظرم، وارد تله‌ی گروهی می‌شود که منافعی دارند. با واژه‌های حکمران خوب، و حکمران بد آشناییم. ما دقیقاً به مصداق بحث دولت بنگاه‌دار و حکمران بد می‌رسیم. دولتی داریم که به بانکها که نهاد مالی است، انتقاد دارد که بانکها، بنگاه‌داری می‌کنند. این در حالی است که خود دولت هم در سیطره‌ی اقتصاد، درگیر بنگاه‌داری شده است. از وزارت بهداشت، آموزش‌وپرورش بگیرید تا سایر وزارتخانه‌ها، که خودشان را درگیر بنگاه‌داری کرده‌اند. بنگاه‌داری سبب می‌شود که دچار عارضه‌هایی شویم. گردش مالی ایجاد می‌کند، عزل‌ونصب‌هایی پیش می‌آید، تبعاتی دارد نظیر اینکه "ژن خوب داریم"، درگیر مجمع‌ها و انتصاب‌ها می‌شویم و آنچه در ابتدا، شعار آن را دادیم، فراموش می‌شود.

در تعریف حکمران خوب داریم که حکمران خوب کسی است که ایجاد امنیت می‌کند، آموزش‌وپرورش، و بهداشت را برعهده می‌گیرد و در نهایت، سرمایه‌ی مردم را تأمین می‌کند. اکنون حکمران، خودش، تولید ثروت می‌کند، قیمت‌گذاری می‌کند، توزیع می‌کند، تولید می‌کند. چنین مواردی "تضاد منافع" ایجاد می‌کند. می‌خواهم مثال ساده‌ای درباره‌ی قیمت‌گذاری در سالهای اخیر را یادآوری کنم.

برای قیمت بلیت هواپیما، چه داستانهایی که گفته شد. پس از آنکه قیمت‌گذاری رقابتی شد، و مبتنی بر عرضه و تقاضا شد، شما می‌بینید مردم می‌توانند در روز تعطیل، با ۳۰ هزار تومان از کیش بازگردند. خوب بدیهی است که اگر کسی بخواهد ظهر عاشورا در حرم امام‌حسین (ع) باشد، هزینه‌ی آن را می‌پردازد.

اگر الزامی ندارد، در روزهای بعد، با ۳۵ هزار تومان می‌تواند بلیت خریداری کند! سازمانی به نام "حمایت از تولیدکننده و مصرف‌کننده" تأسیس کرده‌ایم که اسم آن پارادوکس است.

● **حسنی:** در تمام دنیا، "حذف قیمت‌گذاری" روال است و رایج. اگر چنین روالی برای مصرف‌کننده، تولیدکننده، و توزیع‌کننده ضرر داشت، قطعاً اجرا نمی‌کردند. هم بنا به تحقیق و دانش، و هم بنا به تجربه، "عدم درج قیمت‌گذاری" و "حذف قیمت‌گذاری"، صد درصد در ایران نیز قابل اجراست و به نفع تولیدکننده، توزیع‌کننده، و مصرف‌کننده است. در صنف ما یعنی صنایع سلولزی و بهداشتی ایران، با حذف قیمتها و نظام قیمت‌گذاری، قیمتها ۲۰ تا ۳۰ درصد کاهش می‌یابد. اتفاقی که اکنون در ایران افتاده این است که فروشگاههای زنجیره‌ای به ما تولیدکننده‌ها فشار وارد می‌کنند که قیمت را افزایش دهیم، از آن سو، خودشان در فروشگاه با برچسبهای زرق‌وبرق‌دار، تابلوها، بلندگوها و... تخفیفهایی استثنایی اعلام می‌کنند! اگر مطابق میل آنها عمل نکنیم، از ورودمان به فروشگاه جلوگیری می‌کنند. اگر بپذیریم (که پذیرفته‌ایم) قیمت کاذب و غیرواقعی افزایش‌یافته را با برچسب و لیبل درج کرده‌ایم، که بیش از ۲ تا ۳ برابر است. بعد فروشگاه، با تخفیف ۵۰ درصدی به مشتری و مصرف‌کننده تحویل می‌دهد! حتماً می‌دانید که فروشگاههای زنجیره‌ای، ۱۰ درصد خرید مردم را پوشش می‌دهد. ۹۰ درصد مربوط به سوپرمارکتها و مغازه‌هاست. به این ترتیب، هم مصرف دستمال کاغذی پایین می‌آید، هم در حق مصرف‌کننده اجحاف شده است! به نظرم باید شتاب کنیم و اگر به هر دلیلی تا یکم آبان‌ماه این طرح اجرایی نشود، عملاً تا پایان سال این طرح روی هواست، و پوست ما صنایع سلولزی و بهداشتی کنده است.

● **جارودی:** بر اساس قانون، مکلفیم که در محل عرضه‌ی کالا به مشتری نهایی (مصرف‌کننده) قیمت اعلام کنیم. قانون صراحتاً به این شیوه‌ی قیمت‌گذاری اشاره دارد. حالا می‌توانیم به اشکال گوناگون این قانون را اجرا کنیم. آنچه تاکنون انجام شده، همین است که در کارخانه، "قیمت برای مصرف‌کننده" درج شود و برای مغازه‌ها و فروشگاهها ارسال شود. گونه‌ی دیگر این است که در محل خرده‌فروشی، مشتری را از قیمت آگاه سازیم، مثل همه‌جای دنیا. پس تصحیح کنیم که حذف درج قیمت اصلاً مطرح نیست و این یک اشتباه فراگیر در این ماجراست که باید آن را اصلاح کنیم. با این تدبیر، فروشگاهها و مغازه‌ها می‌توانند روی برد، تابلو، و محل مناسب و مطلوب، قیمت را بزنند. بیش از سه سال است که این موضوع را به‌صورت کاملاً جدی، مستمر و پیگیر جلو بردیم و عنوان کردیم که (با این رویه‌ای که قیمت درج‌شده در کارخانه صورت می‌گیرد) ما داریم "ثروت ملی" را می‌فروشیم.

پیشتر در زمان جنگ، و در شرایط تحریم اقتصادی، دولت نمی‌توانست درباره‌ی "درج قیمت در کارخانه" عقب‌نشینی کند. اما خوشبختانه اکنون این تنگناها برداشته شده است. چرا می‌گوییم ثروت ملی را می‌فروشیم، برای آنکه اگر ما امروز صد واحد کالا را به مغازه بفروشیم، و این کالا فردا گران شود، وقتی مغازه‌دار را مکلف می‌کنیم که به همان قیمت قبلی بفروشد، او با ثروتی که به دست آورده، نمی‌تواند صد واحد بخرد و باید هشتادوپنج واحد خریداری کند. قدرت خرید این خرده‌فروش را کاهش

داده‌ایم. چند نکته را فهرست‌وار می‌گویم:

۱- نخست آنکه کالاهایی که جای درج قیمتشان (از در کارخانه به خرده‌فروشی یا فروشگاه) تغییر می‌کند، هیچ‌کدام کالاهای اساسی نیستند. تصور کنید که مغازه‌داری، خیارشور را گران عرضه کند، مردم خودشان دست‌به‌کار می‌شوند، هم خرید نمی‌کنند، و هم در خانه، خیارشور مهیا می‌کنند. به این ترتیب، مغازه‌دار ناگزیر است خیارشور را ارزان‌تر عرضه کند. این نوع کالاها و موادغذایی که اساسی نیستند، به عرضه و تقاضا واگذار شود. عرضه و تقاضا یک اصل بدیهی، پیش‌پاافتاده، و قدیمی اقتصادی است که هیچ‌جور نمی‌توانیم آن را از بین ببریم. وقتی دولت در نقطه‌ی عرضه و تقاضا دخالت می‌کند، چه اتفاقی می‌افتد؟ یعنی عرضه کاهش پیدا می‌کند، تقاضا بالا می‌رود، و گرانی حادث می‌شود. دولت ورود پیدا می‌کند و سوبسید می‌دهد. در عمل، دولت با سوبسید دادن، برای آن دسته از تولیدکنندگان بی‌کیفیت، و تنبل، جایزه می‌دهد!

خاطرم هست که سال‌ها پیش، مدیرفروش کوپنی بودم. روغن نباتی می‌فروختیم. به محض آنکه خواستند کوپن را بردارند، بیشتر یا تمام کارخانه‌های روغن نباتی عزا گرفته بودند. اما وقتی وارد عرصه‌ی رقابت شدیم، حالا بحث کیفیت، بسته‌بندی، و ده‌ها عامل دیگر مطرح می‌شد تا تولیدکننده بتواند کالایش را به فروش برساند.

همان‌گونه که جناب ظهیری و سایر حاضران جلسه عنوان کردند، قیمت‌گذاری برای هر چیز بدون توجه به عوامل دخیل در تولید آن، اشتباه فاحش است. اگر بگوییم آش‌رشته، ۱۰ تومان است، آیا تمام آش‌رشته‌ها، کاسه‌ای ۱۰ تومان است؟ آیا ما با این کار، کیفیت تولید را پایین نمی‌آوریم. در مجموع، دخالت دولت در این نوع کالاها برای قیمت‌گذاری، منجر به کاهش کیفیت، و کم‌فروشی می‌شود، و آثارش بیشتر به ضرر مصرف‌کننده است؛ چون ما داریم کم‌فروشی می‌کنیم و کیفیت را پایین می‌آوریم تا بتوانیم با قیمتی که دولت به زور اجحاف می‌کند، مبارزه کنیم. خاطرم هست در اوایل فروپاشی شوروی و تشکیل دولت‌های جدید در منطقه، ما تولیدکننده‌های روغن نباتی به ارمنستان رفتیم. بازار بسیار بزرگی بود.

در مغازه‌های ارمنستان، بسیاری از اجناس ایرانی از همه‌چیز گرفته تا آفتابه‌ی ایرانی بود. مردم نیز دشمنی دیرینه‌ای با ترکیه داشتند، از این رو به ایران گرایش داشتند؛ چون رقابت بلد نبودیم، آرام آرام، بازار را به ترکیه واگذار کردیم و از این بازار بیرون آمدیم.

این در حالی است که ما در تولید محصولات غذایی، در جایگاه خوبی در دنیا قرار داریم. کمی در بسته‌بندی و ارائه‌ی خدمات مشکل داریم، ولی هرگاه در موقعیت رقابت با کشورهای همسایه قرار می‌گیریم، شکست می‌خوریم. این وظیفه‌ی دولت است که به‌عنوان متولی اقتصاد، به ما یاد دهد و کمک کند که رقابت کردن در صنعت را یاد بگیریم. این در حالی است که در داخل، دائماً علیه رقابت تصمیم می‌گیریم!

• **میثمی‌فرد:** یکی از رشته کالاهایی که صنایع‌غذایی تک‌نان تولید می‌کند، بیسکوئیت است، با برندی به نام "دلاتو." بیسکوئیت هم از ابتدای مهرماه می‌توانست از درج اجباری قیمت معاف شود که شرکت تک‌نان تصمیم به عدم حذف قیمت مصرف‌کننده گرفت. دلیل اصلی این امر بیم ایجاد هرج‌ومرج در بازار بود؛ زیرا ساختار سوپرمارکتی در ایران به راحتی اجازه‌ی این شفاف‌سازی را در حال حاضر نمی‌دهد که ناشی می‌شود از عدم تسلیم رسید خرید به مصرف‌کننده و همچنین عدم درج قیمت در قفسه‌ی سوپرمارکتها. در حال حاضر، ۱۰ درصد کل خرده‌فروشی از طریق کانال فروشگاههای زنجیره‌ای انجام می‌شود که به مصرف‌کننده رسید می‌دهند، و همچنین قیمت کالا را نیز می‌توانید هنگام خرید ملاحظه کنید، که قطعاً این رقم ۱۰ درصد پاسخگوی کل فروش واحدهای تولیدی نخواهد بود. در انگلستان بین فروشگاههای زنجیره‌ای بزرگ نظیر سینزبریز و تسکو رقابت به اینگونه است که، قیمت روز یکدیگر را بر روی کالاهای مختلف اعلام می‌کنند و به مصرف‌کننده امکان مقایسه‌ی قیمتی را در سطح وسیعتری اعطا می‌کنند. این بدان معنی است که، مصرف‌کننده می‌تواند متوجه شود که این کالا در این فروشگاه به چه قیمتی ارائه می‌شود و در فروشگاه رقیب به چه قیمت. در رابطه با معایب درج قیمت مصرف‌کننده در امر صادرات به این بسنده کنم که این مورد باعث می‌شود نتوانیم قیمتی را که مناسبتر برای ما است به شرکت واردکننده‌ی قطری (در این مورد بخصوص) اعلام کنیم و درج قیمت مصرف‌کننده دست‌وپای ما را بسته، حال آنکه قطعاً قدرت خرید مصرف‌کننده‌ی قطری از عراقی بالاتر است و مارجین بهتری باید نصیب تولیدکننده شود که این مورد به دلیل درج قیمت مسدود است.

• **درگی:** بهتر است درباره‌ی پیشنهادها و راه‌حلها صحبت کنیم. ببینیم برای پیشگیری از این اتفاقات چه تدابیری داریم.

دو خاطره بیان می‌کنم تا درباره‌ی "تضاد منافع" موضوع روشنتر شود. در سال ۱۳۶۸ برای گذران بخشی از سربازی‌ام، مسئول کمیته‌ی امور دام و آبزیان، و مأمور به جهاد سازندگی یکی از شهرستانها شدم. آن شهرستان در آن زمان، در واقع روستای بزرگی بود که عنوان شهر داشت. چهارراهی در آن شهر بود که صبحها به مدت ۶ تا ۷ دقیقه باید منتظر می‌ماندیم تا گوسفندان عبور کنند. خانه‌ها عمدتاً دوطبقه‌ای بودند که طبقه‌ی اول آن آغل بود، و صاحبان خانه در طبقه‌ی دوم زندگی می‌کردند.

شهردار که خودش بومی آن شهر نبود، طرحی برای فرمانداری داده بود که زمینی در منطقه‌ای خارج از شهر پیش‌بینی شده بود تا دامداریها در آنجا تجمیع یابند. و به این ترتیب، هم به لحاظ رفع آلودگی، و تأمین بهداشت بیشتر برای دامها مطلوب بود، و هم بتدریج شهر هویت پیدا می‌کرد. فرمانداری برای اجرایی شدن طرح، کارگروهی تشکیل داد متشکل از بخشهای زیرمجموعه‌ی دولت که من به‌عنوان نماینده‌ی جهادسازندگی در آن شرکت می‌کردم. بیش از ۵ تا ۶ جلسه شرکت کردم

و در عمل، بیش از همه، کار در شهرداری و از سوی نماینده‌ی شهردار - که معاون شهرداری بود - قفل می‌شد. پس از گفت‌وگوهای غیررسمی دریافتم که معاون ایشان که اهل همان شهر است، ۱۰۰ گوسفند دارد و به گفته‌ی خودش، در طبقه‌ی نخست منزلش نگهداری می‌کند. معاون شهردار می‌گفت که شهردار چون خودش اهل این شهر نیست، هیچ اطلاع و درکی از شرایط و وضعیت ندارد و سالها طول کشید تا این طرح، اجرایی شود.

تجربه‌ای از کشور نیجریه نقل می‌کنند که شرکت سونی، سالهای خیلی قبل وارد این کشور شد. در آن زمان، حتی پایتخت نیجریه نیز برق نداشت. موتورهای برق بود که مالکانش، برق را به افراد می‌فروختند. سونی به دولت اعلام کرد می‌تواند نیروگاهی برای مردم به رایگان احداث کند. مخالفتهای فراوانی برای اجرایی شدن طرح نیروگاه رایگان پدید آمد. تعجب‌آور بود که چنین فعالیت و خدمت عام‌المنفعه‌ای، امکان اجرایی شدن پیدا نمی‌کرد. بعدها شرکت سونی دریافت که مخالفتهای اصلی در بدنه‌ی دولت است و دلیل آن نیز همان مالکانی هستند که "برق" را به مردم می‌فروشند. برخی از مالکان ژنراتورهای بزرگ، کارکنان دولت بودند که با تأسیس این نیروگاه، منافعشان به خطر می‌افتاد. اقتصاد کشور ما، سالها اقتصاد دستوری بوده است. اکنون کوششهای خوبی انجام شده تا "رقابت" شکل بگیرد. اما هنوز زورش به این اقتصاد دستوری نمی‌رسد. در بسیار از کشورها، دولت، ناظر است، و در کشور ما دولت، عامل است. اما برسیم به بحث اصلی "قیمت‌گذاری" که در "علم مارکتینگ"، ۶ عامل در قیمت‌گذاری دخیل است. قیمت تمام‌شده؛ ما در اینجا بررسی می‌کنیم تا بفهمیم که چگونه قیمت تمام‌شده را با حفظ کیفیت کاهش بدهیم. مثلاً چگونه هزینه‌های ثابت را کاهش دهیم، چگونه هزینه‌های اضافی را کاهش دهیم، از تکنولوژیهای بهتر استفاده کنیم و... قیمت رقبا؛ وقتی شما می‌خواهید برای محصولات‌تان قیمت‌گذاری کنید، یک چشمتان به مشتری، و یک چشمتان به بازار و رقبایتان است. نگاه می‌کنید تا ببینید که رقبا چه قیمتی می‌گذارند. اینجا کلاسهای کیفیتی برقرار می‌شود که رقبای من چه کسانی هستند.

۲- ارزش مشتری؛ یعنی مشتری حاضر است چقدر پول پرداخت کند برای این محصول و در این مکان. یک سوپرمارکت در شمال شهر، قابل مقایسه با سوپرمارکت در جنوب شهر نیست. تفکرات مدیریت؛ به‌هرحال مدیر در بازار است و دلش می‌خواهد محصولش را بفروشد. از این رو، سیاست قیمت‌گذاری بر اساس تفکر مدیریت ایجاد می‌شود.

۳- رسالت شرکتها؛ شرکتهایی داریم که برای خودشان، مسئولیت اجتماعی تعریف کرده‌اند. بعضیها برای مثال می‌گویند که ما یک‌درصد از سودمان را برای امور خیریه گذاشته‌ایم. اصلاً اینها را بیرون هم نمی‌گویند ولی از سودی که دارند یک‌درصد را برای این کار می‌گذارند، اما ضروری است که در هزینه‌هایشان، محاسبه کنند.

۴- دخالتهای دولت؛ این مورد خیلی جالب است که به بحث امروز ما هم برمی‌گردد. پرسش

اصلی این است که دخالتهای دولت، خوب است یا بد است؟ اصطلاحاً در اقتصاد می‌گویند دولت، شرّ ضروری است. شر است، به‌خاطر اینکه دولت در تمام دنیا، عشقش قدرت است. عشق دولت، حاکمیت است. حال هر چقدر هم شما بخواهید این وظایف را از دولت جدا کنید، یعنی قدرتش را می‌خواهید کم کنید. و معمولاً کسانی که آن قدرت را دارند برایشان سخت است و طبیعی است که مقاومت می‌کنند.

اما از طرفی دیگر، اقتصاددانان می‌گویند که وجود دولت، ضروری است، چرا؟ چون اگر خط قرمزها نباشد، ممکن است یک جاهایی نشود هیچ‌چیز را کنترل کرد. اما نکته‌ای که وجود دارد، این است که ما می‌گوییم هر چقدر رقابت بیشتر می‌شود، بازار خودش قیمتها را تعیین می‌کند. الان فرضاً در لوازم خانگی، که من مشاور بعضی از شرکتها هستم، مسأله‌ی اساسی ما اصلاً گرانفروشی نیست؛ مسأله‌ی اساسی ما زیرفروشی است. یعنی مواظبت کنیم که این هود، سینک، یخچال و... که ما قیمتش را آنقدر به عامل فروش و نماینده‌ی خودمان داده‌ایم و دستش را هم برای فروش به مصرف‌کننده‌ی نهایی باز گذاشته‌ایم، می‌بینیم که محصول خودمان باز هم زیر قیمت کارخانه در بازار به فروش می‌رسد. چرا زیر قیمت کارخانه به فروش می‌رسد؟ برای اینکه فرضاً آن نماینده‌ی بزرگ ما برای اینکه وام بگیرد، این را با چک چهارماهه از ما گرفته و رفته زیر قیمت خودمان در بازار به صورت نقدی فروخته است تا بتواند مسائل مالی خودش را حل کند. من با اینکه دولت در قیمت‌گذاری نقشی نداشته باشد کاملاً موافق هستم، اما نکته‌ی اساسی که واقعاً نگرانی جدی من هم هست، این است که ما هنوز زیرساختهای خوبی را در آن بخش عمده‌ی خرده‌فروشیهای کوچکمان نداریم. ما هنوز فروشگاههایمان مجهز به سیستم صندوق الکترونیک و درج قیمت و... نیستند. عمده‌ی آنها با ماشین‌حساب جمع می‌کنند و عدد را به شما می‌گویند. اینجا هست که آن نگرانیها ایجاد می‌شود. من در این چند روز با مردم عادی که در تاکسی و مترو و... صحبت می‌کردم، می‌دیدم که مردم بشدت نگران هستند. و می‌گفتند که همین‌طوری هم مثلاً گوجه‌فرنگی را یک میوه‌فروشی ۲۰۰۰ تومان می‌دهد، و دیگری ۳۰۰۰ تومان. من نمی‌توانم در همه‌ی میوه‌فروشیها بگردم که قیمت را تعیین کنم. من همیشه حس می‌کردم که حداقل اگر کالا قیمت درج‌شده دارد، من آن را نگاه می‌کنم و کنترل می‌کنم.

● **جارودی:** من با شما موافق نیستم. جملگی برای مصرف‌کننده نگران هستیم، اما در مورد اینکه بر پایه‌ی کدام روش، حقوق مصرف‌کننده رعایت می‌شود، با هم اختلاف نظر داریم. ما نمی‌توانیم به لحاظ ترس از اینکه نمی‌توانیم رفتار خرده‌فروشان یعنی فروشگاهها، سوپرمارکتها، مغازه‌ها، و حتی بقالی‌ها را کنترل کنیم، یک اقدام مهم را کنار بگذاریم. ما قرار است چهار قلم کالای غیراساسی، غیرضروری مردم را از "قیمت‌گذاری" آزاد کنیم. ضروری است و ناگزیریم به میدان برویم. قطعاً برخی

از خرده‌فروشان در آغاز از این موضوع سوءاستفاده خواهند کرد. بسیاری مقاومت می‌کنند. اما به محض آنکه یک مغازه، صندوق بگذارد و فاکتور صادر کند، سایرین ناچارند وارد عرصه‌ی رقابت شوند. بله، ممکن است در محله‌ای گرانی باشد. خاطرم هست در زمان جوانی به اتفاق همسرم به رشت رفتیم. برای غذا خوردن به هتلی رفتیم. در منوی این هتل، جوجه‌کباب ۶۰۰۰ تومان، سالاد فصل ۵۰۰۰ تومان درج شده بود. از گارسون دلیل گرانی سالاد را نسبت به غذا پرسیدم و پس از اندکی من‌من کردن و تعلل در پاسخ گفتن، عنوان کردند که شما به هتل آمده‌اید. دو نفر مشتری مسن در این رستوران نیز گفتند که اینجا رستوران داخل خیابان نیست. شما هزینه‌ی غذا خوردن در هتل را می‌دهید. ما در مردم ثروتمندمان، احساس پول خرج کردن را در ایران کشته‌ایم. آنها پولشان را به خارج می‌برند و آنجا خرج می‌کنند. ثروت ملی‌مان را بیرون می‌بریم.

● **درگی:** چرا اسنپ و تپسی در حال رشد هستند؟ چون از همان آغاز که مشتری، درخواست می‌کند، هزینه اعلام می‌شود. این اطلاع از "قیمت"، آرامش خاطر، اعتماد و اطمینان ایجاد می‌کند. من معتقدم که دولت، در قیمت‌گذاری دخالت نکند. اما چون مغازه‌دار، قیمت را درج نمی‌کند، دولت هم قدرت ندارد این "قیمت‌گذاری" را در مغازه‌ها اجرا کند، سوپرمارکت و مغازه‌دار نیز فاکتور نمی‌دهد تا بتوانیم مقایسه‌ی قیمتها را داشته باشیم و نوعی نابسامانی پیش می‌آید.

● **شریعتی:** هفت سال مدیرعامل مزمز بودم. دولت خودش متولی سیب‌زمینی بود. قیمت سیب‌زمینی گاه به ۵ برابر رسید. در سال ۱۳۸۸ بحث هدفمندی یارانه‌ها مطرح شد و عنوان کردند که چون یارانه‌ها را برداشتیم، شما باید قیمتها را ثابت نگه دارید... مدتها طول کشید تا قیمت‌گذاری را در اختیار انجمن قرار دادند.

من با توضیحات آقای میثمی‌فرد مخالفم. ما الان ۲.۵ میلیون تن ظرفیت شیرینی و شکلات داریم. چقدر از آن خالی است. به گفته‌ی اتحادیه‌ی شیرینی و شکلات، ۴۰ درصد ظرفیت خالی است. در همه‌ی صنایع ما با این ظرفیت خالی روبه‌رو هستیم. عقل سلیم به تولیدکننده می‌گوید که کاری کند تا بتواند کالایش را به فروش برساند.

علاقه‌مندم خاطره‌ای از کتاب مرحوم خسروشاهی را نقل کنم. ایشان در سال ۱۳۴۱، ویفر را به ایران می‌آورد. قیمت‌گذاری می‌کند و همه را به فروش می‌رساند. می‌نویسد قیمت را دو برابر کردیم و باز هم، همه را فروختیم. باز هم دو برابر کردیم، اما این بار نخریدند. ناگزیر می‌شود آنقدر کاهش قیمت بدهد تا بتواند ویفر را به فروش برساند.

ما اکنون مشکل عرضه نداریم. پس می‌توانیم "قیمت‌گذاری" را به حال خود بگذاریم. حدود ۱۲،۶۰۰ واحد تولیدی فعال، نیمه‌فعال، و چراغ خاموش داریم، و ۳۰۰ هزار بقالی. رصد کردن و کنترل

این ۱۲.۰۰۰ واحد راحت‌تر است یا آن ۳۰۰ هزارتا؟ سود صنایع غذایی کاملاً مشخص است. وقتی قیمت‌گذاری را آزاد بگذاریم، تولیدکننده‌ها ناگزیرند با کیفیت مطلوب، و قیمت‌گذاری متعادل، کالای خود را به فروش برسانند.

- **حسنی:** طرح آزادسازی قیمت‌گذاری صد درصد اجرایی است. یک‌سری چالشهایی دارد که ۱۰ درصد، ۱۵ درصد، یا ۲۰ درصد است. به‌علاوه، می‌توانیم با شورای اصناف صحبت کنیم و طرح صندوقهای مکانیزه را اجرایی کنیم. خاطرتان هست که دستگاه کارتخوان وقتی آمد، ابتدا با دشواری روبه‌رو بودیم. اکنون یک وانتی هم دارای ۴ دستگاه کارتخوان است و هر بانکی تمایل دارد که این دستگاه کارتخوان را در اختیار شما قرار دهد.

برای چنین فعالیتهایی یعنی آزادسازی قیمت‌گذاری و...، لقب جراحیهای بزرگ اقتصادی داده‌اند، پس با چالشهایی روبه‌روئیم که کاملاً طبیعی و بدیهی است. مثال ساده‌ای بزنم، در محل سکونت ما، سه سوپرمارکت وجود دارد. یک کامیون هر روز آب‌معدنی توزیع می‌کند. یک سوپرمارکت ۳۰ تا ۴۰ بسته، یک سوپرمارکت ۵۰ تا ۶۰ بسته، ولی کل باقیمانده‌ی آب‌معدنی درون کامیون بزرگ به سوپرمارکت سوم انتقال می‌یابد. سوپرمارکت سوم، همیشه پر از مشتری است و ارزان‌فروش. از دیگر سو، مشتریهایی داریم که تمایلی ندارند صبر کنند، به همان دو سوپرمارکت می‌روند و با پرداخت پول بیشتر، آب‌معدنی می‌خرند. گاه ماشینهای عبوری، برای سوپرمارکت بوق می‌زنند و مجموعه‌ای از اجناس را خریداری می‌کنند. بی‌آنکه در قیدوبند "قیمت درج‌شده" و مطابقت آن با مبلغ پرداختی باشند.

- **جارودی:** دولت نباید از این طرح عقب‌نشینی می‌کرد. طرحی است که سه‌سال کارشناسی شده آن هم با حضور ذی‌نفعان، سازمانها و وزارتخانه‌های مختلف. مخالفان نیز اظهاراتشان را در طول این مدت مطرح کردند و کارشناسی شد.

جالب است بدانید وقتی در نخستین جلسه یعنی ۳ سال قبل، با وزیر وقت (مهندس محمدرضا نعمت‌زاده)، خواستیم طرح موضوع کنیم، جمله‌ی ما به پایان نرسیده بود که ایشان گفتند: مثل همه‌جای دنیا باید این کار را - آزادسازی قیمت - بکنیم. اما اکنون ۳ سال طول کشیده است.

طرح صددرصد به نفع مصرف‌کننده است. الان منت تخفیف بر سر مصرف‌کننده است، درحالی‌که این نه تنها تخفیف نیست بلکه، اجحافی است که به نام تخفیف به او می‌دهیم. خوشبختانه اتاق اصناف قویاً از این طرح حمایت کرده است و قول داده است؛ چون بازرسی برعهده‌ی خودشان است. بازرسین آنها سعی می‌کنند نظارت کنند تا این اجحاف رخ ندهد.

- **میثمی فرد:** بحث پروموشن‌ها (پیشبردها و ترویج فروش) موضوع دیگری است که چون

سوپرمارکتهای سنتی یا همان بقالی‌ها در ایران ساختاری ندارند، اصلاً به دست مصرف‌کننده نمی‌رسد؛ در این وسط یا شرکت پخش، پروموشن را می‌برد و به صورت استاندارد دوگانه به هر فروشگاهی که خواست ارائه می‌دهد و یا سوپرمارکت، پروموشن را در جیبب خود می‌گذارد. در نهایت، چیزی به دست مصرف‌کننده نخواهد رسید.

فروشگاههای زنجیره‌ای، به اینگونه که عمل می‌کنند صنعت را به زمین می‌زنند. همان اتفاقی که در مقطعی در اروپا افتاد و آنقدر به تولیدکننده‌ها فشار وارد کرد که بعضی تولیدکنندگان جا ماندند. در حال حاضر فروشگاههای زنجیره‌ای، در مواردی مارجین‌ها و ورودیهای غیرمنصفانه‌ای از تولیدکنندگان طلب می‌کنند. تولیدکننده هم باید تمکین کند و ضرر بدهد تا فقط و فقط ورود کند و حضور داشته باشد. اگر در آینده بین فروشگاههای زنجیره‌ای در ایران، "رقابت" شود نظیر آنچه مثلاً در اروپا شاهد هستیم که این البته فقط با تکثر این فروشگاهها محقق می‌شود، موازنه‌ای در این امر رخ می‌دهد که به "سود مصرف‌کننده و تولیدکننده " خواهد بود.

● **درگی:** در این جلسه همگی با این طرح که دولت از قیمت‌گذاری کنار برود، موافقیم. در دنیا هرجا دولت، در اقتصاد ورود پیدا کرده، فساد به همراه داشته است. نظیر کوبا، شوروی و... هر چقدر شفافیت بیشتر باشد، به بخش خصوصی میدان داده شود، سلامت اقتصادی رخ می‌دهد و در نهایت، به رفاه مردم می‌انجامد. مخالفت من در آن است که کار درستی نظیر "آزادگذاری" قیمت به نحو نادرست و غلط اجرا شود. دیدگاه من "جامعیت‌نگری" است. برای گرفتن تصمیم، باید به تمام ابعاد تصمیم‌گیری توجه کنیم.

واژگان

Administered Pricing	قیمت‌گذاری دستوری
Alternative	جایگزین
Analysis paralysis	سندرم فلج تحلیل
Anchoring	لنگر ذهنی
Auction	حراج
B2B	بازارهای صنعتی
Bank Guarantee	ضمانتنامه‌ی بانکی
Body Language	زبان بدن - تن گفتار
Branches	شعبات
Brand Equity	ارزش ویژه‌ی برند
Brand Image	تصویر برند
Brand preference	ترجیح برند
Break even point	نقطه‌ی سربه‌سر
Bundling	باندلینگ
Business Correspondence	نامه‌نگاری تجاری
Business Ecosystem	محیط تجاری
Business Model	مدل کاروکسب
Capacity	ظرفیت
Carnegie Mellon University	دانشگاه کارنگی ملون

Case study	موردکاوی
Chain Stores	فروشگاههای زنجیره‌ای
Cognitive Psychology	روانشناسی شناختی
Cognitive	شناختی
Collecting debts	وصول مطالبات
Commidity	کالای عمومی
Communications	ارتباطات
Competition based Pricing	قیمت‌گذاری مبتنی بر قیمت رقبا
Competitive Advantage	مزیت رقابتی
Competitive market	بازار رقابتی
Conjoint Analysis	تحلیل هم‌پیوند
Consumer Behavior	رفتار مصرف‌کننده
Consumer Goods	کالاهای مصرفی
Context	پیش‌زمینه
Contingency theory	تئوری احتمال وقوع
Conversion Cost Pricing	قیمت‌گذاری مبتنی بر هزینه‌ی تبدیل
Cortex	کورتکس
Cost Leadership Strategy	استراتژی رهبری هزینه
Cost of manufacturing	قیمت تمام‌شده‌ی خط تولید
Cost plus Pricing	قیمت‌گذاری مبتنی بر قیمت تمام‌شده
Cost	هزینه
Cost-Based Pricing	قیمت‌گذاری مبتنی بر ارزش
Costs and Benefits	هزینه و فایده
Credit Card	کارت اعتباری
Currency Fluctuations	نوسانات ارزی
Customer Club	باشگاه مشتریان
Customer Experience	تجربه‌ی مشتری
Customer Feedback	بازخورد مشتریان
Customization	سفارشی‌سازی
Customized priced	قیمت شخصی‌سازی‌شده

Decline	افول
Demand	تقاضا
Demographics	جمعیت‌شناختی
Different Levels of Pricing	قیمت‌گذاری در سطوح مختلف
Differential Cost pricing	قیمت‌گذاری مبتنی بر هزینه‌ی نهایی
Discount store	فروشگاههای تخفیفی
Discounts	تخفیفات
Distribution Channel	شبکه‌ی توزیع
Distribution Channels	کانالهای توزیع
Dumping	دامپینگ
Dynamic Pricing	قیمت‌گذاری پویا (دینامیک)
Early Adopters	پذیرندگان اولیه
Ebay	سایت ایی‌بی
Economic Theory	نظریه‌ی اقتصادی
Efficiency	کارآیی
Empathy	همدلی
Energy-Efficiency	محصولی با کارآیی انرژی
Esurance	شرکت بیمه‌ای اشورنس
Everyday Low Price	قیمت‌گذاری همواره پایین
Evolutionary	تکاملی
Fair Pricing: An Ethical concept	قیمت‌گذاری مبتنی بر عدالت و انصاف: مفهوم اخلاقی
Fee	حق‌الزحمه
Fixed Basket	سبد ثابت
Fixed Costs	هزینه‌های ثابت
Flagship Stores	فروشگاههای پرچمدار
FMCG	کالاهای تندمصرف
Free Economy	اقتصاد آزاد
Free Trade Zones	مناطق آزاد تجاری
Freemium	فری‌میوم
Future Studies	آینده‌پژوهی

Game Theory	تئوری بازی
Goods	کالاها
Grey market	بازارهای خاکستری
Growth	رشد
Guarantee of performance	حسن انجام کار
High-tech	تکنولوژی بالا / های‌تک
Hypercompetition	بازار فرارقابتی
Hyper-competitive	بشدت رقابتی
Inferior Good	کالای پَست
Inflation	تورم
Innovators	نوجویان
KPIs	شاخصهای کلیدی عملکرد
Laggards	دیرپذیرها
Lean Product	تولید شایسته و ناب
Lean	بازار چابک
Line extension	توسعه‌ی خط
Location	مکان
Low Season	فصل کم‌سفر
Luxury	لاکجری - تجملاتی
Macro-Environment	محیط کلان
Market Coverage	پوشش بازار
Market Leader	رهبر بازار
Market Monitoring	رصد بازار
Market Penetration Pricing	رسوخ در بازار
Market Share	سهم بازار
Market Size	اندازه‌ی بازار
Market Trends	روندهای بازار
Marketing Information system	سیستمهای اطلاعات بازاریابی
Marketing Intelligence	هوش بازاریابی / اطلاعات بازاریابی
Marketing Mix	آمیزه‌ی بازاریابی

Marketing Plan	برنامه‌ی بازاریابی
Marketing Research	تحقیقات بازاریابی
Marketing System	نظام بازاریابی
Mass Market	بازار انبوه
Maturity	بلوغ
Me- too	جماعت
Med Rep	نماینده‌ی علمی
Micro-Environment	محیط خرد
Middle majority	اکثریت میانی
Mission statement	بیانیه‌ی مأموریت سازمان
Monopoly Market	بازارهای انحصاری
Monopoly	انحصار کامل
Multibrand	چندبرندی
Neuroeconomy	عصب‌شناسی اقتصادی
Neuromarketing	نورومارکتینگ / بازاریابی عصب‌پایه
Neuroscience	علم اعصاب
Newcomers	مشتریان تازه‌وارد
Not-Invented Here Syndrome	سندرم برای اینجا اختراع نشده
Objective Behavior	رفتار عینی
Oligopoly	انحصاری چندجانبه
Operational Costs	هزینه‌های عملیاتی
Opportunity Cost	هزینه‌ی فرصت
Organizational Chart	چارت سازمانی
Outsourcing	برون‌سپاری
Overhead Cost	هزینه‌ی سربار
Packaging	بسته‌بندی
Pain points	نقاط درد
Penetration pricing	قیمت‌گذاری نفوذی / رسوخی
Perceived Quality	کیفیت ادراکی
Place	بازار، توزیع (در بازاریابی به معنی "مکان" ترجمه نمی‌شود)

Points -of- Difference	وجوه تمایز
Portfolio	سبد محصولات / پورتفولیو
Positioning	جایگاه‌سازی - موقعیت‌گذاری
PPC	تبلیغات کلیکی
Premium Price	قیمت ممتاز
Premium	حق بیمه
Preventive Pricing	قیمت‌گذاری پیشگیرانه
Price Elasticity	کشش قیمتی
Price Segmentation	بخش‌بندی قیمت
Price Sensitivity	حساسیت قیمتی
Price War	جنگ قیمتها
Price	قیمت
Pricing Manager	مدیر قیمت‌گذاری
Pricing	قیمت‌گذاری
Product Life Cycle: PLC	چرخه‌ی عمر محصول
Product Mix	آمیزه‌ی محصول
Product Reliability	قابلیت اطمینان محصول
Product	محصول
Productivity	بهره‌وری
Profit Margin	حاشیه‌ی سود
Project	پروژه
Promotion	ترویج
Promotional pricing	قیمت‌گذاری ترویجی
Psychological Cost	هزینه‌ی روانی
Public Relation	روابط‌عمومی
Quality-seeker	کیفیت‌خواه
Razor Blade	مدل تیغ
Recession	رکود اقتصادی
Reference group	گروههای مرجع و تأثیرگذار
Regulated Prices	قیمتهای کنترل‌شده

Relational Marketing	بازاریابی رابطه‌ای
Rent	اجاره
Representative Offices	نمایندگیها
Research	تحقیق
Reverse pricing	قیمت‌گذاری معکوس
Revolutionary	انقلابی
Reward	جایزه
Roi	نرخ بازگشت سرمایه
Sales engineering	مهندسی فروش
Sales festival	جشنواره‌ی فروش
Sales promotion	چاشنی‌های فروش / پیشبردهای فروش
Sanitary Faucets	صنعت شیرآلات
Scarcity	کمیابی
Seasonal Discount	تخفیف فصلی
Service	خدمت
Skimming Pricing	قیمت‌گذاری به روش خامه‌گیری
Skimming	خامه‌گیری
Skype	اسکایپ
Social class	طبقات اجتماعی
Spare Parts	قطعات یدکی
Startup	استارت‌آپ
Story Telling	مهارت داستانگویی
Strategic Business Unit	واحد کاروکسب استراتژیک
Strategic Fit	تناسب استراتژیک
Strategic Planning	برنامه‌ریزی استراتژیک
Strategic Thinking	تفکر استراتژیک
Subscribers	مشترکین
Subscription	حق اشتراک
Suppliers	تأمین‌کنندگان
Supply and Demand	عرضه و تقاضا

Survival	بقا
Symbolic Value	ارزش نمادین
Target Market	بازار هدف
Targeting	هدف‌گذاری
Tax exemption	معافیت مالیاتی
Tax-free shoo	فروشگاههای معاف از مالیات
Teamwork	کار تیمی
Technical Skills	مهارت فنی
The Folgers Effect	اثر فولگرز
The Modern Corporation and Private Property	شرکتهای مدرن و مستغلات خصوصی
Threshold Effect	اثر آستانه‌ای
Toll	عوارض
Tourism Destinations	مقصدهای گردشگری
Tradability	معامله‌پذیری
Transfer Pricing	قیمت‌گذاری انتقالی
Tuition	شهریه
Twigs	شعبک‌ها
Uberization	اوبری‌سازی
Uncertainty	عدم قطعیت
Unconscious mind	ذهن ناخودآگاه
Unicorn	تک‌شاخ‌ها
Unique value proposition	پیشنهاد ارزش منحصربه‌فرد
Value Added Tax	مالیات ارزش‌افزوده
Value Chain	ارزش‌آفرینی
Value Trap Technique	تکنیک تله‌ی ارزش
Value	ارزش
Value-Based pricing	قیمت‌گذاری ارزش‌محور
Value-Based Pricing	قیمت‌گذاری بر مبنای هزینه
Van Westendorp	مدل قیمت‌گذاری ون‌وستندورپ
Variable pricing	قیمت‌گذاری متغیر

Veblen Good	کالاهای وبلن
Volume Discount	تخفیف حجمی
Warranty	وارانتی (ضمانتنامه)
Weber's Law	قانون وبر
Wharton Business School	دانشکده‌ی کسب‌وکار وارتون
What the Traffic Will Bear	رویکردی که طی آن فروشنده، قیمت کالا را تا بیشترین میزانی افزایش می‌دهد که هنوز مشتری حاضر به پرداخت آن باشد.
Wholesaler	عمده‌فروش، بنکدار
World Trade Organization	سازمان تجارت جهانی
WTO	سازمان تجارت جهانی
Zone-Based Pricing	قیمت‌گذاری ناحیه‌ای

فهرست منابع

- ال. بیکر، والتر؛ وی. مارن، مایکل؛ سی.زاوادا، کریچ؛ مزیت قیمتی؛ ترجمه‌ی دکتر محسن نظری، امیرحسین پناهنده، رضا شعبانی، سید وحید طباطبائی؛ تهران: نگاه دانش، ۱۳۹۷.

- توسعه مهندسی بازار (مجله)؛ شماره‌های ۳۲، ۳۳، ۳۸، ۵۷، تهران.

- تی. فادرتیر، میلیند؛ بازاریابی صنعتی؛ ترجمه‌ی دکتر سیدمحمد موسوی جد، بهاره بابائی؛ تهران: مؤسسه کتاب مهربان نشر، ۱۳۹۶.

- تی.نگل، توماس؛ هوگان، جان.ای.؛ زیل، جوزف؛ استراتژی‌ها و تاکتیک‌های قیمت‌گذاری؛ ترجمه‌ی بهرام خیری، کاوه حاتمی؛ تهران: آوینا قلم، ۱۳۹۸.

- جنسن، مارتین؛ قیمت‌گذاری سودآور؛ ترجمه‌ی دکتر محسن نظری، نکیسا رضایی؛ تهران: نگاه دانش، ۱۳۹۷.

- چرنو، الکساندر؛ مدیریت استراتژیک بازاریابی؛ ترجمه‌ی دکتر الهام فریدچهر، تهران: بازاریابی، ۱۳۹۲.

- درگی، پرویز؛ مباحث و موضوعات بازاریابی با نگرش بازار ایران؛ تهران: بازاریابی، ۱۳۹۱.

- درگی، پرویز؛ قطب‌نمای مدیران فروش با نگرش بازار ایران؛ تهران: بازاریابی، ۱۳۹۵.

- درگی، پرویز؛ قطب‌نمای مدیران توسعه بازار با نگرش بازار ایران؛ تهران: بازاریابی، ۱۳۹۶.

- سایمون، هرمان؛ اعتراف یک قیمت‌گذار؛ ترجمه‌ی دکتر محسن نظری، مهندس شهریار پاوندی؛ تهران: انتشارات صهبارایان، ۱۳۹۶.

- سی.ال.ان‌جی، ایرن؛ مدیریت قیمت‌گذاری و درآمد خدمات با رویکرد استراتژیک؛ ترجمه‌ی دکتر احمد روستا، مژگان فلاح یساولی، سارا آقابابایی؛ تهران: قلم همت، ۱۳۹۶.

- شیندلر، رابرت.ام.، قیمت‌گذاری با رویکرد بازاریابی؛ ترجمه‌ی دکتر محسن نظری، مهندس

شهریار پاوندی؛ راهبردهای تهران: انتشارات صهباراپان، ۱۳۹۶.

- فرسیت، پاتریک؛ مدیریت بازار؛ ترجمه‌ی سمیرا صادق ابدلی؛ تهران: دنیای اقتصاد، ۱۳۹۵.
- کاپفرر، ژان نوئل؛ باستین، ونسنت؛ استراتژی لوکس‌گرایی؛ ترجمه‌ی پرویز درگی، امیرحسین سرفرازیان؛ تهران: بازاریابی، ۱۳۹۵.
- کلوگریدز، مایکل؛ قیمت‌گذاری در عمل؛ ترجمه‌ی دکتر محسن نظری، مهندس سارا آقابابایی، مهندس الهام مهرجو؛ تهران: نگاه دانش، ۱۳۹۸.
- لفت‌ویچ، ریچارد.اچ.؛ سیستم قیمت‌ها و تخصیص منابع تولیدی؛ ترجمه‌ی میرنظام سجادی؛ تهران: دانشگاه علامه طباطبائی، ۱۳۸۷.
- مکسول، سارا؛ قیمت‌گذاری منصفانه؛ ترجمه‌ی دکتر محسن نظری، نکیسا رضایی؛ تهران: نگاه دانش، ۱۳۹۷.
- نیکل، توماس؛ هوگان، جان؛ زیل، ژوزف؛ راهبردها و روشهای قیمت‌گذاری ترجمه‌ی دکتر محسن نظری، مهندس شهریار پاوندی؛ ؛ تهران: انتشارات دانشگاه تهران، ۱۳۹۸.
- ویزیت، ساک آنک؛ شائو، جان؛ بازاریابی بین‌المللی، استراتژی و تئوری؛ ترجمه‌ی مهدی بهبودی، علی‌اکبر امینی، اللهیار اردکانی؛ تهران: ترمه، ۱۳۸۹.
- هولدن، رید؛ برتون، مارک؛ استراتژی قیمت‌گذاری؛ ترجمه‌ی مهدی خادمی، مهسا منشی؛ تهران: سیته، ۱۳۹۱.
- هینتر هوبر، آندریاس؛ ام. لیوزو، استفان؛ نوآوری در قیمت‌گذاری؛ ترجمه‌ی دکتر محسن نظری، عاطفه حصارکی؛ تهران: نگاه دانش، ۱۳۹۷.

https://www.pricingsolutions.com

inc.com

https://www.priceintelligently.com/blog

https://www.quora.com

https://blog.hubspot.com/sales/pricing-strategy

https://impactpricing.com

https://pricingsociety.com/blogs/blog

https://neilpatel.com/Blog/Marketing

positivepricing.com/blog

https://www.entrepreneur.com

https://hbr.org

https://medium.com

آشنایی با فعالیتهای
شرکت توسعه مهندسی بازارگستران آتی
(TMBA)

- دفتر ارتباط با دانشگاه
- مارکتینگ‌نیوز
- بانک مقالات بازاریابی ایران
- مرکز استعدادشناسی منابع انسانی و کاریابی بازارشناسان
- فروشگاه انتشارات بازاریابی
- فروشگاه اینترنتی محصولات بازاریابی

- دوماهنامه‌ی توسعه مهندسی بازار
- انتشارات بازاریابی
- مشاوره‌ی بازاریابی
- مرکز تولید و نشر فیلمهای آموزش بازاریابی و فروش

- ماهنامه‌ی بازاریاب بازارساز
- سامانه‌ی آموزش مجازی بازاریاد
- آموزشگاه بازارسازان
- کانون تبلیغاتی ضمیر بازار
- تحقیقات بازاریابی
- شرکت نوروبیز
- رادیو صدای بازاریابی

شرکت توسعه مهندسی بازارگستران آتی
www.TMBA.ir

شرکت توسعه مهندسی بازار گستران آتی
(TMBA)

● **هلدینگ**

TMBA (توسعه مهندسی بازارگستران آتی)، تنها مجموعه فعال در حوزه‌ی بازاریابی در ایران است که تمامی فعالیتهای آموزش و مشاوره‌ی بازاریابی و فروش، تحقیقات بازاریابی، انتشارات بازاریابی (کتابهای تخصصی بازاریابی و فروش و دو عنوان مجله‌ی تخصصی بازاریابی)، مرکز استعدادشناسی، منابع انسانی و کاریابی و تبلیغات را بر عهده دارد. این هلدینگ عضو انجمن علمی بازاریابی ایران، انجمن مدیریت اجرایی ایران، انجمن تحقیقات بازاریابی ایران و انجمن تحقیقات بازاریابی اروپا است.

بنیانگذار و اداره‌کننده‌ی این خانواده‌ی کاری، "پرویز درگی، معلم بازاریابی" است.

● **رسالت ما**

ارتقای سطح کاروکسب بنگاههای اقتصادی با ارائه‌ی خدمات آموزشی، مشاوره، تحقیقات، تبلیغات، کاریابی و نشر مباحث بازاریابی به نحوی که بتوانیم ارزش مطلوبتری را برای مشتریان ارائه دهیم و در راستای رسیدن به هدفهای فوق در فضای رقابتی موفق باشیم.

● **شعار خانواده‌ی ما**

عالم عامل عاشق باشیم.

● دپارتمان آموزش

آموزشگاه بازارسازان با مجوز رسمی از سازمان آموزش فنی و حرفه‌ای کشور، مرکز آموزش مهارت و مشاغل تخصصی بازاریابی و فروش می‌باشد. وجه تمایز آموزشگاه بازارسازان، ساده‌سازی و ساده‌گویی مفاهیم پیچیده‌ی علمی به‌صورت کاربردی و با نگرش بازار ایران است.

www.Marketingschool.ir   تلفن: ۴ - ۶۶۰۲۸۴۰۱ (۰۲۱)

● سامانه‌ی آموزش مجازی بازاریاد

مرجع دوره‌های مجازی بازاریابی، فروش، تبلیغات و... با نگرش بازار ایران است و با هدف تحت پوشش قرار دادن عزیزانی که امکان شرکت در کلاسهای حضوری را ندارند، فعالیت می‌کند.

www.Bazaryad.com   تلفن: ۶۶۰۲۸۴۰۳ (۰۲۱)

● دپارتمان مشاوره

یکی از فعالیتهای خانواده‌ی ما، مشاوره‌های بازاریابی از الف تا ی کاروکسب است. تدوین استراتژی بازاریابی، تهیه‌ی برنامه‌های بازاریابی، طراحی و پیاده‌سازی سازمان بازاریابی و فروش از آغاز تا انجام، چگونگی ارتقای فروش و مشاوره در ابعاد مختلف قیمت‌گذاری، توزیع، برندینگ، صادرات و... را این دپارتمان عهده‌دار است.

www.Marketingconsulting.ir   تلفن: ۶۶۴۳۴۰۵۵ (۰۲۱)

● مرکز استعدادشناسی، منابع انسانی و کاریابی بازارشناسان

این مرکز با مجوز رسمی از وزارت تعاون، کار و رفاه اجتماعی با تمرکز بر شایسته‌گزینی، شایسته‌پروری، شایسته‌سالاری و شایسته‌گماری تأسیس شده است. مأموریت ما در این مرکز ارائه‌ی راهکارهای مؤثر برای شناسایی استعدادهای حوزه‌ی بازاریابی و فروش، جذب و استخدام نیروهای شایسته و ارزیابی عملکرد منابع انسانی می‌باشد.

www.Bazarshenasan.com   تلفن: ۶۶۴۳۱۸۶۳ (۰۲۱)

● دپارتمان تحقیقات بازاریابی

این دپارتمان عضو انجمن تحقیقات بازاریابی اروپا و انجمن تحقیقات بازاریابی ایران است و با بیش از ۱۴ سال فعالیت مستمر در انجام پروژه‌های تحقیقات تمام‌سرویس، همراهی شایسته در ارائه‌ی استراتژیهای بازاریابی، برندینگ، تحلیل رقبا، امکان‌سنجی مبتنی بر داده‌های بازار ایران، برای شما است.

www.Marketing-Research.ir   تلفن: ۶۶۴۳۴۰۵۵ (۰۲۱)

چند کتاب دیگر از استاد درگی در انتشارات کیدزوکادو

برای تهیه کتاب ها از آمازون یا وبسایت انتشارات می توانید بارکدهای زیر را اسکن کنید

kphclub.com

Amazon.com

Kidsocado Publishing House
خانه انتشارات کیدزوکادو
ونکوور، کانادا

تلفن : ۸۶۵۴ ۶۳۳ (۸۳۳) ۱+
واتس آپ: ۷۲۴۸ ۳۳۳ (۲۳۶) ۱ +
ایمیل:info@kidsocado.com
وبسایت انتشارات: https://kidsocadopublishinghouse.com
وبسایت فروشگاه: https://kphclub.com